W0247124

L'ÎLE AUX MILLE SOURCES

DU MÊME AUTEUR

TRILOGIE DU NUAGE BLANC

Le Pays du nuage blanc, L'Archipel, 2013 ; Archipoche, 2014.
Le Chant des esprits, L'Archipel, 2014 ; Archipoche, 2015.
Le Cri de la terre, L'Archipel, 2015 ; Archipoche, 2016.

TRILOGIE MAORIE

Les Rives de la terre lointaine, L'Archipel, 2016 ; Archipoche, 2017.
À l'ombre de l'arbre kauri, L'Archipel, 2017 ; Archipoche, 2018.
Les Larmes de la déesse maorie, L'Archipel, 2018 ; Archipoche, 2019.

SARAH LARK

L'ÎLE AUX MILLE SOURCES

*traduit de l'allemand
par Penny Lewis*

ARCHIPOCHE

Ce roman a été publié sous le titre
Die Insel der tausend Quellen
par Lübbe, Cologne, 2011.

Notre catalogue est consultable à l'adresse suivante :
www.editionsarchipel.com

Éditions de l'Archipel
34, rue des Bourdonnais
75001 Paris

ISBN 978-2-3773-5465-8

RÊVE

Londres
Fin de l'été – automne 1729

1

— Quel temps!

Nora Reed frissonna et se précipita vers la berline noire qui l'attendait devant la maison de son père. Le vieux cocher sourit en la voyant sauter prestement, malgré ses souliers de soie à talons, par-dessus les flaques pour éviter de salir sa robe. Nora dévoila ainsi bien plus de sa cheville et de son mollet qu'elle ne l'aurait dû, mais elle faisait fi des convenances devant Peppers. Le cocher était au service de sa famille depuis des années et l'avait même conduite à l'église le jour de son baptême.

— Où allons-nous, mademoiselle?

Sans se départir de son sourire, le cocher ouvrit la portière frappée de deux initiales finement entrelacées: T et R pour Thomas Reed, le père de Nora.

Sitôt à l'abri, Nora abaissa la capuche de son manteau blanc et découvrit sa chevelure mordorée. Sa femme de chambre l'avait coiffée en une tresse épaisse qu'elle avait parée de rubans vert foncé assortis à sa robe. Nora refusait de se poudrer les cheveux, contrairement à la mode de l'époque, car elle préférait le naturel et aimait entendre Simon comparer ses boucles à une cascade d'ambre. La jeune femme sourit en pensant à son bien-aimé et hésita à s'arrêter au bureau de son père avant d'aller voir lady Wentworth.

— Prenez la direction de la Tamise, s'il vous plaît. Je voudrais rendre visite aux Wentworth, vous savez, dans le quartier des affaires.

Lord Wentworth venait de s'installer non loin de la Tamise, là où se trouvaient les sociétés de négoce. Être au contact direct des importateurs de sucre était très important pour lui, plus que de résider dans un quartier huppé.

Peppers opina.

— Ne souhaitez-vous pas saluer votre père ? demanda-t-il.

Le vieux domestique connaissait suffisamment Nora pour lire sur son visage expressif aux traits fins. Ces dernières semaines, elle multipliait les détours par le bureau de Thomas Reed, pour voir non pas son père mais Simon Greenborough, le plus jeune de ses secrétaires, un beau garçon aux cheveux de jais. Peppers se doutait que Nora partait le retrouver sous prétexte d'une promenade à pied ou à cheval. Son maître n'aurait certainement pas apprécié que Nora se compromît avec un employé, mais Peppers avait de l'affection pour sa jeune maîtresse – Nora avait toujours été charmante avec le personnel de maison – et s'abstenait de tout commentaire. Jusqu'à présent, Nora n'avait jamais rien caché d'important à son père. Thomas Reed l'avait élevée seul ou presque depuis la mort prématurée de sa mère, et tous deux s'entendaient à merveille. Peppers ne la pensait pas prête à mettre leur relation en danger pour une amourette.

— Voyons…, répondit Nora sur un ton mutin. Vous avez raison, cela ne coûte rien de passer à la société. Et puis ce sera l'occasion de prendre l'air !

Peppers ferma la portière et monta sur son siège en réprimant un soupir. Il regrettait déjà sa proposition car le temps n'était vraiment pas à la promenade. Il pleuvait des cordes, et dans les rues sales de Londres, l'eau se mêlait aux ordures, formant une boue nauséabonde que brassaient les roues de la berline. Parfois, des éclats d'enseignes ou même des charognes se prenaient dans leurs rayons.

L'attelage devait aller lentement pour éviter les commis et les passants qui n'avaient d'autre choix que de braver la pluie. Même s'ils s'écartaient à l'approche des véhicules pour ne pas être éclaboussés, ils se faisaient parfois arroser. Peppers n'avait même pas à retenir ses chevaux, qui avançaient sans entrain, tête baissée sous la pluie, tout comme le jeune homme qui sortait des bureaux de Thomas Reed. Nora frappa à la petite fenêtre qui la séparait du cocher.

— Peppers, arrêtez-vous !

Simon Greenborough, qui espérait une accalmie, dut se rendre à l'évidence en voyant les chevaux trempés qui tiraient des calèches toutes couvertes. Il remonta tant bien que mal le col de sa veste élimée de façon à protéger la dentelle de sa dernière chemise, qu'il repassait tous les soirs afin qu'elle restât correcte. Mais elle était déjà trempée, tout comme ses cheveux foncés et très légèrement poudrés qu'il avait coiffés en une courte tresse. Il aurait volontiers porté un couvre-chef mais préférait s'abstenir, faute de savoir quel genre de chapeau convenait à sa nouvelle fonction de secrétaire. En tout cas, il devait renoncer au tricorne des jeunes nobles, même si le sien était encore présentable, ainsi qu'à la perruque, qui lui rappelait son père – et l'huissier de justice…

Simon fut pris d'une quinte de toux lorsque la pluie coula le long de son dos. S'il ne se mettait pas à l'abri rapidement, sa veste et ses chausses seraient bientôt complètement trempées. Déjà, l'eau s'infiltrait dans ses vieux souliers à boucle dont le cuir crissait à chaque pas. Il se hâta. Plus que quelques pâtés de maisons jusqu'à Thames Street. Le temps que Mr Roundbottom répondît à la lettre qu'il lui portait, la pluie faiblirait peut-être…

En entendant son nom, Simon se retourna et reconnut la berline des Reed qui s'arrêta à sa hauteur, sans doute sur ordre de Nora.

— Mon Dieu, que fais-tu dehors par ce temps ? s'exclama la jeune femme. Tu vas attraper la mort ! Mon père te prend pour son coursier, maintenant ?

Sans attendre que Peppers descendît de son siège, elle ouvrit la portière et, d'une petite tape sur la banquette, invita Simon à prendre place.

— Monte vite ou la pluie va s'engouffrer !

Simon surprit le regard gêné du cocher et hésita à monter, bien qu'il fût trempé comme une soupe.

— Ton père n'apprécierait pas…

— Votre père n'apprécierait pas…

Simon et Peppers avaient parlé presque en même temps. Nora leur répondit par un éclat de rire.

— Sois raisonnable, Simon ! Je ne sais pas où tu vas, mais ce que je sais, c'est que mon père ne serait pas ravi de voir son employé revenir trempé comme s'il avait traversé la Tamise à la nage. Et Peppers ne dira rien, n'est-ce pas ?

Nora lança un grand sourire à son cocher. Celui-ci soupira, descendit et ouvrit en grand la portière de la berline.

— Je vous en prie, monsieur… Euh, milord…

Peppers était réticent à appeler ce malheureux garçon par un titre de noblesse qu'il n'avait plus.

Simon Greenborough haussa les épaules.

— « Monsieur » m'ira très bien. Le siège de ma famille à la Chambre des lords est vendu, de toute façon.

Simon s'en voulut immédiatement de s'épancher ainsi devant un domestique, même si celui-ci était sans doute déjà bien informé. Nora n'hésitait pas à se confier au personnel de sa demeure de Mayfair, qu'elle considérait comme sa famille élargie.

Simon toussa à nouveau en montant dans la berline. Ses poumons souffraient par ce temps. Lorsqu'il fut assis sur la banquette, Nora lui lança un regard mi-inquiet mi-réprobateur et entreprit de lui sécher les cheveux à l'aide de son étole. Elle soupira en remarquant les traces de poudre sur le tissu.

— Vivement que tu renonces à suivre cette mode idiote. Tu as de si beaux cheveux noirs, pourquoi vouloir ressembler à un vieillard ? Enfin, Dieu merci, tu ne portes pas de perruque…

Simon sourit. Il n'en aurait pas eu les moyens, mais Nora fermait les yeux sur leur différence de statut. Cela lui était égal qu'il fût un noble désargenté alors que son père comptait parmi les négociants les plus prospères du royaume et qu'il l'employât comme secrétaire pour un salaire modique. Nora Reed aimait Simon Greenborough, et ne doutait pas qu'ils se marieraient un jour. Elle posa la tête sur son épaule tandis que la berline roulait sur le pavé londonien.

Après s'être assuré que le cocher ne les voyait pas, Simon prit Nora dans ses bras et l'embrassa. Bien sûr, en cette journée pluvieuse, la jeune femme avait choisi de sortir en berline. La fenêtre qui lui permettait de parler à Peppers était minuscule et fermée de l'intérieur. Le vieil homme ne saurait rien de ce qui se passait à l'intérieur du véhicule. Sans se retenir plus longtemps, Nora rendit son baiser à Simon et se blottit contre lui. Tant pis si elle froissait la dentelle de son décolleté.

— Tu m'as tellement manqué. Quand nous sommes-nous vus pour la dernière fois ?

— Il y a deux jours, répondit Simon en caressant tendrement la naissance de ses cheveux.

Jamais il ne se lasserait de contempler les traits fins et le sourire de la gracieuse jeune femme. Pour les deux amoureux, une journée passée sans se voir n'était qu'ennui et tristesse, mais il leur était toujours difficile de convenir d'un rendez-vous, ne fût-ce que pour échanger quelques mots, surtout quand il pleuvait. Par beau temps, ils se retrouvaient à Saint James' Park, même si les allées fréquentées par les amies de Nora n'étaient pas sans danger.

— Nous devons absolument parler à mon père, déclara Nora. Nous ne pourrons bientôt plus nous promener au parc, avec l'automne qui approche. Tu devrais avoir le droit de me courtiser librement. J'ai envie de sortir au bras de mon merveilleux lord.

Elle sourit malicieusement à Simon qui, comme toujours, se perdit dans ses yeux verts qui scintillaient au moindre enthousiasme. Il aimait aussi sa chevelure mordorée et rêvait de pouvoir un jour la décorer de fleurs d'oranger.

— Ton père n'approuvera jamais notre union, dit tristement Simon en resserrant son étreinte.

Le jeune homme aimait la sentir près de lui, imaginer qu'ils se trouvaient dans sa propre calèche, qu'il conduisait sa bien-aimée chez eux, dans un château baigné de soleil…

— Où désirez-vous aller ?

En entendant la question de Peppers, les deux amoureux sursautèrent et s'écartèrent vivement l'un de l'autre. Il était peu probable que le cocher eût vu quoi que ce fût depuis son siège. Il n'était que légèrement tourné vers ses passagers, et la circulation dans les rues de Londres, rendue encore plus difficile par la pluie, retenait toute son attention.

— Thames Street, au bureau de Mr Roundbottom, répondit Simon.

Nora sourit.

— C'est sur notre chemin. Je vais chez Lady Wentworth pour lui rendre ceci.

Elle sortit de son aumônière en dentelle un petit livre qu'elle tendit à Simon. Son visage s'éclaircit aussitôt.

— *La Barbade*. J'aurais aimé le lire aussi.

— Je sais bien, mais je dois vraiment le rendre aux Wentworth car ils repartent demain pour les îles Vierges, où ils ont une plantation. Ils n'étaient là que pour…

Simon ne l'écoutait plus, trop occupé qu'il était à feuilleter l'ouvrage. Il imaginait très bien pourquoi les Wentworth étaient de passage en Angleterre. Ils avaient sans doute laissé provisoirement leur domaine colonial aux Caraïbes pour venir acheter un siège au Parlement. Les planteurs de canne à sucre installés en Jamaïque, à la Barbade ou dans d'autres contrées des Caraïbes, surveillaient de près les prix de vente de leurs marchandises ainsi que le respect de l'embargo sur les exportations de pays concurrents. Et le meilleur moyen, c'était d'acheter des sièges à la Chambre des lords à des familles de nobles désargentés comme celle de Simon. Aux dernières nouvelles, les représentants du comté de Greenborough comptaient désormais parmi eux un membre de la famille Codrington, qui possédait une grande partie de l'île de Barbuda.

— Regarde comme c'est joli, dit Nora en montrant une illustration qui représentait une plage de la Barbade.

Les palmiers, le sable, la forêt vierge… et Nora, qui était si proche que Simon put humer l'eau de rose qui parfumait sa chevelure.

— Là, nous aurions notre hutte avec un toit en feuilles de palmier, dit-elle, rêveuse, en désignant une sorte de clairière.

Simon sourit.

— Il va falloir choisir. Préfères-tu vivre dans une hutte parmi les locaux ou diriger une plantation de tabac pour ton père ?

Le couple ne se voyait pas vivre en Angleterre, encore moins à Londres. Nora dévorait tous les livres qu'elle trouvait sur les colonies, tandis que Simon rêvait de la Jamaïque, de la Barbade ou de l'île de Cooper au fil des lettres qu'il écrivait pour Mr Reed. Le père de Nora importait du sucre, du tabac et du coton de différentes régions du globe que l'Empire britannique avait conquises au cours du siècle dernier. Comme il était en contact régulier avec les planteurs vivant sur place, Nora avait échafaudé un plan. Ils n'avaient pas d'avenir en Angleterre, mais si Mr Reed ouvrait une succursale quelque part dans les colonies… Elle rêvait de s'installer à la Barbade, mais n'importe quelle contrée ensoleillée lui conviendrait.

— Nous sommes arrivés, miss Nora, monsieur… 48, Thames Street.

Peppers descendit de son siège et ouvrit la portière.

À l'entrée du bâtiment, une enseigne dorée indiquait le bureau de Mr Roundbottom. Simon referma le livre à regret et sortit braver la pluie.

— Merci beaucoup de m'avoir déposé, miss Nora. À bientôt, j'espère.

— Tout le plaisir était pour moi, vicomte Greenborough. Au retour, attendez à l'intérieur que la pluie cesse. Je ne voudrais pas que vous preniez froid.

Peppers leva les yeux au ciel. Jusqu'à présent, cette idylle l'avait plus diverti qu'inquiété, mais si sa jeune maîtresse persistait dans cette voie, elle s'exposait à une sérieuse déconvenue. Thomas Reed n'accepterait jamais de la voir épouser son secrétaire, peu importe qu'il portât ou eût porté un titre de noblesse.

Simon était taraudé par les mêmes pensées alors qu'il regagnait le bureau de Mr Reed. La pluie avait faibli mais ses habits n'étaient pas secs, loin de là, et il était frigorifié après avoir attendu Mr Roundbottom dans un couloir froid et exposé aux courants d'air. Le rhume tenace qu'il avait attrapé au printemps dans sa mansarde crasseuse de l'East End risquait de le tourmenter encore longtemps. Quelle déchéance depuis Greenborough Manor !

Les employés de Thomas Reed n'étaient pas grassement rémunérés, sans être honteusement exploités non plus, et le salaire de Simon aurait dû suffire à louer un appartement petit mais convenable. Les employés les plus anciens subvenaient dignement aux besoins de leur famille, même s'ils ne pouvaient pas se permettre beaucoup d'écarts. Simon, lui, ne pouvait même pas envisager de fonder un foyer. Tous les biens de valeur qu'avait possédés sa famille avaient déjà été vendus, et à moins d'un miracle, il passerait sa vie à rembourser les dettes accumulées par son père.

À la mort de John Peter Greenborough, Simon, sa mère et sa sœur Samantha étaient tombés des nues. Bien sûr, la vente du siège au Parlement avait déjà été envisagée de son vivant et la Chambre des lords ne s'en porterait pas plus mal. Les rares fois où son père siégeait, la rumeur le disait incapable de suivre les débats, tout comme il n'écoutait pas chez lui les reproches incessants de sa femme. Mais si son penchant pour la boisson et les dépenses somptuaires était un secret de Polichinelle, sa famille ignorait tout de ses dettes de jeu.

Après son décès dû à une chute lors d'une partie de chasse, les créanciers affluèrent. Lady Greenborough vendit le siège au Parlement, donc avec lui le domaine et le titre de son fils, les bijoux, l'argenterie puis finalement le manoir aux Codrington. Ceux-ci, par pure charité, autorisèrent les Greenborough à s'installer dans un cottage en bordure du village qui portait toujours leur nom. Simon n'y avait aucun avenir, or il devait gagner suffisamment d'argent pour éponger les dettes de son père et constituer la dot de Samantha, qui venait de se marier. Dans ses heures les plus sombres, il se demandait s'il devait considérer l'amour de Nora, une jeune femme aussi riche que belle, comme une chance ou comme un nouveau défi à relever.

Pour Nora Reed, ce n'était qu'une question de temps avant de voir leurs rêves se réaliser. Simon, lui, doutait que son père accueillît favorablement la nouvelle de leur amour. Au contraire, Reed risquait plutôt de lui montrer la porte en le traitant de coureur de dot. Pourtant Simon était prêt à travailler très dur pour gravir tous les échelons et atteindre son objectif, qui était de trouver un poste dans les colonies. S'il n'avait pas d'aptitudes particulières pour les loisirs de la noblesse qu'étaient l'équitation, la chasse et l'escrime, il était intelligent, cultivé, polyglotte, sérieux, courtois et excellent en mathématiques, contrairement à la plupart de ses pairs. Il s'estimait parfaitement capable de représenter la société de Thomas Reed à l'outremer, pour peu qu'on lui donnât sa chance, seulement son patron le soupçonnerait peut-être de se servir de sa fille comme tremplin pour sa carrière.

Voilà pourquoi Simon préférait attendre une ou deux années avant de faire part de ses intentions à Thomas Reed. De plus, Nora n'avait que dix-sept ans et son père ne semblait pas chercher à la marier pour l'instant.

2

— Quelles sont les activités dans les îles, en dehors des plantations de canne à sucre ou de tabac ?

Allongée sur la méridienne de Lady Wentworth, Nora tenait délicatement une tasse de thé entre le pouce et l'index. Depuis que la reine Anne avait popularisé cette boisson chaude quelques décennies plus tôt, on la servait dans les plus beaux salons d'Angleterre. Lady Wentworth voyait dans chaque tasse servie sucrée une petite contribution à la fortune de son mari.

— Le tabac n'est pas ce qu'il y a de plus rentable, répondit patiemment Lady Wentworth, que les nombreuses questions de la jeune femme amusaient.

Nora Reed semblait envisager sérieusement son avenir dans les colonies. Dommage que les fils Wentworth n'eussent que huit et dix ans, la petite Reed était un beau parti et ses origines bourgeoises ne dérangeaient nullement la lady. Elle-même était roturière et devait son titre à une transaction décidée par son mari. Inutile désormais d'être anobli par le roi ou de se marier à un membre de l'aristocratie anglaise pour y appartenir, même si le souverain continuait à distinguer ceux qui, de l'autre côté du globe, œuvraient à la prospérité du royaume.

— Le tabac de Virginie et des autres colonies du Nouveau Monde est de meilleure qualité. En revanche, la canne à sucre pousse très bien sur nos îles. Bien sûr, cela nécessite quelques investissements…

Lady Wentworth se souvint juste à temps qu'elle s'adressait à une fille de négociant. Si elle en disait trop sur les facilités à cultiver la canne à sucre en Jamaïque, à la Barbade ou aux îles Vierges, le père de Nora risquait de revoir les prix à la baisse.

— Il faut acheter des esclaves, par exemple !

— Nous ne souhaitons pas y avoir recours, répondit doucement mais fermement Nora, qui était du même avis que Simon sur ce sujet. Ce n'est pas… ce n'est pas chrétien.

Lady Wentworth, une femme d'une trentaine d'années dont l'opulente poitrine menaçait de faire céder son corset, éclata de rire.

— Oh, mon enfant, vous avez tant à apprendre. Sachez que si Dieu n'avait pas voulu que les Noirs travaillent pour nous, Il ne les aurait pas créés. Une fois sur place, miss Reed, vous comprendrez. La chaleur et l'humidité seraient intenables pour des Blancs, alors que les Nègres ont l'habitude. Et nous les traitons bien, nous leur donnons de quoi se nourrir, se vêtir… Nous avons même un révérend qui leur prêche l'Évangile ! Hélas, ils ne l'apprécient pas toujours à sa juste valeur et tiennent à leurs affreux rituels. Si vous les entendiez invoquer leurs divinités… Enfin, nous limitons de tels agissements et cela ne peut que plaire au Seigneur. Mais parlons de choses plus agréables, miss Reed.

La lady prit un biscuit.

— Je crois comprendre que vous avez l'intention de vous marier sur l'une de nos sublimes îles. Qu'en dit votre père ?

Plutôt que de s'étendre sur ce sujet, Nora préféra s'enquérir d'autres possibilités de carrière.

— Sur ces îles, n'y a-t-il pas des négociants, des intermédiaires qui… ?

— Non, hormis quelques capitaines qui travaillent pour leur propre compte. Les planteurs traitent directement avec les négociants basés en Angleterre.

Nora comprit que cela ne devait pas présenter de difficultés particulières, étant donné que la majorité des planteurs conservaient un ou plusieurs pieds-à-terre en Angleterre. Ainsi, les Wentworth possédaient en plus de leur splendide demeure à Londres un domaine dans l'Essex. Il n'était pas rare qu'un homme de la famille restât en métropole pour encadrer les activités de négoce – quand les cartels ne se chargeaient pas de fixer le même prix pour tous. Nora se mordit les lèvres. La lady avait raison, le secteur de la canne à sucre était organisé de telle façon que des maisons de négoce en Jamaïque ou à la Barbade n'avaient aucune utilité.

— Il y a bien quelques commerçants dans les villes que l'on trouve sur les grandes îles, ajouta Lady Wentworth. Bien sûr, il faut faire expédier tout ceci…

Son geste engloba le mobilier luxueux de son salon, les tableaux accrochés aux murs et sa magnifique robe d'intérieur dont les froufrous débordaient par-dessus les accoudoirs de son fauteuil.

— On trouve toutefois sur place quelques tailleurs, boulangers et épiciers.

L'expression de Lady Wentworth en dit long sur ce qu'elle pensait de cette populace.

Nora réprima un soupir. Voilà qui n'était pas très encourageant pour elle et Simon, qui n'était ni tailleur, ni boulanger, ni épicier. Elle-même ne se voyait pas derrière un comptoir à discuter avec les femmes de Kingston ou de Bridgetown tout en leur présentant ses marchandises, alors le timide Simon, qui ne supportait pas les commérages…

Simon reprit son souffle avant de regagner les locaux de Mr Reed situés sur la rive nord de la Tamise. L'intérieur était relativement sombre, en particulier dans les bureaux des secrétaires qui travaillaient sur des pupitres à peine éclairés, si bien que les employés les plus âgés avaient souvent du mal à déchiffrer les livres de comptes. En revanche, le bureau privé de Mr Reed disposait de fauteuils confortables ainsi que de grandes baies vitrées avec une vue imprenable sur le fleuve qui impressionnait les visiteurs. Justement, Reed recevait quelqu'un. Simon entendit sa voix de stentor alors qu'il ôtait son manteau.

— Reed, au diable ces considérations morales ! s'exclama un deuxième homme à l'accent écossais. Nous sommes des modérés, je connais d'autres îles où le règlement est bien plus strict. Les Danois autorisent même à ce qu'on brûle vifs les Nègres récalcitrants, ce qu'un Britannique digne de ce nom ne permettrait pas. Mais rien ne fonctionne sans discipline. Et il y a pire que la Barbade, pour un esclave. Je parle en connaissance de cause.

L'homme rit.

Simon fronça les sourcils. Voilà qui était intéressant. Il n'avait jamais entendu parler de Blancs partis travailler comme esclaves dans les colonies. Il identifia le visiteur grâce au blason qui ornait un bagage posé dans le couloir : Angus McArrow, tout nouveau Lord of Fennyloch. Il se souvint que Thomas Reed l'avait aidé à acheter son siège au Parlement. L'Écossais, qui possédait une plantation à la Barbade, était venu le remercier. Le bagage contenait quelques bouteilles de son meilleur rhum, et à en juger par leur gaieté, les deux hommes n'en étaient pas à leur premier verre. Simon, qui devait transmettre la réponse de Mr Roundbottom, se tourna vers un employé plus âgé.

— Vous pensez que je peux entrer ?

— Oui, leur conversation n'a pas l'air confidentielle.

Simon frappa doucement à la porte mais ne fut pas entendu car Reed riait aux éclats.

— Vous, McArrow, vous avez travaillé dans les champs de canne à sucre ?

— Puisque je vous le dis ! Mais je n'ai jamais côtoyé de Nègres, ils sont arrivés après. J'ai sué sang et eau pendant cinq ans pour l'un des premiers planteurs installés sur l'île, et il m'a récompensé en m'offrant un lopin de terre. Vous pouvez me croire, de nombreux barons du sucre ont commencé comme moi, tout en bas de l'échelle, même s'ils ne s'en vantent pas. Enfin, c'était dur et beaucoup n'ont pas fait de vieux os. Aujourd'hui, c'est leur descendance qui récolte les fruits de leur travail.

— C'est très intéressant, dit Reed. J'ignorais que... Un instant, je vous prie. Entrez !

Simon, qui venait de frapper pour la troisième fois, entra timidement dans le bureau et s'inclina devant les deux hommes.

— Milord...

Le visage rougeaud de McArrow s'éclaira.

— Bonjour, jeune homme. Simon... Green-quelque-chose, n'est-ce pas ? Vous aviez rédigé mon discours d'entrée à la Chambre des lords, il me semble. Magnifique, tout simplement magnifique. Prenez donc un verre, vous semblez en avoir bien besoin. Vous avez piqué une tête dans la Tamise ?

McArrow rit de sa propre plaisanterie. En effet, Simon avait encore les cheveux trempés et la chemise qu'il avait soigneusement repassée le matin même pendait piteusement.

— Vous êtes allé chez Mr Roundbottom à pied ? demanda Thomas Reed. Enfin, par ce temps, vous auriez pu prendre un fiacre.

L'homme avait les yeux verts comme Nora et un visage fin qui contrastait avec sa carrure imposante. Il fronça les sourcils. Parfois, Simon lui paraissait bien gauche. C'était un jeune homme bien élevé, un secrétaire comptable sérieux, certes, mais cette démarche, ces habits élimés... Et avec cette pluie, pourquoi n'avait-il pas pris un fiacre ? On allait croire que Thomas Reed ne rémunérait pas son personnel décemment !

— Eh bien, Simon, qu'attendez-vous ? Si vous avez une réponse de Mr Roundbottom, donnez-la-moi, insista Thomas Reed en tendant la main.

— D'abord, trinquez avec nous ! intervint McArrow.

Simon, effaré, vit l'Écossais remplir un verre à ras bord d'un liquide doré. Du rhum de la Barbade, sans doute excellent, mais boire avec Thomas Reed, c'était se considérer comme son égal et Simon ne pouvait se le permettre, encore moins sur son temps de travail. Il hésita et sortit d'abord la missive de Mr Roundbottom qu'il avait protégée de la pluie en la gardant dans la poche intérieure de sa veste.

— Monsieur.

Thomas Reed la prit et résolut le dilemme de Simon par un signe de tête en direction de McArrow et du verre rempli à ras bord qu'il lui tendait. Il avait beau trouver inconvenant de trinquer avec son secrétaire, il ne voulait pas froisser son visiteur. Simon but une petite gorgée et sentit une agréable chaleur se diffuser dans tout son corps. Ce rhum était légèrement sucré, à la fois plus riche en arômes et plus doux que les autres auxquels il avait goûté.

— On dirait presque du brandy, vous ne trouvez pas ? souligna McArrow, en quête de compliments. Sur ma plantation, nous employons une technique particulière de fermentation qui...

Reed l'interrompit.

— Je vous en prie, finissez de nous raconter vos débuts.

— Oh, il n'y a plus grand-chose à en dire. Ces cinq années n'ont pas toujours été une partie de plaisir, mais j'ai tout de même eu de la chance. Au bout de trois ans, les premiers Nègres sont arrivés. Mon propriétaire, qui n'était pas un mauvais bougre, m'a cédé un terrain et deux esclaves que j'ai formés. À cause de la gestion calamiteuse de ses fils, aujourd'hui, c'est moi qui ai la plantation la plus étendue. Et j'en ai profité pour acheter le siège de la famille au Parlement.

— Ce système existe-t-il toujours ?

Simon et Reed avaient parlé en même temps. Aussitôt, le jeune homme se mordit les lèvres. Il n'était déjà pas à sa place dans cette conversation entre partenaires commerciaux, alors y participer…

— Non, car personne n'a intérêt à ce que les plantations se multiplient. Une offre trop importante, ce sont des prix qui baissent. Pardonnez-moi, Mr Reed, mais c'est ce que nous autres planteurs voulons éviter. On entend encore parler çà et là de quelques arrangements conclus sous réserve d'un engagement de sept ans, ce qui n'est pas avantageux. Non, non, tout ceci a pris fin ou presque avec l'arrivée des Nègres. Ils ne sont pas à plaindre, d'ailleurs ils ne travaillent pas plus que nous au tout début.

Simon se retint d'objecter que les Nègres ne pouvaient rien espérer en retour, même après plusieurs années d'un dur labeur. Il aurait volontiers posé d'autres questions à McArrow, mais Reed avait déjà contresigné la lettre de Mr Roundbottom et la lui tendait. Une invitation évidente à quitter la pièce et à se remettre au travail.

Simon retourna à son pupitre dans la pièce voisine, tout en guettant McArrow. Lorsque celui-ci sortit à son tour du bureau, il le rejoignit discrètement.

— Mr McArrow, euh… Milord… Puis-je… puis-je vous poser encore une question ?

— Même dix, mon garçon ! répondit l'Écossais hilare. Je vous en prie, j'ai tout mon temps. C'était mon dernier rendez-vous de la journée.

Simon prit son courage à deux mains.

— Eh bien, y a-t-il un avenir pour un jeune homme qui voudrait… disons… s'installer en Jamaïque ou à la Barbade ?

McArrow le dévisagea longuement et sourit.

— Vous en avez assez de toute cette pluie, n'est-ce pas ? Je vous comprends. Mais les îles… Oui, bien sûr, vous pourriez vous faire embaucher dans une planta- tion. Les Blancs ne travaillent plus aux champs mais nous avons toujours besoin de contremaîtres. Quant à savoir si un garçon comme vous ferait l'affaire… On dirait que vous allez vous envoler au premier coup de vent !

Simon rougit. Même s'il n'avait jamais été très solide, ces derniers mois l'avaient particulièrement éprouvé. Il ne mangeait pas à sa faim et cette maudite toux l'épui- sait. Mais s'il vivait dans un pays chaud… De plus, les planteurs fournissaient certainement le gîte à leurs contremaîtres, et l'argent économisé en loyer lui per- mettrait de se nourrir convenablement.

— Eh bien… Les apparences sont parfois trom- peuses, milord. Je suis travailleur et…

— Mais je doute que vous sachiez manier le fouet, mon garçon, et c'est indispensable avec les Nègres. Par- fois, quand les choses tournent mal, il faut même les pendre, et vous n'en seriez pas capable.

McArrow tapota l'épaule de Simon, qui n'en revenait pas. Fouetter ? Pendre ? C'était un travail de bourreau !

— Je pense qu'un travail administratif vous convien- drait davantage, mais ce genre de place ne tombe pas du ciel. Il faut distribuer quelques billets, faire jouer ses relations…

McArrow secoua la tête face à la mine dépitée de Simon.

— Vous pouvez toujours tenter de vous faire engager comme matelot. Mais là encore, ils cherchent des hommes solides et résistants, pas un garçon frêle comme vous. Non, restez plutôt ici dans votre bureau à tenir les comptes. Qui sait, vous aurez peut-être un autre discours à écrire pour ce bon vieux McArrow ! Il était magnifique, on aurait presque cru l'œuvre d'un gentilhomme !

L'Écossais prit son tricorne, se souvint juste à temps de ne pas le poser sur sa perruque volumineuse et le cala sous son bras. Sa berline ornée de son blason l'attendait à la porte. Le lord fraîchement investi n'aurait pas à affronter la pluie.

3

Lorsque Simon eut terminé sa journée de travail, il retrouva Nora à Saint James' Park. Le beau temps était revenu, presque estival, même si les feuilles des arbres jaunissaient déjà. Bien qu'ils eussent choisi un chemin isolé, ils faillirent croiser Lady Pentwood qui discutait avec une amie. Nora attira juste à temps Simon derrière une haie et étouffa un petit rire.

Cette petite aventure ne dérida pas le jeune homme, qui était triste et inquiet. Il fit part à Nora de la conversation décourageante qu'il avait eue avec McArrow. Elle ne fut pas surprise outre mesure et lui rapporta à son tour ce qu'elle avait appris auprès de Lady Wentworth. Lorsqu'elle eut terminé, elle se blottit contre Simon, qui passa un bras autour de son épaule et se pencha pour embrasser sa chevelure.

— Cela ne nous mènera nulle part, murmura-t-elle. Ce McArrow qui parle de frapper des Nègres... Ces gens portent peut-être des titres de noblesse, mais ils ne savent pas se comporter dignement. Je ne crois pas que Dieu ait créé les Nègres pour qu'ils cultivent la canne à sucre et nous enrichissent. Ce voyage en bateau depuis l'Afrique doit être terrible. Mon père m'a dit qu'on les enchaînait.

Thomas Reed ne participait pas à la traite des Noirs. Certes, il tirait indirectement profit de leur travail, car sans esclaves, pas de plantations, et sans plantations, pas de tabac ni de sucre à importer. Mais il réprouvait la traque des êtres humains que l'on enchaînait à fond de cale. Cela allait à l'encontre de ses valeurs chrétiennes.

— Mais c'est la seule possibilité que j'ai là-bas, soupira Simon.

— Nous devons dire à mon père que nous nous aimons. Commence par te déclarer, et ensuite nous aviserons. Je suis sûre qu'il saura comment nous aider. Si je lui dis que je veux vivre dans les colonies, il trouvera un moyen.

Après le décès prématuré de sa femme, Thomas Reed avait beaucoup gâté Nora et celle-ci ne doutait pas qu'il exaucerait le moindre de ses vœux.

— Parlons-lui demain ! Tu achèteras quelques fleurs, on en trouve à un bon prix au marché de Cheapside.

— Mon amour, les fleurs ne seront pas un problème. Mais patientons encore quelques semaines, d'accord ? On ne sait jamais, la situation pourrait se débloquer… Grâce à McArrow, par exemple. S'il décide de rester à Londres pour siéger au Parlement, il risque d'avoir besoin d'un secrétaire particulier. Ensuite, je pourrais repartir avec lui à la Barbade. Sans oublier que dans deux mois, j'aurai fini de payer la dot de Samantha et je pourrai mettre plus d'argent de côté. Enfin, Nora, je ne peux pas me présenter devant ton père dans ces habits élimés pour lui demander ta main !

Nora rit et l'embrassa.

— Mon chéri, c'est toi que je veux épouser, pas tes chausses et ta veste !

Simon soupira. Thomas Reed ne verrait sans doute pas les choses ainsi, mais il avait au moins réussi à repousser l'échéance. Il pouvait toujours compter sur un miracle… Simon prit Nora par la main et l'entraîna vers le lac déjà nappé de brouillard.

— Je vais louer une barque pour t'emmener sur la petite île au milieu. Nous imaginerons que ce sera la nôtre, avec la mer, la plage, les vagues…

— Et nous pourrons nous embrasser en toute tranquillité ! En voilà une merveilleuse idée. Tu sais ramer, n'est-ce pas ? Mais oui, tous les lords et les vicomtes pratiquent l'aviron.

En réalité, l'expérience de Simon se limitait à quelques tentatives peu concluantes de diriger un radeau de bric et de broc sur l'étang de Greenborough. S'il réussit à manœuvrer sa barque plus ou moins adroitement sur le lac et à ne pas chavirer, Nora ne fut pas rassurée de l'entendre tousser de plus belle.

Les semaines suivantes ne furent pas porteuses de bonnes nouvelles pour les deux amoureux, au contraire. Avec l'arrivée de l'automne, Simon grelottait dans sa mansarde humide et dépourvue de chauffage. Au moins, dans les locaux de Thomas Reed, on avait la chance de travailler à la chaleur des grands feux qui crépitaient dans les cheminées. Tous les secrétaires de Londres ne pouvaient pas en dire autant, nombre d'entre eux attrapaient la goutte à force de tenir la plume entre leurs doigts engourdis, même s'ils portaient des gants. Et lorsque Simon envoya enfin le dernier versement pour la dot de sa sœur, son soulagement fut de courte durée. En effet, le même jour, il reçut une lettre de sa mère qui lui annonçait, ravie, la grossesse de Samantha. Elle comptait sur un don généreux de Simon pour récupérer chez le prêteur sur gages le chandelier de baptême de la famille Greenborough. Simon continua donc à lui envoyer de l'argent, malgré la désapprobation de Nora.

— Elles y ont droit, cet objet fait partie de notre patrimoine familial, expliqua Simon. Et nous en profiterons aussi quand nous aurons des enfants.

Nora se pelotonna dans son manteau en soupirant. Malgré le temps gris et venteux, elle avait tenu à accompagner son bien-aimé jusqu'aux quais de Londres. À la demande d'un planteur, Thomas Reed avait confié à son secrétaire la vérification d'une cargaison de tabac en provenance de Virginie, acheminée par un capitaine qui n'avait pas très bonne réputation. Simon s'était acquitté de sa tâche avec zèle, bien que son vieux manteau le protégeât à peine de la pluie et du vent. En le voyant trembler de froid, l'agacement de Nora envers sa mère et sa sœur s'accrut encore.

— Nos enfants naîtront certainement aux îles Vierges, en Jamaïque ou à la Barbade, et ne compte pas sur ta mère pour nous envoyer ce chandelier. Non, Simon, cet objet reviendra à Samantha pour préserver le prestige des Greenborough vis-à-vis de sa belle-famille. Pendant ce temps, toi, tu t'échines à rembourser les dettes de ton père, tu vis dans une mansarde sans chauffage et tu n'as même pas les moyens de t'acheter un manteau correct !

Nora comprenait d'autant moins l'attitude de Simon que les créanciers de son père n'étaient pas des hommes d'honneur, mais des joueurs et des parieurs. Dans quelques mois, le jeune couple serait à la Barbade ou en Virginie, loin de ces escrocs. Seulement pour Simon, les dettes de jeu étaient des dettes d'honneur et il avait à cœur, en tant que gentilhomme, de ne pas se dérober.

— Il faut que tu parles à mon père, insista Nora.

Elle prit Simon par le bras et l'entraîna vers sa berline. Il avait encore marché à l'aller pour économiser un fiacre. Peppers, toujours aussi patient, leur ouvrit la portière.

— Merci beaucoup.

Nora n'oubliait jamais de sourire à son domestique. Sa gentillesse était sans doute l'une des raisons pour lesquelles le personnel de maison ne faisait rien pour contrarier son idylle secrète avec Simon.

— Papa trouvera une solution. Il t'apprécie, il te fait confiance. La preuve, il te demande de vérifier les cargaisons. Qui sait, il se doute peut-être de quelque chose. Si tu ne lui demandes pas ma main maintenant, nous risquons de ne pas nous voir de tout l'hiver.

Simon acquiesça. Nora avait raison, mais il redoutait plus que tout cette entrevue. Si elle ne se passait pas aussi bien que la jeune femme l'espérait, il perdrait non seulement sa bien-aimée mais aussi son salaire, la chaleur de son bureau et un employeur accommodant. Thomas Reed ne l'avait pas réprimandé lorsqu'il avait dû s'absenter deux jours en début de mois à cause d'une forte fièvre. Il s'était traîné jusqu'au bureau, mais Reed l'avait tout de suite renvoyé chez lui. Simon appréciait cette grande générosité à sa juste valeur, car chez d'autres employeurs, les secrétaires travaillaient jusqu'à épuisement.

— La semaine prochaine, Simon ! Pour l'instant, papa est préoccupé par le grand bal de samedi prochain. Et puis il faut que je décide comment m'habiller, me coiffer… sans oublier mes leçons de danse. Mais qui a besoin de savoir danser aux colonies ?

Nora feignait de ne pas s'intéresser aux bals et autres mondanités auxquels elle accompagnait son père. Mais au fond, ces sorties lui plaisaient, elle aimait la danse et les belles toilettes. Toutefois, elle ne se laissait séduire par aucun des jeunes hommes qui remplissaient son carnet de bal. Nora Reed attendait impatiemment de danser son premier menuet avec Simon et se prenait même à rêver d'un Nouvel An sous les tropiques. On entendait parler jusqu'à Londres des soirées féeriques que les planteurs de canne à sucre donnaient dans leurs demeures des Caraïbes.

— La semaine d'après sera plus calme, nous aurons tout le temps d'organiser nos fiançailles. Mon père donnera sans doute une fête ! Quant à toi, tu vas devoir sortir de ta réserve et renouveler ta garde-robe ! C'est peut-être ta chance d'obtenir un poste aux colonies, pour peu que l'on te présente aux bonnes personnes. Oh, imagine, Simon… Fini la pluie incessante, nous aurons du soleil toute l'année.

Nora se serra contre son amoureux et interpréta les battements de son cœur comme une manifestation de joie. Elle n'imaginait pas une seconde que son père contrecarrât leurs projets.

Le dimanche, tandis que Nora se reposait après le bal, Simon entreprit de soigner sa toux. Il acheta de la camomille ainsi que du bois en quantité suffisante pour préparer des tisanes et chauffer au moins partiellement sa mansarde traversée de courants d'air. Cela n'échappa pas à Mrs Paddington, son irascible logeuse, qui y alla de son commentaire acide.

— Tiens, on dirait que la fortune sourit à Milord. Est-ce que je dois vous appeler à nouveau «lord», «vicomte» ?

Simon se retint de lui répondre que cela aurait été aimable de sa part, indépendamment de sa situation financière. Mais dans la bouche de cette femme, «lord» et «vicomte» tenaient davantage de l'insulte que du titre honorifique. Elle prenait un malin plaisir à voir un membre de la noblesse s'abaisser à louer une chambre dans le quartier reconstruit à la va-vite après le grand incendie de Londres.

Simon plaça son lit le plus près possible de la cheminée et passa son dimanche sous des couvertures rêches et humides, sans succès. La cheminée tirait mal, elle servait peu et n'avait pas été ramonée depuis longtemps.

La fumée ne faisait qu'aggraver sa toux. De deux maux, Simon choisit le moindre et éteignit le feu. Autant ne pas gaspiller d'argent en bois de chauffage.

Nora choisit le mardi suivant pour l'annonce officielle de ses fiançailles. Simon viendrait présenter ses hommages à son père le soir, après le travail. Ainsi, Thomas Reed aurait le temps de rentrer tranquillement chez lui et de se détendre. Il partait souvent avant ses secrétaires, qui restaient un peu plus tard pour mettre en ordre les derniers registres à la lueur des bougies.

Ce soir-là, Simon avait l'intention de repousser son départ le plus longtemps possible, mais il eut finalement pitié du jeune garçon qui attendait qu'il eût terminé pour balayer par terre, tailler les plumes, remplir les encriers et éteindre les bougies et le feu dans la cheminée. Simon n'allait pas le retenir en prétextant d'avoir du travail.

Comme il ne pleuvait pas, Simon put marcher jusqu'à Mayfair. Dans le cas contraire, il se serait payé un fiacre car il ne pouvait décemment pas se présenter trempé comme une soupe devant son futur beau-père. Le jeune homme avait dépensé l'argent économisé dernièrement pour acheter un beau bouquet pour Nora. Mais il faillit tourner les talons en arrivant devant la belle demeure des Reed, dont la façade était ornée de colonnes et d'un fronton triangulaire de style romain. Derrière la maison se trouvait même un petit parc. Le manoir des Greenborough n'aurait pas pu rivaliser.

Simon prit son courage à deux mains et frappa à la porte, qui s'ouvrit presque immédiatement sur une petite rousse vêtue d'un uniforme de domestique impeccable. Elle le regarda d'un air entendu lorsqu'il se présenta et demanda à voir le maître de maison. Nora l'avait sans doute mise dans la confidence.

— Je vais prévenir Monsieur. Permettez-moi de prendre votre manteau.

Simon fut introduit dans un petit salon meublé avec goût où il retrouva Nora.

— Simon! s'exclama-t-elle, rayonnante. Tu as bonne mine. Si seulement tu n'avais pas l'air mort de peur!

Simon essaya de lui retourner son sourire. Il appréciait ses encouragements, mais il savait qu'il pâlissait et maigrissait à vue d'œil. Au moins, ses habits étaient impeccables. En plus de prendre toujours grand soin de la dentelle et du jabot de ses deux dernières chemises, il avait appris à coudre pour ajuster ses chausses ainsi que son manteau devenus trop larges. Il avait même acheté du saindoux pour lustrer ses souliers à boucle usés et s'était poudré les cheveux sans lésiner sur le talc.

— Et toi, tu es magnifique, répondit-il à Nora.

Celle-ci sourit, flattée. En cette grande occasion, elle avait choisi une robe de brocart doré parée d'innombrables nœuds et rubans. Ses cheveux étaient joliment tressés mais non poudrés, comme d'habitude, et ses joues étaient roses de joie et d'excitation.

— Viens, entre! Papa est de très bonne humeur. Oh, quelles jolies fleurs... Non, pourquoi je le dis tout de suite? Peut-être... peut-être que tu devrais attendre le majordome.

À présent, Nora montrait elle aussi des signes de nervosité, comme troublée par sa propre audace. Elle embrassa Simon sur la joue pour l'encourager. Les deux jeunes gens rougirent lorsque le majordome apparut dans l'embrasure de la porte et signala sa présence par une toux discrète.

Thomas Reed, confortablement installé au fumoir, fut étonné de voir sa fille le rejoindre. D'habitude, elle n'aimait pas cette pièce à cause de l'odeur de tabac, de vieux cuir et de rhum qui y régnait. Ce soir-là, elle semblait particulièrement nerveuse et ne cessait de lever le nez de son nécessaire à broder.

— Mr Reed, le vicomte Simon Greenborough souhaite vous présenter ses hommages, annonça le majordome sur un ton solennel.

Thomas Reed sourit. Voilà qui était typique du jeune Simon, toujours formel jusqu'à la caricature. Pourquoi s'annoncer ainsi alors qu'il venait certainement lui remettre un pli urgent ? Il n'en revint pas de voir son jeune secrétaire s'avancer timidement mais droit comme un I derrière le majordome, un bouquet de fleurs à la main.

— Mr Reed, miss Nora…, dit Simon en s'inclinant.

— Bonsoir, Simon, répondit Reed. Des nouvelles de Morrisburg ? Ou peut-être avez-vous des nouvelles de ce navire dont on a signalé la disparition ?

Nora vola au secours de Simon en voyant sa mine déconfite.

— Quelles jolies fleurs ! Elles sont pour moi ?

Thomas Reed leva les yeux au ciel.

— Je suppose, mon enfant. Je ne vois pas pourquoi Mr Greenborough m'en offrirait. Enfin, Simon, ce n'était pas nécessaire. Il ne s'agit pas d'une visite de courtoisie, et on ne peut pas dire que vous disposiez de gros moyens.

Simon rougit lorsque le regard du négociant se posa sur sa veste élimée.

— Si, balbutia-t-il. Enfin, ce serait davantage une…

— Allons, donnez-moi ces fleurs, dit Nora en l'encourageant d'un sourire.

Simon eut besoin de temps pour se ressaisir. Il s'apprêtait à formuler sa première demande en mariage et n'aimait pas improviser. S'il écrivait des lettres magnifiques à Nora et la couvrait de compliments quand ils se retrouvaient seuls, les autres personnes le mettaient souvent mal à l'aise. En prenant le bouquet, la jeune femme en profita pour effleurer sa main glacée. Le regard qu'ils échangèrent alors surprit Thomas Reed.

— Bien. Mr Greenborough et moi allons discuter de ce qui l'amène chez nous à cette heure tardive. Cela risque de t'ennuyer, Nora. Va plutôt demander un vase pour les fleurs.

— Non, papa, répondit-elle en rougissant. Enfin, je voulais dire... Euh... Cela ne m'ennuiera pas, parce que...

— Parce que je...

Simon ne pouvait laisser sa bien-aimée le devancer.

Thomas Reed fronça les sourcils.

— Parce que quoi, Simon ? Et toi, Nora, pourquoi cet intérêt soudain pour les bateaux disparus ?

Les yeux de la jeune femme étincelèrent.

— Enfin, père, vous savez que tout ce qui a trait aux colonies m'intéresse. D'ailleurs, Simon et moi...

— Simon et toi ?

Le ton de Thomas Reed se durcit. L'homme se cala dans son fauteuil.

Alors qu'il voulait prendre une profonde inspiration, Simon dut réprimer une quinte de toux. Il devait se lancer. Au moins, avec son verre de rhum, son cigare et sa veste d'intérieur en soie, le père de Nora était moins impressionnant qu'au bureau.

— Monsieur, je... je suis ici pour vous demander la main de votre fille.

Nora rayonnait, tandis que Thomas Reed était bouche bée.

— Je sais que je ne suis pas un bon parti, poursuivit Simon pour rompre le silence pesant. Mais je... j'aime votre fille de tout mon cœur, et Nora m'a assuré que mes sentiments étaient réciproques. Je n'ai pas de fortune, mais je ferai tout pour lui offrir une vie décente et...

Le rire de Thomas Reed l'interrompit.

— Et comment comptez-vous vous y prendre ?

— Nous pensions aux colonies, papa ! intervint Nora avec un grand sourire. Si tu aidais Simon à trouver un poste en Jamaïque ou à la Barbade… Enfin, nous nous disions que tu serais peut-être intéressé par l'ouverture d'une succursale là-bas et nous souhaiterions…

— Silence ! Va plutôt arranger ton bouquet de fleurs. Ta présence n'est pas nécessaire pour l'instant.

Nora s'exécuta non sans un dernier regard encourageant à Simon. Le jeune homme ne savait pas s'il devait se sentir soulagé ou abandonné.

— Monsieur… Je sais que cela peut vous paraître surprenant, et Nora sous-estime sans doute les difficultés qui nous attendent. Mais je suis jeune et travailleur, je peux trouver du travail dans une plantation.

— Vous êtes constamment malade, Simon, l'interrompit sèchement Reed. Mr Simpson, votre supérieur, pense qu'il serait préférable de vous renvoyer car votre travail laisse à désirer. Et ce soir, vous vous dites prêt à partir dans les colonies pour mater des Nègres deux fois plus costauds que vous ?

Simon se mordit les lèvres.

— Je… j'ai toujours rattrapé mes heures, monsieur. Et vous pouvez me faire confiance. Si je pars aux colonies pour vous représenter…

— Simon, je n'imagine pas ma fille vivre là-bas. Ce n'est qu'un caprice d'enfant. Elle a dix-sept ans, elle a tout le temps de rencontrer un jeune homme respectable issu de la bourgeoisie londonienne, de s'en éprendre, de s'installer dans une belle demeure… Je veux voir grandir mes petits-enfants, Mr Greenborough, et ne pas m'inquiéter pour leur subsistance.

— Les enfants de la famille Greenborough ont toujours mangé à leur faim ! protesta Simon.

Thomas Reed prit une profonde inspiration et but une gorgée de rhum.

— En vous voyant, permettez-moi d'en douter. Votre père a perdu ses terres, son manoir et son titre au jeu, si j'en crois mes informations. Quant à vous, vous peinez à garder la tête hors de l'eau – ce qui ne m'empêche pas d'apprécier votre sérieux et votre persévérance. J'ai entendu dire que vous remboursiez les dettes de votre père. C'est tout à votre honneur, bien d'autres se seraient défilés à votre place. Mais je souhaite autre chose pour ma fille !

— Elle deviendra Lady Greenborough.

Thomas Reed se frotta les tempes.

— C'est une illusion, Simon, et vous le savez. Continuez à vous faire appeler « vicomte » si ça vous chante, mais si je veux que les enfants de Nora portent un titre, autant que je la marie à un Codrington, non ?

Simon baissa la tête.

— Mr Reed, j'aime votre fille.

— Je comprends, Nora est une jeune femme charmante, aussi belle qu'intelligente. Mais l'amour ne suffit pas.

— Elle m'aime aussi, insista Simon d'une voix étranglée.

Reed dévisagea son secrétaire. Certes, il était bien éduqué et assez joli garçon, malgré sa maigreur. Il avait des yeux sombres, des pommettes hautes et des lèvres bien dessinées. Ses doigts étaient effilés, ses mains délicates, presque gracieuses. Il savait certainement danser et monter à cheval. Reed voulait bien croire que Nora était amoureuse de lui, peut-être même que Simon saurait la rendre heureuse. Mais là, c'était plus qu'un simple caprice. Nora était presque adulte, il était temps de penser à son avenir.

— Cela ne durera pas, finit-il par répondre. Vous m'en voyez désolé, Simon, mais je ne puis accéder à votre demande. Nora est encore bien immature. Concernant la suite, je ne vous renverrai pas mais je vous suggère tout de même de chercher une autre place, de préférence chez un employeur qui n'a pas de fille en âge de se marier. Je vous écrirai bien sûr une lettre de recommandation. Je ne vous souhaite rien de mal, Simon Greenborough. Mais vous devriez vivre conformément à votre situation.

D'un geste, Thomas Reed signifia à Simon que la discussion était terminée et l'invita à sortir. Le jeune homme s'inclina une dernière fois, ainsi que la politesse l'exigeait, mais ne prononça plus un mot. Heureusement que le majordome l'attendait sur le seuil pour le raccompagner, il n'aurait jamais su retrouver le chemin tout seul.

Hébété, Simon regagna l'East End à pied, sous la pluie. Il gravit d'un pas lourd l'escalier branlant qui menait à sa mansarde en essayant d'ignorer la voix fielleuse de Mrs Paddington ainsi que la forte odeur de nourriture, d'immondices et d'humidité qui flottait dans tout l'immeuble. Voilà un cadre qui correspondait à sa situation.

4

Thomas Reed ne s'inquiéta pas outre mesure quand il constata l'absence de Simon Greenborough au bureau le lendemain matin. Il était même prêt à fermer les yeux pour cette fois. Certes Simon, par sa demande, s'était montré présomptueux, mais il fallait au moins lui reconnaître la noblesse de ses origines et sa bonne éducation. Bien que Thomas Reed eût préféré avoir pour gendre un riche commerçant, il se serait montré conciliant si Nora avait tenu à épouser un riche propriétaire terrien. Il ne l'avait jamais vue aussi bouleversée que la veille au soir, lorsqu'il l'avait informée de son refus. Nora, d'ordinaire si charmante et obéissante, avait crié, pleuré, supplié… Mais il avait campé sur ses positions, convaincu de prendre la bonne décision. Et Nora finirait par comprendre.

Au deuxième jour d'absence, l'indulgence de Thomas Reed laissa place à un certain agacement. Le jeune secrétaire avait sa fierté, certes, mais il exagérait. Thomas Reed devait déjà supporter la bouderie de sa fille, qui restait enfermée dans sa chambre et refusait de lui adresser la parole. Il finit par demander conseil à sa vieille amie Lady MacDougal, une aristocrate écossaise dont le mari siégeait au Parlement.

— N'y attachez pas trop d'importance, dit-elle. Ah, ces jeunes filles et leurs amourettes ! Votre fille s'est peut-être entichée d'un noble désargenté, mais sachez que l'an dernier, notre Eileen a voulu épouser un pale-frenier, un pauvre garçon qui ne savait ni lire ni écrire ! Il l'a accompagnée lors de quelques sorties à cheval et lui a fait perdre la tête. Mais elle a fini par l'oublier, et il en sera de même pour Nora. Vous n'avez qu'à lui chan-ger les idées. Nous pourrions l'emmener à Balmoral pour l'ouverture de la chasse. Achetez-lui un nouveau cheval, cela la distraira. Et emmenez-la aux bals, elle y rencontrera plus de gentilshommes qu'elle ne pourra en compter, tous bons danseurs et bons cavaliers. Il faudra simplement vérifier l'état de leurs finances. Croyez-moi, le sujet « Simon Greenborough » sera assurément clos.

Rassuré, Thomas Reed prit congé. Lady MacDou-gal avait raison, Nora manquait peut-être de réalisme mais pas de discernement, et elle s'était moins abaissée qu'Eileen MacDougal dans ses amours secrètes. Ce fut presque avec optimisme qu'il exposa ses projets à Nora au dîner.

— Je ne veux pas de cheval, papa, je veux Simon. Je ne suis plus une enfant que l'on amadoue en lui offrant une maison de poupée !

Nora jeta sa serviette sur la table et repoussa son assiette.

— Je vois que nous sommes passés de la maison de poupée à la demeure coloniale, rétorqua Reed, que l'entêtement de Nora commençait à agacer.

— Simon et moi pourrions vivre dans une simple hutte. Je l'épouserai avec ou sans ta bénédiction !

Thomas Reed soupira. Préférant éviter toute fugue, il consigna Nora à la maison, même si Simon Greenborough n'avait certainement pas les moyens de financer une traversée pour deux jusqu'aux colo-nies. Ce garçon était de toute façon en train de creuser sa propre tombe. Encore une journée d'absence injus-tifiée et il serait renvoyé.

Finalement, Thomas attendit encore une semaine avant de se décider enfin à envoyer à Simon sa lettre de renvoi. Pour se donner bonne conscience, il ajouta un paragraphe précisant que si le jeune homme avait besoin de références, il pouvait contacter son ancien employeur à tout moment. Simpson renâcla, pour finalement s'exécuter.

De son côté, Nora ne tarda pas à braver l'interdiction de son père. Après quelques jours d'une surveillance stricte, les domestiques la laissèrent se faufiler jusqu'aux écuries sans aucun commentaire. Assis sur un tabouret, Peppers appliquait un mélange de cire et d'huile de pin sur un harnais.

— Quel beau travail, dit Nora après l'avoir salué. Cela doit vous prendre beaucoup de temps.

Le cocher, un petit homme trapu à la mine joviale et aux yeux bleu clair et futés, sourit à Nora.

— Ne vous donnez pas tout ce mal, miss. Vous n'êtes pas venue parler du nettoyage des harnais, n'est-ce pas ? Qu'y a-t-il, encore un rendez-vous secret ? Votre père m'a pris entre quatre yeux et j'ai tout nié, mais je ne peux plus rien pour vous maintenant qu'il est au courant de cette relation et la désapprouve.

Nora hocha la tête.

— Je voulais simplement… Simon ne me donne plus de nouvelles alors que cela ne lui ressemble pas. C'est un gentilhomme, après tout. Il a tout bonnement disparu sans un mot, et je me demandais s'il avait pu vous faire parvenir un message…

— Non, miss, je n'ai rien reçu et les autres domestiques non plus. Mr Reed nous a posé la même question, mais personne n'a rien vu, rien entendu. Croyez-moi, si l'un de nous savait quelque chose…

Peppers soupira en voyant Nora si triste et désemparée.

— Écoutez, mon enfant, le mieux serait de l'oublier.

Il outrepassait ses fonctions en lui donnant ce conseil, mais au diable la bienséance. Il la connaissait depuis sa naissance !

— Le jeune homme a disparu, et ses bonnes manières avec. Il n'en avait qu'après votre argent, miss Nora...

Celle-ci fronça les sourcils.

— Disparu ? Vous pensez que mon père l'a renvoyé ?

Peppers secoua la tête.

— Non, enfin, pas à ma connaissance. Mais j'ai entendu dire qu'il ne s'était pas présenté au bureau depuis sa demande à votre père.

Nora écarquilla les yeux. Le refus de son père avait certainement blessé Simon dans son orgueil, mais de là à ne plus venir travailler, lui qui ne s'était jamais dérobé à ses responsabilités... Il s'était forcément passé quelque chose.

Nora se ressaisit et prit une décision.

— Peppers, veuillez me conduire au bureau de mon père, s'il vous plaît. Je dois aller voir si...

— Oubliez-le, miss. Cet homme ne vous aime pas !

— Non, Peppers, je n'ai pas l'intention de baisser les bras. Et si Simon Greenborough ne m'aime plus, qu'il me le dise en face !

Le cocher fronça les sourcils. Pourquoi conduire Nora à la société de son père en l'absence de ce dernier ? Le matin même, Peppers avait en effet conduit Thomas Reed chez un partenaire commercial. Les deux hommes avaient quelques affaires à régler avant d'embarquer le soir pour un voyage sur le continent qui les emmènerait à Amsterdam puis à Lübeck. Le cocher jugeait donc peu probable que Reed repassât à son bureau dans la journée. Mais ce n'était sans doute pas à son père que Nora souhaitait parler.

— N'insistez, miss, je n'ai pas le droit de vous dire où vit Mr Greenborough !

Mr Simpson, un petit homme replet, réagit comme si la requête de Nora constituait une offense personnelle.

— Ce ne serait pas correct vis-à-vis de votre père, et de toute façon, cet homme ne travaille plus chez nous.

— J'aimerais seulement lui écrire, mais c'est impossible sans son adresse.

Simpson ricana.

— Personne ne se risquera dans son quartier pour déposer votre lettre. Je vais devoir vous demander de partir, miss Nora. J'ai du travail et je ne peux pas vous aider.

En sortant dans le couloir, Nora croisa George Wilson, un jeune secrétaire.

— Vous pouvez bien sûr attendre votre père dans son bureau, lui dit-il. Ce n'est pas exclu qu'il repasse ici avant d'embarquer. Et si vous désirez une tasse de thé, je vous la servirai avec plaisir.

Nora accepta. Cette visite était l'occasion d'en apprendre davantage. En attendant Wilson, elle s'assit dans le bureau de son père et promena son regard intelligent sur les étagères chargées de registres.

— Ainsi, Mr Greenborough a été renvoyé ? demanda-t-elle au retour de Wilson.

Celui-ci sourit à la vue de la jeune femme gracile installée dans l'immense fauteuil, avec les froufrous de sa robe qui débordaient sur les accoudoirs.

— Hélas oui, après une semaine d'absence, répondit-il. Cela ne pouvait pas continuer, nous…

— Wilson, qu'est-ce que vous fabriquez ? intervint Simpson d'un ton acerbe. Vous n'allez pas lanterner, vous aussi. Donnez plutôt à Bobby les lettres qu'il doit porter sur les quais. Quant à vous, miss Reed, je vous ai demandé de partir.

Wilson soupira. Simpson, lui, tourna les talons en prenant soin de laisser la porte ouverte pour signifier aux deux jeunes gens qu'il les gardait à l'œil.

— Eh bien, miss Reed…

Nora s'apprêtait à se lever lorsqu'elle eut une idée lumineuse.

— Mr Wilson, le renvoi de Mr Greenborough lui a-t-il été notifié par écrit ?

Wilson opina.

— Bien sûr, miss Reed, c'est la procédure. Il a également reçu son solde de tout compte, et Mr Reed a proposé de le recommander. J'ai moi-même rédigé la lettre qu'il m'a dictée, mais je… je ne me souviens plus de l'adresse.

Wilson rougit en proférant ce mensonge, mais Nora n'y prêta pas attention. Elle connaissait Bobby, le petit coursier qui avait porté ce courrier. Elle savait désormais à qui s'adresser !

Une fois dans la rue, Nora resta hors de vue de son cocher et héla Bobby, un jeune garçon rouquin de treize ans qui partait pour une course.

— Je peux vous aider, miss Reed ? demanda l'adolescent tout sourire.

— Tu dois te souvenir de l'adresse à laquelle tu as porté la lettre pour Simon Greenborough.

— C'était vraiment votre amoureux, miss Reed ? C'est ce qu'ils disent au bureau, mais un pauvre type sans le sou et une princesse comme vous…

— Cela ne te regarde pas, Bobby ! Du reste, surveille un peu ton langage. Mr Greenborough est tout de même vicomte…

Bobby grimaça.

— Un vicomte qui vit dans une mansarde. Franchement, miss Reed, c'est un taudis. En comparaison, je mène la grande vie ! Et ce quartier derrière la Tour, ces abattoirs…

— Justement, j'aimerais m'en rendre compte par moi-même. Tu veux bien m'y conduire ?

Bobby fronça les sourcils.

— Non, miss, une dame n'a rien à faire là-bas. Sans parler de Mr Reed, il ne me ratera pas...

— Mon père n'en saura rien.

Nora sortit de son aumônière une pièce que Bobby regarda avec convoitise.

— Votre cocher vendra la mèche, observa-t-il en désignant Peppers d'un coup de menton.

La jeune femme se mordit les lèvres. Le coursier avait raison, Peppers ne devait pas l'apprendre non plus.

— Tu penses que nous pourrions contourner la calèche sans qu'il nous voie ?

Bobby gloussa, visiblement amusé de comploter avec une dame de la haute société.

— Non, il n'arrête pas de regarder par ici. N'avancez pas ou il vous verra. Oh, attendez !

Bobby lui lança un clin d'œil, courut vers la berline et échangea quelques mots avec Peppers. Quelques instants plus tard, le véhicule s'éloigna.

— Je lui ai dit que vous attendiez votre père dans son bureau, expliqua Bobby en faisant signe à Nora de le suivre. Allons-y avant que Simpson se doute de quelque chose. Il compte chaque pas que j'ai à faire jusqu'aux quais, et gare à moi si j'ai ne serait-ce qu'une minute de retard...

Nora espérait que Peppers avait mordu à l'hameçon. Son père n'avait pas prévu de retourner à son bureau avant d'embarquer pour Amsterdam, mais il pouvait toujours changer d'avis à la dernière minute. Après avoir longé la Tamise, Bobby et elle arrivèrent dans les ruelles étroites typiques des quartiers pauvres, si sales et encombrées que l'attelage de Peppers n'aurait pas pu passer. Ici, point de berlines ni de fiacres, seulement des charrettes à deux roues tirées par des mulets ou des chevaux épuisés.

Si Nora cessa de s'inquiéter à propos de son cocher, elle fut choquée en découvrant les bâtisses de bric et de broc, les enfants qui jouaient pieds nus dans les rues infestées de rats et les silhouettes inquiétantes tapies dans les impasses. Nora remercia le ciel pour la présence de Bobby. L'adolescent, sans doute plus habitué à cet environnement, avançait d'un pas assuré et si rapide qu'elle peinait à le suivre. À la vue des femmes négligées qui se pressaient dans les rues ou vendaient de la camelote sur les trottoirs, Nora craignit d'attirer les regards avec sa robe sobre mais élégante. Par chance, elle ne s'était pas poudré les cheveux.

Elle profita du trajet pour interroger Bobby, qui était le seul à avoir parlé à Simon depuis ce funeste mardi soir.

— Simon… Mr Greenborough a-t-il expliqué pourquoi il ne venait plus travailler ?

L'adolescent secoua la tête.

— Il ne m'a pas dit grand-chose, miss. Il était malade et pas qu'un peu, si vous voulez mon avis. En plus, il avait l'air de ne pas avoir mangé depuis trois jours. Il a tout de même tenu à me payer pour la course. Pourtant, je n'étais pas porteur de bonnes nouvelles. J'ai préféré donner la pièce à sa logeuse pour qu'elle lui achète de quoi se nourrir. J'espère qu'elle l'a fait.

— C'est un très beau geste, Bobby !

Le rouquin haussa les épaules.

— Comme dit le pasteur, «Donnez, Dieu vous le rendra». Ma mère n'y croit pas trop, mais moi, j'ai eu pitié de votre… lord.

Bobby s'arrêta devant une bâtisse en pierre à deux étages, sans doute construite après le grand incendie mais déjà en piteux état quelques décennies plus tard.

— C'est là. Il vaut mieux que je vous accompagne.

Tous deux entrèrent dans un vestibule sombre où flottait une forte odeur d'alcool. Par une porte entrouverte, Nora aperçut une sorte de salon avec une cheminée, un vieux fauteuil, des chaises et une table, le tout sale, mal entretenu et couvert de guenilles et de chutes de tissu.

— La vieille Mrs Paddington, la logeuse, achète et revend des vêtements de seconde main sur le marché de Cheapside, expliqua Bobby. Elle loue aussi des chambres. Personne ne sait comment elle a pu s'acheter cette maison.

Une voix de crécelle leur parvint du salon. Bobby entraîna Nora vers un escalier étroit.

— Montons vite avant qu'elle nous voie, miss !

— Trop tard ! s'écria une femme qui apparut derrière eux. Tiens tiens, le fils de Fanny Dreary et une jolie petite lady. Alors, Bobby, tu ne veux pas t'abaisser à dire bonjour à une vieille amie ? Tu vas où comme ça ?

— Ne faites pas attention, miss, chuchota Bobby, gêné. Ma mère n'est pas vraiment amie avec elle, elle lui a juste vendu les vêtements de mon père quand il est mort. On vient voir Mr Greenborough, Mrs Paddington ! cria-t-il par-dessus son épaule.

La logeuse était une femme corpulente qui empestait le gin. Elle avait des petits yeux de fouine et un visage rougeaud en partie caché par des cheveux filasse.

Bobby ne s'arrêta pas au premier étage, où des éclats de voix leur parvenaient de derrière les portes, et emprunta un deuxième escalier qui menait sous les toits. Nora craignait à chaque marche que le bois grinçant et vermoulu cédât sous leur poids. Ils arrivèrent finalement devant une porte minuscule à laquelle Bobby frappa. Nora sentit son cœur qui s'accélérait, mais pas de réponse. Simon s'était-il absenté ? Alors que la jeune femme, déçue, s'apprêtait à redescendre, le coursier ouvrit la porte sans plus de cérémonie.

— Mr Greenborough ? C'est Bobby. Cette fois, je viens avec de meilleures nouvelles !

Comme il entrait, Nora décida de le suivre. Ce qu'elle découvrit alors lui coupa le souffle. Dans la mansarde de Simon, aucun mur n'était droit et des seaux disposés çà et là recueillaient l'eau de pluie qui filtrait par la toiture. Il devait y régner une chaleur épouvantable en été et un froid glacial en hiver. Une fois que ses yeux se furent lentement habitués à l'obscurité, Nora distingua du mobilier qui se limitait au strict nécessaire, une table et une chaise où étaient négligemment jetés les habits que Simon avait portés le mardi soir. Cela ne lui ressemblait pas de laisser ses affaires ainsi. La preuve, sa deuxième chemise impeccablement repassée pendait à un crochet cloué dans le mur et un fer à repasser était posé sur la table. Nora avait ri en apprenant que Simon s'acquittait des tâches normalement dévolues aux blanchisseuses et aux repasseuses, tout en espérant que cela ne fût pas signe d'avarice. Elle comprenait maintenant à quelles difficultés Simon était confronté au quotidien. Enfin, elle le vit emmitouflé dans une couverture et étendu sur le lit placé au plus près de la cheminée où aucun feu n'avait brûlé depuis longtemps, à en juger par l'état du foyer.

Nora accourut et constata avec effarement que son visage était émacié et rouge de fièvre.

— Simon ! Pourquoi n'as-tu dit à personne que tu étais malade ? Tu aurais dû me prévenir ! Mon Dieu, il faut que tu voies un médecin.

Simon ouvrit les yeux. Son visage s'éclaira dès qu'il reconnut Nora.

— Nora… C'est toi, ou suis-je en train de rêver ?

Nora sourit et ravala ses larmes. La situation était bien plus grave qu'elle ne l'avait imaginé.

— C'est bien moi, répondit-elle en caressant les cheveux du malade trempés de sueur. Je vais m'occuper de toi, maintenant, comme j'aurais dû le faire depuis longtemps. Mon Dieu, Simon, tu trembles...

— J'ai froid...

Le mardi soir, il avait marché jusque chez lui sous la pluie et s'était écroulé sur son lit sans ôter sa chemise trempée, ce qui lui avait valu de se réveiller le lendemain matin avec une forte fièvre. Après avoir enfilé à grand-peine sa veste et ses chausses, il avait été pris d'une violente quinte de toux et s'était recouché. Tout ce dont il se souvenait ensuite, c'était d'avoir vu Bobby, venu lui apporter sa lettre de renvoi, et Joan, la fille de sa logeuse, qui passait une fois par jour pour lui apporter à manger. Mais comme Mrs Paddington, qui savait Simon alité, la surveillait de près, Joan ne pouvait lui monter qu'un bol de soupe ou un morceau de pain.

— Il faut allumer un feu, dit Nora en posant son châle sur les épaules de Simon.

Sa propre détermination l'étonna, car dans les romans qu'elle lisait, l'héroïne aurait commencé par prendre son bien-aimé dans ses bras en lui assurant que sa seule présence suffirait à le guérir. Mais Nora devait à présent affronter la réalité : Simon n'avait pas tant besoin de baisers et de tendresse que de couvertures, d'un repas chaud, d'un feu dans la cheminée et d'un médecin.

— Sais-tu où acheter du bois, Bobby ?

— La cheminée tire mal, protesta Simon en secouant la tête. Il y a trop de suie...

Il fut interrompu par une quinte de toux.

— Je connais un ramoneur, intervint Bobby. Je peux passer le voir si...

Il tendit la main. Nora lui donna quelques piécettes.

— Ce sera suffisant ?

— Largement. Avec ça, je pourrai même faire quelques courses. Je m'en occuperai plus tard. Là, il faut vraiment que j'y aille, Mr Simpson m'attend.

Bobby redescendit. Nora l'entendit parler à Mrs Paddington, qui lui fit âprement remarquer que sa maison n'était pas un hôtel. Puis le silence retomba. La jeune femme s'agenouilla au chevet de Simon et tenta de se souvenir des soins qu'on lui prodiguait les rares fois où elle était souffrante. Pour un rhume ou un mal de ventre, sa femme de chambre lui préparait des compresses et des tisanes. Mais ici, elle ne voyait même pas de bouilloire, sans parler d'un réchaud. Faute de mieux, Nora passa son bras autour des épaules de Simon et essaya de le redresser pour réajuster le coussin dur comme la pierre qui lui servait d'oreiller.

— Je suis désolé, murmura Simon en cherchant son regard.

Nora attira la tête de Simon contre sa poitrine.

— Mon amour, tu n'y peux rien si tu es malade. Et je suis là, maintenant.

Simon fut pris d'une nouvelle quinte de toux.

— Tu ne peux pas rester, Nora. Tu ne devrais même pas être ici…

À cet instant, la porte s'ouvrit sur une jeune fille maigre aux cheveux noirs qui apportait un bol. Nora grimaça en sentant l'odeur amère de la bière à laquelle on avait ajouté des herbes, mais peut-être que ce breuvage chaud revigorerait Simon.

Joan, la fille de Mrs Paddington, fut impressionnée par l'élégante visiteuse et esquissa une révérence maladroite.

— Ma mère vous fait monter cette soupe, dit-elle doucement. C'est le fils Dreary qui a payé. Elle dit qu'il nous reste un peu de ragoût, mais cela coûterait encore un penny…

La jeune fille, mortifiée par la cupidité de sa mère, baissa la tête.

Nora tendit la main vers son aumônière, avant de se raviser. N'était-elle pas fille de négociant ? Même s'il ne s'agissait que de quelques piécettes, elle refusait de laisser cette Mrs Paddington profiter ainsi de la situation.

— Dis à ta mère que Bobby a payé pour un vrai repas, dit-elle sur un ton aussi ferme que possible. Si elle veut encore un penny, qu'elle fasse monter un oreiller et deux couvertures qui tiennent chaud, pas comme cette espèce de lambeau de tissu !

Elle désigna la fine couverture dans laquelle Simon était emmitouflé. Joan opina, posa le bol sur la table et redescendit faire part à sa mère des exigences de Nora. Celle-ci poussa un soupir de soulagement une fois la porte refermée.

— Joan est une brave fille, murmura Simon.

— Et sa mère est un dragon ! Mais je vais m'en occuper, je…

Simon rit faiblement.

— C'est le prince qui est censé tuer le dragon…

— Ce sera pour demain, mon amour. Tu dois d'abord soigner cette toux, et c'est chose impossible sans être au chaud et au sec. Alors en plus, si ce dragon t'affame ! Tiens, bois un peu…

Avec l'aide de Nora, Simon porta le bol à ses lèvres et referma ses mains autour pour se réchauffer.

— Nous aurions peut-être dû demander du rhum, murmura la jeune femme.

Après avoir bu une grande gorgée, Simon se sentait déjà mieux.

— Tu ne peux pas rester, répéta-t-il.

Nora esquissa une moue de petite fille avant d'éclater de rire.

— Essaye un peu de m'en empêcher.

— Nora, tu ne peux pas rester seule ici, pense à ta réputation…, insista Simon en tentant péniblement de se redresser.

— Je m'en fiche. D'ailleurs, le moment est parfaitement bien choisi puisque mon père est en voyage. À son retour, quand la moitié de la ville saura que la petite Nora Reed a fugué chez son prétendant, il aura deux options : me répudier ou accepter notre mariage. Et crois-moi, il choisira la deuxième.

Simon secoua la tête.

— Tu t'es déjà trompée une fois. Nora, après tout ce qu'il m'a dit, il n'approuvera jamais. Et… et il a raison.

Nora voulut à nouveau le serrer contre elle, mais Simon se dégagea. Ce simple effort provoqua une nouvelle quinte de toux.

— Je ne pourrai jamais t'offrir une vie convenable. En plus, avec cette maladie… Nora, ce n'est pas un petit rhume, je tousse depuis trop longtemps. Je crois que c'est…

Simon n'eut pas besoin de prononcer le mot. Nora avait reconnu les symptômes de la tuberculose, dont on mourait même dans la haute société. Dans les quartiers aux rues étroites comme l'East End, c'était l'épidémie.

— Tu guériras une fois que nous vivrons au soleil. Le froid et la pluie de Londres ne nous conviennent pas. Courage, mon amour ! Attends que nous ayons du feu, des bougies, de la lumière… Nous allons nous installer confortablement, et je te répéterai tout ce que Lady Wentworth m'a raconté sur l'île de Cooper. Il faut aussi que je te parle du livre qu'elle m'a prêté sur la Barbade. Il y a la jungle, la plage, et même une vraie ville qui s'appelle…

Nora s'interrompit en voyant Joan revenir avec une bassine d'eau chaude.

— Le ramoneur est arrivé et ma mère rassemble du linge de lit, seulement elle réclame deux pennies pour des draps propres. Et j'ai pensé… Enfin, peut-être que Monsieur souhaite se laver…

Nora faillit se lever pour embrasser Joan, qui semblait sincèrement inquiète pour Simon. Alors que Nora se demandait si la jeune fille n'était pas un peu amoureuse de lui, elle sursauta en voyant apparaître dans l'âtre de la cheminée un garçonnet noir de suie.

— Applique-toi, Tom, que les clients ne viennent pas se plaindre !

Cette voix d'homme leur parvint du toit, certainement le ramoneur qui avait fait descendre le petit à l'aide d'une corde afin qu'il nettoyât le conduit de la cheminée. Celui-ci était trop étroit pour qu'un adulte ou même un adolescent pût s'y frayer.

Effarée, Nora regarda l'enfant maigrelet qui s'affairait dans l'âtre en toussant. Faute de trouver des paroles réconfortantes à lui adresser, Nora hésita à lui donner une piécette, en se doutant que l'homme resté sur le toit risquait de la lui prendre. À la maison, elle avait des sucreries, mais ici…

Avant qu'elle eût le temps de se décider, le ramoneur avait déjà commencé à remonter son petit assistant qui, toujours accroché à sa corde, frottait à présent les parois du conduit.

— On a presque fini ! cria l'homme. Quand on sera partis, vous pourrez allumer un feu.

En attendant le retour de Bobby qui devait acheter du bois, Nora décida d'aider Simon à se laver. Le jeune homme accepta à condition qu'elle détournât la tête. Malgré sa faiblesse, il réussit à se mettre debout mais toussa de plus belle. La toilette semblait plus l'épuiser que le revigorer.

Ensuite, Nora se mit en quête d'une chemise de nuit. Elle rougit en pensant qu'elle n'avait jamais vu un homme aussi légèrement vêtu, mais ce n'était pas le moment d'être pudique. Une fois mariée à Simon, elle partagerait de toute façon son lit. Nora savait assez précisément en quoi consistait la vie de couple, dont les jeunes femmes parlaient derrière leurs éventails. Les mœurs de la cour du Roi-Soleil commençaient doucement à gagner l'Angleterre. La bonne société avait beau s'émouvoir de la légèreté des Français, cela n'empêchait pas les jeunes gens de se raconter, un peu rougissants tout de même, les rumeurs qui leur parvenaient de l'autre côté de la Manche. En tout cas, Nora ne redoutait nullement la nuit de noces. Cet été-là, elle avait aimé se blottir tout contre Simon quand ils se retrouvaient au parc. Le jour de leur promenade en barque, elle avait même osé passer la main sous sa chemise pour lui caresser le torse. Pourquoi ne pas recommencer ?

Alors qu'elle cherchait encore parmi les rares possessions de Simon, Joan revint avec deux édredons en piteux état. Nora allait devoir les laver, ce qui impliquait de trouver une bassine, une bouilloire et toutes ces choses dont elle savait à peine se servir ! Le mot « trousseau » prit soudain une tout autre résonance. Jusqu'à présent, elle n'avait pensé qu'à l'argenterie, à la porcelaine, aux beaux meubles et au linge de maison raffiné.

Simon laissa Nora l'aider à enfiler une chemise de nuit propre. Les édredons et un deuxième bol de soupe le réchauffèrent assez pour qu'il cessât de trembler. Nora s'assit près de lui, lui caressa le front et lui massa les tempes tout en lui parlant de la Barbade. Le jeune homme s'endormit après avoir été si longtemps privé de sommeil à cause du froid.

Nora se servit dans la marmite que Joan avait apportée. Alors qu'elle réfléchissait à un endroit où s'installer, ce fut au tour de Bobby de revenir avec un panier rempli de bûches.

— Ils sont dans tous leurs états au bureau, miss, le cocher vous cherche.

Nora observa attentivement l'adolescent qui allumait le feu. Elle n'avait jamais eu l'occasion de s'en occuper elle-même et devait apprendre.

— Bien sûr, je n'ai pas vendu la mèche mais ils se doutent de quelque chose. Je crois qu'ils veulent prévenir votre père.

Nora sentit l'angoisse la gagner. Son père était en mer et la lettre de ses employés lui parviendrait le lendemain au plus tôt par le prochain bateau, mais elle savait Peppers capable de dénicher l'adresse de Simon. Risquait-il de venir jusqu'ici et de la forcer à rentrer à la maison, sans attendre les consignes de son maître ? Peppers adorait Nora, mais il s'était toujours montré loyal envers Thomas Reed. Tout dépendait de son point de vue sur la situation : s'il jugeait lui aussi que son amour pour Simon était un caprice, il n'hésiterait pas à intervenir.

La soirée se déroula sans incident notable. Peppers n'avait peut-être pas encore obtenu l'adresse, car Mr Simpson rentrait tôt chez lui et Mr Wilson ne trahirait sans doute pas Nora. À moins que le vieux cocher n'hésitât encore sur la marche à suivre. Emmitouflée dans son manteau, Nora s'assit devant le feu de cheminée qui crépitait gaiement et se dit qu'elle pouvait tout de même être satisfaite de tout ce qu'elle avait accompli dans l'après-midi.

Mais elle ne put se reposer bien longtemps. Non seulement la toux et la respiration laborieuse de Simon l'empêchaient de dormir, mais elle sursauta en sentant quelque chose frôler sa jambe. Une souris, ou pire encore, un rat ! En pensant qu'elle allait en plus devoir acheter du poison, Nora commença à s'inquiéter pour ses finances. Même si la vie n'était pas chère dans l'East

End, avec tous ces achats de première nécessité, la jeune femme voyait ses pièces filer les unes après les autres. Elle paniqua en imaginant son aumônière bientôt vide, avant de se rappeler l'existence des prêteurs sur gages. Elle commencerait par sa robe. Les femmes du quartier se débrouillaient bien sans, et les vêtements volumineux rendaient les tâches ménagères difficiles. Avec l'argent ainsi obtenu, elle ferait venir un médecin. C'était ce dont Simon avait le plus besoin.

5

La journée s'annonçait chargée pour Nora, qui ne voulait pas laisser Simon seul trop longtemps. Au lever, le jeune homme, qui se sentait un peu mieux, insista pour alimenter lui-même le feu de cheminée et sortit une bouilloire. Comme il n'avait plus de thé, Nora frappa chez l'occupante du premier étage. Mrs Tanner, qui s'apprêtait à partir pour l'atelier dans lequel elle travaillait comme tisseuse, tentait de calmer ses deux jeunes enfants en pleurs. Elle n'avait pas de thé et ne semblait même pas savoir ce que c'était. Après que Nora lui eut expliqué, elle lui déconseilla vivement d'utiliser l'eau des canalisations qui couraient le long des trottoirs.

— Ne buvez pas ça, ma petite, c'est la courante assurée !

Lorsqu'elle lui recommanda de remplacer l'eau par du gin, Nora, perplexe, repensa à la soupe de bière. Son père appréciait encore aujourd'hui cette boisson traditionnelle du petit-déjeuner, très populaire dans sa jeunesse avant d'être peu à peu remplacée par le thé très prisé de la reine Anne. Mrs Tanner avait encore un pichet de bière maigre qu'elle partagea volontiers avec sa nouvelle voisine. En échange, Nora promit de garder un œil sur ses deux enfants. Sarah et Robert, âgés respectivement de deux et trois ans, passaient la journée seuls au premier étage car leurs aînés travaillaient déjà : Hannah était cuisinière et Ben ramoneur.

Tous deux étaient épuisés dès le matin, et leur mère devait les presser pour les faire partir au travail en temps et en heure.

— Rallonge-toi, je vais juste chercher quelque chose à manger pour le petit-déjeuner, dit Nora à Simon après lui avoir fait boire de la bière réchauffée.

En réalité, elle se pressa dans les rues sales avec une liste de courses bien plus fournie qu'elle ne l'avait prétendu. La mort-aux-rats fut bien plus facile à trouver que le lait et le beurre. Nora acheta également un pichet, deux verres et deux assiettes, une marmite, une poêle et des couverts. Elle qui ne s'était jamais penchée sur le coût des produits de première nécessité découvrit que le beurre coûtait très cher, contrairement au pain, au fromage et à l'huile. Les pommes de terre et le chou étaient également abordables, alors que le thé, le sucre et la viande se vendaient à des prix exorbitants. Nora se résolut à acheter des os de bœuf auxquels pendaient quelques lambeaux de chair. Une moitié irait aux Tanner, l'autre servirait à sa première expérience de cuisinière. En sortant de l'échoppe, elle vit les sabots et la queue du bœuf que le boucher venait de jeter négligemment dans la rue. Au moins, elle était sûre de ne pas se retrouver avec du chat ou du cheval dans sa marmite, mais l'odeur lui coupa l'appétit.

Après avoir déposé ses courses chez les Tanner et donné aux enfants quelques sucreries achetées en chemin, elle se mit en quête d'un docteur. Il était hors de question de faire appel à son médecin de famille, qui vivait lui aussi dans une belle demeure de Mayfair. Quand bien même il accepterait de se déplacer dans ce quartier pauvre, la consultation coûterait très cher et il ne manquerait pas de la dénoncer à son père. Nora se résigna à se renseigner auprès de Mrs Paddington.

— À quoi bon rameuter un charlatan, ma petite dame ? Ça se voit comme le nez au milieu de la figure qu'il n'en a plus pour longtemps. La tuberculose galopante, on ne connaît pas dans la haute, hein ?

Mrs Paddington ricana avec mépris.

— Je préférerais entendre le diagnostic de la bouche d'un professionnel, répondit fièrement Nora. Si vous ne connaissez pas de médecin dans le quartier, j'attendrai le retour de Mrs Tanner.

Devant le flot de paroles de Mrs Paddington, qui n'allait pas rater une si belle occasion de médire sur les Tanner, trop pauvres à son goût, Nora tourna les talons et remonta auprès de Simon pour qui elle voulait cuisiner, en espérant qu'un médecin serait inutile. Elle s'était toujours rétablie au bout de quelques jours, une fois que sa gouvernante avait réussi à la convaincre de rester alitée.

Nora crut qu'elle allait devoir à son tour batailler avec Simon pour qu'il acceptât de se reposer, mais celui-ci était déjà allongé, terrassé par la fatigue. En son absence, il avait voulu sortir chercher un nouveau travail mais une nouvelle poussée de fièvre avait eu raison de lui alors qu'il était en train de s'habiller. Nora le trouva encore plus affaibli que la veille.

— C'est normal, il te faut au moins une semaine pour guérir, lui dit-elle avant de lui montrer fièrement ses achats.

Sous le regard impressionné de Simon, elle accrocha le plus naturellement du monde la marmite au-dessus du foyer et entreprit de faire cuire la viande dans de l'eau qu'elle s'était également procurée chez le boucher. À son grand étonnement, elle avait dû demander dans deux commerces avant de trouver quelqu'un qui proposait de l'eau de source, à un prix d'ailleurs plus élevé que la bière ! Pendant que la viande mijotait, elle éminça le chou et éplucha les pommes de terre.

— Où as-tu appris à cuisiner ? demanda Simon, incrédule.

Nora éclata de rire.

— À la mort de ma mère, le personnel de maison m'a beaucoup choyée. Et surtout, ma femme de chambre me laissait souvent seule dans la cuisine pour rejoindre le valet dont elle était amoureuse. J'en profitais pour regarder dans les marmites et aider la cuisinière. Comme tu le vois, je n'ai pas tout oublié.

Comme Nora avait oublié d'acheter du sel et du poivre, le résultat final, bien fade, ne fut pas à la hauteur de ses espérances. Au moins, le plat était consistant et les enfants Tanner purent en avoir une part. Eux qui se contentaient d'habitude de quelques quignons de pain se jetèrent sur la nourriture, tandis que leur mère se confondait en remerciements. Nora en profita pour lui demander si elle connaissait un médecin.

— Il y a bien le Dr Mason, mais je ne peux pas vous assurer qu'il soit bon… Tous ceux que je connais et qui ont fait appel à lui sont morts, mais ils étaient déjà mal en point de toute façon. Cet homme doit avoir un grand cœur pour accepter de soigner les nécessiteux.

Nora s'abstint de remarquer que c'était peut-être parce qu'il était mauvais et n'avait pas de patients ailleurs, mais préféra penser que le Dr Mason était un bon médecin et une âme charitable. Elle se mit tout de suite en route car Simon, de plus en plus fiévreux, était secoué de violents frissons et de quintes de toux. Mieux valait donc que le Dr Mason l'auscultât au plus vite.

Le médecin habitait lui aussi dans l'East End mais à la limite d'un quartier plus convenable. Il semblait également disposer d'un personnel de maison, car ce fut une femme d'âge mûr qui ouvrit à Nora. Son apparence n'était toutefois pas aussi soignée que les domestiques de la maison Reed.

— Le médecin ne va pas se déplacer pour une simple toux, mon enfant, répondit la femme après que Nora eut décrit les symptômes de Simon. En plus, il va bientôt faire nuit. Revenez demain. Le Dr Mason verra peut-être votre ami s'il n'a pas d'autres consultations.

Nora tenta de fixer un rendez-vous précis pour une consultation à domicile le lendemain, sans succès. D'après sa domestique, le Dr Mason se déplaçait uniquement quand les proches l'accompagnaient en personne au domicile du malade, sans doute pour éviter de s'engager sur un rendez-vous et de finalement trouver porte close.

Nora commença sa deuxième nuit dans la mansarde allongée à même le sol devant la cheminée, tandis que Simon, en proie à des cauchemars, toussait et s'agitait. N'y tenant plus, elle le rejoignit sur son petit lit, l'attira contre son épaule et fut presque heureuse de l'entendre murmurer son prénom dans son sommeil. Le jeune homme se calma et cessa de tousser. Lorsque le soleil se leva, il dormait encore paisiblement.

Quant à Nora, elle n'était plus gênée que par les allées et venues des rats et des souris dans la mansarde, mais cc serait bientôt de l'histoire ancienne. Le cœur gros, elle avait déposé un peu de mort-aux-rats sur son précieux fromage et s'était enfin endormie après avoir souhaité bon appétit aux rongeurs.

Le lendemain, Simon se sentait mieux.

— Je n'ai pas droit à un baiser ? demanda Nora d'une voix tout ensommeillée.

Simon l'embrassa délicatement sur le front, un peu gêné par cette situation. En effet, un gentilhomme digne de ce nom ne devait pas partager sa couche avec sa bien-aimée avant le mariage. D'un autre côté, il ne s'était jamais senti aussi heureux qu'en voyant les cheveux de Nora étalés sur l'oreiller. En sentant son petit corps ferme contre le sien, il se prit à imaginer comme ce serait bon de l'aimer. Il laissa courir délicatement ses lèvres sur ses tempes, sa bouche, son cou, caressa la naissance de ses seins… avant d'être secoué par la première quinte de toux de la journée.

Nora sursauta alors qu'elle était en train de s'abandonner aux gestes tendres de Simon.

— Il faut que j'aille chercher le médecin, dit-elle en caressant ses cheveux trempés de sueur. Reste allongé, je refuse que tu t'épuises comme hier. Je vais chercher de l'eau pour que tu puisses te laver.

Nora mit de l'eau à chauffer dans la marmite, y versa des herbes qu'elle avait trouvées la veille pour remplacer le thé et enfila sa robe par-dessus la chemise dans laquelle elle avait dormi. Elle devait absolument en trouver une plus jolie qui plairait à Simon.

Nora dévala les escaliers en espérant éviter Mrs Paddington, qui avait la fâcheuse habitude de l'abreuver de reproches et de lui vriller les tympans avec sa voix aiguë. Mr et Mrs Tanner n'y échappaient pas non plus, la logeuse était tout simplement une abominable mégère qui ne ratait pas une occasion de commenter méchamment les allées et venues de ses locataires. Ce matin-là, elle était sans doute encore en train de dormir, et Nora put tranquillement remplir sa bassine à une canalisation creusée dans un tronc d'arbre creux qui acheminait dans l'East End l'eau trouble de la Tamise, où l'on rejetait également les eaux usées. Comment s'étonner que la boisson préférée des Tanner, de Mrs Paddington et sans doute de la majorité des habitants du quartier fût le gin ? À l'instar de la bière, cet alcool coûtait beaucoup moins cher que l'eau de source que Nora avait achetée la veille. Il permettait également de mieux supporter la chaleur, l'humidité, l'air renfermé et les longues heures de labeur dans les ateliers.

Nora espérait que l'eau de la Tamise conviendrait pour une simple toilette. Prenant exemple sur Joan, elle préféra la filtrer en la faisant couler à travers un torchon.

Comme convenu, Simon était toujours allongé lorsque Nora revint. Il accepta même qu'elle l'aidât à se laver et à enfiler une chemise propre. Nora se souvint que sa nourrice lui passait un linge mouillé sur le corps quand elle était malade. Simon apprécia ce geste doux comme une caresse. Il poussa un léger gémissement de plaisir et embrassa Nora avec une fougue dont il n'était pas coutumier. Elle se demanda si elle n'était pas en train de vivre un prélude à leur nuit de noces lorsque le jeune homme s'effondra à nouveau, terrassé par la fièvre.

— Je... je suis désolé, murmura-t-il. Nora, en plus de ne pouvoir t'offrir une vie décente, je ne saurai pas t'aimer comme il se doit. Tu devrais partir...

Nora lui épongea le visage en s'attardant sur ses cernes et ses joues creusées.

— Il faut vraiment que j'aille chercher le médecin, dit-elle doucement. D'abord, bois de la tisane et mange un peu de pain. C'est normal de se sentir faible quand on est malade. Avec de la nourriture et du repos, tu guériras bientôt. Et ne t'inquiète pas pour le reste, je t'aime comme tu es !

Cette fois encore, le Dr Mason ne put recevoir Nora lorsque celle-ci sonna chez lui.

— Il a eu une urgence, revenez plus tard, dit sèchement son employée de maison. Le docteur est très demandé...

Nora, qui commençait à perdre patience, ne voulut bien la croire qu'après avoir arpenté la moitié du quartier à la recherche d'un autre médecin, sans succès. Si le Dr Mason était effectivement le seul médecin dans cette partie de l'East End, comment s'étonner qu'il fût débordé ? Nora retenterait sa chance le lendemain matin à la première heure. En attendant, ce serait jour de lessive. Simon n'avait plus de chemise à se mettre, Nora trouvait que ses dessous commençaient à faire grise mine et la nuit passée dans les «draps propres» de Mrs Paddington l'avait convaincue de la nécessité d'un grand nettoyage, seulement elle ne savait absolument pas comment procéder. Les Reed disposaient d'une buanderie, mais Joan regarda Nora avec perplexité lorsque celle-ci lui demanda où elle se trouvait.

— Où lavez-vous votre linge ? Enfin, il y a bien un endroit où...

— Dans la Tamise, un peu en amont où l'eau est moins sale. Remontez le fleuve, miss, jusqu'à ce que vous voyiez les blanchisseuses. Si vous le souhaitez, je peux m'en charger. Pour un penny...

Nora, qui tenait l'explication à la couleur grise et à l'odeur de moisi des draps dits «propres», secoua la tête, effarée. Elle se souvint alors que ses domestiques faisaient bouillir le linge et les vêtements pour une bonne hygiène. À l'échoppe voisine, elle acheta un pain de savon hors de prix et réfléchit à la meilleure façon de procéder. Peu enthousiaste à l'idée de laver du linge dans la marmite dont elle se servait pour cuisiner, Nora emprunta à Mrs Tanner la grande bassine dans laquelle elle lavait les vêtements de ses enfants. Ensuite, pendant une heure, elle s'employa à aller chercher de l'eau aux canalisations et à la filtrer à l'aide d'un torchon pour éliminer les particules de saleté. Une fois qu'elle eut chauffé l'eau puis lavé, rincé et essoré le linge, Nora se sentait certes épuisée mais au moins avait-elle des chemises et des draps d'un blanc étincelant qui séchaient devant la cheminée. Simon, qui l'avait regardée s'affairer depuis le lit, fut une fois de plus impressionné.

— Tu es faite pour les colonies, constata-t-il, toujours emmitouflé dans ses édredons. Je nous imagine bien vivre dans une hutte comme les locaux. Il faut juste que je reprenne assez de forces pour te la construire.

— Et c'est pour bientôt !

Nora se souvint qu'elle avait prévu de repasser chez le Dr Mason. Quand bien même le médecin ne pourrait pas venir dans la journée, si elle arrivait à lui parler, il serait certainement possible de convenir d'une consultation pour le lendemain.

En chemin, Nora, lasse de sa jupe à arceaux qu'elle trouvait peu pratique et qui attirait les regards, s'acheta une robe grise toute simple, semblable à celle que portait Mrs Tanner. Celle dans laquelle elle était arrivée trouverait certainement preneuse auprès de Mrs Paddington, dont les vêtements étaient le fonds de commerce. La logeuse proposerait certainement un vil prix, mais Nora garderait en tête la règle numéro un de son père : toujours négocier âprement avant de conclure un marché.

Malheureusement, sa visite chez le Dr Mason se solda par un nouvel échec. La jeune femme ne se laissa pas décourager et décida d'aller au marché de Cheapside. Elle y trouverait certainement une jolie chemise de nuit pour sa première nuit d'amour avec Simon, qui ne manquerait pas d'arriver dès que le jeune homme se sentirait mieux. Mais alors que Nora arpentait d'un pas déterminé les rues commerçantes, en veillant à ne pas marcher sous les enseignes qui se balançaient dangereusement au vent, elle entendit une berline approcher derrière elle. Comme le commerce le plus proche était un pub où les femmes n'avaient pas le droit d'entrer, Nora baissa la tête et continua à marcher en espérant que Peppers ne l'avait pas reconnue dans la robe toute simple et le bonnet qu'elle portait comme les autres habitantes de l'East End. Un peu plus loin, elle tourna dans une ruelle trop étroite pour l'attelage de Peppers et encombrée d'ordures. L'odeur était tellement pestilentielle que la jeune femme dut sortir un mouchoir et se l'appliquer sur le nez. Elle avait beau y être habituée – même les rues cossues de Londres empestaient les eaux usées et la charogne –, elle s'était jusque-là déplacée uniquement en berline ou en calèche. Mais maintenant qu'elle était piétonne, elle devait veiller à s'écarter au passage des véhicules pour éviter d'être éclaboussée d'immondices. Il arrivait aux passants les plus malchanceux de se voir déverser des seaux d'eau sale ou même des pots de chambre sur la tête.

Cette ruelle-là était particulièrement sordide car elle abritait des abattoirs. Nora dut cheminer entre des viscères et des chairs en décomposition, mais l'effort en valut la peine. En quelques minutes, elle atteignit l'une des grandes artères près de la Tour de Londres et se sentit tout de suite plus en sécurité. Peppers ne pouvait pas l'avoir suivie. Restait à savoir comment retrouver son chemin jusqu'à l'East End. Nora essayait de se repérer lorsqu'elle entendit quelqu'un crier son nom.

— Miss Nora ! Attendez ! Ne partez pas, miss Nora !

Peppers, rouge d'effort et crotté jusqu'aux genoux, lui qui mettait un point d'honneur à porter des bas immaculés, sortit à son tour de la ruelle aux abattoirs.

Nora se retourna.

— Peppers, je…

— Je vous ai tout de suite reconnue malgré votre accoutrement, dit le domestique à bout de souffle. Dieu du ciel, miss Nora, toute la maison se fait un sang d'encre !

— C'est inutile, répondit-elle en haussant les épaules. Comme vous le voyez, je vais bien.

Peppers regarda tour à tour ses mains non gantées, abîmées par le savon et l'eau chaude, et son bonnet mal noué d'où dépassaient quelques mèches de cheveux.

— En effet, maugréa-t-il.

Nora ne put jouer la comédie plus longtemps.

— Je vous en prie, Peppers, ne me trahissez pas! J'ai trouvé Simon, enfin, Mr Greenborough, et il est très malade, il a besoin de soins.

Le cocher fronça les sourcils.

— Et c'est vous qui allez les lui prodiguer, miss?

Malgré le scepticisme de Peppers, qui savait sa maîtresse surtout douée pour l'équitation, la danse, le clavecin et la conversation avec d'autres dames fortunées, Nora acquiesça.

— Tout à fait! Et s'il vous plaît, n'essayez pas de m'en dissuader. Il m'aime et il a besoin de moi. Il mourra si je l'abandonne. Quant à moi, je... je n'ai jamais été aussi heureuse.

— Je n'ai pas le droit de vous en empêcher, miss, répondit Peppers, manifestement dépassé par la situation. Mais votre père... Quelqu'un du bureau a décidé de le prévenir, je ne sais pas s'il a déjà reçu la lettre à Amsterdam. Je ne doute pas qu'il viendra vous chercher dès que...

— Cela peut prendre plusieurs semaines, et d'ici là, Simon sera guéri!

— Le jeune coursier dit qu'il a la tuberculose, objecta Peppers. Je l'ai si souvent entendu tousser dans la berline.

— C'est un simple rhume! Il va bientôt se rétablir, je maîtrise la situation.

Le cocher pinça les lèvres.

— Vous dormez dans son taudis de l'East End et vous jouez les femmes au foyer?

Nora tendit ses mains abîmées en fusillant Peppers du regard.

— Je ne joue pas! J'aimerais tellement que quelqu'un me croie!

Peppers passa une main sur son front.

— Très bien, miss Nora, soupira-t-il après réflexion. Je ne dirai à personne que je vous ai trouvée. Mais je ne peux pas non plus vous aider ni vous prêter de l'argent sans aller au-devant de gros ennuis.

— Je n'ai pas besoin d'aide! répondit fermement Nora. Laissez-nous tranquilles.

— Alors que Dieu vous protège, miss. Et j'espère que votre jeune lord mesure sa chance.

6

Nora se dépêcha de regagner l'East End après cette conversation peu agréable avec Peppers. Elle était gênée que le vieux domestique l'eût vue dans une robe que même une femme de chambre de la maison Reed n'aurait pas daigné porter. D'un autre côté, elle était soulagée d'avoir confirmation de ce qu'elle espérait depuis son arrivée chez Simon : cela pouvait encore durer des jours, voire des semaines avant que son père fût informé. Ensuite, il devait encore rentrer... Si tout allait bien, Simon serait guéri d'ici son retour, il aurait une nouvelle place et Nora aurait prouvé sa détermination à son père. Celui-ci n'aurait pas d'autre choix que d'approuver cette union, alors que le milieu des négociants devait déjà bruisser de rumeurs sur la fugue de sa fille.

Le retour chez Simon fut toutefois difficile, car Mrs Paddington ne perdit pas une seconde pour lui réclamer une semaine de loyer. La somme n'était pas très élevée mais Nora allait devoir vendre encore un vêtement, les économies de Simon étant épuisées depuis longtemps. Il était d'ailleurs hors de question de verser encore un sou aux créanciers de Simon et à sa famille ! Si Lady Samantha voyait où logeait son fils !

Avant de regagner la mansarde, la jeune femme voulut prendre des nouvelles des enfants Tanner. Elle s'inquiéta de voir la petite Sarah renifler et tousser. Le feu était éteint depuis longtemps et Nora ne trouva pas de bois pour le rallumer. Comme elle comptait de toute façon préparer de la tisane pour Simon, elle en profiterait pour en descendre une tasse à la fillette. Mrs Tanner ne rentrerait pas avant plusieurs heures car les ateliers fermaient tard. La journée se terminait plus tôt pour Mr Tanner, mais il avait pour habitude de la prolonger au pub autour de quelques verres de gin et ne s'occupait jamais de ses enfants.

Quant à Simon, son état avait empiré. Le jeune homme était encore plus diminué que la veille et ne pouvait rien avaler. Lorsque Nora essaya tout de même de lui faire boire une infusion, il se plaignit de douleurs à la poitrine. Sa respiration était rapide et irrégulière.

Nora décida de se lever à l'aube le lendemain et de guetter le Dr Mason devant chez lui. Après être allée donner une tasse de tisane à la fille Tanner, elle se blottit tout contre Simon, dont le corps était brûlant de fièvre. Il trouva tout de même la force de la prendre dans ses bras.

— Mon père cédera, j'en suis sûre, lui dit Nora après lui avoir raconté sa discussion avec Peppers. Et avec ce scandale, il jugera sans doute bon de nous envoyer quelques années à l'étranger. Qu'est-ce que tu penses de la Barbade, mon amour ? Du soleil toute l'année, très peu de pluie… Et on trouve des fleurs de toutes les couleurs, d'après Lady Wentworth ! Il y a des colibris, des oiseaux au long bec…

— Qui aspirent le nectar des plantes, murmura Simon. Le livre que tu avais dans la berline en parlait. Imagine que nous y soyons déjà…

Nora essaya d'ignorer la fatigue et la mélancolie dans sa voix pour se concentrer sur sa douce mélodie.

— Nous sommes allongés dans notre hutte sur la plage, nous entendons le bruit des vagues et nous aimerions bien danser au clair de lune, mais il ne faut pas déranger les tortues de mer qui enfouissent leurs œufs dans le sable...

— Et dès qu'ils éclosent, nous mettons les petits à l'eau pour qu'ils ne soient pas attaqués par les mouettes et les hérons, ajouta Nora en riant. Nous les regardons s'éloigner à la nage, puis j'embrasse tes lèvres salées comme la mer...

Si Simon fut le premier à s'endormir, il se réveilla plusieurs fois en sursaut dans la nuit. Nora crut que la toux allait avoir raison de ses dernières forces. Le lendemain, se souvenant que sa femme de chambre lui faisait toujours faire un brin de toilette avant la venue du Dr Morris, Nora entreprit de le laver et de le raser.

— J'irai chercher le médecin après, dit la jeune femme qui essayait de plaisanter. Si je te tranche la gorge, nous aurons moins d'honoraires à payer...

Simon réagit à peine. Avant de partir, Nora regarda tout de même avec satisfaction le linge de lit propre dans lequel reposait le malade et qui ferait bonne impression au Dr Mason. Elle trouva enfin celui-ci à son cabinet. L'homme était grand et mince, portait une veste élimée ainsi qu'une perruque volumineuse mais négligée et sentait déjà le gin malgré l'heure matinale. Il accepta de voir Simon, non sans boire une gorgée de sa flasque avant de sortir.

— Raisons sanitaires, dit-il en croisant le regard réprobateur de Nora. L'eau n'est pas potable ici, mais l'alcool... Je veux bien croire que ça éloigne les maladies. En tout cas, j'ai toujours échappé à la tuberculose et au choléra.

Après ces quelques jours passés dans l'East End, Nora reconnaissait déjà les alcooliques à leur nez rouge, leurs yeux vitreux, leur démarche incertaine et leur visage boursouflé. Le Dr Mason, lui, n'avait pas l'air d'un buveur invétéré. Il marchait d'un pas assuré dans les ruelles en évitant de poser ses souliers vieillots dans les immondices.

— Il s'agit donc de votre… mari ? demanda-t-il à Nora.

Celle-ci cheminait avec bien moins d'aisance entre les flaques. Le Dr Mason remarqua, étonné, le châle dans lequel elle s'emmitouflait pour se protéger du vent. Les pièces en laine de ce type étaient rares dans le quartier.

— C'est mon fiancé, précisa-t-elle. Il souffre d'un rhume depuis plusieurs mois maintenant, et j'ai décidé de prendre les choses en main. Nous allons bientôt nous marier.

Le Dr Mason pinça les lèvres mais préféra s'abstenir de tout commentaire.

— Mon… mon fiancé est un lord, poursuivit Nora, mal à l'aise. Seulement il connaît des difficultés financières car son père…

— Ah, la petite dame est de retour ! s'écria Mrs Paddington.

La logeuse avait surgi de son antre tel un rapace dès que Nora et le Dr Mason étaient entrés dans le vestibule. Elle semblait d'humeur particulièrement malveillante et son haleine empestait le gin. Nora se dit que les Tanner avaient payé leur loyer la veille et qu'elle avait déjà dilapidé tout l'argent en alcool.

— Son Altesse a pensé au loyer ? Et qu'est-ce qu'elle nous amène là, un nouveau prétendant ? C'est une maison convenable, jeune fille ! J'imagine que vous monnayez quelque chose…

Le Dr Mason, sans doute habitué à ce genre de personnage, leva les yeux au ciel. Quant à Nora, elle rougit et craignit que le médecin tournât les talons en apprenant qu'elle était sans le sou.

— Je vais payer, Mrs Paddington, protesta-t-elle, mais il faut que j'aille d'abord chez le prêteur sur gages. Ne vous inquiétez pas pour vos honoraires, docteur, il me reste un peu d'argent et…

— Chacun son tour !

Mrs Paddington voulut leur barrer la route mais Nora la repoussa sans ménagement.

— Plus tard. Venez, docteur Mason, mon fiancé est au plus mal.

Si le médecin fut étonné de découvrir une chambre bien rangée, des draps propres et un feu dans la cheminée, il n'en laissa rien paraître. En l'entendant entrer, Simon essaya de se redresser pour le saluer. Malgré sa fatigue et son état, Nora le trouvait toujours aussi beau avec ses boucles noires qui encadraient son visage aux traits fins.

— C'est de pire en pire, murmura Simon alors que le médecin soulevait sa chemise pour l'ausculter. Je tousse, j'ai mal quand je respire, surtout à gauche…

Après avoir écouté le cœur du malade et tapoté sa poitrine en différents endroits, le Dr Mason soupira et remit la couverture en place.

— Bien, monsieur… Vicomte Greenborough…

— Vous avez déjà terminé ? intervint Nora. Ne devriez-vous pas… Enfin, petite, quand j'étais enrhumée…

— Certes, miss, mais votre fiancé est à bout de forces et je ne veux pas l'épuiser inutilement en lui demandant de se retourner. Monsieur le vicomte, vous souffrez d'une gangrène pulmonaire aiguë, ce qui explique les douleurs que vous ressentez en respirant. Vous m'en voyez désolé, mais nous sommes face à un cas de tuberculose avancée…

Simon resta silencieux mais le Dr Mason crut remarquer un très léger hochement de tête.

— Un cas de tub…, balbutia Nora, qui ne pouvait se résoudre à prononcer ce mot.

— Je suis navré, miss, soupira le médecin.

Nora crut qu'elle allait défaillir et s'assit au bord du lit.

— Laisse parler le Dr Mason, dit doucement Simon en lui prenant la main. Il trouvera une solution…

— Parce qu'il y en a une ? demanda Nora, pleine d'espoir.

Simon échangea un rapide coup d'œil avec le Dr Mason, qui réajusta sa perruque.

— La meilleure chose à faire, c'est de garder votre fiancé bien au chaud. Il a besoin de repos. Donnez-lui aussi de l'eau mais pas celle des canalisations, cela aggraverait les choses.

— Du lait ?

— Oui, c'est une bonne idée. De la soupe, tout ce que vous trouverez de nourrissant.

— Et que peut-il prendre comme remèdes ?

— Cela coûte très cher, soupira Mason, et étant donné l'état du patient… Enfin, je peux toujours vous prescrire un sirop à base de pavot qui vous soulagera.

Simon s'humecta les lèvres.

— Combien de temps ? chuchota-t-il pendant que Nora cherchait de quoi écrire.

Le Dr Mason jeta un coup d'œil par-dessus son épaule avant de répondre.

— Selon la progression de la maladie, quelques semaines, quelques jours…

— Voilà, dans quelques jours, tu te sentiras mieux, dit Nora qui n'avait entendu que les derniers mots.

Elle raccompagna le médecin jusqu'à la porte.

— Miss, je pense qu'il serait plus sage de reporter vos projets de mariage, pour ne pas bousculer votre fiancé. Cela vaut aussi pour les… hum, les marques d'affection. Les médecins de Venise soupçonnent cette maladie d'être contagieuse et recommandent même de brûler les effets personnels des malades.

Devant le regard incrédule de Nora, l'homme soupira.

— Je sais, ce n'est pas l'avis des médecins anglais, murmura-t-il. Mais cela n'avancerait à rien que vous tombiez malade à votre tour.

7

Heureusement que le Dr Mason ne demanda que deux pence pour la consultation à domicile, car le sirop de pavot coûta un shilling et six pence. Après avoir payé le loyer, Nora avait déjà dépensé tout l'argent obtenu pour sa robe. En tout cas, pendant un temps, le remède apaisa les douleurs de Simon, qui en prenait une cuillère le soir et s'endormait paisiblement dans les bras de Nora. Celle-ci décida de passer outre aux recommandations du médecin. Elle passait quasiment tout son temps au chevet de Simon et ne quittait la mansarde que pour des courses occasionnelles. Pour réunir l'argent nécessaire, elle laissa chez le prêteur sur gages son manteau, son peigne argenté et la chevalière portant le blason de la famille Greenborough, dont Simon avait jusque-là refusé de se séparer. À présent, il n'y voyait plus d'objection.

Nora avait beau essayer de garder espoir, elle voyait que Simon faiblissait. Elle savait qu'on mourait de la tuberculose, et pas seulement dans l'East End. Chez les populations plus aisées, la maladie évoluait moins rapidement mais entraînait, dans le meilleur des cas, des années d'infirmité.

Cependant, elle ne pouvait croire que son bien-aimé représentât un quelconque danger pour elle. Au contraire, toute occasion était bonne pour se blottir contre Simon et rêver tout haut pendant des heures.

Nora se souvenait encore précisément de leur première rencontre, lorsqu'elle avait failli entrer dans le bureau de son père alors que celui-ci recevait Simon pour son entretien d'embauche. Elle avait finalement patienté à l'extérieur, déjà sous le charme de son timbre chaud et grave. *En effet, je parle couramment français et allemand. Lorsque je serai enfin soulagé des obligations familiales qui me retiennent en Angleterre, j'espère pouvoir obtenir un poste aux colonies, en Jamaïque ou à la Barbade...*

Nora avait perçu dans sa voix toute l'envie qu'elle-même ressentait en lisant des livres sur les Caraïbes ou en entendant les familles de planteurs parler de la chaleur, des papillons, des oiseaux multicolores et des fleurs au parfum entêtant. En sortant du bureau, le jeune homme avait tout de suite reconnu le livre sur Christophe Colomb qu'elle avait dans la main. Ils en avaient discuté, et dans les semaines suivantes, Nora avait multiplié les visites au bureau de son père. Au bout d'un certain temps, les deux jeunes gens avaient jugé préférable de se retrouver à Saint James' Park. Après de longues promenades au bord du lac et des retrouvailles dans des allées plus discrètes, ils avaient fini par s'embrasser sous un saule pleureur et rêver d'une hutte sur la plage. Simon était intarissable sur la découverte et l'exploitation des îles des Caraïbes, les pirates, les plantations de tabac, les batailles navales et les échanges commerciaux.

Mais dans la pénombre de la mansarde, Nora était désormais seule à rêver tout haut.

— Évidemment, nous n'aurons pas d'esclaves, affirma-t-elle en repensant à sa conversation avec Lady Wentworth. Nous nous passerons de tout ce personnel.

Nora se satisfaisait de la vie simple qu'ils menaient, malgré la pénibilité de certaines tâches quotidiennes et la présence de Mrs Paddington. Elle se sentait plus à l'aise, moins soumise aux regards et aux bonnes manières que Thomas Reed lui inculquait depuis l'enfance.

— Peut-être que j'aurai tout de même une femme de chambre noire. Tu en as déjà vu ?

— Jamais, murmura Simon. Un Nègre aux quais, oui, une fois. Mais jamais de femme…

— Tu ne la trouveras pas plus belle que moi, n'est-ce pas ?

Simon sourit.

— C'est impossible, Nora, qu'elle soit noire, blanche ou peau-rouge !

Nora regarda son bien-aimé en feignant la méfiance.

— Si tu veux que je te croie, tu vas devoir m'embrasser !

Hélas, après quelques jours de répit, l'état de Simon empira à nouveau. Seules les caresses de Nora, la douceur de sa voix et le sirop de pavot prescrit par le Dr Mason semblaient l'apaiser. Il dormait d'un sommeil fébrile où se mêlaient rêve et réalité. Parfois, il se croyait même sur la plage avec Nora alors que tous deux étaient allongés sur son petit lit. La jeune femme continuait à le bercer de sa voix douce.

— Nous nous aimons sur le sable chaud, sous une pleine lune comme je n'en ai jamais vu. Elle a tellement d'éclat que nous nous voyons, Simon. Je… j'ai enlevé ma robe et tu…

— Tu es magnifique. Ta peau brille au clair de lune et les étoiles se reflètent dans tes yeux. Je t'embrasse, je t'aime, une légère brise sèche notre sueur…

Dix jours après la venue du médecin, la réalité rattrapa les deux amoureux. Il fallut à nouveau payer le loyer, et Mrs Paddington, mue par une curiosité malsaine, profita d'une absence de Nora pour entrer dans la mansarde. En trouvant Simon à moitié endormi, elle ne tarit pas d'invectives.

— Eh bien, il est midi et notre cher nobliau traîne encore au lit ? Pas très étonnant pour un homme qui se laisse entretenir. Tss, vous ne savez pas ce que c'est que le travail, vous autres, les gens de la haute. Ce serait bien que l'argent pousse sur les arbres, hein, milord ? Qu'est-ce qui va se passer quand vous n'aurez plus rien à mettre au clou ? Vous allez envoyer la petite sur le trottoir, monsieur le vicomte ?

Alors que Nora avait appris à ignorer les commentaires fielleux de la logeuse, Simon ne put s'empêcher de se sentir heurté et se redressa péniblement.

— Veuillez cesser les allusions de ce genre, Mrs Paddington. Tant que nous payons le loyer, la provenance de l'argent ne vous regarde pas. Quant à vos propos envers miss Nora, ils sont intolérables.

Mrs Paddington ricana.

— « Intolérables » ? Et quelle arme Sa Seigneurie choisira-t-elle pour le duel, l'épée ou le pistolet ?

— Merci de bien vouloir quitter ma chambre, Mrs Paddington, rétorqua Simon en essayant de se lever. Nora sera de retour d'une minute à l'autre et je refuse de laisser vos insultes l'atteindre.

— « Votre » chambre ? Je ne crois pas, mon petit lord, et je n'aime pas trop ce ton supérieur. Vous croyez que la petite lady restera auprès de vous quand vous n'aurez plus un sou ? Rien ne m'empêche de vous mettre dehors, vous savez.

Simon refusa de l'écouter plus longtemps.

— Très bien, jetez-nous à la rue ! s'écria-t-il entre deux quintes de toux. Ce ne sont pas les taudis qui manquent à Londres. Et maintenant, dehors, Mrs Paddington ! Sortez avant que Nora vous trouve ici.

L'odeur de transpiration et d'alcool qui émanait de l'horrible femme le prit à la gorge. Elle ne renchérit pas, sans doute impressionnée par ce coup d'éclat, à moins que son attention n'eût été attirée par un bruit chez les Tanner. Simon l'entendit descendre l'escalier en rouspétant. Il voulut se lever pour refermer la porte, mais les forces lui manquèrent. Secoué par une nouvelle quinte de toux, il dut s'appuyer sur le dossier d'une chaise alors qu'un voile noir tombait devant ses yeux. Il lui était déjà arrivé de cracher quelques gouttes de sang dans un mouchoir, mais cette fois, ce fut un flot de sang clair et mousseux qui jaillit et manqua de l'étouffer. Simon chercha désespérément de l'air et tituba jusqu'au lit, où il s'effondra. Lorsqu'il put à nouveau respirer, il posa la tête sur l'oreiller et se laissa sombrer.

À son réveil, Nora, bouleversée de le trouver dans cet état, avait nettoyé le plus gros du sang. Elle avait entendu parler de ce genre de crises chez les malades atteints de tuberculose et ne pouvait nier la réalité plus longtemps.

— Reste tranquille, mon amour, pas d'effort inutile. Le fils des Tanner est parti chercher le Dr Mason, il ne va pas tarder. Cette fois, il viendra tout de suite car tu…

— Il ne pourra rien faire, murmura Simon.

Il baissa les yeux et vit que Nora lui avait également retiré sa chemise tachée de sang. Comment était-ce possible ? Avait-il tellement maigri qu'une frêle jeune femme était parvenue à le soulever ? Non, on était samedi, jour du loyer, et les Tanner rentraient plus tôt du travail. Simon reconnut la voix sonore du père de famille sur le palier.

— Est-ce que ça va, miss Nora ? Je peux vous aider ?

Après l'avoir remercié chaleureusement, Nora l'informa que le Dr Mason était en route.

— Je suis sûre qu'on peut compter sur lui, dit-elle à Simon en lui passant une chemise propre. Est-ce que tu souffres ?

— Non, mais je suis fatigué, Nora, tellement fatigué... Inutile de faire venir le Dr Mason, tu es la seule dont j'aie besoin.

Nora l'attira contre elle. Elle le serrait toujours dans ses bras lorsqu'elle entendit la voix de Mrs Paddington qui commentait abondamment l'arrivée du Dr Mason. Quelques instants plus tard, le médecin entra dans la mansarde.

— Miss, je suis là, veuillez lâcher votre fiancé.

Même si le Dr Mason lui-même semblait douter de l'utilité de sa visite, il prit le temps d'ausculter Simon consciencieusement. Une fois l'examen terminé, il poussa un profond soupir et replaça doucement la couverture sur la poitrine du jeune homme.

— Bien, monsieur le vicomte, Nora... Une telle hémorragie risque d'accélérer la progression de la maladie.

Le médecin se ressaisit. Il ne pouvait ménager plus longtemps les sentiments de la jeune femme qui le regardait avec angoisse.

— Monsieur le vicomte, vous êtes conscient que c'est la fin.

Simon acquiesça.

— Vous n'auriez pas dû vous déplacer.

— Ne vous inquiétez pas, j'avais une course prévue dans le quartier. Mais je pense qu'un prêtre vous sera plus utile qu'un médecin.

— On ne peut donc rien faire ? demanda Nora, des larmes dans la voix.

— Si, vous pouvez veiller à ce qu'il reste au chaud. Il ne doit pas s'agiter, donc essayez de tenir votre harpie de logeuse à distance. Et s'il le souhaite, faites venir un prêtre.

Avant de partir, le Dr Mason salua Simon et posa doucement la main sur l'épaule de Nora.

— Continuez à lui administrer le pavot, cela atténuera ses souffrances.

Nora, sentant la détresse l'envahir, s'assit sur le lit et baissa la tête.

— Tu dois payer le médecin, murmura Simon.

— Je… je n'arriverai pas à le rattraper, je passerai à son cabinet plus tard. Pour l'instant, il faut…

Simon secoua la tête.

— Ne va pas chercher de prêtre. La seule personne que je veux, c'est toi.

Peppers fut soulagé de ne pas avoir à révéler l'adresse de Simon à son maître. Lorsqu'il alla le chercher un lundi matin au débarcadère, Thomas Reed ne lui posa aucune question et lui demanda simplement de le conduire à sa société. Il était rentré sur un navire marchand parti de Hambourg. Il y avait plus confortable pour voyager mais Reed avait voulu regagner Londres au plus vite dès que la nouvelle de la disparition de sa fille lui était parvenue. Fatigué, la perruque mal ajustée et les vêtements froissés, il convoqua l'ensemble de ses employés. Lorsque Mr Simpson entreprit de relater avec force détails le passage de Nora dans les bureaux, il fut rapidement interrompu.

— Je sais que vous ne lui avez pas donné l'adresse du jeune homme, Simpson, et vous non plus, Wilson. Inutile de me le répéter une énième fois. Mais ma fille a fini par la découvrir, car où pourrait-elle se trouver depuis trois semaines sinon chez son prétendant ? Donc…

Reed parcourut du regard ses employés alignés en rang. Tous baissèrent la tête. À l'extrémité de la pièce se tenait Bobby, qui rougit dès que Reed posa les yeux sur lui.

— Robert, est-ce toi qui as accompagné ma fille dans l'East End ? Tu peux parler librement. Je sais que tu n'es pas en position de lui refuser quoi que ce soit, et je suppose qu'aucun de ces messieurs ici présents ne te l'avait formellement interdit, n'est-ce pas ?

Bobby acquiesça.

— C'est pour ça que ce jour-là j'ai remis la lettre aux quais avec un peu de retard, dit-il à l'attention de Simpson qui le fusilla du regard. Mais je ne pouvais pas laisser miss Nora y aller toute seule. Et j'ai toujours gardé un œil sur elle, monsieur, même plus tard…

— Tu continues à avoir des nouvelles ? demanda Reed entre colère et soulagement.

— Plus ou moins… En tout cas, elle va bien.

Thomas Reed se massa les tempes.

— Le mieux est de s'en assurer. Retournez au travail, messieurs. Robert, viens avec moi. Puisque tu connais si bien l'East End, tu indiqueras le chemin au cocher.

Dans la mansarde, Simon agonisait tandis que Nora puisait dans ses rêves pour tenter de repousser le spectre de la mort. Elle ne se levait que pour raviver le feu dans la cheminée. Le reste du temps, elle fredonnait des chansons d'amour ou parlait doucement des Caraïbes, d'un hamac tendu entre deux palmiers où tous deux se balanceraient doucement au vent, leur peau nue caressée par les rayons du soleil qui filtraient à travers les feuillages.

Simon dormait beaucoup mais se réveillait tout de même de temps en temps pour lui prendre la main et l'embrasser. Nora ne comptait ni les heures ni les jours, elle avait cessé de vivre dans l'angoisse et ne sursautait plus quand Simon toussait. Tout ce qui importait, c'était d'être à ses côtés.

Mais dans la nuit de dimanche à lundi, alors que Nora s'apprêtait à éteindre les bougies, Simon la ramena à la triste réalité.

— Que feras-tu quand ce sera fini, quand je... Tu retourneras vivre à Mayfair? Crois-tu que ton père te pardonnera?

— Ce ne sera jamais fini, répondit Nora en embrassant les rides que l'inquiétude et la maladie avaient dessinées sur son front. Tu resteras auprès de moi pour toujours. Je t'aime tant...

— Tu dois m'oublier.

Les yeux de Simon exprimaient toute la souffrance du monde, mais il se résolut à poursuivre.

— Je meurs, Nora. Mais toi, tu vas vivre, tu es encore jeune. Tu en aimeras un autre.

La jeune femme secoua la tête.

— Jamais. Je te resterai fidèle pour l'éternité. Je te retiendrai ici-bas, je ne te laisserai pas partir. N'aie pas peur.

— Je n'ai pas peur. Et si je pouvais... Si seulement je pouvais, je ne te quitterais pas, Nora, je t'aimerais pour toujours.

Elle caressa du bout des doigts son visage et ses lèvres comme pour s'en souvenir éternellement.

— Tu ne me quitteras pas, répondit-elle tendrement. Tu te souviens des esprits que les Nègres appellent Loas ou Duppies?

Simon sourit faiblement en se souvenant d'un livre qu'ils avaient lu ensemble.

— Ils... ils s'élèvent des tombes.

— Exactement! Tu reviendras. Nous serons ensemble pour toujours, dans nos rêves, sur notre île...

Simon lui prit la main et la serra fort.

— Emmène-moi là-bas, Nora. Une dernière fois...

Nora dormait lorsque Simon rendit son dernier souffle entre ses bras. Il repensa à leur petit paradis et se laissa emporter par les vagues sans souffrir grâce au sirop de pavot.

En se réveillant, Nora qui enlaçait le corps encore chaud de Simon le trouva apaisé, libéré de l'angoisse et de la maladie. Elle embrassa ses paupières closes sans réussir à desserrer son étreinte. Elle voulait le tenir encore un peu dans ses bras, sentir une dernière fois son corps pour ne jamais l'oublier.

Cependant, avec le décès de Simon, le charme était rompu. L'île de leurs rêves disparut pour laisser place à la chambre faiblement éclairée par la lumière blême du matin. Pour la première fois depuis deux jours, Nora prêta attention à ce qui se passait en dehors du cocon qu'était devenue la mansarde et entendit la voix criarde de Mrs Paddington.

— En voilà un monsieur élégant, ricana la logeuse. Vous venez voir le lord et la lady ? C'est un peu tôt pour une visite de courtoisie, donc je suppose qu'il s'agit d'argent. Monsieur ne serait pas huissier, par hasard ? Il n'y a rien à saisir, je vous le dis tout de suite. Et puis chacun son tour, le loyer aurait dû m'être payé il y a trois jours. Deux shillings, monsieur, c'est...

— Ce taudis ne les vaut pas !

Nora sursauta en reconnaissant la voix de Bobby, le jeune coursier. C'était bien elle que l'on venait voir. Elle allongea délicatement le corps de Simon et passa rapidement un châle par-dessus sa chemise de nuit. Elle hésita un instant à recouvrir d'un drap le visage de son bien-aimé mais ne put finalement s'y résoudre.

Quelqu'un frappa et, sans attendre de réponse, passa la tête dans l'embrasure de la porte. C'était Bobby. Derrière lui, Thomas Reed l'écarta, ouvrit en grand et scruta avec effarement la pénombre de la mansarde que sa fille avait préférée à la belle demeure de Mayfair. Il remarqua immédiatement le sol soigneusement balayé, le feu qui crépitait dans la cheminée, la vaisselle en terre cuite et les quelques ustensiles de cuisine bien alignés ainsi que les vêtements pliés sur une petite chaise. Mais il vit surtout le désespoir et l'épuisement dans les yeux de Nora qui, dès son arrivée, s'était placée devant le lit de Simon comme pour le protéger. Après avoir été furieux de devoir abréger son voyage et inquiet des conséquences, Thomas Reed comprit, en voyant la jeune femme qui se tenait devant lui échevelée, vêtue d'une chemise de nuit et d'un châle bon marché, qu'elle n'avait pas agi par caprice. Il lui reconnut même un certain mérite. Quant à ce qu'il était advenu de Greenborough, Reed craignit le pire en devinant une forme immobile sur le lit.

— Nora…

Si Thomas Reed avait souvent pensé aux retrouvailles avec sa fille, il n'avait jamais imaginé qu'il pût se sentir aussi démuni.

— Papa !

Nora se jeta dans ses bras et fondit en larmes. Reed tourna la tête vers Bobby qui, entré après lui, confirma ses craintes.

— Il est mort, Dieu ait son âme, dit l'adolescent en se signant.

La voix persifleuse de Mrs Paddington, qui parlait encore et toujours du loyer, parvint à Nora depuis le couloir.

— J'ai toujours payé ! cria la jeune femme entre deux sanglots. Seulement cette fois, je n'ai pas eu le temps parce que Simon... Et puis il y a aussi le Dr Mason...

— Je m'en chargerai, répondit Reed.

En serrant sa fille contre lui, il sentit combien elle avait maigri.

— Nora, j'ignorais... j'ignorais la gravité de son état. Je ne savais pas qu'il était si malade.

— Personne ne le savait, murmura-t-elle. Que vais-je devenir maintenant ?

— Pour commencer, tu vas rentrer à la maison. Peppers nous attend en bas.

— Mais Simon...

Elle se tourna vers le lit.

— On ne peut plus rien pour lui, de toute façon.

Ces paroles de Bobby qui se voulaient réconfortantes firent pleurer la jeune femme encore plus fort.

— Je vais m'occuper de tout, la rassura Reed. D'abord, je t'emmène avec moi, et ce n'est pas négociable. Il faut que tu te reposes. Tu as fait tout ce que tu as pu.

8

Thomas Reed prit effectivement les choses en main avec l'aide précieuse de Bobby. Il donna à son coursier de quoi payer le loyer à une Mrs Paddington qui ne cessait de maugréer puis, devant l'insistance de Nora, l'envoya au cabinet du Dr Mason pour régler la dernière consultation. Celui-ci protesta, soulignant qu'il n'avait pas pu sauver son patient, mais Bobby réussit tout de même à lui faire accepter un shilling. Il lui paya également par avance une consultation pour les enfants Tanner, qui s'étaient accrochés en pleurs à la jupe de Nora lors de son départ.

— Il n'est peut-être pas trop tard pour les empêcher d'attraper la tuberculose, dit Bobby, peu optimiste.

L'adolescent s'apprêtait également à chercher un fossoyeur, mais Thomas Reed refusa que Simon Greenborough fût enterré dans le carré des indigents. Il avait entendu parler de ces fosses qui contenaient entre cinq et sept corps et que l'on ne refermait pas tant qu'elles n'étaient pas remplies. Il acheta une concession au cimetière de la toute nouvelle église St George à Mayfair, commanda un cercueil et organisa des obsèques décentes. Enfin, il fit prévenir la mère et la sœur de Simon, qui réclamèrent aussitôt sa chevalière ainsi qu'un éventuel bas de laine.

Le lendemain de son retour, Mr Reed envoya également Wilson dans l'East End disposer des quelques effets du jeune couple, avant que Mrs Paddington s'en emparât pour les revendre. Le négociant fut choqué d'apprendre qu'il n'y avait aucun objet de valeur dans la mansarde, seulement des lettres de relance soigneusement classées qui émanaient aussi bien de différents créanciers que de Lady Greenborough et de sa fille.

— Tous ces gens l'auront saigné jusqu'au dernier centime, soupira Reed. Pauvre garçon, moi qui le croyais trop pingre pour s'acheter des vêtements neufs…

Conformément au souhait de Nora, Wilson donna ses quelques affaires à Mrs Tanner, qui le remercia en larmes. Quant à Mrs Paddington, elle exigea réparation pour le linge de lit qu'elle ne voulait plus utiliser sous prétexte que Simon y avait rendu son dernier soupir. Wilson, qui avait lui aussi une logeuse acariâtre, ignora ses récriminations.

— Son taudis sous les toits a rapporté assez d'argent à cette mégère, dit-il à Reed.

Son attitude lui valut toute l'estime du négociant, qui appréciait que l'on ne dépensât pas son argent à tort et à travers.

De son côté, Nora, inconsolable, passa trois jours à pleurer sur son grand lit à baldaquin. Elle ne voulait voir personne et ne répondait que par monosyllabes quand on lui adressait la parole. Ce fut à contrecœur et sur les conseils de Lady MacDougal que Thomas Reed la força à assister aux obsèques de Simon.

— Bien sûr, la situation est délicate mais la moitié de Londres sait que votre fille a fugué chez un lord sans le sou. Il me paraît donc préférable de présenter officiellement ce Simon Greenborough comme le fiancé décédé de Nora. La rumeur se calmera peut-être si vous expliquez qu'elle a passé ces dernières semaines dans sa famille pour aider sa mère à le soigner.

— L'enterrement lui sera insupportable, murmura Thomas Reed, davantage préoccupé par le bien-être de sa fille que par sa réputation.

— Au contraire. Elle pleurera sans doute pendant encore quelques jours puis elle tournera la page. Sait-on si, hum… si Nora est toujours vierge ?

Reed n'avait pas osé poser la question. Eileen MacDougal, la fille de Lady Margaret connue pour sa joie de vivre et surtout pour un scandale similaire impliquant un palefrenier, n'eut pas ce genre d'hésitation. Lady Margaret l'avait chargée de distraire Nora tandis qu'elle s'entretenait avec son père, mais la jeune femme pleurait dans un fauteuil sans vraiment entendre les questions dont Eileen l'assaillait. Ce fut seulement lorsque cette dernière lui demanda si Simon l'avait déflorée qu'elle eut une réaction aussi brève qu'intense.

— Non, dit-elle d'une voix étranglée par le chagrin. Nous n'avons même pas connu ce bonheur.

Nora revêtit docilement la robe noire que sa femme de chambre avait sortie pour les obsèques. Mais comme elle avait beaucoup maigri au cours des dernières semaines, il fallut faire venir en urgence une couturière qui exigea un shilling pour les retouches.

— Dire que pour trois shillings, on achetait une robe sur le marché de Cheapside, commenta Nora d'une voix éteinte. Une jupe à arceaux en coûtait deux, mais ce n'était guère pratique…

La domestique, qui aurait payé cher pour aller au bal dans une de ces jupes, s'abstint de tout commentaire.

Le prêtre de St George prononça une émouvante oraison funèbre. Wilson assista à l'enterrement, comme la plupart des employés de Thomas Reed, et veilla à ce que Mrs Paddington n'approchât pas Nora. La logeuse n'avait pas voulu rater cette dernière occasion de la harceler avec ses récriminations. En voyant les Tanner, Nora se dit que son père les avait certainement dédommagés pour la journée de travail qu'ils perdaient. Lorsqu'ils la saluèrent, elle constata que leur haleine sentait le gin malgré l'heure matinale.

Nora demeura impassible durant toute la cérémonie. Le lendemain, elle réussit à ne pas pleurer et demanda même à sortir. Les domestiques, qui s'inquiétaient pour elle, ne manquèrent pas d'en informer son père le soir venu.

Contrairement à ce qu'ils espéraient, Peppers la conduisit non pas dans une rue commerçante pour qu'elle choisît une nouvelle garde-robe mais chez un prêteur sur gages de l'East End. Nora récupéra la chevalière de Simon et se sentit mieux dès qu'elle la serra au creux de sa main. Elle avait les doigts trop fins pour porter cette bague, aussi y fit-elle passer un ruban de velours qu'elle porterait autour du cou. C'était une première étape vers un deuil silencieux, plus apaisé. Nora pouvait passer des heures sur son lit à regarder droit devant elle, comme pour chercher l'île vers laquelle l'âme de Simon s'était envolée.

L'ÎLE

Londres
Jamaïque

Hiver 1729 – début 1732

1

Lady MacDougal conseilla à Thomas Reed de laisser encore un peu de temps à Nora alors que celle-ci, une semaine après l'enterrement, ne semblait toujours pas décidée à reprendre une vie mondaine et passait ses journées enfermée dans sa chambre. Tout d'abord, Thomas Reed se laissa convaincre, seulement les jours devinrent des semaines puis des mois. Nora s'obstinait à vouloir porter le deuil. Son père réussit tout de même à lui faire reprendre l'habitude de dîner dans la salle à manger. Peu à peu, elle sortit de son silence, accepta de répondre à ses questions et l'écouta poliment quand il lui parlait de ses affaires. Si, au grand soulagement de Thomas Reed, Nora ne semblait pas nourrir de ressentiment à son égard, elle n'avait plus goût à rire et à sortir. Elle déclina toutes les invitations, que ce fût pour des parties de chasse en automne, des bals en hiver, des pique-niques et des fêtes champêtres au printemps et en été. Elle en recevait d'ailleurs moins qu'avant, car le scandale avait entaché sa réputation.

— Et je crains que cela n'aille pas en s'arrangeant, Thomas, soupira Lady MacDougal. Il ne faut surtout pas la laisser se retirer du monde. Forcez-la au moins à vous accompagner à l'église, à un dîner de temps en temps, ou recevez chez vous, elle pourra difficilement se cacher ! Mais surtout, faites en sorte qu'elle soit vue, autrement la rumeur... enflera.

D'un air entendu, Lady Margaret mima un ventre arrondi.

— Mais elle n'a pas…, murmura Thomas.

— Quand bien même vous le crieriez sur tous les toits, les gens ne seront pas forcés de vous croire.

Thomas Reed obligea donc Nora à sortir le plus souvent possible de la maison, mais elle n'avait plus aucun goût pour la conversation, les mets raffinés, la musique et la danse. Elle ne touchait même plus au clavecin dont elle avait tant aimé jouer. Son père finit par lui offrir une magnifique jument arabe. Si elle s'engagea à sortir l'animal tous les jours à Saint James' Park, cela ne l'aida pas à retrouver son enthousiasme d'antan pour le galop et la chasse à courre.

Même le dernier conseil de Lady Margaret – et le plus désespéré – demeura infructueux, car Nora ne tomba pas sous le charme du bel écuyer que Thomas Reed avait engagé pour l'accompagner. Elle ne semblait même pas voir le jeune homme, mais au moins, l'air frais redonna un peu de couleur à ses joues blêmes.

Alors que le deuxième anniversaire de la mort de Simon approchait, Thomas Reed commençait à se résigner. Nora, toujours aussi mélancolique, ne montrait plus aucun intérêt pour les activités qui l'avaient autrefois passionnée. Pourtant, les invitations affluaient à nouveau. Dans les premières semaines après le « scandale », la bonne société s'était montrée distante ; après tout, personne ne savait si Nora était toujours une femme vertueuse ou non. Mais lorsqu'il fut certain que son faux pas n'aurait pas de conséquence – Lady Margaret et sa fille Eileen avaient d'ailleurs multiplié les allusions subtiles à la nature platonique de l'amour entre les deux jeunes gens –, Nora fut à nouveau la bienvenue dans les cercles mondains. Elle devint même une candidate sérieuse aux yeux de nombreux parents cherchant à marier leur fils, en raison de sa beauté mais aussi de son statut d'unique héritière. Après son dix-neuvième anniversaire, des dames multiplièrent les visites impromptues au domicile des Reed. Elles venaient aussi bien chanter les louanges de leur fils que satisfaire leur curiosité : comment Nora avait-elle pu se livrer à pareilles frasques ? Non seulement elle était bien éduquée et discrète, dans ses robes aux couleurs pastel sans froufrous ni rubans, mais elle parlait bien plus volontiers de ses actions de bienfaisance que du prochain bal ou de la meilleure couturière de la ville, avec une maturité inhabituelle pour son jeune âge.

En effet, nourrir et soigner les pauvres gens de l'East End était la seule activité qui redonnait à Nora son énergie d'antan. Elle se déplaçait en personne dans les quartiers défavorisés pour veiller à la juste répartition des dons obtenus grâce à son charme et à son habileté. Tout commença à une soirée organisée chez Reed lorsque l'une des invitées, Mrs Anne Wendrington, mentionna l'orphelinat qu'elle finançait.

— Ces pauvres bambins sont tout simplement abandonnés par leurs parents qui préfèrent s'adonner à ce fléau qu'est l'alcool. Le gin leur fait perdre la tête !

— Sachez que le gin coûte moins cher que l'eau dans les quartiers défavorisés, rétorqua Nora à la grande surprise des autres convives. Il est aussi moins dangereux que ce liquide immonde qui sort de la Tamise.

Mrs Wendrington fronça les sourcils.

— Le gin, moins cher que l'eau ? Comment est-ce possible ? Toujours est-il que nous pensions mettre en place des soupes populaires pour les familles, ainsi qu'un accompagnement spirituel. Le révérend de l'église St George…

Nora ne put retenir un petit rire.

— Offrez-leur une consultation chez un médecin, plutôt qu'une bible qui ne leur servira à rien. Et puis ce n'est pas tant la nourriture qui pose problème que l'accès au bois, au charbon ou à l'eau potable. Enfin, cela irait sans doute plus vite de raser l'East End pour tout reconstruire.

— Nora ! s'écria Thomas Reed.

Mrs Wendrington réfléchit quelques instants.

— Je propose de passer à un sujet moins délicat, finit-elle par répondre. Mais nous en reparlerons, miss Reed. Votre œil averti et votre énergie pourraient servir nos actions de bienfaisance.

Par la suite, Nora consacra tout l'argent qu'elle aurait auparavant dépensé en frivolités à l'amélioration des conditions de vie dans l'East End. Elle organisa également des soupes populaires et rallia à sa cause le Dr Mason, qui accepta de réserver quelques heures de consultation pour les patients les plus démunis. Bien sûr, tout cela n'était qu'une goutte d'eau dans la mer, on manquait d'argent et de bras car rares étaient les femmes issues de la bourgeoisie ou de la noblesse à oser s'aventurer dans ces quartiers mal famés. Mais au moins, grâce à ces différentes activités, Nora s'occupait l'esprit.

De son côté, Thomas Reed n'était pas sûr de s'en réjouir.

— Elle va finir vieille fille ! se plaignit-il auprès de Lady Margaret, dont la fille Eileen venait de faire un beau mariage. Quand elle sort, c'est pour aller dans l'East End avec ces matrones et elle rentre en sentant l'espèce d'onguent que le médecin prescrit. Je suppose qu'elle lui sert d'assistante. Parfois, je la retrouve en larmes mais l'écuyer jure ses grands dieux qu'elle ne va pas au cimetière. Je n'ose imaginer ce que l'on dirait si elle allait se recueillir sur la tombe de Greenborough.

Elle ne s'intéresse plus à la danse, au théâtre et aux pique-niques. Quand je réussis à la convaincre de m'accompagner dans des soirées mondaines, elle reste assise avec les dames, leur parle de charité et regarde à peine les jeunes hommes alors qu'ils n'attendent que cela! Toutes les femmes de la ville rêvent de lui présenter leur fils. À ce rythme, je crains que Nora ne trouve pas d'époux alors qu'il est grand temps! J'aimerais avoir des petits-enfants, si possible un petit-fils qui reprendrait ma société de négoce...

Lady Margaret haussa les épaules.

— Vous devriez demander un avis médical. Il existe des remèdes à la mélancolie.

Même si Thomas Reed ne pensait pas sa fille malade, il préféra tout de même l'amener chez le Dr Morris, qui lui prescrit du laudanum.

L'odeur du médicament n'était pas sans rappeler à Nora celle du sirop de pavot qu'elle avait administré à Simon. La première fois qu'elle en prit, elle se sentit calme, apaisée, tout le contraire de ce qu'elle recherchait. Elle voulait vivre dans la douleur et porter le deuil de Simon, qu'elle guettait au détour des allées de Saint James' Park ou des ruelles de l'East End. Elle aimait également se plonger dans les rares ouvrages que Wilson avait retrouvés dans la mansarde et lire les mêmes mots que Simon avant elle. Elle vivait les mêmes rêves, car ces livres traitaient bien sûr d'archipels lointains et des explorateurs qui les avaient découverts. Enfin, elle gardait sur sa poitrine la chevalière de Simon pour sentir sa présence, même si l'âme du jeune homme s'était envolée sur l'île de leurs rêves.

2

Dans la grande salle à manger, Nora vérifiait sans entrain la décoration de la table que les domestiques avaient dressée pour sept personnes. Thomas Reed avait invité deux couples ainsi qu'un certain Mr Fortnam, avec qui il était en affaires. Nora ne l'avait encore jamais vu, cet inconnu serait son voisin de table et elle devrait lui faire la conversation. La jeune femme soupira et ajusta une assiette en porcelaine de Saxe – le service avait coûté une fortune qu'il eût été plus judicieux de verser à une soupe populaire. Et dire que son père, qui ne la trouvait pas assez féminine, l'avait poussée à acheter une nouvelle robe… Elle était toujours menue comme une jeune fille, au grand dam de la cuisinière qui désespérait de la voir manger davantage.

Alors qu'Eileen et Lady MacDougal la poussaient à se mettre en valeur, Nora n'attachait pas d'importance à son apparence et privilégiait le confort au luxe, même si elle ne pouvait nier que sa nouvelle robe bordeaux était magnifique. La couturière avait tenu à ajouter un large liseré en dentelle pour souligner sa petite poitrine menue ainsi que des rubans dorés, que Nora aurait préférés noirs.

— Vous êtes si belle, quel dommage de vous cacher dans des robes noir corbeau !

Nora avait fini par céder. La couturière obéissait certainement aux instructions de Thomas Reed, sinon elle n'aurait jamais osé s'exprimer aussi librement.

La jeune femme jeta un coup d'œil rapide à la cheminée flanquée de statues de marbre. Le pare-feu était installé pour protéger les précieux tapis, la salle à manger était donc prête et Nora n'avait plus qu'à se changer. Sa femme de chambre l'attendait à l'étage, où elle préparait différents poudriers et artifices de maquillage. Encore un achat de Reed, qui tenait à ce que sa fille fût apprêtée conformément à son rang. Nora savait qu'il n'avait qu'une hâte, la voir mariée et mère de famille, mais elle ne concevait pas de se donner à l'un de ces jeunes gens que l'on faisait défiler devant elle. Ils se ressemblaient tous, avec leurs vestes brodées qui s'ouvraient sur une chemise en dentelle, leurs chausses et leurs souliers à boucle, sans oublier leur volumineuse perruque qui pouvait très bien cacher une calvitie.

Tout cela indifférait Nora, qui laissa sans aucun enthousiasme sa femme de chambre la transformer en poupée de porcelaine. Elle était belle, certes, avec son teint parfait, ses lèvres pleines et ses yeux verts reconnaissables entre mille, mais sans vie.

En revanche, Thomas Reed, Lady Margaret et son mari, qui l'attendaient dans le vestibule, s'extasièrent dès qu'ils la virent descendre l'escalier.

— Quelle magnifique robe, Nora ! s'exclama la lady. J'espère tellement vous revoir danser un jour, d'ailleurs nous donnons un bal le mois prochain pour fêter le baptême du bébé d'Eileen. Eh oui, elle a un fils…

Nora remarqua la tristesse dans le regard de son père lorsqu'il renouvela ses félicitations à Lord et Lady Margaret pour la naissance de leur petit-fils. Elle leur dit également quelques mots avant d'être interrompue par l'arrivée d'un nouveau convive. Par la porte ornée de vitraux colorés qui séparait le salon du vestibule, Nora vit la bonne débarrasser un homme de grande taille de son manteau.

— Je garde les fleurs, merci. Je tiens à les offrir moi-même.

La voix était forte et autoritaire. L'homme n'attendit pas que la bonne l'introduisît et entra d'un pas assuré. En voyant le bouquet qu'il tenait à la main, Nora blêmit sous son maquillage car c'était la première fois depuis la demande en mariage de Simon que quelqu'un se présentait devant elle avec des fleurs. D'habitude, les domestiques réceptionnaient les cadeaux des invités à leur arrivée puis les plaçaient bien en vue dans la pièce où Nora et son père recevaient.

— Miss Reed, je vous remercie pour l'invitation, dit-il en s'inclinant et en lui tendant le bouquet.

Thomas Reed sourit au nouvel arrivant.

— Nora, Lady Margaret, Lord MacDougal, permettez-moi de vous présenter Mr Elias Fortnam.

Pour une fois, Nora sut gré à sa femme de chambre de lui avoir appliqué une couche bien épaisse de poudre sur le visage, car personne ne la vit successivement pâlir et rougir. Elle se ressaisit, remercia Mr Fortnam et l'observa attentivement alors qu'il saluait Lady Margaret et Lord MacDougal. En réalité, Elias Fortnam n'avait absolument rien de commun avec Simon Greenborough, hormis le fait de ne pas porter de perruque. Si la poudre qu'il avait dans ses cheveux ondulés cachait leur couleur naturelle, il y avait renoncé sur le visage, certainement parce qu'elle ne convenait pas à son teint hâlé, fort inhabituel pour un mois de décembre à Londres. On le remarquait immédiatement avec son pantalon noir, sa courte veste en laine aux couleurs subtiles et les bottes de cavalier qu'il portait au lieu des traditionnels souliers à boucle. Ce style vestimentaire appelé « mode à l'anglaise » ne comptait pas encore beaucoup d'adeptes parmi les amis de son père.

— Mr Fortnam, avec qui je travaille depuis un certain temps maintenant, est arrivé à Londres il y a quelques jours, expliqua le négociant aux MacDougal. Il possède une plantation de canne à sucre et nous vient tout droit de la Jamaïque.

Nora tressaillit. Hormis les Wentworth, établis à la Barbade, elle n'avait jamais rencontré de planteurs installés aux colonies. Elle n'avait pas non plus cherché à en connaître depuis la mort de Simon.

— La Jamaïque, vraiment ? dit aussitôt Lady Margaret.

Mr et Mrs Roundbottom, les derniers convives, arrivèrent enfin. Lorsqu'il fut temps de passer à table, Elias Fortnam se tourna vers Nora et lui proposa son bras.

— Me ferez-vous cet honneur ? dit-il, charmant.

Nora accepta de l'accompagner jusqu'à la salle à manger. Fortnam, qui était un homme d'âge mûr, bien bâti, aux yeux bleus et aux sourcils fournis, se montrait aimable à l'égard de Nora sans être insistant, contrairement aux autres hommes que Thomas Reed recevait. Il ignorait certainement tout du scandale qui avait entaché la réputation de Nora deux ans plus tôt, ainsi que de la discrétion et du rejet des mondanités auxquels son nom était désormais associé.

— La Jamaïque doit être une île magnifique, dit-elle alors que les domestiques servaient les entrées.

Fortnam sourit.

— Oui, la végétation y est très dense, même dans l'intérieur des terres. Là où nous ne défrichons pas, c'est la jungle. Malheureusement, nous essuyons parfois des ouragans dont nous nous passerions aisément. Il y a deux ans, j'ai perdu la moitié de ma récolte. Et puis il y a la chaleur que les Blancs supportent difficilement, surtout les dames. Mais sans elle, point de canne à sucre.

— Et il pleut beaucoup, n'est-ce pas ? demanda Lord MacDougal. Enfin, vous allez sans doute me répondre que sans pluie, point de canne à sucre.

— Nous disposons d'assez de ressources en eau pour irriguer les plantations et de nombreuses rivières prennent leur source dans les montagnes, d'où le nom de l'île : « Jamaïque » vient de « Chaymaka », l'île des sources.

— « Chaymaka », n'est-ce pas de l'espagnol ? demanda Nora.

Fortnam fronça les sourcils.

— Pourquoi donc ? Ah, parce que l'île a été sous domination espagnole ? Certes, mais c'était il y a longtemps. L'amiral Penn l'a reprise en 1655. Non, c'est un nom indigène. Je crois qu'il y a eu des Indiens...

— Les Arawaks, précisa Nora, qui se souvenait des lectures de Simon. On dit qu'ils étaient... inoffensifs.

Fortnam éclata de rire.

— C'est sans doute la raison de leur extinction. Enfin, personne ne le sait vraiment, ils avaient déjà en partie disparu à l'arrivée des Espagnols. Christophe Colomb et les siens leur ont donné le coup de grâce. Aujourd'hui, il n'y a plus d'Indiens, seulement des Anglais et des Nègres. Ceux-là nous causent déjà bien assez de souci.

— Rencontrez-vous également des problèmes avec des rebelles que l'on appelle des Noirs libres ? demanda Mr Roundbottom.

Fortnam haussa les épaules.

— Des « problèmes », n'exagérons rien. Ils ne sont pas très nombreux et vivent dans les montagnes. Si cela ne tenait qu'à moi, ils seraient chassés de leurs repaires depuis longtemps. J'ignore pourquoi ce n'est toujours pas fait. Enfin, nous restons sur nos gardes car ils organisent parfois des pillages. Comme ma plantation,

Cascarilla Gardens, est située près de Spanish Town, sur la côte, nous sommes relativement protégés car ils s'aventurent rarement jusque-là. Ils s'attaquent plutôt aux petits planteurs installés dans l'intérieur des terres.

— Mais ces Noirs libres accueillent les esclaves qui fuient les plantations, si je ne m'abuse, insista Round-bottom.

— Parfois, ou alors ils nous les livrent – contre une somme d'argent, bien entendu. Les Nègres ne forment pas une grande famille unie.

Nora, que cette discussion sur les esclaves mettait mal à l'aise, changea de sujet.

— Y a-t-il bien des forêts de mangrove en Jamaïque ?

Fortnam rit.

— Vous avez raison, miss Reed, parlons de choses plus agréables. La Jamaïque est un paradis pour qui aime les plantes tropicales, les oiseaux, les fleurs, les papillons, dont certains comptent parmi les plus gros du monde. Quant à la mangrove, elle pousse très près du littoral. Le paysage change tellement vite que c'en est presque effrayant. La mer, la plage… et la jungle juste derrière.

Nora hocha la tête. Cette description correspondait en tout point à l'île qu'elle et Simon avait imaginée.

— Et y a-t-il des palmiers ?

Fortnam acquiesça.

— Bien sûr, nous en avons d'innombrables variétés, importées paraît-il par les Espagnols. Parmi la flore locale, il y a la fougère, le cèdre, la cascarille, un arbuste dont l'écorce sert à la fabrication d'huiles essentielles, l'acajou, le campêche… Une grande partie des Blue Mountains reste inexplorée, et nous recevons parfois des botanistes qui viennent découvrir de nouvelles plantes.

Nora buvait ses paroles.

— Et qu'est-ce qui vous amène à Londres, Mr Fortnam ? demanda Lord MacDougal. Laissez-moi deviner : vous cherchez un joli petit comté oublié pour représenter votre île au Parlement.

Fortnam rit de bon cœur.

— Certainement pas ! Je suis fier de mon nom et j'entends continuer à le porter. Mais vous, faites attention à ce que la vraie aristocratie anglaise garde quelques sièges ! J'en connais à la Barbade qui rachèteraient le titre du roi, si vous les laissiez faire.

Nora sourit. Son voisin de table exploitait peut-être des esclaves mais il ne cherchait pas à s'accaparer un titre de noblesse, contrairement à de nombreux autres planteurs.

— En tout cas, le cartel du sucre est dignement représenté et les prix me conviennent.

— C'est du vol ! s'exclama MacDougal. À ce rythme, je vais devoir songer à construire des serres.

Le lord fronça les sourcils en voyant sa femme sucrer généreusement le café qu'un domestique venait de servir.

— Cher ami, songez à la taille que peuvent atteindre les plants de canne à sucre, répondit Fortnam. Ce ne sont pas des serres, mais des châteaux de verre qu'il vous faudra. Cela en vaut-il la peine ? Quant à vos paysans, ils vont devoir troquer leurs faux pour des machettes, à moins que vous ne préféreriez importer des Nègres mais ce n'est pas gratuit, loin de là ! Tout compte fait, avec nos tarifs, vous vous y retrouvez.

Le lord soupira, avant de se laisser gagner de bon cœur par les rires des autres invités. Au moment de partir, Lady Margaret convia Fortnam à une réception chez elle la semaine suivante.

— Ce sera pour vous l'occasion de rencontrer d'autres membres de la société londonienne. Qui sait, les serres de mon époux feront peut-être des émules auxquels vous pourrez prodiguer vos précieux conseils.

Fortnam rit.

— Si ma charmante voisine de table accepte de m'accompagner.

Il se tourna vers Nora, qui rougit sous son maquillage.

— Si miss Reed souhaite se joindre à nous, nous en serons enchantés ! s'exclama Lady Margaret. Vous êtes évidemment invité, Thomas.

Nora se mordit les lèvres. Elle pouvait difficilement refuser sans vexer Mr Fortnam. En avait-elle d'ailleurs envie ? Son récit l'avait transportée jusque sur les plages et la jungle de Jamaïque.

— J'accepte avec plaisir, répondit-elle finalement.

— Vraiment, Thomas, je n'avais pas vu Nora aussi rayonnante depuis des années !

Lady Margaret était tellement curieuse et excitée qu'elle passa voir le négociant à son bureau dès le lendemain.

— Cette rencontre pourrait-elle déboucher sur quelque chose ? Qui est ce Fortnam ?

Thomas Reed fronça les sourcils.

— Je vous en prie, Margaret, cet homme pourrait être son père, et je ne pense pas qu'il ait quelque intention que ce soit envers Nora.

— Toujours est-il qu'il la regardait avec beaucoup d'intérêt ! Et puis avez-vous oublié ce qu'il a dit sur sa « charmante voisine de table » ? Difficile de faire plus appuyé ! Non, vraiment, Thomas ! Bien sûr, il y a une différence d'âge, mais Nora est déjà très mûre. Cet homme a-t-il... de quelconques attaches ?

Reed haussa les épaules.

— Il est veuf depuis plusieurs années et a un fils qui étudie en Angleterre. C'est sans doute la raison de sa présence ici. D'un point de vue financier, rien de particulier. Il a une grande plantation qu'il dirige de main de maître, à en croire les bénéfices importants qu'il réalise.

Lady Margaret sourit.

— Eh bien, voilà qui est prometteur ! Vous préféreriez que Nora reste vivre à Londres, je le sais, mais ses rêves d'évasion ne semblent pas lui être passés. Cela dit, je crains qu'elle ne soit déçue. Les planteurs montrent beaucoup d'intérêt pour les filles de vicomte ou de baron, qui leur permettent d'accéder à un titre de noblesse et à un siège au Parlement. Elles rêvent de fleurs, de palmiers et que sais-je encore, seulement elles déchantent dès la première mousson. Dans ces exploitations, les seules personnes qu'elles voient de la journée sont des domestiques noirs. Alors elles suggèrent à leur mari qu'un domaine dans l'Essex serait tout aussi sympathique, ainsi qu'une maison à Londres.

Thomas Reed se massa les tempes.

— Et Elias Fortnam se laisserait convaincre, d'après vous ?

Lady Margaret haussa un sourcil.

— Si Nora lui demande gentiment, oui. Il gagne très bien sa vie et l'Angleterre ne doit pas lui déplaire, puisqu'il y envoie étudier son fils. J'ai une idée : pour leur mariage, offrez-leur une maison à Londres ! Ainsi, votre fille gardera un pied ici. Et puis songez qu'avec une telle différence d'âge, elle survivra à cet homme et pourra se remarier. Oubliés les scandales et les rêves exotiques.

Thomas Reed se mordit les lèvres.

— Il faut que j'y réfléchisse, tout ceci est si… si soudain. Et puis nous ne savons pas du tout ce qu'en pense Nora.

— Il n'y a aucune décision à prendre dans l'immédiat. Attendons d'abord ma réception, puis le bal chez les Batterfield. Nous verrons comment la situation évolue. Mais cette fois, ne soyez pas surpris si un prétendant de Nora vient frapper à votre porte.

3

Chez les MacDougal, Nora accorda à Elias Fortnam ses premières danses depuis deux ans. Elle était
un peu empruntée, comme son cavalier, mais elle prit
tout de même plaisir à se mouvoir au rythme de la
musique, tout en remarquant les regards admiratifs
que lui valait sa robe en soie vert pomme chargée de
rubans et de dentelle.

Lors du banquet qui suivit, Elias se révéla une fois
de plus courtois et captivant, du moins pour qui s'intéressait à la faune, à la flore et à l'histoire des Caraïbes.
Il avait navigué sur tous les océans avant de s'installer
en Jamaïque, où il n'était pas arrivé comme homme de
labeur contrairement à Mr McArrow. Nora se demanda
un instant s'il avait pu faire fortune sur des bateaux
pirates, avant de chasser cette idée de son esprit. De
la même façon, elle évitait de penser aux esclaves qu'il
exploitait sur sa plantation.

La société londonienne bruissait déjà d'une relation naissante entre Nora et Elias. Eileen MacDougal-
Pearce l'avait déjà interrogée sur ses sentiments. À vrai
dire, Elias Fortnam en tant qu'individu laissait Nora
indifférente ; ce qu'elle aimait, c'était de se sentir transporter sur l'île de ses rêves.

Au moment de s'endormir, la jeune femme ne pensa
plus à la sombre mansarde dans laquelle Simon était
mort, une image qui la hantait depuis qu'elle avait quitté

l'East End. Non, elle imagina à nouveau la plage, la clairière où ils auraient construit leur hutte et trouva du réconfort dans l'idée que Simon l'attendait là-bas. Elle n'avait qu'à suivre le chant des oiseaux et le parfum des fleurs qu'Elias Fortnam lui avait abondamment décrits. Nora appréciait la compagnie du planteur et éprouva même un semblant de manque lorsqu'il se rendit à Oxford pour voir son fils, Douglas. Ces retrouvailles ne s'annonçaient pas sous les meilleurs auspices. Lors d'une promenade à cheval juste avant son départ, Elias confia à Nora que Douglas avait besoin d'un rappel à l'ordre dans les règles.

— J'envoie mon fils en Angleterre pour qu'il apprenne à se comporter conformément à son rang, à diriger la plantation, et j'apprends qu'il veut sillonner la moitié de l'Europe. Il veut voir Rome, la Grèce, pour sa culture, prétend-il. Eh bien, tant pis pour lui, l'argent que j'ai durement gagné ne servira pas à financer ses projets. Il va se retrousser les manches et étudier. Après tout, il est là pour ça.

Une semaine plus tard, Fortnam rentra mécontent à Londres car le jeune Douglas n'avait cure de ses remontrances. Ses futurs compagnons de voyage disposaient eux aussi de moyens limités, et tous comptaient travailler au cours du voyage pour subvenir à leurs besoins.

— Et quel genre de travail ont-ils en tête ? demanda Thomas Reed.

Les deux hommes étaient assis dans le salon des Wentworth, qui donnaient une fête. On dansait dans la salle de bal, mais Nora profitait de cette occasion pour parler aux dames présentes de sa soupe populaire et des dons qu'elle nécessitait. Elle s'en voulait d'avoir négligé ses actions de bienfaisance depuis quelque temps.

Cela convenait à Fortnam, qui appréciait la compagnie de son père. Tous deux fumaient le cigare en dégustant l'excellent punch préparé avec le rhum produit à la plantation des Wentworth.

Fortnam haussa les épaules.

— Décharger des bateaux, tailler des pierres dans les carrières de marbre, que sais-je encore, enfin, le genre d'activité qui se pratique couramment dans le Sud. Mon fils en a les capacités physiques, mais je n'aime pas savoir qu'un Fortnam s'abaisse à un travail d'esclave.

Thomas Reed tira longuement sur son cigare.

— Laissez donc, il finira par retourner à ses livres. Les jeunes gens aiment ruer dans les brancards, mais cela ne dure pas.

— Votre fille semble elle aussi nourrir des rêves d'évasion, répondit Fortnam en leur resservant du punch. Envisagez-vous de la marier dans les colonies ?

Reed le regarda attentivement.

— Serait-ce une proposition, Mr Fortnam ?

Le planteur se cala dans son fauteuil et expira une bouffée de fumée.

— Je ne suis pas venu à Londres pour chercher une épouse, vous devez me croire. Mais, ces derniers temps… je dois admettre que j'y pense. Nora est une ravissante jeune femme qui semble avoir quelque inclinaison pour moi, et je suis ravi de la voir s'intéresser ainsi à la Jamaïque. Elle n'est pas comme ces dames qui acceptent d'épouser un planteur puis ne cessent de se plaindre de la chaleur, des Nègres…

— Elle est bien plus jeune que vous, souligna Reed.

Fortnam acquiesça. Il n'avait pas l'air vexé.

— Je ne puis le nier. Enfin, je pense que c'est à Nora de décider. Peut-être aime-t-elle les hommes mûrs. Toujours est-il que j'apprécie sa discrétion sur le sujet.

— Eh bien, sachez qu'elle n'a pas toujours fait preuve de retenue, admit Reed à contrecœur. Si vous avez l'intention de la courtiser, je ne puis vous cacher que…

Fortnam balaya cette remarque d'un revers de main.

— Vous voulez parler de ce vieux scandale ?

— Vous… vous savez ?

Fortnam rit.

— Mr Reed, je crois que le secret m'a été confié au moins trois fois par des dames que j'imagine désireuses de me présenter leur fille. Elle a disparu pendant trois semaines avec l'un de vos secrétaires, c'est bien cela ?

— Pas tout à fait, s'offusqua Reed. On vous a présenté l'histoire ainsi ? À vous entendre, on croirait que… Mr Fortnam, je vous assure que ma fille n'était pas, hum… intimement liée à Lord Greenborough. Elle s'est entichée de lui – encore aujourd'hui, j'ai du mal à parler d'« amour » – mais il est tombé gravement malade. Nora a veillé sur lui jusqu'à sa mort dans des circonstances assez précaires, je dois l'avouer. Mais à aucun moment son honneur n'a été entaché. Nora est…

Reed déglutit avec difficulté. Il ne put se résoudre à prononcer le mot « vierge ».

— Quand bien même elle ne le serait plus, cela m'importe peu, assura Fortnam. Enfin, ne me regardez pas comme cela ! Moi-même, je ne suis pas né de la dernière pluie. Avant de nouer une relation avec une femme, je ne vais pas remonter sur dix générations pour vérifier que toute la famille est irréprochable. Je me fiche de ce que les Londoniens racontent, puisque je vis en Jamaïque. D'ailleurs…

— Oui ?

Un instant, Reed craignit que Fortnam n'eût lui aussi un secret à confesser.

— Tout d'abord, le fait qu'un planteur vive seul avec plusieurs jolies esclaves a tendance à faire jaser. Et puis, ces dernières années, l'île a vu arriver de nombreux Anglais. Il y a maintenant tout un cercle, des bals, des parties de chasse… Mais sans femme sous mon toit, il m'est difficile de rendre les invitations. J'ai donc tout intérêt à me marier. Votre fille serait la personne idéale de par sa beauté, son éducation…

Reed opina.

— J'envisage difficilement de me séparer d'elle, admit-il. D'un autre côté, je veux la voir heureuse, et elle ne l'est plus ici, depuis… depuis cette idylle malheureuse. Elle a toujours rêvé de vivre dans les colonies, donc si c'est ce qu'elle souhaite… Si elle accepte de vous épouser, vous aurez ma bénédiction.

Nora fut étonnée d'entendre Elias la demander en mariage quelques jours plus tard. Le cadre était pour le moins inhabituel, tous deux étaient sortis pour une promenade à cheval et Fortnam ne prit pas la peine de mettre pied à terre. Au contraire, il formula sa demande sur un ton presque badin, en employant les mêmes mots qu'avec son père. Ainsi, il parla d'inclinaison plutôt que d'amour, souligna ses obligations mondaines et la volonté de Nora de vivre dans les colonies.

— J'ai à vous offrir une belle maison, du personnel de maison ainsi que le respect et l'affection d'un époux.

Il s'inclina devant Nora qui, prise au dépourvu, dit la première chose qui lui passa par la tête.

— Mon… mon cheval me manquerait.

Elle s'en voulut aussitôt. Fortnam allait la croire immature, superficielle… À sa grande surprise, il partit dans un grand éclat de rire.

— Qui parle de vous en séparer, Nora ? Vous pourrez même en embarquer deux ou trois, selon la place disponible sur le bateau. On manque cruellement de chevaux dans les îles, les gens se les arrachent. Et puis c'est une jument de race bien dressée que vous avez là.

En effet, Aurora descendait du pur-sang Danley Arabian mais Fortnam l'ignorait certainement, en cavalier moyen qu'il était. Il ne pourrait jamais participer à une chasse à courre, n'avait pas de grandes connaissances en élevage de chevaux et n'était pas né fortuné, contrairement à Nora. La jeune femme sourit intérieurement. Cette situation était tellement... incroyable ! Même si Nora ne se voyait pas du tout dans les bras de cet homme d'âge mûr et massif, elle n'avait qu'à dire oui pour partir vivre sur l'île dont Simon avait rêvé. Elle la verrait pour lui, avec ses yeux. Alors qu'elle s'apprêtait à dire oui à un autre homme, elle ne s'était jamais sentie aussi proche de son bien-aimé depuis sa mort.

— Laissez-moi deux jours de réflexion, Mr Fortnam, finit-elle par répondre. Et quand vous viendrez chez nous, s'il vous plaît, n'apportez pas de fleurs.

Elias Fortnam vint avec des pralines. Bien sûr, Thomas Reed l'invita à entrer non pas au fumoir, comme Simon, mais dans le grand salon. Avant de descendre, Nora demanda à sa femme de chambre de la préparer en conséquence. Encore une fois, elle se sentit comme une poupée de porcelaine que l'on s'amusait à coiffer et à maquiller.

Nora repensait aux compliments de Simon sur sa chevelure couleur de miel tandis qu'Elias et son père discutaient des préparatifs de la noce. Le planteur souhaitait rentrer en Jamaïque dans un mois au plus tard, ce qui impliquait une organisation rapide. Les deux hommes convinrent d'annoncer les fiançailles lors d'un dîner en petit comité, puis de donner un grand bal et un banquet de noces trois semaines plus tard.

— Votre fils… Ton fils sera-t-il présent ? demanda Nora.

Si elle n'était pas particulièrement impatiente de rencontrer Douglas Fortnam, elle crut devoir témoigner un semblant d'intérêt pour les membres de sa future famille.

— Probablement pas, répondit sèchement Elias. Je doute qu'il fasse suivre son courrier et daigne interrompre son voyage. Tu rencontreras ton beau-fils plus tard.

Thomas Reed approuva en silence. En effet, Douglas Fortnam avait seulement quatre ans de plus que Nora ! La différence d'âge entre les futurs époux faisait déjà beaucoup parler, mieux valait ne pas la souligner davantage.

Au moment de prendre congé, Elias embrassa poliment Nora sur la joue. La jeune femme dut réprimer un mouvement de recul, car aucun homme ne l'avait approchée d'aussi près depuis la mort de Simon. Ce contact aussi bref que froid n'éveilla rien en elle, ni désir ni crainte.

Nora, que les préparatifs du mariage indifféraient, laissa son entourage et ses domestiques, bien plus enthousiastes, décider de tout. Elle n'émit aucune objection en découvrant la robe confectionnée par la couturière avec force dentelle, rubans et volants, sans oublier le corset et la jupe à arceaux qui rendaient tout mouvement presque impossible. Quant à Lady Margaret Mac-Dougal, elle fut ravie d'organiser un banquet fastueux suivi d'un bal, pour lequel il fut prévu un orchestre ainsi qu'un maître de danse.

Si, à certains moments, Nora se sentait complètement perdue, à d'autres, elle avait l'impression d'être sur le bon chemin, comme si Simon l'appelait et qu'elle n'avait plus qu'à suivre sa voix. Deux jours avant la noce, elle se rendit une dernière fois sur la tombe de son bien-aimé et repartit du cimetière avec plus d'espoir que de chagrin. L'âme de Simon n'était pas rattachée à ce lieu, elle devait la chercher ailleurs.

Le même jour, pour ne pas s'exposer aux questions d'Elias, elle glissa la chevalière de Simon dans une petite pochette en soie et cacha le tout dans son nécessaire à couture. Ainsi, Elias ne la trouverait jamais et elle pourrait sentir la chevalière au creux de sa main dès qu'elle en aurait envie. Elle demanda également à sa bonne de ranger les livres de Simon dans ses bagages pour la Jamaïque. Ils étaient discrets, ses futurs domestiques ne s'intéresseraient pas à leur provenance et son père les avait oubliés depuis longtemps.

4

Le mariage fut très festif et étonnamment bien accueilli par la haute société londonienne, malgré la différence d'âge entre Nora et Elias Fortnam. Du moins les remarques à ce sujet restèrent-elles discrètes. Pendant que Lady Margaret et Thomas Reed recevaient une pluie de félicitations et de compliments, Nora se déplaçait d'un groupe à l'autre avec d'infinies précautions pour éviter de faire tomber son diadème et de renverser les meubles avec sa robe à arceaux et sa longue traîne. Après avoir dansé un menuet avec Elias pour l'ouverture du bal, elle n'eut plus qu'à s'asseoir et à attendre que le temps passât. À la fin de la réception, elle avait le visage raidi à force de sourire, ses épaules souffraient de ses efforts pour se tenir droite malgré le poids de sa coiffure, et à cause du corset qui comprimait sa taille, le repas lui pesait sur l'estomac.

Elias avait adopté le style français – chausses et souliers à boucle – pour s'accorder avec la robe de Nora et portait beau dans sa veste de brocart couleur crème. En se disant qu'ils avaient l'air d'un couple princier, Nora eut un sourire qu'Elias remarqua aussitôt.

— À quoi penses-tu de si amusant, Nora ?

— J'ai l'impression d'être Mme de Pompadour, lui chuchota-t-elle à l'oreille. Devrai-je être accoutrée ainsi en Jamaïque ?

— Mon Dieu, non, même si les dames de là-bas demandent à leurs couturières de suivre la mode. Mais les tissus lourds comme celui que tu portes, les jupons, les traînes te tiendraient bien trop chaud. Certes, tu n'auras pas à fournir beaucoup d'efforts car tu auras des domestiques, mais...

— Justement, j'aime me dépenser, répondit Nora.

Elle dut s'interrompre pour saluer un invité qui venait prendre congé.

Une fois la réception terminée, les jeunes mariés montèrent dans la berline des Reed, qui devait les conduire jusqu'à une maison appartenant à un autre planteur de Jamaïque. Ils y passeraient leur nuit de noces et leurs derniers jours à Londres avant le départ.

Peppers, le fidèle cocher, ouvrit à Nora la portière frappée aux initiales de la famille Reed. La jeune femme repensa alors aux baisers qu'elle avait échangés avec Simon dans ce même véhicule et sentit sa gorge se nouer.

— Toutes mes félicitations, miss... Mrs Fortnam, dit Peppers en s'inclinant.

Lorsque Nora entendit son nouveau nom, un sentiment d'incrédulité l'envahit. Ce n'était pas elle, ce n'était pas la jeune femme qui s'était autrefois amusée à signer « Nora, Lady of Greenborough » sur des morceaux de papier. Elle repensa également à la chevalière de Simon qui lui manquait après qu'elle l'eut portée si longtemps, au point de faire presque partie de son propre corps. Mais à présent, elle devait sourire à Elias, qui la rejoignit dans la berline et la contempla avec satisfaction.

— Tu es une magnifique mariée, mais tu vas avoir besoin d'aide pour te débarrasser de toute cette toilette. Ta femme de chambre doit nous attendre. Ton père m'a dit que Nellie et toi étiez proches.

Ce n'était plus vrai. Depuis la mort de Simon, Nora avait également pris ses distances avec le personnel de maison. Les rapports qu'elle entretenait avec Nellie étaient courtois mais impersonnels.

— Il m'a proposé de l'emmener avec nous en Jamaïque, mais je crains que ce soit impossible, poursuivit Elias.

Nora hocha pensivement la tête, plus préoccupée par la nuit de noces que par la personne qui l'aiderait à s'habiller et à se déshabiller dans un mois. Elias sourit.

— Je suis content que tu le prennes ainsi. J'aurais aimé te faire ce plaisir, mais la cohabitation entre une femme de chambre blanche et des domestiques noirs aurait été compliquée. Tu disposeras bien sûr d'une esclave personnelle. Tu pourras soit former l'une des filles de la plantation, soit acheter une femme déjà expérimentée.

Nora tressaillit. Avant qu'elle eût le temps de protester, Peppers arrêta l'attelage devant l'entrée de la maison. Sans être aussi imposante que la demeure des Reed, elle avait tout de même un perron décoré de colonnes et de statues de marbre. Peppers ouvrit la portière, puis Elias aida Nora à descendre. La porte d'entrée était éclairée, signe que le personnel de maison attendait les jeunes mariés. Nora acquiesça machinalement aux félicitations des domestiques qu'elle voyait pour la première fois et prit une profonde inspiration lorsque Elias l'accompagna à l'étage. Nellie l'attendait dans un cabinet de toilette richement décoré de tentures et de tapis de soie.

— À tout de suite, dit Elias en lui baisant la main.

Nora s'assit devant une coiffeuse. Nellie la débarrassa de son lourd manteau, déboutonna sa robe, retira le diadème de ses cheveux et entreprit de la peigner, tout en discutant.

— Quelle belle noce ! Êtes-vous impatiente, miss… euh… madame ?

Nora haussa les épaules. À vrai dire, elle essayait surtout de surmonter sa fatigue et de se préparer à la douleur. Dans les cercles qu'elle fréquentait, influencés par les mœurs de la cour française, on n'était pas prude. Eileen et ses amies parlaient en gloussant des nuits avec leur mari, et Nora elle-même avait frémi sous les baisers et les caresses de Simon. Mais d'autres jeunes épouses gardaient le silence dès que la conversation venait sur les choses de l'amour. Quant à Lady Margaret, elle s'était permis, au moment du départ, de chuchoter quelques mots d'encouragements à l'oreille de Nora.

— Nellie, fais-moi belle et le moment passera de lui-même, dit-elle à sa femme de chambre.

Nellie dut trouver la remarque étrange, car elle aida sa maîtresse à passer une chemise de nuit en dentelle sans insister.

— Le lit est prêt, dit-elle enfin.

Nora hocha la tête, entra dans la chambre éclairée par quelques bougies et se glissa entre les draps de soie. Au moins, le lit à baldaquin et ses rideaux en dentelle ne lui rappelleraient pas l'étroite couchette de Simon. Mais elle eut beau attendre calmement l'arrivée d'Elias, ses muscles se raidirent dès qu'elle le vit entrer.

Elias, lui aussi en chemise de nuit, prit place à côté de Nora en silence. Si la jeune femme n'eut qu'un bref aperçu du corps de son époux, elle le sentit rapidement peser sur elle. Elias se montra délicat, il prit le temps de lui embrasser les seins, de lui caresser les épaules, le dos et les fesses, ce qui n'était pas déplaisant. Nora se laissa aller tout en se demandant si elle était censée l'imiter. Finalement, elle passa les bras autour de son cou lorsqu'il la pénétra. La douleur fut supportable et de courte durée. Elias bougea légèrement le bassin, avant d'oublier toute retenue et de se laisser tomber de tout son poids sur Nora, ce qui ne manqua pas de l'effrayer. Enfin, il l'embrassa sur le front, roula sur le côté et s'endormit.

Nora attendit encore un peu avant d'oser bouger. Elle ressentait une légère brûlure entre les jambes et saignait un peu, mais elle s'en préoccuperait le lendemain matin. L'heure était au rêve. Elle s'imagina courir sur une plage de sable chaud et se purifier de cette longue journée dans la fraîcheur d'une mer azur.

Nora ne vit pas passer les derniers jours avant le départ pour la Jamaïque. Elias l'encouragea vivement à acheter aussi bien des produits de première nécessité que des objets de luxe, pendant qu'il choisissait des tableaux et des sculptures pour décorer leur maison. Ce fut non pas Nora mais son père qui l'y aida, car les deux hommes avaient pour point commun de privilégier le prestige d'une œuvre d'art à son esthétique. De son côté, la jeune femme acheta sur les conseils de Lady Wentworth des vêtements légers et des dessous en soie.

— Ma chère, qu'en est-il de votre trousseau ? pensa à lui demander la lady. J'en doute, avec ce mariage précipité. Ne le prenez pas mal, mon enfant. Les planteurs sont coutumiers de ce genre de décisions rapides, personne ne vous regardera de travers parce que vous n'avez pas été fiancés pendant trois ans. Mais ce n'est pas une raison pour partir mal équipée. Voulez-vous que je vous aide dans vos achats ?

Nora accepta, soulagée. Les jours suivants, Lady Wentworth l'accompagna chez le drapier, l'orfèvre, le porcelainier et le verrier. Le trousseau finit par remplir trois grands coffres, alors que Nora s'était aisément passée de tous ces objets dans la mansarde de Simon. Toutefois, la visite chez l'orfèvre lui donna une idée.

Deux jours avant le départ, elle y retourna seule et posa délicatement la chevalière de Simon sur l'établi.

— Pourriez-vous travailler cette bague, peut-être la transformer en broche ou en pendentif? demanda-t-elle à l'artisan.

L'homme examina la chevalière.

— C'est de la belle ouvrage, de l'or pur. Je peux en faire le bijou de votre choix, même si je ne comprends pas bien l'intérêt. Je suppose que vous avez reçu cette chevalière en héritage.

— Oui, mais je... elle me sera inutile pour cacheter des lettres. J'aimerais la garder en souvenir, mais elle est trop grande.

— Je peux l'ajuster à votre taille.

Nora secoua la tête.

— Non, cela ne doit pas rester une bague. L'idéal serait qu'elle ait l'air d'avoir appartenu à une tante ou...

L'orfèvre dévisagea Nora.

— Vous êtes venue il y a quelques jours pour votre trousseau, n'est-ce pas? Avec une dame un peu plus âgée?

— Oui, ma... ma tante, justement.

L'homme rit.

— D'accord, et je suppose qu'elle se prénomme Geraldine, à moins que ce ne soit Genevieve. Ou souhaitez-vous que je modifie également le G?

Nora rougit.

— Non, laissez l'initiale telle quelle. S'il vous plaît, retouchez la bague le moins possible, mais faites en sorte que... que je puisse la porter sans que l'on me pose de questions.

Elle se ressaisit. Pourquoi se soucier de l'avis de l'orfèvre? Dans deux jours, elle embarquait sur un bateau en partance pour les colonies et ne reviendrait jamais. De plus, l'homme semblait discret, il n'avait dans le regard ni curiosité ni réprobation alors qu'il examinait la bague d'encore plus près.

— Vous voulez bien patienter ?

Nora hocha la tête, soulagée. Elle n'aurait pas supporté de se séparer de l'unique objet qui lui restait de Simon. L'opération ne dura pas longtemps et Nora fut ravie du résultat. L'artisan avait ciselé l'or de la chevalière de façon à lui donner une forme de camée qu'elle pourrait porter autour du cou. Nora sourit à l'orfèvre.

— Tante Geraldine serait ravie, dit-elle en sortant une coquette somme d'argent de son aumônière.

L'homme esquissa une petite révérence.

— Je suis heureux d'avoir contribué à célébrer sa mémoire.

Une fois rentrée, Nora replaça le bijou dans son nécessaire à couture. Il y resterait jusqu'au départ, à l'abri de l'œil aiguisé de son père qui le reconnaîtrait immédiatement. Elias n'avait jamais vu la chevalière, car Nellie avait toujours insisté pour la ranger, malgré les protestations de Nora, quand elle habillait sa maîtresse pour un dîner ou un bal. Quant à son mari, il la prendrait pour un pendentif ordinaire.

Conformément à ce qu'Elias Fortnam avait promis, ils disposaient d'un large espace de chargement sur le bateau qui allait les emmener directement en Jamaïque. Aurora, la jument de Nora, fut installée à l'entrepont avec deux autres chevaux qu'Elias avait achetés. Le bateau servait avant tout au transport de marchandises, aussi les jeunes mariés ne devaient-ils pas s'attendre à un grand confort. Il n'y avait que deux autres passagers à bord, Mr Stevens, un jeune révérend envoyé dans une paroisse près de Kingston, et son épouse, Ruth. Nora n'en crut pas ses yeux lorsque le second du capitaine lui montra la minuscule cabine qu'ils allaient devoir partager.

— Et c'est là que nous allons dormir... à quatre ? demanda Nora en désignant les couchettes superposées de part et d'autre de la porte.

Le révérend rit.

— J'ai entendu dire qu'on s'y entassait parfois à huit, à l'époque où l'Église envoyait des missionnaires à Hawaï.

Nora, qui n'avait pas envie d'en savoir davantage sur l'évangélisation des Polynésiens, alla se plaindre à Elias, qui se contenta de hausser les épaules.

— Ma chérie, je comprendrai que tu préfères renoncer à notre... hum, intimité le temps du voyage. Pour ma part, je ne vois pas d'inconvénient à dormir avec nos jeunes amis. En tout cas, je n'ai rien de mieux à t'offrir, ces couchettes sont déjà un luxe sur ce bateau.

En allant voir les chevaux installés près du quartier des matelots, Nora comprit ce qu'il voulait dire car les hommes dormaient les uns au-dessus des autres dans des hamacs étroits et infestés de vermine. L'épouse du missionnaire veilla au bon entretien de leur cabine jusqu'à ce qu'elle fût victime du mal de mer une fois sur l'océan Atlantique. Nora prit le relais pour éviter l'invasion de puces que le révérend rapportait sur lui après être allé s'occuper des matelots malades. À vrai dire, les soins qu'il prodiguait à l'équipage se limitaient à des lectures de la Bible, mais celles-ci lui permettaient au moins de s'éloigner de sa femme qui vomissait sans arrêt. Après plusieurs jours de calvaire, Nora l'aida à se laver et lui fit boire un peu de rhum sur les conseils de l'équipage.

Elias Fortnam s'entendait bien avec le capitaine et son second. Les trois hommes buvaient jusque tard dans la nuit après que Nora et les Stevens, qui désapprouvaient cette conduite, étaient allés se coucher. Parfois, Nora enviait son mari de pouvoir ainsi se distraire, même si le voyage lui plut dans l'ensemble. Elle n'eut pas le mal de mer, tout au plus une légère nausée les jours de houle, qui passait dès qu'elle montait sur le pont et fixait l'horizon. Elle aimait être à l'air libre, sentir le vent dans ses cheveux, contempler les vagues et observer le travail des matelots, en particulier leurs ascensions périlleuses sur les trois-mâts. Remarquant son intérêt, les hommes lui montrèrent l'armement du bateau. La jeune femme frémit en voyant les canons de neuf livres auxquels Elias avait accordé une attention toute particulière au moment de réserver le voyage. Non seulement il y avait encore des pirates dans la mer des Caraïbes, mais des escarmouches entre l'Espagne et l'Angleterre n'étaient pas à exclure.

Nora préférait ne pas y penser et s'extasier devant les baleines et les dauphins qui évoluaient près du bateau. Elle n'en crut pas ses yeux lorsque la nageoire dorsale d'une baleine haute comme une maison surgit devant la proue, tandis que Ruth Stevens regagnait la cabine en hurlant. Le révérend aussi prit peur et rappela la parabole de Jonas, provoquant malgré lui l'hilarité de l'équipage.

— Les baleines n'ont même pas de dents, révérend ! s'exclama l'un des matelots. Elles se nourrissent de tout petits poissons et sont inoffensives pour nous, du moment qu'on évite de les agresser ou de les toucher avec la coque.

Et le révérend Stevens d'expliquer que si Dieu décidait que telle créature devait avaler tel missionnaire, ce n'était pas l'absence de dents qui l'empêcherait d'exécuter Sa volonté.

Après que Nora eut raconté l'anecdote à Elias, celui-ci trinqua avec le capitaine et son second à la santé de Jonas, de la baleine et des hommes d'Église.

Quelques jours plus tard, alors que l'hiver européen laissait progressivement place à des températures plus clémentes, les séjours prolongés de Nora sur le pont provoquèrent un premier désaccord avec son mari. Au début du voyage, la jeune femme avait veillé à s'abriter sous une ombrelle en dentelle pour flâner dehors. Mais plus les jours passaient, plus elle trouvait ridicule de se protéger du soleil comme une dame dans Saint James' Park. Puis elle renonça à sa jupe à arceaux sans que cela suscitât de commentaire. Mrs Stevens, qui s'habillait très simplement, n'en portait pas non plus. Nora ne savait pas si elle venait d'un milieu modeste ou si son statut d'épouse de révérend impliquait de renoncer à un certain luxe. Elle possédait toutefois une ombrelle qu'elle ouvrait au moindre rayon de soleil, alors que Nora finit par laisser la sienne dans la cabine. L'objet la gênait lorsqu'elle se penchait par-dessus le bastingage pour observer les dauphins ou les baleines et menaçait de s'envoler au moindre souffle. Avec la brise qui soufflait sur l'Atlantique, Nora aimait détacher ses cheveux et exposer son visage au vent. Après quelques jours, l'air de la mer et le soleil avaient déjà commencé à hâler son teint.

Elias ne le remarqua pas immédiatement car il ne voyait sa femme qu'aux repas, que les passagers prenaient au mess plongé dans la pénombre. Jusqu'au jour où il la surprit en train de profiter du soleil sur le pont, cheveux au vent.

— Enfin, Nora, tu as perdu la tête ? s'écria-t-il. Va tout de suite chercher une ombrelle et un chapeau. Ou mieux, conduis-toi comme une vraie lady et reste à l'intérieur !

Nora fronça les sourcils.

— Je ne badine pas avec les hommes.

Seuls trois matelots travaillaient à proximité, et ils avaient suffisamment à faire avec le gréement pour prêter attention à Nora.

Elias balaya sa remarque d'un revers de main.

— J'espère bien. Enfin, sur ce point, je ne m'inquiète pas. Le capitaine n'est pas homme à transiger. S'il trouvait un de ses hommes avec l'une de vous autres bougresses, il le mettrait aux fers. Mais toi… Dieu du ciel, je n'ai pas épousé une Anglaise pour qu'elle bronze comme une mulâtresse !

Nora, choquée par l'emploi du terme «bougresse», ne voyait décidément pas ce qu'Elias pouvait lui reprocher. Celui-ci la tira par le bras vers l'escalier.

— Va dans la cabine et arrange-moi ce teint avec de la poudre, tout ce que tu veux, du moment que ça te rend pâle. Hors de question que tu arrives à Kingston avec une peau de Négresse !

Nora, qui n'avait pas de miroir à disposition, commença à comprendre le problème. Elle n'aurait jamais cru que la pâleur si importante en Angleterre pût autant compter aux yeux du planteur. Même si elle jugeait sa réaction disproportionnée et humiliante, elle préféra lui obéir pour ne pas faire mauvaise impression aux cercles qu'ils allaient fréquenter une fois en Jamaïque. Cependant, Nora ne voyait comment, sur la durée, son teint allait rester pâle si elle marchait ou se promenait à cheval dans une contrée où le soleil était omniprésent. Cela lui était déjà impossible à Londres, quand elle sortait régulièrement à Saint James' Park. Dire que Simon avait tant aimé la couleur de sa peau, qu'il avait comparée à de l'ambre…

Au cours des derniers jours de traversée, Nora ne sortit plus sans son maquillage ni le chapeau à larges bords que Lady Wentworth lui avait vivement conseillé d'acheter. Elle alla jusqu'à emprunter un bonnet à Ruth Stevens, mais Elias réagit aussi vivement que si elle avait oublié son ombrelle.

— Enfin, Nora, pourquoi cet accoutrement de domestique ? C'est une dame que j'emmène vivre à

Cascarilla Gardens, j'attends donc que tu te comportes et t'habilles comme telle !

Nora se souvint de son pressentiment lors des préparatifs du mariage et durant la noce. Elle avait vu juste : ce qu'Elias Fortnam voulait, c'était une jolie poupée qui le mît en valeur et non une femme de chair et de sang. Mais en acceptant de l'épouser, elle avait conclu un marché et devait maintenant faire de son mieux pour lui donner satisfaction.

Après plus de soixante jours en mer, le capitaine appela ses passagers sur le pont pour leur montrer les côtes jamaïcaines qui apparaissaient à l'horizon. Nora faillit bondir hors de la cabine, mais devant le regard réprobateur d'Elias, elle prit le temps de se maquiller, d'enfiler une jupe à arceaux et de mettre son chapeau.

Sa colère et son amertume laissèrent place à l'émerveillement devant le plus beau spectacle qui lui eût été donné de voir jusque-là. Le bateau voguait sur une mer vert émeraude, et les vagues qui étincelaient au soleil venaient lécher une plage de sable blanc comme neige. Juste derrière s'étendait la mangrove, une jungle épaisse, inquiétante et pourtant étrangement familière. Si Nora s'était écoutée, elle aurait ri, chanté, mais elle ne voulait pas embarrasser Elias. Celui-ci jeta un regard plus que méprisant à Ruth Stevens lorsque celle-ci se livra à de premières impressions horrifiées.

— Mon Dieu, John, je suis sûre que cette jungle est peuplée d'indigènes ! Et moi qui croyais que Kingston était une ville...

Le révérend essaya de rassurer sa femme tandis qu'Elias contemplait fièrement Nora, altière et magnifique telle une reine découvrant son nouveau royaume.

La poupée d'Elias Fortnam esquissait un sourire discret tandis que la bien-aimée de Simon Greenborough exultait intérieurement. En portant la main au pendentif dont elle ne s'était pas séparée depuis le départ, elle crut sentir la présence de son premier amour.

5

Malheureusement, l'arrivée n'eut rien à voir avec celle dont Nora avait rêvé, pas d'autochtones pour l'emmener en barque jusqu'au rivage ni de débarquement dans la baie de ses rêves. Alors que le bateau longeait la côte, Nora découvrait des criques toutes plus belles les unes que les autres et se serait volontiers arrêtée dans n'importe laquelle d'entre elles. Finalement, l'embarcation jeta les amarres à Kingston. Nora se souvint de ce que Simon lui avait expliqué. Après un incendie qui avait ravagé Kingston, la ville une fois reconstruite était rapidement devenue un centre économique dont l'importance dépassait désormais celle de Spanish Town, la capitale. Le jeune homme avait imaginé y diriger une succursale pour le compte de Thomas Reed, pratique courante pour de nombreux négociants européens, comme Elias le confirma à Nora.

La jeune femme ne se laissa pas abuser par les maisons de couleurs vives et joyeuses qui longeaient les quais. De nombreuses villes des Caraïbes étaient considérées comme des lieux de débauche, il n'y avait pas que les incendies, les ouragans et les tremblements de terre qui les menaçaient, mais aussi les maladies qui se propageaient très rapidement à cause de la chaleur et du passage de nombreux marins. Cependant, ce danger avait été pris en compte lors de la reconstruction de

Kingston, avec des bâtiments mieux entretenus et des rues plus larges et moins sales qu'à Londres.

Ruth Stevens, loin d'être charmée par son nouveau lieu de vie, se plaignit de la chaleur et de l'humidité dès qu'elle posa le pied sur le quai.

— Dieu du ciel, j'ai l'impression de respirer de la vapeur d'eau !

De son côté, Nora fut reconnaissante à Lady Wentworth qui lui avait conseillé d'emporter des robes légères en soie. Au bras d'Elias, elle emprunta une passerelle provisoire sous le regard admiratif des commerçants et travailleurs présents sur le port.

— Il faudra renforcer la passerelle pour les chevaux, dit-elle à son époux.

Celui-ci ne réagit pas, trop occupé à bomber le torse en exhibant sa dernière acquisition. Nora préféra ne pas insister, et puis le nouveau monde dans lequel elle faisait son entrée était bien trop excitant pour qu'elle se préoccupât de son mari. Elle ne fut pas tant impressionnée par la variété des marchandises à charger et à décharger que par la couleur de peau des manœuvres, qui allait du marron clair au noir ébène. La plupart travaillaient pieds nus et vêtus d'un simple pantalon en lin blanc, sous la surveillance de Blancs armés de fouets. Nora crut qu'ils ne servaient qu'à impressionner, jusqu'à ce qu'elle vît un Noir se faire frapper. Le claquement, bien plus sec que celui de Peppers sur la croupe de ses chevaux d'attelage, la fit frémir de la tête aux pieds.

Entre les manœuvres et les surveillants déambulaient des commerçants vêtus comme le père de Nora, avec chausses, chemise à jabot et perruque. En attendant le déchargement des marchandises, les capitaines et les seconds discutaient en petits groupes, tandis que des vendeurs noirs transportaient des pastèques sur des charrettes à bras et proposaient des rafraîchissements.

Quant aux matelots, ils profitaient d'un peu de temps libre à terre pour aborder de jeunes femmes souriantes aux vêtements colorés, certaines métisses et d'autres noires. Nora savait qu'elle était censée détourner le regard face à ces prostituées, mais elle ne voulait pas rater une miette de ce qui se passait sur les quais. Tous ses sens étaient en éveil, les senteurs fruitées et épicées se mêlaient aux effluves de graisse, de fumée et de rhum qui provenaient des tavernes donnant directement sur le port.

— Nora, veux-tu bien m'écouter ?

Fascinée par l'effervescence qui régnait sur les quais de Kingston, Nora n'avait pas entendu qu'Elias lui parlait. Elle sourit poliment au commerçant qu'il lui présenta mais ne retint pas son nom, bien plus intéressée par le domestique noir qui se tenait derrière lui. Il n'était pas trempé de sueur comme son maître et sa peau ébène brillait au soleil comme de la soie. Le commerçant lui donna un ordre, mais le brouhaha ambiant était tel que Nora ne comprit pas ce qu'il lui dit. Le domestique s'inclina et s'éloigna.

— Mr Frazer a la gentillesse de prévenir Lord Hollister de notre arrivée, expliqua Elias à Nora. Hollister est un ami et partenaire. Il va nous envoyer une calèche, et nous passerons notre première nuit dans sa maison.

Nora hocha la tête, un peu déçue, elle qui espérait aller directement à Cascarilla Gardens et voir la crique de ses rêves. Elle était contente de découvrir Kingston, mais au fond, elle n'avait qu'une hâte, marcher sur la plage et sentir le sable chaud sous ses pieds. La plantation d'Elias n'était pas si éloignée, elle se trouvait à cinq miles au sud-est de Spanish Town et à la même distance au sud-ouest de Kingston. Des routes en bon état reliaient les différentes localités, il aurait donc été possible d'arriver à Cascarilla Gardens en moins d'une demi-journée. À cheval, Nora n'aurait mis qu'une heure, mais elle ne pouvait pas demander cet effort à Aurora après un si long voyage et Elias n'aurait pas été d'accord. Ce trajet en calèche était également l'occasion pour lui d'exhiber sa nouvelle épouse. C'était certainement la raison principale pour laquelle il voulait passer cette première journée en ville.

Nora soupira en espérant que son mari n'avait pas prévu un dîner en grand comité, car elle n'avait pas de quoi se changer et ses malles ne seraient pas déchargées avant le lendemain matin. Elle serait même obligée de demander une ombrelle à Lady Hollister pour sortir, la sienne étant abîmée après cette longue traversée.

Elias sourit de la voir si impatiente.

— Je vois que tu as hâte de découvrir ta nouvelle maison ! Tant mieux, ma première femme s'est mise à pleurer en voyant les plages désertes depuis le bateau. D'ailleurs, elle ne voulait plus quitter la ville.

Nora fut gênée d'être comparée aussi ouvertement à celle qui l'avait précédée, d'autant plus qu'Elias en parlait comme d'un cheval rechignant à sauter un obstacle.

— Mais ne t'inquiète pas, il est inutile que j'assiste au déchargement de nos bagages, donc nous pourrons partir demain. Je vais envoyer un messager à Cascarilla Gardens pour qu'on vienne nous chercher.

— Et nos chevaux ?

Elias haussa les épaules.

— Je demanderai à des Nègres de venir les chercher.

Nora fronça les sourcils.

— Et les faire marcher pendant des heures par cette chaleur ? Les chevaux ne pourraient-ils pas rester dans l'écurie de ton ami jusqu'à notre prochain passage en ville ?

— Entre marcher quelques heures à côté d'un cheval et tailler la canne à sucre, leur choix sera vite fait. Les Noirs sont de bons marcheurs, ne t'inquiète pas.

Nora trouva sa réponse étrange. Ils devaient de toute façon envoyer une diligence au port pour rapporter les bagages jusqu'à la plantation, pourquoi ne pas y laisser monter ces gens à l'aller ? Elle fut interrompue dans ses réflexions par un spectacle qui la choqua encore plus que la perspective de faire marcher quelqu'un sur plusieurs miles en plein soleil. Un bateau venait d'accoster. Lorsque des matelots ouvrirent la cale, une soixantaine de Noirs enchaînés, dont quelques femmes, en sortirent titubants et éblouis.

— D'où viennent-ils ? demanda Nora d'une voix blanche.

Elias grimaça.

— De Côte d'Ivoire, du Congo… Il faudrait demander au capitaine. Ils ne sont pas beaux pas à voir quand ils débarquent. Il en ira de même pour ta jument après une telle traversée.

— Ce n'est pas comparable ! s'écria Nora, indignée. Nous parlons d'êtres humains que l'on parque comme des…

— Ce sont des esclaves, répondit calmement Elias, et le capitaine a de bonnes raisons de les enchaîner. Imagine qu'ils se rebellent une fois à bord ! Quarante hommes dans la force de l'âge !

Les hommes étaient certes jeunes mais surtout éprouvés par l'interminable voyage. Dans leurs yeux, Nora lut de l'épuisement, du désespoir et de la honte. La même expression qu'avait eue Simon après avoir été spolié de ses terres et de son rang.

— Certains ont l'air malades, d'autres blessés, dit Nora en remarquant des traces de sang. Et puis ils ne devraient pas… ils ne devraient pas être nus.

Elle se sentit sotte en prononçant ces mots, et d'ailleurs Elias éclata de rire. Il devait penser que pour ces gens qui avaient été arrachés à leur famille, enchaînés et battus, le fait de se retrouver sans vêtements était le cadet de leurs soucis. Mais pour Nora, cette dernière humiliation était presque la pire. Les hommes présents sur le port, noirs comme blancs, regardaient avec concupiscence la poitrine des jeunes femmes que l'on faisait avancer sur la jetée. Elles étaient tellement maigres que leurs seins pendaient comme des outres vides.

— Personne ne les nourrit ? demanda Nora, prise à la gorge par l'odeur des esclaves qui ne s'étaient pas lavés depuis des semaines.

Elias posa un mouchoir sur sa bouche et en donna un autre à sa femme.

— Ne dis pas de bêtises, Nora. Ils sont une marchandise précieuse, personne n'a intérêt à ce qu'ils meurent de faim. Ceux que tu vois là sont des Ashantis. Tu apprendras vite à les reconnaître. Les Africains d'autres tribus sont plus petits et plus trapus. Moins efficaces mais plus dociles que ces Ivoiriens, qui savent très bien comment nuire aux négriers. Certains se laissent délibérément mourir de faim.

— Vraiment ? Mais qu'ont-ils à y gagner ?

— Ils sont pourris jusqu'à la moelle. Entre ceux qui meurent, les femmes qui perdent leur enfant quand elles sont capturées enceintes… Les capitaines essayent bien sûr de les nourrir de force, mais crois-moi, cela n'a rien de plaisant.

Un peu plus loin, un marchand signifia à ses employés de donner des seaux d'eau de mer aux esclaves pour enlever le plus gros de la crasse et de l'odeur. Ils se les versèrent sur la tête sans montrer la moindre émotion.

Nora, tremblante, se promit d'écrire à son père pour dénoncer ces traitements inhumains.

— Backra Fortnam, dit une voix timide derrière eux.

Elias se retourna.

— Ah, la calèche est arrivée. Monte, Nora. Eh bien, mon garçon, tiens donc la portière à Madame ! Après tout ce temps passé à Londres, j'ai pris l'habitude des domestiques qualifiés.

Le jeune homme à la peau marron se dépêcha de mettre pied à terre et d'ouvrir la portière, alors que les chevaux trépignaient nerveusement. Nora aurait été plus rassurée s'il les avait tenus par la bride. Enfin, cela eut le mérite de détourner son attention des esclaves que l'on menait en ville dans une triste procession. Nora ne demanda pas où ils allaient exactement, elle l'apprendrait tôt ou tard.

— Ce garçon est-il la... « propriété » de Lord Hollister ? demanda-t-elle discrètement à Elias. Enfin, est-ce un... ?

— Les Nègres sont tous la propriété de quelqu'un, répondit Elias avec un petit sourire.

— Mais son maître le laisse aller et venir ? Il pourrait très bien s'enfuir avec l'attelage.

Nora sourit timidement au jeune homme qui regardait justement par-dessus son épaule. Il prenait son rôle très à cœur et s'assurait que ses passagers n'avaient besoin de rien.

Elias rit.

— Certes, mais il ne pourrait pas quitter la ville sans un laissez-passer signé par son maître. Ce serait le début des ennuis.

— Lord Hollister le battrait ?

— Au moins ! Surtout, il le rétrograderait, et crois-moi, la dernière chose qu'il veut, c'est de retourner travailler dans les champs. Là, comme cocher, il a la belle vie ! Non, Nora, les Nègres de maison ne prennent jamais la fuite, ou alors très rarement. Ce sont plutôt les Nègres des champs qu'il faut surveiller de près.

— Bien, backra ? demanda le cocher.

Nora hocha la tête.

— Tout va bien. Quel est… ?

Elle voulait savoir son nom, mais devait-elle le tutoyer ou le vouvoyer ? En Angleterre, elle aurait certainement tutoyé un domestique aussi jeune. Soudain, un nouveau doute l'assaillit. Ces gens avaient-ils le droit de porter un nom ?

— Madame ?

Nora prit une profonde inspiration.

— Je crois que Madame veut savoir comment tu t'appelles, intervint Elias.

— Jamie, madame, à votre service !

Le jeune garçon sourit, fier de connaître cette formule de courtoisie.

Nora se demandait à présent s'il s'était toujours appelé ainsi. Les parents non chrétiens donnaient-ils des prénoms tels que James, Paul ou Mary à leurs enfants ? Nora profita que Jamie était concentré sur la route pour poser la question à Elias.

— Lui, oui, car il n'est pas né en Afrique. Ne vois-tu pas qu'il est mulâtre ?

— Les mulâtres naissent de l'union entre une personne blanche et une personne noire, c'est bien cela ? Enfin, je croyais qu'un maître ne pouvait pas épouser une esclave.

— Nora, ne sois pas naïve ! rétorqua Elias en secouant la tête avec agacement. Tu sais très bien comment cela peut arriver. Décidément, dès qu'il s'agit d'esclaves, tu perds tout sens commun ! Évidemment que le mariage entre Blancs et Noirs est interdit. Quelle idée !

Nora s'apprêtait à répliquer que le concept même d'esclavage n'était pas une preuve de bon sens lorsque la calèche s'arrêta devant la demeure des Hollister, une jolie maison orange et blanc avec des fenêtres arquées et de petites tourelles. Nora la trouva charmante, mais dès qu'elle rencontra Lord Hollister, son enthousiasme laissa place à l'effroi. L'homme se montra accueillant et jovial, mais elle comprit en un regard comment Jamie était venu au monde. Hormis la couleur de peau et le nez légèrement plus épaté, le jeune esclave ressemblait trait pour trait à son maître. Nora espéra qu'elle n'aurait pas droit au même genre de surprise en arrivant à la plantation.

Elias salua Lord et Lady Hollister poliment mais sans effusions. Cela ne surprit pas outre mesure Nora, qui imputa cette distance à la rivalité qui devait exister entre les deux planteurs. Peut-être aurait-elle l'occasion de faire plus amplement connaissance avec Lady Hollister une fois que leurs époux se seraient retirés au fumoir.

Le dîner fut l'occasion pour Nora de découvrir les fruits tropicaux. Lady Hollister fut amusée de la voir manger prudemment une première bouchée avant de se resservir avec entrain. Contrairement à la plupart des nouveaux arrivants, le climat jamaïcain ne lui coupa pas l'appétit, elle semblait même s'épanouir dans la chaleur ambiante. Lorsque la soirée se rafraîchit, Lady Hollister la convia à sortir sur la terrasse pour contempler les étoiles autour de café et de jus de fruits.

La jeune fille qui les servit ressemblait elle aussi fortement à son maître. Nora évita de la dévisager, tout en se disant que certains comportements étaient visiblement monnaie courante dans son nouveau pays et qu'elle allait devoir s'y habituer. Elle avait d'ailleurs mille questions sur la Jamaïque à poser à Lady Hollister, mais celle-ci la devança. Après lui avoir demandé les dernières nouvelles de Londres, elle essaya habilement d'en apprendre davantage sur son mariage inattendu avec Elias. Nora répondit brièvement puis s'employa à orienter la conversation sur Cascarilla Gardens et la vie à Kingston.

Car quelques heures après son arrivée, Nora avait compris une chose : si Elias l'avait abreuvée d'informations sur la faune, la flore et l'histoire de l'île, elle ignorait tout de la vie qui l'attendait parmi tous ces lords et ces marchands d'esclaves.

6

Pour cette première nuit en Jamaïque, le couple partagea la même chambre, et Elias entendit profiter de ce premier moment de solitude avec sa femme depuis leur départ. Nora se laissa faire, elle eut moins mal que les premières fois mais ne ressentit pas de plaisir pour autant. Comme toujours, Elias s'endormit tout de suite après. De son côté, Nora supportait plus difficilement sa présence que l'acte en lui-même, qui ne durait jamais plus de quelques minutes. Ses ronflements, son odeur et ses mouvements la perturbaient au point de l'empêcher de dormir et d'espérer qu'ils feraient chambre à part une fois installés à la plantation.

Au petit-déjeuner, les domestiques des Hollister servirent des filets de poisson séché accompagnés d'une sorte de ragoût à base d'ocra, un mets délicieux une fois le palais habitué à sa consistance un peu gélatineuse. Ensuite, Nora et Elias attendirent autour de quelques fruits frais leur calèche certainement partie avant l'aube. Enfin, la jeune femme aperçut une belle voiture à deux roues conduite par un Noir en livrée, suivie d'une carriole qui transportait les bagages ainsi que les nombreux achats d'Elias. Lorsqu'un homme blanc en descendit, Elias se chargea des présentations.

— Nora, voici Mr McAllister, l'un des responsables de nos Nègres des champs. McAllister, mon épouse, Mrs Nora Fortnam.

Nora le salua d'un signe de tête. La poignée de main n'était pas nécessaire avec cet homme qui occupait une place similaire à celle d'un employé de Thomas Reed, de la simple courtoisie suffirait.

— Peter, ta nouvelle maîtresse, dit Elias au cocher.

— Vous bienvenue ! répondit Peter en s'inclinant humblement.

Nora sourit à l'homme qui ne parlait qu'un anglais approximatif et dont la couleur de peau indiquait une origine purement africaine.

— Je suppose qu'il n'a pas toujours porté ce nom-là, dit Nora à Elias lorsque la voiture se mit en branle.

Elias haussa les épaules.

— Quand je l'ai acheté, il s'appelait déjà comme ça. Mais tu as raison, on leur donne souvent un nouveau nom. Surtout aux Nègres de maison, pour ne pas s'écorcher la langue quand on s'adresse à eux. Tiens, les voici, tes palmiers !

En effet, après avoir quitté Kingston, la voiture longea la côte sous le regard émerveillé de Nora. Ce matin, la mer était d'un bleu étincelant, avec des vagues un peu plus fortes que la veille et une écume blanche qui soulignait la couleur dorée du sable. Ensuite, ils pénétrèrent dans la forêt qui se déclinait en milliers de nuances de vert. Elias montra à Nora des acajous et des campêches.

— Le campêche est un arbre typique de la Jamaïque. Nous en avons dans le jardin, mais on le trouve plus souvent à l'intérieur des terres. Son bois a une couleur bleue très particulière. Tous les meubles de Cascarilla Gardens sont en acajou, j'espère qu'ils te plairont. Ma première femme ne les aimait pas trop, elle aurait préféré du mobilier anglais.

Nora fut à nouveau gênée de cette comparaison mais préféra ne pas relever et repensa aux meubles des

Hollister. Elle avait remarqué qu'ils ressemblaient à s'y méprendre à ceux de sa maison de Londres. Peut-être les avaient-ils fait venir d'Angleterre.

— Je trouve que ce style de mobilier jure avec le cadre, répondit-elle. À vrai dire, je pourrais m'en passer, comme les indigènes qui vivent principalement en extérieur…

Elias lui décocha un regard noir.

— Tu t'attendais peut-être à ce que nous dormions sur des nattes à même le sol, dans une hutte, comme des esclaves ?

Comme sur le bateau, son ton sec fit tressaillir Nora.

— Je te l'ai déjà dit : tu es une dame, alors comporte-toi comme telle ! Bien sûr que notre maison ressemble à un foyer anglais décent. Cependant, je n'irais pas jusqu'à commander mes meubles en Angleterre et à les faire expédier ici. Il y a de très bons ébénistes à Kingston et à Spanish Town qui sont parfaitement capables de fabriquer du mobilier anglais sur modèle.

Nora comprit qu'elle allait vivre dans une maison aussi ennuyeuse que celle de son père, au milieu des sculptures et des tableaux qu'Elias avait achetés à Londres. Après une bonne heure de route, ils atteignirent Santiago de la Vega, rebaptisée Spanish Town. La cité fondée par les Espagnols était encore la capitale officielle de l'île, bien que Kingston, grâce à son port, l'eût supplantée sur le plan économique. Le centre-ville s'organisait autour de la toute nouvelle cathédrale Sainte-Catherine, la première église anglicane de Jamaïque. Ce premier jour, Nora n'en eut qu'un bref aperçu car Elias ne voulait pas s'arrêter. Sur la route qui la menait à l'intérieur des terres, elle vit les premières plantations. Jusqu'à présent, elle n'en avait vu que des illustrations et fut impressionnée par leur étendue.

— On dirait presque des arbres ! s'exclama-t-elle en découvrant les premiers plants de canne à sucre.

Elias rit.

— Pourtant, les botanistes la classent parmi les graminées. Et tant mieux car les graminées repoussent, contrairement aux arbres. La canne à sucre se taille une fois par an. Elle est aussi facile à planter, du moment que l'on dispose de la main-d'œuvre nécessaire.

Ce qu'Elias appelait «main-d'œuvre», Nora la vit dès la première plantation. Dans un champ, des dizaines d'esclaves trempés de sueur taillaient des tiges mûres à la machette, dans un autre, ils replantaient des boutures, le tout sous un soleil de plomb. Chaque groupe de vingt ou trente esclaves travaillait sous la surveillance d'un contremaître blanc qui restait à l'ombre. Nora se demanda pourquoi les Noirs ne profitaient pas de leur supériorité numérique et des machettes avec lesquelles ils travaillaient pour se soulever. Elle préféra ne pas poser la question tout haut. La réponse se trouvait sans doute dans les châtiments cruels infligés aux rebelles et aux fuyards.

Alors qu'ils n'étaient plus très loin de Cascarilla Gardens, la voiture emprunta une route poussiéreuse et triste.

— Je croyais que nos terres se trouvaient près de la mer, murmura Nora, déçue.

Elias hocha la tête.

— C'est le cas, seulement comme il n'y a pas de route qui longe le littoral, nous accédons à notre maison par l'intérieur des terres. Il est déconseillé de construire trop près de la mer en raison des ouragans et des raz-de-marée. Ah, nous y sommes ! Nous venons de franchir la limite qui sépare les terres des Hollister des miennes. Bienvenue à Cascarilla Gardens !

Pour l'instant, Nora ne voyait rien d'autre que d'interminables champs de canne à sucre. Enfin, la voiture emprunta une allée bordée d'acajous, de cèdres, de campêches et de palmiers qui menait à une demeure massive en pierre avec colonnes et toit mansardé, comme en Angleterre. Et comme en Angleterre, lorsque la voiture s'arrêta au niveau du perron, les domestiques sortirent saluer le maître de maison. Tous étaient noirs et portaient des uniformes démodés, qui dataient sans doute de la première Mrs Fortnam. Nora scruta les visages des hommes et des femmes qui se tenaient devant elle et constata avec soulagement qu'aucun d'eux ne ressemblait à Elias. Ils avaient tous d'ailleurs la peau beaucoup plus foncée que Jamie.

Nora espéra qu'Elias allait lui présenter les domestiques un par un, mais il se contenta de les saluer d'un bref signe de tête et de présenter Nora comme la nouvelle « Madame ».

— Tu apprendras leurs prénoms au fur et à mesure, lui dit-il. En cas de besoin, adresse-toi à Addy.

Il montra une femme corpulente en tablier de cuisinière qui se tenait entre deux jeunes filles. À son tour, elle désigna sa voisine, une jeune fille de dix-sept ou dix-huit ans.

— Elle Máanu, Madame. Euh… Kitty, fille d'Addy. Moi penser femme de chambre pour Madame.

Elias acquiesça.

— Bonne idée, Addy. Ta fille est bien éduquée et connaît la maison. Mais, bien sûr, c'est à Madame de décider. Kitty…

La jeune fille ne le regarda pas dans les yeux.

— Accompagne Madame à sa chambre et montre-lui de quoi tu es capable. Si tu lui plais, tu seras sa femme de chambre.

Un large sourire illumina le visage d'Addy, la cuisinière, tandis que Kitty avait une mine renfrognée, comme le constata Nora lorsque la jeune fille leva enfin la tête. Elle était cependant d'une grande beauté avec ses traits délicats, ses lèvres couleur myrtille et ses grands yeux noisette avec de petites touches dorées. Quant à ses cheveux d'un noir étincelant, ils n'étaient pas crépus mais lisses et lui arrivaient presque à la taille.

— Qu'attends-tu, Kitty ? s'impatienta Elias, qui avait visiblement envie de mettre fin à cette parade de bienvenue.

Nora estima qu'il était temps de prendre l'initiative.

— Merci beaucoup pour cet accueil, dit-elle chaleureusement. Je ne retiendrai pas tous vos prénoms du premier coup, mais est-ce que vous voulez bien vous présenter ? À moins qu'Addy ne le fasse.

Elle sourit à la cuisinière. Celle-ci semblait en charge de la maisonnée, et tant que tout se passait bien, Nora ne voyait pas de raison d'en changer l'organisation. Les domestiques semblaient toutefois réticents à l'idée de s'adresser directement à leur nouvelle maîtresse et furent soulagés d'entendre Addy, beaucoup moins timide, présenter fièrement les valets jeunes et moins jeunes, les femmes de chambre et les filles de cuisine, dont Mandy, qui n'était encore qu'une enfant. Nora lui donna huit ans, neuf tout au plus.

Lorsqu'elle eut terminé, Boy et Joe portèrent les sacs de voyage de leurs maîtres à l'intérieur. Les quelques affaires qu'ils contenaient suffiraient en attendant l'arrivée de la carriole avec les malles.

— Tu veux bien m'accompagner, Kitty ? demanda gentiment Nora à sa nouvelle femme de chambre.

Elle était tout à fait prête à la prendre à son service même si Kitty, de son côté, ne semblait guère enthousiaste à cette idée. La jeune fille la suivit dans la maison, tout en veillant à rester un pas derrière elle, ainsi que le voulaient les bonnes manières. Mais une fois la porte d'entrée refermée, Kitty sortit de sa réserve pour s'adresser spontanément à sa nouvelle maîtresse, ce qui ne manqua pas de surprendre Nora. Même si elle n'était arrivée que depuis deux jours, elle avait déjà remarqué que les esclaves ne parlaient pas à moins d'y être contraints et forcés.

— Moi pas Kitty, moi Máanu. Et maman, pas Addy mais Mama Adwe ou Adwea. Sœur, Mansah…

— L'enfant qui m'a été présentée sous le nom de Mandy, c'est bien cela? demanda Nora. Pourquoi ne pas me l'avoir dit tout de suite? J'aimerais autant apprendre vos vrais prénoms.

— Backra dit pas bons, veut noms anglais.

Nora haussa les épaules.

— Monsieur peut bien t'appeler comme il le souhaite, mais moi, je préfère utiliser ton prénom de naissance. Et puis c'est joli, «Máanu». Cela signifie-t-il quelque chose?

À son tour, Máanu haussa les épaules.

— Moi pas savoir, madame. Vous demander à Mama Adwe.

Nora se retint de poser d'autres questions, même si elle était curieuse de savoir pourquoi Máanu, qui était certainement née en Jamaïque, parlait un anglais aussi rudimentaire.

Les pièces de la maison que Máanu fit visiter à sa maîtresse ne réservèrent aucune surprise particulière, elles étaient typiquement anglaises jusque dans leur agencement : vestibule, salle de réception, petits salons au rez-de-chaussée, chambres à l'étage auquel menait un escalier imposant. Nora resta sceptique devant les meubles massifs et grossièrement fabriqués – contrairement à ce qu'avait prétendu son mari, les ébénistes de Kingston n'étaient pas si habiles pour imiter le mobilier finement sculpté de l'époque du Roi-Soleil. Mais Elias s'intéressait trop peu à l'art et à la culture pour le remarquer.

À l'étage, Nora découvrit sa suite avec petit salon, chambre à coucher et cabinet de toilette, le tout meublé à l'européenne. C'était presque un Versailles miniature, entre les petits guéridons, le bureau aux pieds délicatement courbés, les ottomanes matelassées, les chaises au tissu vieux rose et le grand lit à la tête ornée d'un médaillon. Ces meubles n'avaient pas pu être fabriqués à Kingston, on les avait certainement importés de France via Londres. Nora ressentit un certain malaise en pensant que cette suite portait la marque de la première Mrs Fortnam. Pour la première fois, elle s'interrogea sur celle qui l'avait précédée. Sans doute une dame, à en croire le goût avec lequel ces pièces avaient été décorées. Après qu'Elias eut fait fortune, l'avait-il rapatriée en Jamaïque et exhibée tel un trophée, comme Nora, pour s'intégrer dans la bonne société ?

Nora se serait volontiers contentée d'un cadre plus sobre, mais l'essentiel était qu'elle disposât de sa propre suite. Après avoir accompli son devoir conjugal, Elias Fortnam ne s'attarderait pas dans ce lieu décoré de fleurs et de dentelles. Nora se demanda un instant à quoi ressemblaient les appartements de son mari, pour finalement conclure que cela lui importait peu. Elle préféra aller à la fenêtre, tirer les rideaux et s'extasier devant la vue qu'elle avait tant attendue ! Même si la maison était séparée de la mer par un jardin et une petite forêt, on jouissait depuis le premier étage d'une vue imprenable sur la plage et l'immensité de l'océan.

— Comme c'est beau ! s'exclama Nora. Non, je devrais plutôt dire magnifique !

— Oui, madame, répondit Máanu, beaucoup moins euphorique. Madame besoin quelque chose ? Vêtements, coiffure ? Déjà fait pour invitées, bonne de Lady Hollister montrer moi.

Nora, sachant qu'une dame était censée se reposer après un long voyage, prit place à regret devant la coiffeuse alors qu'elle aurait préféré voir le jardin. Elle irait l'explorer dans l'après-midi après avoir visité la cuisine, ainsi que l'exigeait son statut de maîtresse de maison.

— Brosse-moi les cheveux, Máanu, puis nous regarderons dans mon sac de voyage s'il me reste une robe de chambre qui ne soit pas humide et toute froissée. Tu pourras prendre le reste de mes vêtements et les laver, ils en ont bien besoin. Mes malles arriveront dans l'après-midi, n'est-ce pas ?

— Oui, madame.

Máanu se dirigea vers une armoire et en sortit un peignoir en soie qui sentait la fleur d'oranger.

— Lavé pour Madame. Madame aime ?

Nora ne sut que répondre à la vue de cette armoire débordant de vêtements qui ne lui étaient pas destinés. Elle répugnait à enfiler cet habit laissé là par la première Mrs Fortnam, mais se laissa convaincre par la gentille attention de ses nouveaux domestiques et ne le regretta pas. La soie fut comme une caresse fraîche sur sa peau et le parfum de fleur d'oranger flatta ses sens après la longue traversée. Nora se rappela combien l'odeur d'Elias l'avait incommodée la nuit passée. D'ailleurs, elle-même ne devait pas non plus sentir très bon.

— Peux-tu me préparer un bain, Máanu ?

Si toute la haute société ne prisait pas particulièrement de s'immerger ainsi dans l'eau, la théorie selon laquelle les bains étaient mauvais pour la santé perdait peu à peu du terrain. L'an passé, Thomas Reed avait même fait installer une baignoire en cuivre dans sa maison de Mayfair.

Máanu fronça les sourcils.

— Pas bains pour Blancs !

Nora soupira. Elle allait devoir se montrer pédagogue. Cependant, cette réponse laissa entrapercevoir la possibilité que les Noirs, eux, avaient un lieu où se baigner. Nora se mettrait en quête d'un lac ou d'une rivière dans lequel elle pourrait se laver. Ici, la fraîcheur de l'eau ne serait pas un problème. En attendant, elle demanda à Máanu de lui apporter une bassine et un gant de toilette. La jeune fille s'exécuta aussitôt. Après avoir aidé sa maîtresse à se laver, elle ouvrit à nouveau l'armoire de la première Mrs Fortnam et en sortit une chemise. Après l'avoir enfilée à contrecœur, Nora dut toutefois constater qu'elle était bien plus agréable à porter que ses sous-vêtements lavés durant le voyage dans une eau à la propreté douteuse.

— Depuis combien de temps… hum… Quand ta première maîtresse est-elle décédée ? demanda Nora.

Le sujet la mettait mal à l'aise, mais il aurait été encore pire de l'aborder avec Elias.

Máanu haussa les épaules.

— Moi pas savoir, madame. Mais longtemps, longtemps. Máanu toute petite.

Elle mima la taille d'un enfant haut comme trois pommes. Le décès de Mrs Fortnam devait donc remonter à une quinzaine d'années.

— Tu peux disposer, Máanu. Tu as bien travaillé, donc serais-tu d'accord pour devenir ma femme de chambre ?

Nora se doutait que la jeune esclave trouverait étrange d'avoir son mot à dire, mais elle ne put s'empêcher de lui poser la question. Quelque chose dans le comportement de Máanu l'intriguait. La jeune fille était serviable, intelligente, expérimentée, savait manier le peigne et la brosse, pourtant lorsque Elias lui avait proposé cette place, elle s'était montrée renfrognée et peu disposée à l'accepter.

— Oui, madame, répondit Máanu. Madame veut, Máanu fait.

Nora préféra ne pas insister.

— Très bien, tu peux aller dire à ta mère que je suis très contente de toi. Préviens-la aussi que je passerai aux cuisines dans l'après-midi, si elle n'y voit pas d'inconvénient. Elle pourra peut-être me montrer les autres pièces où vous travaillez.

Máanu se retira avec une petite révérence, laissant Nora à ses réflexions. Celle-ci se disait en effet que, encore une fois, sa requête avait dû paraître étrange. Adwea n'était pas une gouvernante comme Mrs Robbins chez les Reed, mais une esclave, et à ce titre, elle n'attendait pas des propositions mais des ordres.

En tout cas, Adwea se montra d'une extrême gentillesse envers Nora lorsque celle-ci vint visiter son petit royaume avec vue sur la mer. Le cadre était très agréable, près du jardin traversé par un petit ruisseau auquel les filles de cuisine puisaient de l'eau fraîche. Nora regrettait déjà de ne pas pouvoir en profiter plus souvent, jusqu'à ce qu'elle vît une terrasse en bois surplombant la cuisine et certainement accessible depuis l'intérieur. Nora avait également hâte de visiter le jardin. De la fenêtre de sa chambre, elle avait pu constater que Cascarilla Gardens se trouvait au sommet d'une colline et que la propriété descendait en terrasses jusqu'à la forêt. En s'éloignant de la maison, Nora découvrit un petit village de huttes construites au milieu des arbres : le quartier des esclaves.

— C'est là que vous vivez ? demanda-t-elle à Adwea.

Celle-ci hocha la tête avec un grand sourire.

— Oui, Madame vouloir voir après ? Tout propre et rangé, comme cuisine…

Celle-ci, de style anglais, était en effet d'une propreté étincelante avec ses marmites, ses poêles et ses cuivres bien astiqués. Nora se demanda quels plats Adwea y préparait. Avait-elle appris la cuisine européenne ? Dès qu'Adwea vit le regard de la jeune femme se poser sur un panier de fruits tropicaux, elle ne se fit pas prier pour lui montrer comment éplucher une banane.

— Madame aimer ?

Nora n'avait encore jamais rien goûté d'aussi savoureux. Tout en suivant Adwea dans les autres pièces des domestiques, elle porta la main au pendentif fabriqué à partir de la chevalière de Simon. Elle l'avait remis après la sieste, lorsque Máanu était venue lui apporter une robe d'après-midi en soie. L'un des domestiques avait pris l'initiative de la sortir de la malle et de la repasser. Máanu avait ajouté dans la chevelure tressée de sa jeune maîtresse des fleurs d'oranger assorties à sa robe. Nora ne cessait de penser à Simon, car elle était en train de vivre leur rêve.

Tous deux s'étaient imaginés se lier d'amitié avec les natifs, aussi la jeune femme décida-t-elle d'offrir un assortiment de rubans colorés à Máanu après la visite. Elle en profiterait également pour passer le pendentif de Simon sur un ruban rose. C'en était terminé du noir !

Une fois l'inspection de la maison terminée, Nora pourrait marcher dans son jardin tropical uniquement accompagnée de l'âme de Simon. Ce n'était pas Elias, trop occupé par sa plantation, qui viendrait la déranger. Nora remarqua que sa nouvelle femme de chambre se renfrognait dès qu'il était question de celui que les esclaves appelaient « backra ». La jeune fille nourrissait visiblement du ressentiment à son égard, raison pour laquelle elle avait accepté à contrecœur d'entrer au service de son épouse.

Dans l'aile sud de la maison, Nora découvrit l'accès à une terrasse en bois qui, comme elle l'avait supposé, formait une sorte de grande mezzanine surplombant le potager.

— Je vais me promener dans le jardin, dit-elle à Adwea. Merci beaucoup, tu peux disposer. Et ne t'inquiète pas, je retrouverai mon chemin. J'ai juste besoin de prendre l'air et de m'assurer que je ne suis pas en train de rêver.

Adwea, qui trouvait étrange de vouloir explorer un jardin par cette chaleur, s'abstint de tout commentaire et se retira dans sa cuisine, non sans promettre à Nora de lui faire visiter le quartier des esclaves.

En pénétrant dans le jardin tropical, Nora respira à pleins poumons l'air chargé de senteurs enivrantes qui émanaient de massifs de fleurs rouges, blanches et mauves. Ici, l'architecte de Cascarilla Gardens avait respecté le style caribéen. Ainsi, Nora tomba sous le charme d'un pavillon exotique dont elle sut tout de suite qu'elle y passerait beaucoup de temps. Tout autour, le parc ne manquait pas de palmiers et de massifs de fleurs, certaines dorées, d'autres à feuilles cruciformes dont le dessous brillait : des cascarilles. Elias avait expliqué à Nora que les champs en étaient envahis lorsqu'il avait décidé de se lancer dans la culture de la canne à sucre, raison pour laquelle il avait baptisé son exploitation «Cascarilla Gardens». Toute cette verdure ravissait Nora, qui poursuivit son chemin entre des fontaines et des bassins à l'européenne où coulait une eau claire et pure, qu'elle goûta le cœur battant. Le tout était sans doute alimenté par le petit ruisseau qu'elle avait vu près des cuisines.

Malheureusement, aucun accès ne reliait directement le fond du jardin à la forêt. Pour arriver à la plage, il fallait remonter jusqu'à la maison, enfourcher un cheval et contourner le parc. Avant de partir à la recherche des écuries, Nora regagna la maison avec l'intention de visiter le quartier des esclaves, qu'Adwea tenait à lui montrer. Mais comme l'heure du dîner approchait, la cuisinière était occupée à préparer du poisson frais qui fit immédiatement saliver Nora, et ce fut finalement la petite Mansah qui l'accompagna au quartier des esclaves. La fillette croyait sans doute que sa nouvelle maîtresse voulait vérifier la propreté des lieux.

Si la hutte qu'Adwea partageait avec ses deux filles était effectivement irréprochable, elle parut bien petite à Nora pour héberger toute une famille. Il y avait tout juste assez de place pour deux nattes, une table pour le moins rudimentaire, trois chaises et un petit foyer. Nora, qui n'avait pas oublié les explications d'Elias à propos des ouragans et des raz-de-marée, douta que la construction en rondins de bois et torchis pût résister à une tempête. Des feuilles de palmier formaient le toit, et le sol était recouvert d'un mélange pressé de chaux, de pierre et d'argile. La jeune femme fut également frappée par l'absence d'effets personnels dans le quartier des esclaves, hormis quelques vêtements colorés et de grands tissus que les femmes portaient en turban.

— Tu n'as pas de père ? demanda Nora à Mansah.

La fillette fit la moue.

— Si, madame, mais chez Lord Hollister. Était cocher, maintenant aux champs. Voir pas souvent.

Si Nora avait bien retenu ce qu'Elias lui avait expliqué sur la hiérarchie des esclaves, le père de Mansah et Máanu avait été rétrogradé. Le fait de fonder une famille avec une femme de la plantation voisine avait peut-être déplu à son maître. Nora préféra en rester là pour l'instant, elle aurait certainement l'occasion d'en apprendre davantage auprès d'Elias ou des Hollister.

Lorsque Nora regagna sa chambre, Máanu finissait de disposer ses vêtements dans les différentes armoires et de ranger ceux de la première Mrs Fortnam dans les malles. Nora se souvint que Nellie, sa femme de chambre anglaise, était toujours contente de récupérer les affaires qu'elle ne portait plus, aussi se permit-elle d'en proposer à Máanu.

— C'est tout de même dommage de se séparer de tous ces beaux habits. Veux-tu en garder quelques-uns pour ta sœur et toi ? Ils seront peut-être un peu larges, mais la longueur devrait t'aller. N'hésite pas à les retoucher.

— Pas pour Nègres, répondit sèchement Máanu en secouant la tête.

Nora soupira et choisit parmi les vêtements de la première Mrs Fortnam quelques jupes et corsages plutôt simples.

— Regarde, ce serait parfait pour le dimanche. Prends, Máanu, je dirai au backra que c'est moi qui te les ai offerts.

En entendant le tout petit «merci» que Máanu finit par lâcher, Nora se demanda si le dimanche était bien un jour de repos pour les esclaves. À ce stade, plus rien ne l'étonnait.

— Bien sûr que les esclaves se reposent. Ils ont une journée de repos à Noël et une demi-journée à Pâques, assistent un dimanche sur deux au service du révérend et ceux qui travaillent dans les champs s'arrêtent dès la tombée de la nuit.

Cette réponse d'Elias scandalisa Nora. Un seul jour complet de repos par an? Et pour les esclaves qui travaillaient dans les champs, les journées devaient être interminables en été!

— Demain, je te ferai visiter la plantation si ton cheval a repris suffisamment de forces, ajouta Elias.

Nora poussa un soupir de soulagement. Aurora et les autres chevaux étaient donc bien arrivés. Elle accepta la proposition de son mari avec enthousiasme. Elle savait déjà à quoi ressemblaient les champs de canne à sucre, mais ce serait peut-être l'occasion de découvrir le chemin qui menait à la plage.

Le lendemain, Elias la conduisit aux écuries, où l'élégante jument de Nora était traitée comme une reine. Le palefrenier noir qui l'avait déjà pansée et sellée n'avait rien à envier à Peppers, lui-même fort méticuleux. L'homme approcha un petit escabeau et maintint l'étrier en place pendant que Nora montait. Après qu'Elias eut enfourché un hongre à la robe foncée, tous deux se dirigèrent vers les champs.

— Nous cultivons trois cent cinquante hectares divisés en trois parcelles : les jeunes pousses, les pousses adultes et les pousses intermédiaires, expliqua Elias. Nous produisons environ sept cents livres de sucre par an, pour l'instant. Ce sera bientôt plus, car un plant de canne à sucre peut continuer à pousser pendant vingt ans ! Nous avons deux cent cinquante esclaves qui travaillent aux champs, plus une vingtaine de domestiques pour la maison, les écuries et les jardins, quinze chevaux – une denrée rare sur l'île –, cinquante mulets, soixante-dix bœufs…

— Et un moulin à vent ! s'exclama Nora, ravie de cette promenade à cheval. À quoi sert-il ?

Elle désigna la construction qui se trouvait sur une petite butte.

— Il fait tourner la presse qui broie les tiges de canne à sucre. Enfin, quand il y a du vent, sinon…

En atteignant le moulin, Nora comprit. Dans une chaleur étouffante, un jeune Noir trempé de sueur faisait tourner un attelage de bœufs autour d'une meule.

— Tiens, regarde, dit Elias sans prêter attention à l'esclave. Du jus de canne à sucre.

Un filet de liquide doré coulait dans des seaux que d'autres esclaves transportaient dans un bâtiment adjacent.

— Là, le jus est chauffé dans de grandes marmites. En séchant, il cristallise et donne ce que l'on appelle le sucre muscovado. On peut l'expédier en Angleterre pour le raffinage qui produira le sucre en poudre. Et c'est en distillant le sirop de canne à sucre que l'on obtient du rhum.

Nora l'écouta d'une oreille distraite, plus préoccupée par les gens qui s'échinaient au travail. Jusqu'à présent, elle ne s'était pas rendu compte de ce que représentait une exploitation de cette taille. Deux cent soixante-dix personnes, c'était plus que la population de Greenborough ! Mais qui s'occupait de ces gens ? Y avait-il des instituteurs, un médecin ?

Nora poserait la question plus tard pour ne pas gâcher la visite. Après lui avoir montré d'autres bâtiments agricoles ainsi que les étables pour les mulets et les bœufs, Elias indiqua enfin le chemin qui menait à la plage.

— Tu ne peux pas le rater, dit-il en redirigeant son cheval vers les champs. Mais je tiens à ce que tu sois toujours accompagnée d'un domestique. On ne sait jamais, avec les rebelles des Blue Mountains et les quelques pirates qui traînent par ici…

Nora comprit que ce ne serait pas négociable et repensa à son père, qui n'aimait pas la savoir seule dans Saint James' Park pourtant très sûr. Sauf qu'en ce premier jour, elle tenait à explorer son île sans être dérangée.

Nora lança Aurora au trot sur le chemin qui traversait la forêt. En voyant des troncs d'arbre à terre, elle supposa qu'Elias exploitait aussi l'acajou. La jungle était de moins en moins dense, et en arrivant sur la plage, elle fut émerveillée de découvrir un sable étincelant et une mer bleu azur. Devant le refus d'Aurora de quitter la fraîcheur de la forêt pour le soleil éclatant, elle mit pied à terre.

Elle attacha sa jument à un arbre tout en repensant, presque en transe, aux rêves qu'elle avait partagés avec Simon. Elle retira ses bottes d'équitation et sentit sous ses pieds nus la fermeté du sable, qu'elle avait imaginé plus doux, plus moelleux. À la fois bouleversée et incrédule, elle courut vers la mer, tomba à genoux dans la fraîcheur des vagues et fondit en larmes.

8

À son retour, Nora eut droit à un rappel à l'ordre.

— Je sais que le danger n'est pas flagrant, dit Elias, mais il y a des marrons qui rôdent et Hollister m'a parlé d'attaques récentes dans les hauteurs de Kingston. Et encore, toutes les informations ne circulent pas. Alors une dame qui se promène seule…

— Par « marrons », on désigne les Noirs libres, n'est-ce pas ? Mais…

— Ils descendent des Nègres que les Espagnols ont libérés et armés avant de fuir devant l'invasion anglaise ! tempêta Elias.

Nora comprit que c'était une façon de poursuivre la guerre par d'autres moyens. Les planteurs espagnols avaient voulu mettre des bâtons dans les roues de ceux qui leur avaient volé leurs terres, et leurs descendants devaient jubiler.

— Ils ont dû croire que les marrons allaient nous combattre, poursuivit Elias, mais non, ils se sont retirés dans les montagnes où ils vivent encore aujourd'hui. Comme ils sont bien trop lâches pour nous mener une guerre ouverte, ils se contentent de quelques attaques, un pillage par-ci, un vol par-là… Ils accueillent aussi les esclaves en fuite, enfin, quand ils ne les dénoncent pas aux autorités contre de l'argent.

— Et ils risqueraient de descendre jusqu'ici ? s'étonna Nora.

— Ils peuvent rôder n'importe où, donc ne te promène pas sans escorte. Et attention à ton teint, je vois
que tu t'es encore exposée au soleil !

Si Nora demanda à l'un des palefreniers de l'accompagner pour sa deuxième sortie à cheval, elle ne tarda
pas à le regretter. Comme personne n'apprenait à
monter aux esclaves, le jeune garçon ne cessait de glisser du dos de son mulet, même au pas. Nora dut donc
renoncer au trot et au galop. Une fois sur la plage, elle
mit pied à terre et lui demanda de tenir Aurora par la
bride pendant qu'elle marchait un peu. Mais elle ne
profita pas de cette promenade, gênée par la présence
de l'esclave et inquiète de la réaction d'Elias si elle ne
se protégeait pas correctement du soleil. Sa peau avait
tendance à bronzer facilement, même à l'ombre, et
quelques jours après son arrivée sur l'île, elle avait déjà
le teint légèrement doré.

Très vite, Nora se sentit désœuvrée et reléguée au
rang d'objet décoratif, comme un petit chien de salon
joliment toiletté. On lui apportait son déjeuner au lit,
puis Máanu la coiffait et l'habillait pour une journée qui
s'annonçait interminable.

Une fois que Nora eut disposé les tableaux et les
sculptures d'Elias dans les différentes pièces de la
maison, elle chercha désespérément de quoi s'affairer.
Hormis l'organisation de fêtes et de mondanités, dont
Elias ne chargeait pas encore sa jeune épouse, aucune
occupation n'était prévue pour Nora, dont le quotidien
devait très vite se résumer à la broderie et à la corres-
pondance. Heureusement qu'il y avait une bibliothèque,
où la jeune femme trouva des livres de Sir Henry Sloane
sur la flore et la faune de Jamaïque. Nora finit par passer
plusieurs heures par jour sur la terrasse en bois sculpté
au-dessus du potager. Elle lisait, écrivait ou écoutait
les domestiques qui s'affairaient en contrebas, non pas

pour les espionner mais pour avoir l'impression de participer indirectement à la vie de la plantation. Elle se laissait bercer par les voix des filles de cuisine qui chantaient en lavant les légumes et en vidant les poissons, souriait en entendant les ordres d'Adwea ainsi que sa colère feinte quand elle surprenait des bonnes et des valets en train de plaisanter ou de s'embrasser au lieu de travailler. Nora fut d'ailleurs surprise en entendant les domestiques parler dans le même anglais rudimentaire que Máanu et Adwea. Leur interdisait-on de pratiquer leur langue d'origine ?

— Moi pas savoir si interdit, madame, répondit Máanu lorsque Nora lui posa la question.

— Les… gens qui viennent d'Afrique – Nora répugnait à employer le terme « esclaves » – ne comprennent plus leur propre langue ?

— Certains oui, d'autres non, madame. Afrique beaucoup langues, beaucoup tribus.

Nora hocha la tête. Elle comprenait à présent. L'Afrique était un immense continent, et les esclaves ne venaient pas tous de la même région. Elle n'y avait jamais pensé, mais pour cohabiter, les différentes nationalités devaient bien parler une langue commune. Cela pouvait également expliquer la rareté des soulèvements. Peut-être qu'un compagnon d'infortune ici aurait été un ennemi en Afrique.

Cette information renforça le malaise de Nora face à la théorie qui voulait que les Noirs fussent des sous-hommes, et leur asservissement, une volonté divine. Pourtant, l'Afrique ne pouvait pas être si différente de l'Europe : des langues différentes, des nations parfois en conflit… Autant d'éléments qui ne justifiaient pas que l'on traitât les esclaves comme des êtres inférieurs.

Quant à Elias, il ne laissait rien passer. Il ne supportait pas que l'on arrivât en retard au dîner ou que la table fût mal dressée. Quelques jours après l'arrivée de Nora, il n'hésita pas à lui rappeler que s'il avait épousé une dame, c'était pour qu'elle veillât au bon travail des domestiques. Ainsi, la jeune femme fut parfois rabrouée pour un verre qui manquait d'éclat ou une pièce de vaisselle placée au mauvais endroit.

Nora finit par convoquer l'ensemble du personnel autour de la table pour rappeler la bonne disposition des assiettes, des tasses à soupe et des couverts. Les domestiques de Cascarilla Gardens apprenaient vite, peut-être par peur des punitions. Après cette démonstration, il y eut encore quelques erreurs qu'Elias ne remarqua pas ou que Nora corrigea discrètement. Elle pensait être appréciée, en tout cas plus que son mari qui semblait inspirer chez la plupart des domestiques de la crainte voire, concernant Máanu, de la haine.

Un soir, Nora allait quitter la terrasse pour vérifier le dressage de la table avant le dîner lorsqu'elle entendit des voix venant du jardin potager.

— Akwasi, tu es là ? Tu peux te montrer, il n'y a plus personne.

Nora reconnut la voix de Máanu, qui s'exprimait dans un anglais parfait.

— Je viens d'arriver. Aujourd'hui, on nous a envoyés travailler près de chez les Hollister, avec Truman comme contremaître. Toby est épuisé, et Hardy…

Nora n'avait encore jamais entendu cette voix d'homme.

— Toujours son pied ? Kwadwo dit que c'est grave ?

— Il raconte n'importe quoi comme d'habitude, maugréa l'inconnu. Il parle d'esprits qui pourraient le guérir, ou peut-être pas… La pommade de ta mère n'a pas beaucoup d'effet. Enfin, ce n'est pas étonnant sur une plaie aussi profonde.

Máanu soupira.

— Reprends-en, cela peut tout de même le soulager même si, d'après ma mère, le repos est le meilleur traitement. Et donne ce bouillon à Toby. Il doit reprendre des forces, sinon Truman risque de le punir à coups de fouet. Toujours pas de place pour lui à la sucrerie ou à la distillerie ?

Nora était sidérée par la richesse du vocabulaire de sa bonne et de son interlocuteur, sans doute un Nègre des champs. Mais elle devait partir, si elle ne voulait pas qu'Elias vînt la chercher et surprît les deux esclaves en train de parler anglais. Si elle n'avait nullement l'intention de les dénoncer, elle était bien décidée à interroger Máanu pour en savoir plus.

— Pitié, madame, vous pas dire backra !

Pour la première fois, Máanu perdit de sa superbe. Le sang se retira de son visage qui prit un ton grisâtre.

— Lui punir Akwasi, Toby, moi…

Nora résista à son premier réflexe qui était de la rassurer. Elle était bien décidée à rester ferme et à obtenir des réponses.

— Parle correctement, Máanu ! Je sais que cet Akwasi et toi en êtes capables, alors cesse cette comédie.

— Máanu pas moquer Madame, balbutia la jeune fille, paniquée.

— Enfin, reprends-toi ! Il ne t'arrivera rien, je ne vais pas te dénoncer, mais j'en ai assez que l'on me mente.

— Je ne vous mens pas, madame, murmura Máanu, abattue. Ce n'est pas mentir de…

— De prétendre ne pas maîtriser l'anglais, alors que tu le parles mieux que mes domestiques de Londres ?

Máanu baissa la tête.

— Les Blancs désapprouvent, et ma mère ne veut pas qu'on se fasse remarquer. Ça nous attirerait des ennuis, et Akwasi en a déjà bien assez.

— En tout cas, tu as un vocabulaire particulièrement soigné. Où as-tu appris ?

— Avec Doug... Avec Douglas, madame, le fils du backra. Ma mère s'est occupée de lui quand la sienne est morte. Elle a aussi recueilli Akwasi à la même époque.

— Il a perdu sa mère, lui aussi ?

Nora se souvint d'avoir remarqué l'absence d'enfants sur la plantation. Bien sûr, en Angleterre non plus, les enfants du personnel ne couraient pas dans toute la maison, mais les domestiques qu'elle avait eus là-bas étaient célibataires et vivaient sur place, ou bien rentraient chez eux le soir auprès de leur famille, comme Peppers. Ici, les esclaves vivaient dans les huttes sans que personne ne vérifiât qui dormait avec qui. Il aurait donc dû y avoir de nombreux enfants dans leur petit village.

Máanu se mordit les lèvres.

— Oui, quand il était petit. Mama Adwea a veillé sur lui. Ensuite, Mr Douglas a voulu qu'Akwasi soit son boy, et le backra a dit oui. Il a emménagé dans la maison, où il y avait aussi un précepteur et une gouvernante. Moi, je les rejoignais dès que je pouvais. Miss Carleon, la gouvernante, m'aimait bien.

— Je vois, dit Nora en hochant la tête. Jusqu'au jour où Akwasi est tombé en disgrâce et a fini aux champs. Et toi, tu as cru qu'il t'arriverait la même chose si j'apprenais que tu savais t'exprimer correctement. N'aie pas peur, Máanu ! Je préfère une femme de chambre qui sache aligner deux phrases et qui me réponde autre chose que « Moi pas savoir » quand je lui pose une question. À partir de maintenant, conduisons-nous en êtres civilisés.

— « Civilisés », madame ?

Máanu se renfrogna aussitôt. Nora détacha ses cheveux en soupirant. Elias viendrait certainement la voir et la préférait ainsi. Mieux valait mettre fin à cette conversation avant qu'il les surprît.

— Je ne cherche pas à être ton ennemie, Máanu, au contraire. Certes, je ne peux rien changer à mon statut et au tien. Mais je refuse de te traiter comme un animal, et en retour, j'aimerais que tu ne me considères pas comme une simple poupée à habiller. Avant de regagner ta hutte, tu donneras quelques fruits à Toby et Hardy de ma part.

9

Si Máanu ne renonça pas à l'anglais rudimentaire qui agaçait tant Nora, elle fit l'effort, quand elle était seule avec sa maîtresse, de parler correctement et de répondre à ses questions. Le lendemain, même si Nora avait envie d'en savoir davantage sur Akwasi, elle évita de se montrer trop pressante pour ne pas mettre à mal le lien de confiance qu'elle essayait de tisser avec sa femme de chambre. Celle-ci tenait manifestement beaucoup à cet homme qui travaillait aux champs, comme en témoignait son inquiétude à son sujet. Ses sentiments étaient-ils réciproques ? D'ailleurs, comment se passaient les mariages entre esclaves ? Si les unions obéissaient à la tradition chrétienne, le verset « Ce que Dieu a uni, que l'homme ne le sépare pas » n'était pas à l'avantage des planteurs, qui ne pouvaient plus revendre séparément un couple d'esclaves.

Nora ne s'enquit pas non plus du sort de Toby et Hardy, mais ce n'était pas faute de s'en inquiéter. D'après la conversation qu'elle avait surprise entre Máanu et Akwasi, les deux hommes étaient souffrants. Dans ce cas, qui soignait les esclaves ?

— Ces hommes sont solides, ils se soignent tout seuls, se contenta de répondre Elias avec un haussement d'épaules.

Nora ne fut pas rassurée. Pour en savoir plus, elle n'avait d'autre choix que de s'adresser à Máanu.

Mais trois jours après avoir surpris la conversation entre Máanu et Akwasi, Nora fut témoin d'une scène qui l'ébranla.

Pourtant, la journée commença dans le calme. Le matin, Nora alla se promener sur la plage. Désormais, pour ne pas avoir à subir la présence d'un chaperon, elle s'y rendait non pas à cheval mais à pied. Mais la marche à travers la forêt était assez pénible car elle n'avait pas de bonnes chaussures, seulement des souliers de soie assortis à ses vêtements. Après avoir trempé ses pieds dans la mer, elle ne pouvait résister à la tentation de retirer sa robe et de s'allonger sur le sable chaud, comme elle en avait tant rêvé dans les bras de Simon.

C'était bien sûr osé de sa part, et mieux valait ne pas penser à la réaction d'Elias s'il la surprenait à demi nue. Mais elle savait que personne ne venait sur la plage en journée, et elle jugeait peu probable de croiser des marrons ou des pirates. Elle veillait bien sûr à ne pas s'exposer et choisissait une petite place à l'ombre des palmiers et des acacias, là où Simon et elle auraient construit leur hutte. Nora aimait se perdre dans ses rêveries, même si le retour à la réalité était douloureux. Souvent, elle versait quelques larmes avant de quitter la plage.

Ce matin-là, Elias était parti pour Kingston afin de veiller au bon déroulement d'un chargement. Nora prit seule un déjeuner léger puis, un peu lasse, décida de s'installer au jardin avec un livre. Soudain, le chant des oiseaux tropicaux fut troublé par la voix de Máanu.

— Madame ! Je vous en prie, madame !

La jeune fille accourut vers la terrasse et se jeta aux pieds de Nora.

— Je vous en prie, madame, faites quelque chose ! Il va le battre à mort. Qui peut survivre à soixante-dix coups de fouet ? D'habitude, McAllister ne va pas au-delà de vingt et c'est déjà insupportable, alors là…

— Calme-toi, Máanu, et raconte-moi ce qui se passe, répondit Nora en l'aidant à se relever. Je ne sais même pas…

— La punition a commencé. Si vous ne venez pas tout de suite, il… il sera trop tard !

— Très bien, tu m'expliqueras en chemin. Où devons-nous aller ?

— Aux huttes, évidemment ! Devant la cuisine, c'est toujours là que ça se passe.

Ce que les esclaves appelaient «cuisine» dans leur quartier consistait en une cabane ouverte où ils mettaient une grande marmite à chauffer pour manger tous ensemble et discuter à l'ombre des palmiers et des acajous. C'était aussi là que se tenait le service religieux du dimanche.

Nora et Máanu sortirent précipitamment sous le regard inquiet d'Adwea. Les autres domestiques aussi avaient le visage grave, même si leur angoisse n'égalait pas celle de Máanu. L'incident devait donc concerner la jeune fille personnellement.

Celle-ci courait entre les arbres, et Nora eut du mal à la suivre. De loin, elle vit que les esclaves étaient effectivement rassemblés sur la petite place. Personne ne parlait, le seul bruit qui lui parvint fut le claquement d'un fouet.

— Vingt-trois ! cria une voix d'homme.

Un autre claquement, suivi d'un gémissement.

— Vingt-quatre !

Nora et Máanu se frayèrent un chemin parmi les esclaves.

— Laissez-nous passer ! Laissez passer Madame !

— Trente !

Nora eut une vision d'horreur lorsqu'elle atteignit enfin l'estrade installée au centre de la place. Un homme qu'elle supposa être Akwasi était attaché par les poignets à une branche de l'arbre sous lequel le révérend prononçait ses sermons le dimanche. Ses pieds touchaient à peine l'estrade et il n'avait plus la force de se tenir droit. Près de lui, Truman, le contremaître, brandissait un fouet.

— Trente et un !

En voyant le dos d'Akwasi strié de lacérations sanglantes, Nora comprit l'angoisse de Máanu. Encore quarante coups de fouet et l'homme mourrait écorché vif. Et s'il quittait cette estrade en vie, la gangrène aurait raison de lui.

Pour la première fois depuis le début de la punition, Akwasi laissa échapper un cri. Nora se précipita sur l'estrade.

— Cessez immédiatement ! cria-t-elle au contremaître.

L'homme, bouche bée, baissa immédiatement son fouet.

— Oh, Mrs Fortnam... Mais... Enfin, sans vouloir vous manquer de respect, une dame n'a rien à faire ici.

— Et vous, vous vous prenez pour un gentilhomme ?

Nora regarda avec dégoût le fouet d'où gouttait le sang. Jusqu'à présent, Truman, un homme encore jeune, ne lui avait jamais paru brutal. Il s'était toujours montré poli et aimable quand elle le croisait à cheval ou en compagnie d'Elias.

— Est-ce mon époux qui vous a donné l'autorisation de battre ses hommes à mort ?

— Seulement pour les punir, répondit Truman avec un petit sourire. Bien sûr, je comprends qu'une dame juge cette méthode violente, mais sachez qu'elle est justifiée. Ce type est un fauteur de troubles, je dois en faire un exemple.

— Quel crime a-t-il commis pour mériter cela ?

Truman rit.

— Oh, la liste est longue, madame : incitation à la rébellion, insubordination, mensonge et fainéantise. Il a une mauvaise influence sur les autres, et je veux montrer où mène la désobéissance. C'est mon travail, alors laissez-moi poursuivre.

— Ne comptez pas sur moi ! s'exclama Nora. Je doute que la mort de cet homme serve les intérêts de mon époux. J'ai entendu dire qu'on n'allait jamais au-delà de vingt coups de fouet.

— Étant donné la gravité des faits…

— Dans ce cas, expliquez-moi précisément de quoi il retourne. De quoi cet homme est-il coupable ? En détail, Mr Truman, je ne me satisferai pas de vagues accusations.

Truman poussa un soupir bruyant et irrespectueux qui aurait suffi à Nora pour le renvoyer. Mais elle n'en avait pas le droit, et Elias désapprouverait.

— J'attends, Mr Truman.

Le contremaître désigna un autre esclave qui attendait sa punition au premier rang, les mains liées.

— Cet esclave n'est pas venu travailler ce matin, et quand je suis allé le chercher dans sa hutte, il m'a expliqué qu'Akwasi lui avait dit de rester couché. Alors que je le forçais à se mettre debout, j'ai entendu Akwasi sortir de la hutte voisine en conseillant à un autre de ses compères de se reposer. Mais celui-là ne l'a pas écouté et est allé travailler. Heureusement pour lui, d'ailleurs.

Nora suivit son regard et vit un homme plus âgé et si maigre qu'il tenait à peine sur ses jambes.

— Il a l'air souffrant, dit Nora avant de se tourner vers l'esclave aux mains liées. Et toi, pourquoi ne voulais-tu pas travailler ?

Alors que l'homme cherchait ses mots, Nora remarqua à son pied un bandage en lambeaux et infesté de mouches.

— Enlève ça tout de suite. Máanu, aide-le s'il n'y arrive pas seul. Et qu'il s'assoie, pour l'amour du ciel ! Il ne peut pas tenir ainsi sur une seule jambe !

— Les esclaves doivent assister aux punitions debout, objecta Truman.

Nora lui lança un regard noir.

— La punition, Mr Truman, est suspendue le temps que je... Oh, mon Dieu !

Lorsque l'homme blessé s'assit par terre, Nora vit sur sa voûte plantaire une plaie que personne n'avait désinfectée correctement, à en croire le sang, le pus et les premières larves de mouche.

— Et vous l'avez envoyé aux champs malgré cette blessure ? demanda Nora, furieuse.

Elle comprit que cet homme devait être le Toby dont Máanu et Akwasi avaient parlé.

— Les esclaves se mutilent pour échapper au travail, répondit Truman. Et dès que nous nous montrons cléments envers l'un, les autres l'imitent. Croyez-moi, madame, c'est de la mauvaise graine...

— Pas moi, gémit Toby. Madame pas croire, moi pas mauvais Nègre...

— Personne ne peut s'infliger volontairement une telle blessure ! s'écria Nora. De toute façon, peu importe, mon mari sera furieux que l'un de ses précieux esclaves meure ou perde sa jambe à cause d'une plaie mal soignée.

Truman se mordit les lèvres. Nora avait visé juste et le sentait faiblir.

— Je... euh... j'ignorais que...

— Vous ne vous êtes sans doute pas rendu compte de la gravité de la blessure, concéda-t-elle à contrecœur. Quant à toi, Toby, tu aurais dû en informer ton supérieur et demander des soins.

Toby ouvrit la bouche, mais d'un regard, Máanu lui intima l'ordre de se taire. Elle savait mieux que les travailleurs des champs à quelles contraintes Nora elle-même devait obéir. Si Truman perdait la face à cause d'elle, le backra la tiendrait pour responsable, prendrait le parti de son contremaître et le châtiment irait à son terme.

— Vous avez raison, madame, dit Truman en lançant un regard accusateur à Toby.

— De toute façon, cet homme est déjà assez puni car il doit beaucoup souffrir. Je ne pense pas que d'autres sanctions soient nécessaires, mais vous devrez consulter mon époux sur ce point.

Nora soupira. Elle ne pouvait que protéger Toby temporairement et espérer qu'Elias se montrerait raisonnable. Elle se tourna vers l'esclave plus âgé et malade.

— Toi, aide Toby à marcher jusqu'à la cuisine d'Adwea. Qu'il s'asseye et plonge son pied dans une bassine d'eau chaude savonneuse en attendant que je vous rejoigne. Et vous...

Elle désigna deux jeunes hommes pour détacher Akwasi, qui ne bougeait plus. Il avait sans doute perdu connaissance.

— Portez-le jusqu'à sa hutte, sa journée de travail est terminée. Voilà à quoi mènent des sanctions disproportionnées, Mr Truman.

Par cette remarque, Nora espérait faire réfléchir le contremaître. Si Elias était partisan des châtiments corporels pour ses esclaves, il voulait aussi avoir une main-d'œuvre efficace aux champs.

— Les autres, retournez au travail.

Nora veilla à ce qu'Akwasi fût porté jusqu'à sa hutte. Heureusement, celle-ci était propre et l'un des esclaves se porta volontaire pour panser ses blessures, qui commençaient déjà à attirer les mouches. Nora s'en occuperait plus tard. Elle regagna sa maison en marchant d'un pas assuré, fière de cette première victoire. Elle ne devait toutefois pas se réjouir trop vite. Fouetter les esclaves n'avait manifestement rien d'exceptionnel, et cette idée la révulsait. Nora allait devoir intervenir plus souvent si elle voulait continuer à vivre sur la plantation.

Nora Fortnam-Reed n'était plus la jeune Londonienne angoissée qui avait veillé son bien-aimé jusqu'à son dernier soupir. Pendant les deux années qu'elle avait consacrées aux actions de bienfaisance dans l'East End, elle avait appris à soigner les malades aux côtés du Dr Mason, qui donnait des consultations gratuites dans un local adjacent à la soupe populaire. Elle nettoya le pied infecté de Toby et gratta la plaie à l'aide d'une lame de couteau émoussée pour en retirer les larves de mouche. Ce faisant, elle se souvint de ce que disait Mr Mason à propos des bienfaits de l'alcool et versa du rhum en quantité généreuse sur la blessure. Ensuite, elle y appliqua l'onguent d'Adwea et enveloppa la jambe dans un bandage propre.

— Nous renouvellerons l'application tous les jours jusqu'à ce que ta blessure soit guérie, dit-elle à l'esclave. Je ne pense pas que tu perdras ton pied, mais tu ne dois plus le poser par terre. Demande à ce qu'on te porte jusqu'à ta hutte et allonge-toi en gardant la jambe surélevée. Il te faut du repos. Adwea t'apportera à manger. Et… Hardy, c'est bien cela ?

Elle se tourna vers l'homme plus âgé, qui hocha la tête.

— Hardy veillera sur toi le temps que sa toux guérisse.

Nora fit signe aux deux hommes de partir et monta se rafraîchir. Elle en avait bien besoin avant de panser le dos d'Akwasi. Elle ne voulait pas l'admettre, mais même après tout ce qu'elle avait vu dans l'East End, la vue d'asticots dans une plaie continuait à lui donner la nausée.

Nora vérifia son reflet dans le miroir, se recoiffa, prit son poudrier et entreprit de pâlir ses joues. Elle ne voulait surtout pas paraître bouleversée si elle venait à croiser un contremaître en se rendant aux huttes. Elle était déjà assez gênée de transpirer autant.

Finalement, elle ne rencontra personne excepté Adwea, qui lui donna un pot d'onguent fabriqué à partir de graisse de porc et d'herbes médicinales.

— Merci. Demande à un garçon de la distillerie d'apporter une flasque de rhum au village.

Akwasi, toujours inanimé, était étendu sur le ventre dans la hutte qu'il partageait avec plusieurs autres travailleurs des champs. Ceux-ci l'avaient allongé avant de repartir, sans doute sur ordre de Truman, qui avait insisté pour que les consignes de Madame fussent exécutées au plus vite. À son chevet, Máanu sanglotait, le suppliait de se réveiller et essayait maladroitement de soulever sa tête pour lui donner à boire.

— Laisse-le dormir, mieux vaut pour lui qu'il reste inconscient le temps que nous pansions ses plaies, dit Nora. L'alcool risque de piquer.

Máanu se ressaisit et aida Nora à nettoyer les lacérations. Akwasi reprit connaissance et gémit lorsqu'elles versèrent l'alcool sur son dos meurtri.

Jusqu'à présent, Akwasi n'avait pas prêté une attention particulière à la nouvelle maîtresse de maison. Comme il travaillait aux champs, il ne la voyait que très rarement. Bien sûr, les femmes parlaient de Nora Fortnam, surtout Máanu, mais celle-ci racontait tellement de choses à Akwasi qu'il ne l'écoutait plus. La jeune fille était amoureuse de lui alors qu'il la considérait comme sa petite sœur. De toute façon, trouver une épouse était la dernière de ses préoccupations. Et quand il serait temps, Akwasi ne choisirait certainement pas une esclave.

Ce jeune homme colérique vouait une haine tenace au backra et à ses contremaîtres, qu'il rêvait de tailler en pièces. Tout ce qui le retenait, c'était la perspective de finir pendu, brûlé vif ou écartelé. Bien sûr, il savait qu'il serait sanctionné pour avoir veillé sur Toby, mais c'était sa machette sur laquelle son ami avait marché après qu'il l'eut jetée dans un accès de colère, et il se sentait responsable de l'accident. Malheureusement, Toby avait paniqué et dénoncé Akwasi lorsque le contremaître était venu le chercher dans sa hutte, au lieu de lui montrer sa blessure. Truman était peut-être bête, mais il aurait compris que Toby risquait de perdre sa jambe à cause de la gangrène.

Soixante-dix coups de fouet pour cela… Akwasi en avait déjà reçu dix, quinze, vingt, mais il savait qu'on ne survivait pas au-delà de quarante. Lorsque Truman avait commencé à frapper, il s'était résigné à mourir. Il avait d'abord ressenti une douleur insoutenable qui allait en empirant à mesure que le fouet entamait les chairs, puis une sorte d'engourdissement. Il s'était évanoui en espérant ne jamais reprendre connaissance, si c'était pour mourir de la gangrène à petit feu.

Mais alors que l'esprit d'Akwasi était en train de quitter son corps supplicié, il avait cru voir le visage d'un ange, le même qu'à son réveil. Le jeune homme fixa intensément son teint pâle, sa chevelure mordorée et ses yeux verts. Dans son état de semi-conscience, il se prit à croire à une apparition divine et sourit.

— Tiens, bois !

Une voix chaleureuse et encourageante s'adressa à lui. Akwasi avala une gorgée de la flasque que l'on tenait près de ses lèvres et sentit couler dans sa gorge un liquide très fort qui acheva de le réveiller. Il ne pouvait détacher ses yeux de la femme qui le soutenait. Celle que l'on appelait «Madame», l'épouse du maître tant haï, la femme qui fit chavirer son âme était la plus belle créature qu'il eût jamais vue.

— Cesse de me regarder comme si je t'avais ramené d'entre les morts, dit Nora avec un sourire amical mais distant. Et si quelqu'un mérite des remerciements, c'est Máanu. Allez, aide-moi à le redresser.

Lorsque Akwasi voulut à nouveau saisir la flasque de rhum, Nora lui tendit une cruche d'eau.

— Étanche d'abord ta soif. Je laisse le rhum près de toi, il atténuera la douleur. Et maintenant, nous allons…

Lorsque Nora et Máanu s'apprêtèrent à appliquer de la pommade sur ses plaies, le jeune homme les repoussa.

— Ça va, je peux me débrouiller.

Máanu protesta mais Akwasi, comme Simon avant lui, était trop fier pour accepter une quelconque aide. Le jeune esclave avait d'ailleurs une force de Titan et avait enduré son supplice sans se plaindre. Nora, qui se souvenait de ne l'avoir entendu crier qu'au vingt-cinquième coup de fouet, se dit qu'il se laisserait davantage aider par une femme plus âgée.

— Allons-y, Máanu. Quant à toi, Akwasi, reste allongé. Adwea viendra sans doute te voir tout à l'heure. Je te conseille tout de même de couvrir tes blessures pour ne pas attirer les mouches.

Nora chercha des chiffons, mais Máanu l'avait devancée. Elle baissa la tête lorsque Nora reconnut le tissu. La jeune fille avait déchiré l'une des jupes que Nora lui avait offertes pour confectionner des bandages de fortune.

— Madame pas fâchée ? murmura-t-elle.

Nora secoua la tête, touchée par l'amour que Máanu portait à Akwasi. Elle espérait de tout son cœur que ses sentiments étaient réciproques.

Akwasi, lui, oublia Máanu dès que les deux femmes eurent quitté la hutte. Ce qui l'aida à surmonter la douleur fut moins l'alcool que le rêve d'une étreinte avec Nora Fortnam.

10

— Truman n'a pas tort quand il dit que certains esclaves se mutilent volontairement.

Nora eut la chance de voir Elias au dîner avant que le contremaître pût lui donner sa version de l'incident survenu dans l'après-midi. Après avoir écouté sa femme sans l'interrompre ni perdre son calme, il ne put s'empêcher de lui faire la leçon mais sur un ton inhabituellement mesuré.

— Nora, ces gredins n'ont qu'une idée en tête, se soustraire au travail, et ne reculent devant rien pour nous duper. Les plus âgés s'entaillent les jambes à la machette, les plus jeunes ne pensent qu'à fuir et les femmes enceintes doivent être enchaînées, sinon elles se font avorter.

Elias se servit un verre de rhum.

— La correction qu'a décidée Truman était sans doute exagérée, mais c'est un homme d'expérience. Il ne s'en prend pas à des innocents, tu peux me croire !

Nora supportait difficilement d'entendre Elias s'exprimer ainsi. Des hommes se laissaient mourir de faim en mer, d'autres se mutilaient ou s'exposaient à des châtiments terribles pour avoir tenté de fuir, des femmes préféraient tuer leur bébé plutôt que de donner naissance à de futurs esclaves… Des actes désespérés qu'Elias vivait comme autant de spoliations ! Nora dut prendre sur elle pour rester calme. Si elle n'avait jamais aimé Elias Fortnam, elle avait au moins éprouvé du respect pour lui. À présent, il ne lui inspirait plus que du dégoût.

— Toby vit sur la plantation depuis des années et a toujours été loyal envers toi, protesta-t-elle. C'était un accident, Elias, personne n'est responsable.

— Qui a laissé traîner cette machette ? Pourquoi Toby n'a pas regardé où il mettait les pieds ? Rien que pour cela, il mérite d'être puni !

Nora prit une profonde inspiration.

— Ce n'est tout de même pas une raison pour l'envoyer aux champs avec une telle blessure. Elias, je me suis renseignée sur la valeur des esclaves.

Elle espéra qu'il n'allait pas lui demander auprès de qui, car c'était Máanu qui avait répondu à toutes ses questions sur le prix des domestiques et des travailleurs des champs.

— Un homme fort comme Toby vaut autant qu'un bon mulet. Tu n'enverrais pas un animal boiteux aux champs, quand bien même il se serait blessé en voulant sauter par-dessus une clôture.

— Ça, c'est la fille de négociant que j'ai épousée !

Il rit et caressa les cheveux de Nora. Il avait dû boire en ville avant de rentrer, ce n'était pas les quelques gorgées de vin et le verre de rhum bus au dîner qui le rendaient si loquace. D'habitude, il se retenait tout de même de vilipender ainsi les Noirs devant sa femme.

— Que proposes-tu, ma chérie ? Je sais que certains grands planteurs ont un médecin sur leur exploitation, mais cela coûte cher. Et puis il y a tellement de charlatans !

Nora prit son courage à deux mains.

— Ce que je te propose, c'est qu'à partir de demain, je m'occupe de tous ceux qui s'estiment trop mal en point pour travailler. Je saurai reconnaître les tire-au-flanc et soigner les vrais malades pour qu'ils guérissent au plus vite. Tu sais que j'ai beaucoup vu et beaucoup appris dans l'East End aux côtés du Dr Mason.

— Je sais, et tu as veillé ton bien-aimé alors qu'il était mourant.

— Donc tu connais ma détermination, répliqua Nora, blessée, en se levant de table. Maintenant, avec ta permission, j'aimerais me retirer. Je dois me lever tôt demain.

Nora espérait passer cette fin de soirée seule mais Elias la rejoignit peu de temps après dans sa chambre. Ce soir-là, pour la première fois, ses caresses lui donnèrent la nausée. Ce n'était pas son époux que Nora voyait au-dessus d'elle, mais les asticots qu'elle avait retirés de la plaie de Toby. Comme eux, les planteurs se nourrissaient de la chair de leurs esclaves.

Le lendemain, Elias la laissa partir sans mot dire au quartier des esclaves. En le voyant prendre la direction de Kingston, Nora supposa qu'il allait consulter d'autres planteurs au sujet des esclaves souffrants. En effet, Elias Fortnam se trouvait face à un dilemme. D'un côté, pour la bonne marche de son exploitation, il avait tout intérêt à limiter les pertes humaines dues aux mauvais traitements ; de l'autre, il refusait que l'image de son épouse, censée incarner la parfaite lady anglaise, fût entachée.

Le soir, il rentra à nouveau éméché mais de meilleure humeur. Les autres planteurs avaient dû approuver la démarche de Nora, plus fréquente dans les colonies américaines. La jeune femme poussa un soupir de soulagement. Même si elle était prête à faire la tournée des huttes en secret, l'assentiment d'Elias lui faciliterait indubitablement la tâche. Elle sourit aux anecdotes et aux potins de Kingston qu'il lui raconta. Après la récolte commencerait la saison des festivités, pour lesquelles les Fortnam avaient déjà reçu leurs premières invitations. Elias comptait toutes les accepter pour y montrer sa jeune épouse.

— Et réfléchis à une date pour le bal que nous allons donner, lui dit-il. À moins que nous ne commencions par quelques dîners ? Nous pourrions inviter nos voisins la semaine prochaine.

Nora acquiesça. L'organisation d'une petite réception de ce genre n'avait rien d'insurmontable, et ce n'était pas le personnel qui manquait.

Toby resta convalescent un certain temps, tout le contraire d'Akwasi dont les plaies cicatrisèrent étonnamment vite. À contrecœur, Nora renvoya le jeune homme dès le lendemain aux champs. Elle aurait voulu lui donner encore un jour de repos mais préférait éviter que Truman allât se plaindre auprès d'Elias, ce qui risquait de contrarier ses projets. Car au fond, le planteur et son contremaître n'en démordaient pas : un esclave capable de se mettre debout, c'était un esclave capable de tailler la canne à sucre.

Akwasi accepta la décision de Nora sans broncher. De son côté, Máanu avait changé depuis l'intervention de sa maîtresse en faveur de son ami. Elle fut même ravie que Nora lui demandât de l'accompagner au quartier des esclaves et de l'assister dans les soins, alors que Nellie, sa femme de chambre anglaise, aurait pris ses jambes à son cou. Máanu n'agissait pas uniquement par volonté d'aider les malades et les blessés ; elle aurait ainsi l'occasion de voir Akwasi plus souvent.

L'esclave semblait lui aussi rechercher la compagnie de sa maîtresse. Celle-ci remarqua très vite qu'il la suivait du regard lors de sa tournée matinale. Il proposait également de lui rendre quelques menus services, mais Nora partit du principe qu'il le faisait pour être avec Máanu.

Celle-ci lui était tellement reconnaissante d'avoir sauvé Akwasi que Nora s'en sentait presque gênée. Son empressement à la servir était diamétralement opposé à sa réserve des débuts, et la jeune fille se laissa même aller à une certaine familiarité. Nora en profita pour aborder l'épineux sujet des relations amoureuses entre esclaves.

— Bien sûr qu'il y a des mariages, répondit Máanu avec une certaine brusquerie. Chez nous aussi, un homme et une femme qui s'aiment veulent vivre ensemble, mais on doit les y autoriser.

— Parce qu'on peut leur refuser ce droit ? Il n'y a pas de cérémonies pour… pour unir deux personnes ?

Máanu haussa les épaules.

— Ça dépend. Certains planteurs laissent les esclaves organiser des cérémonies de mariage, d'autres non. Il y en a même qui offrent des cadeaux ou donnent une plus grande hutte. Après tout, un couple risque moins de s'enfuir.

— Et cette union est bénie par Dieu ?

À peine Nora eut-elle posé cette question qu'elle se mordit les lèvres. La religion était un sujet délicat qui lui avait déjà valu une dispute avec Elias. Celui-ci était d'accord pour qu'un révérend vînt évangéliser les esclaves mais refusait qu'ils fussent baptisés, sous prétexte que c'était leur reconnaître une âme.

— L'obeah peut bénir un homme et une femme à condition qu'ils lui donnent un poulet pour invoquer les esprits. Et les backras n'aiment pas toujours ça.

Nora fronça les sourcils. Ce n'était pas la première fois qu'elle entendait Máanu évoquer l'obeah et les esprits, sans entrer dans les détails. Peut-être se montrait-elle prudente, sachant que le backra n'approuvait pas. Nora se rappela les «rituels affreux» que Lady Wentworth avait mentionnés à Londres.

— Et... et c'est important pour vous ?

— Ça n'empêche pas de voir partir son mari ou ses enfants pour le marché aux esclaves, rétorqua Máanu.

— Mais ce ne devrait pas être possible de séparer des familles. Si vous étiez mariés selon la tradition chrétienne...

Máanu eut un rire amer.

— Le backra ne le permettrait pas, même s'il trouvait un révérend prêt à le faire. Il refuse déjà que nous soyons baptisés. Moi, ça m'est égal, mais Toby et Hardy sont persuadés de rater quelque chose. Ils disent que ça sauverait leur âme.

— Et toi, tu n'y crois pas ?

— Madame, prier ne sert à rien, maugréa Máanu. Un sortilège, c'est plus efficace, mais même ça, ça a un prix. Il faut d'abord voler un poulet et on peut le payer de sa vie, si le backra l'apprend. Peu de sorts en valent la peine !

Les discussions que Nora avait avec Máanu étaient rarement aussi sérieuses. Elles aimaient rire ensemble et se confier de petits secrets sans importance. Ainsi, par une matinée particulièrement chaude et suffocante, alors qu'elle rentrait trempée de sueur du quartier des esclaves, Nora demanda à Máanu si elle connaissait un endroit où se baigner.

— Madame veut... nager ?

— Non, pas vraiment, mais mettre la tête sous l'eau et me laver pour de vrai, pas juste avec un gant de toilette. Cela ne se fait pas en... en Afrique ?

Máanu rit.

— Je n'y ai jamais mis les pieds, rappela-t-elle à sa maîtresse. Mais oui, je connais un endroit. Il n'y a personne à cette heure-ci, je peux vous y accompagner.

— Avec plaisir ! Je meurs d'envie de me rafraîchir.

Non sans avoir jeté un regard dubitatif aux souliers de soie que portait Nora, Máanu emprunta un petit chemin qui s'enfonçait dans la jungle. Nora n'était pas très rassurée dans cette impressionnante végétation. Des oiseaux qu'elle ne connaissait pas poussaient des cris étranges à leur approche, des insectes bourdonnaient et des bruissements provenaient des buissons où se cachaient certainement des reptiles. Nora finit par retirer ses chaussures qui la gênaient pour marcher sur le chemin caillouteux.

— Vous allez vous abîmer les pieds, remarqua Máanu.

— J'emprunterai un peu de pommade à Adwea quand nous serons rentrées, et puis je vais bientôt pouvoir les tremper dans l'eau. C'est encore loin ?

Máanu secoua la tête et se baissa pour passer sous un arbre à lianes.

— Plus qu'une cinquantaine de pas.

Dans la pénombre, Nora vit que le chemin s'élargissait pour former une sorte de clairière. Au fond, un petit lac était alimenté par une cascade qui coulait depuis les Blue Mountains. En retirant sa robe, Máanu dévoila une poitrine ferme, des hanches joliment arrondies et des jambes élancées. Sa peau était elle aussi parfaite à l'exception d'une cicatrice de brûlure à l'épaule.

— Allez, madame, venez vous baigner. C'est vous qui me l'avez demandé, alors il faut vous lancer maintenant !

Máanu plongea dans le lac la tête la première, puis s'allongea sur le dos et se laissa flotter, le tout sous le regard interloqué de Nora. Après avoir ôté sa robe et ses sous-vêtements, Nora prit plaisir à sentir la caresse du vent et du soleil sur sa peau nue.

— Tout le monde sait nager, répondit Máanu. Du moins tous les Nègres !

Nora fronça les sourcils. Après avoir trempé prudemment un orteil dans l'eau délicieusement fraîche, elle retint son souffle et se laissa glisser lentement.

— Comment fais-tu pour ne pas couler ?

À sa grande honte, Nora ne put s'empêcher de penser aux sorcières dont on disait qu'elles étaient plus légères que l'eau. Heureusement, Máanu ne semblait pas connaître cette superstition. Elle la rejoignit à la nage et lui fit signe de s'allonger sur le dos. Nora s'exécuta, le cœur battant, tandis que sa domestique la soutenait.

— Tendez les bras et battez des pieds.

Dès que Máanu la lâcha, Nora cria mais ne coula pas. Elle se laissa ainsi dériver jusqu'à ce qu'elle n'eût plus pied. Máanu la ramena dans un endroit moins profond avant qu'elle ne paniquât.

— Et pour nager, madame, il faut imiter la grenouille. Vous ne risquez rien dans ce petit lac. Au pire, si vous coulez, vous n'avez qu'à donner un bon coup de pied au fond pour remonter. Allez-y, essayez. Ce n'est pas difficile !

En effet, Nora sut très vite se maintenir à la surface. Par la suite, les deux femmes prirent l'habitude d'aller se baigner après leur visite matinale au quartier des esclaves. Les premiers jours, Nora eut de nombreuses entailles aux pieds. Elle dut prendre garde à ne pas boiter quand elle descendait pour le dîner et qu'Elias l'attendait au pied de l'escalier. Mais quelques semaines plus tard, elle marchait sur le chemin caillouteux d'un pas presque aussi assuré que celui de son esclave et nageait comme un poisson.

— C'est merveilleux, dit-elle un jour à Máanu. Sais-tu si des gens se baignent dans la mer ?

MAGIE

Jamaïque
Noël 1732 – printemps 1733

1

Après avoir terminé son tour d'Europe, Douglas Fortnam décida d'abandonner ses études à Oxford. Le soleil de la Jamaïque, les plages et la mer bleu azur lui manquaient. Dès son arrivée à l'âge de dix ans au pensionnat de Banbury, il avait détesté l'Angleterre et son temps maussade été comme hiver. Et quelle n'avait pas été sa déception en découvrant la côte anglaise lors d'un séjour chez un camarade de Blackpool ! La mer telle qu'il la connaissait, c'était en Espagne, en Italie et en Grèce qu'il l'avait retrouvée, lors du voyage entrepris contre l'avis de son père. Doug avait travaillé dans des vignobles, dans des carrières de marbre et dans des moulins à huile. Après plusieurs mois passés au soleil, il ne supportait plus les paysages anglais, la pluie ininterrompue et le froid. Cela faisait maintenant quatorze ans que Doug avait quitté la Jamaïque, il était à bout de patience et en savait plus sur le droit maritime et commercial que nécessaire pour reprendre la plantation. Il en avait assez et voulait rentrer chez lui !

Il s'abstint toutefois d'en informer son père, qu'il savait capable d'affréter un bateau et de venir jusqu'en Angleterre pour le rappeler à l'ordre. Sans oublier sa jeune épouse, qui devait déjà s'ennuyer. Mieux valait les prendre au dépourvu. Pour éviter de demander de l'argent à son père, il se rendit à Liverpool et embarqua comme matelot à bord d'un trois-mâts. S'il dut dormir dans la vermine et nettoyer le pont à la brosse pendant plusieurs semaines, il ne se lassait pas de grimper jusqu'à la vigie pour admirer la vue. Il préférait d'ailleurs y passer la nuit à la belle étoile que dormir dans l'humidité de l'entrepont.

Le bateau accosta à Kingston le matin du 25 décembre 1732. Doug fut surpris par l'effervescence qui régnait sur les quais et le nombre de Noirs, arrivés par milliers lors de la dernière décennie. Il sentit son cœur s'accélérer en repensant à Akwasi et à la petite Máanu. Il reverrait la deuxième, mais concernant le premier, rien n'était moins sûr. À l'époque, son père avait tenu à faire un exemple du jeune garçon, qu'il avait certainement revendu depuis. Doug essaya de refouler le sentiment de culpabilité qui l'envahissait dès qu'il se remémorait la scène survenue quatorze années plus tôt.

Doug longea le débarcadère à la recherche d'un cheval à vendre mais ne vit que des navires négriers. Il se dit avec amertume qu'une chaise à porteurs était plus facile à trouver qu'un cheval, dont l'île avait toujours manqué. Il finit par trouver un petit étalon bai arrivé quelques jours plus tôt pour lequel il déboursa une coquette somme. Et encore, il dut insister pour avoir également la selle et le harnais. Comme le cheval venait d'Espagne, Doug le baptisa Amigo.

Sur le chemin de Spanish Town, il passa entre des plantations de tabac et de canne à sucre. Il s'étonna de voir les champs déserts, avant de se souvenir que c'était Noël, la seule journée de repos que les planteurs daignaient accorder à leurs esclaves. Doug voulut y voir un bon présage, et puis son père serait certainement de meilleure humeur en ce jour de fête.

Il n'était pas encore midi lorsqu'il franchit la barrière qui séparait la plantation des Hollister de celle des Fortnam. Il hésita toutefois à poursuivre, car s'il allait directement aux écuries, il devrait passer le reste de cette journée chaude et ensoleillée dans la maison pour se justifier auprès de son père – un moment qu'il redoutait – et rencontrer sa nouvelle belle-mère, qui était plus jeune que lui. Si Nora Reed avait consenti à ce mariage, c'était sans doute à la suite d'un arrangement entre Elias Fortnam et son père. La pauvre ne devait pas être bien dégourdie et saisirait la moindre occasion pour se plaindre du climat, du manque de mondanités, d'art et de culture...

Remettant à plus tard les retrouvailles avec son père, Doug décida d'aller voir la crique qui lui avait tant manqué. Il en avait rêvé pendant des nuits, se remémorant les heures passées avec Akwasi à jouer, à faire la course, à rire et à se bagarrer pour de faux dans le sable. Doug, tout sourire, s'engagea sur le petit chemin et atteignit la plage par l'est. Il eut alors l'impression de ne s'être absenté que quelques jours. Non, vraiment, un sable si blanc, une jungle si dense, une mer si bleue... Il n'avait rien vu de comparable en Europe ! Amigo dut sentir sa joie car il s'élança au galop sur le sable, avant de s'arrêter brusquement, oreilles dressées. Doug faillit être désarçonné et comprit la réaction de sa monture en voyant, attachée à un arbre de mangrove, une magnifique jument dont l'allure élancée n'était pas sans rappeler celle d'un cheval de course.

— Allons plutôt dans la forêt, mon vieux, chuchota-t-il à Amigo.

Doug se méfiait des marrons, même si ceux-ci n'étaient pas connus pour se déplacer à cheval. Ils menaient des actions extrêmement violentes, pillaient des fermes, tuaient les planteurs et repartaient aussi vite qu'ils étaient venus. Souvent, les travailleurs des champs en profitaient pour s'enfuir avec eux et bénéficier de leur protection. Les marrons s'aventuraient rarement aussi près de la mer, mais Doug préférait se montrer prudent.

Alors qu'il observait la jument, une forme bougea dans le sous-bois. Doug fut stupéfait de voir une femme sortir des broussailles, détendue, déterminée, confiante... et complètement nue ! Et ce n'était pas une Ashanti ni une Baoulé, mais une Blanche bien plus menue que les paysannes que Doug avait connues en Europe. Fasciné, il regarda la belle baigneuse nager sans crainte jusqu'au centre de la crique et se laisser flotter sur le dos, avec sa longue chevelure qui entourait son visage comme une auréole. Lorsqu'elle regagna le rivage, Doug distingua de grands yeux, des joues rosies, des lèvres pleines et des traits délicats. La jeune femme leva les bras et s'essora les cheveux avec un geste qu'il n'avait vu que chez les esclaves. C'était bien sûr inconvenant de sa part de l'épier ainsi, mais il ne pouvait détacher le regard de ses petits seins fermes, de sa taille menue et de ses hanches légèrement arrondies.

Alors que Doug se demandait qui pouvait bien être cette jeune femme, il entendit les sabots de la jument s'éloigner sur le petit chemin qui menait à la plantation des Fortnam, puis à celle des Hollister et à trois ou quatre autres propriétés situées au-delà. Doug comprenait qu'elle aimât se baigner ici, lui-même avait passé la moitié de son enfance sur cette plage à jouer avec Akwasi sans que personne ne vînt jamais les déranger. Peut-être qu'en remontant vers la maison, il réussirait à rattraper la belle inconnue et à engager la conversation.

Amigo, que la disparition de la jument avait déçu, sembla approuver cette idée et s'élança aussitôt.

Akwasi profita de son unique jour de repos pour s'adonner à son activité préférée : admirer Nora

Fortnam. Il savait qu'il était fou de convoiter une femme blanche, mais c'était plus fort que lui. Il avait beau se tuer à la tâche pour ne plus y penser, ou au contraire se répéter inlassablement qu'en tant que Blanche, elle ne méritait pas mieux que sa haine, il rêvait d'elle toutes les nuits et ne tenait pas une journée sans la voir. La croiser lors de sa tournée matinale au village suffisait à son bonheur. Depuis quelques semaines, enhardi par la présence de Máanu aux côtés de sa maîtresse, il osait même la saluer. Le contremaître l'avait rappelé à l'ordre la première fois, mais Nora avait apprécié. Sa gentille réponse avait porté Akwasi durant toute la longue journée passée à bouturer la canne à sucre. Contrairement à la taille, qui permettait au moins de s'abriter sous les feuilles des tiges, le travail de replantage se déroulait en plein soleil.

Le seul son de sa voix enivrait Akwasi, qui se prenait parfois à espérer que ses sentiments fussent réciproques. Nora ne pouvait pas aimer le backra, il était inconcevable qu'un être aussi angélique éprouvât quelque affection pour l'homme qui l'avait envoyé en enfer quatorze ans plus tôt.

C'était un cadeau bien particulier que les dieux réservaient au jeune homme en ce jour de Noël. Akwasi avait craint de ne pas voir Nora de la journée car les Fortnam recevaient le soir et Madame surveillait les préparatifs. Comme les esclaves des champs avaient quartier libre – les domestiques, eux, travaillaient –, sa tournée matinale des huttes n'avait pas eu lieu, Akwasi entra discrètement dans la cuisine de la maison pour espérer l'apercevoir. Au pire, il en profiterait pour chaparder une gourmandise destinée à la table du backra. En le voyant, Máanu, qui gâtait Akwasi dès qu'elle en avait l'occasion, posa un doigt sur ses lèvres, l'entraîna jusqu'au ruisseau et sortit des plis de sa jupe un morceau de pain d'épices.

— Tiens, régale-toi ! C'est une recette de Madame que ma mère a suivie. Une fois qu'on y a goûté, on ne peut plus s'arrêter.

— Hum… Où est Madame, au fait ?

— Elle s'accorde une heure de repos pendant que le backra prépare le vin, le rhum et les cigares pour ce soir. Elle a sellé son cheval et est partie seule, puisque les garçons d'écurie ont leur journée.

— Et où va-t-elle, dans ces cas-là ?

Akwasi se doutait de la réponse, car il avait entendu dire que la plage était son endroit préféré. Nora profitait certainement du temps qui lui restait avant l'arrivée des invités pour s'y rendre. Et Akwasi saurait enfin ce qu'elle y faisait !

Le jeune esclave prit donc la direction de la plage en veillant bien sûr à ne pas être vu. Heureusement, les contremaîtres patrouillaient davantage aux accès à la plantation que près de la mer. Et encore, en ce moment, ils relâchaient leur surveillance. À la saison des récoltes, les esclaves étaient trop épuisés pour échafauder des plans d'évasion.

En reconnaissant Aurora attachée à un arbre, Akwasi grimpa dans un palmier et vit sa maîtresse sortir de la forêt complètement nue, nager jusqu'au centre de la crique et se laisser flotter. Aucune des jeunes femmes qu'il avait parfois épiées lors de leur toilette n'avait éveillé en lui un désir aussi brûlant.

Lorsque Nora se dépêcha de rentrer à la plantation, Akwasi la suivit discrètement en soupirant à l'idée qu'il ne la verrait sans doute plus de la journée. Le lendemain, Nora devrait certainement s'occuper des invités restés pour la nuit et Máanu viendrait seule au quartier des esclaves. Elle l'agaçait quand elle entrait dans sa hutte pour lui apporter des friandises, car cela lui valait les moqueries et les blagues salaces des autres garçons avec qui il vivait. Dans ces cas-là, il lui arrivait même d'être impatient de partir au travail. Toutefois, il ne pouvait pas rejeter Máanu trop brutalement car elle lui servait de prétexte pour s'approcher de la maison sans éveiller les soupçons.

Akwasi marchait vers la plantation, perdu dans ses pensées, lorsqu'il entendit un bruit de sabots. Il se cacha aussitôt dans les buissons. Un contremaître avait-il procédé à un appel et constaté son absence ?

Doug Fortnam ne remarqua pas l'homme caché dans le sous-bois, pris entre la charmante vision de cette baigneuse et l'appréhension avant les retrouvailles avec son père. Amigo, lui, vit le Noir et fit un écart. À Kingston, Doug avait déjà remarqué que son petit cheval n'était pas habitué à voir des personnes de couleur.

— Tu peux te montrer, n'aie pas peur ! cria Doug en scrutant la forêt.

Akwasi sortit de sa cachette le plus calmement possible et dévisagea l'homme juché sur le petit cheval nerveux. De taille moyenne, il avait des cheveux blonds bouclés, un visage anguleux mais sympathique et un teint hâlé qui faisait ressortir de grands yeux bleus. Le fils du backra.

Doug, lui, reconnut Akwasi à la blessure qu'il avait sous l'œil gauche. Elle avait bien cicatrisé, mais Doug se souvenait encore du jour où il la lui avait infligée par accident, alors qu'ils jouaient avec des épées de bois. Lorsque celle de Doug lui avait glissé des mains, elle s'était brisée et un éclat était allé se ficher dans la joue d'Akwasi. Le jeune homme s'en était longtemps voulu.

— Ak… Akwasi ? murmura-t-il.

L'esclave impassible le regarda droit dans les yeux et s'inclina.

— Backra Douglas.

Doug mit pied à terre.

— Enfin, qu'est-ce que ça veut dire ? Tu n'es pas content de me revoir ? Mon Dieu, je ne m'attendais pas à te retrouver ici ! Je pensais que mon père… Akwasi !

Alors que Doug voulait le prendre dans ses bras, Akwasi recula d'un pas.

— Nègre très content revoir backra.

— Enfin, Akwasi, pourquoi parles-tu ainsi ? Ne me dis pas que tu as oublié tout ton anglais.

Akwasi s'inclina à nouveau sans quitter son ancien ami des yeux.

— Backra sait que Nègre trop bête pour parler avec lui.

— Mais cela n'a aucun sens !

Décontenancé, Doug essaya de détourner la conversation en espérant que cela apaiserait la tension.

— Ce que tu as grandi, tu me dépasses d'une demi-tête maintenant. Je ne pourrai plus te battre à la lutte !

— Nègres pas lutter avec backra.

— Akwasi, qu'attends-tu de moi ? demanda le jeune homme de plus en plus perplexe. Pourquoi es-tu en colère ? Je sais que je suis parti longtemps mais ce n'était pas par choix, tu peux me croire. Maintenant, je suis vraiment content de rentrer. C'est ici que je me sens le mieux. Et toi, tu…

— Alors bienvenue, backra.

Akwasi tourna les talons. Doug, en remarquant son dos strié de cicatrices et de blessures plus récentes, lui emboîta le pas, horrifié.

— C'est affreux ! Je… je ne savais pas…

Akwasi ricana.

— Si savait, backra quoi faire ? Chevaucher nuages jusqu'ici et frapper Truman avec épée comme esprit sur image ?

Doug se souvint de la gravure un peu naïve accrochée dans sa chambre d'enfant : un ange armé d'une épée de feu qui protégeait un petit garçon du mal. Un petit garçon blanc, naturellement…

— Exprime-toi correctement, Akwasi ! s'exclama-t-il, à bout.

Les deux hommes étaient presque arrivés à la plantation, on voyait déjà les huttes dans le soleil de l'après-midi.

— Moi plus rien dire, backra, affirma Akwasi. Nègre des champs pas droit parler à backra. Et backra ne peut s'abaisser à parler à Nègre.

Akwasi se trahit en prononçant cette dernière phrase presque sans fautes. Pour mettre fin à cette conversation, il fit mine d'entrer dans une hutte à l'écart. Doug était trop bouleversé pour insister, et puis il était de toute façon temps de se présenter devant Elias. Les retrouvailles entre père et fils pouvaient difficilement être pires que cette rencontre avec Akwasi.

2

Doug fut surpris par l'effervescence qui régnait dans les écuries. Alors qu'il s'attendait à ne voir qu'un palefrenier en ce jour de repos, tout le personnel portait la livrée, les box étaient impeccables et prêts à accueillir les chevaux des convives. Le maître d'écurie alla à la rencontre du nouveau venu, qu'il ne reconnut pas.

— Moi prendre cheval, backra. Vous sans doute vouloir rafraîchir, dit-il en toisant avec circonspection les vêtements fatigués de Doug. Georgie conduire maison pour vous changer.

Alors qu'il hélait un jeune garçon, Doug secoua la tête en souriant.

— Je vous trouve bien formel, Peter.

Celui-ci était déjà le maître d'écurie quand Doug et Akwasi venaient y jouer.

— J'ai failli ne pas te reconnaître avec ta perruque. Comment as-tu eu cette idée ?

En effet, quand Mr Fortnam recevait, l'esclave portait une perruque blanche digne d'un majordome anglais.

— Backra connaître moi ? demanda Peter, décontenancé.

Doug hocha la tête.

— Bien sûr, Peter ! Et toi, tu ne me reconnais pas ? Réfléchis ! Qui s'amusait à dérégler la selle du vieux Hollister pour qu'il se casse la figure ?

Peter dévisagea Doug et sourit.

— Backra Douglas…

Cette fois, l'accolade de Doug fut bien reçue. Le vieil homme lui rendit son geste avec maladresse mais sincérité.

— Moi ignorer votre retour ! Backra Elias rien dire.

Doug rit.

— Ce n'est donc pas pour moi que tu as sorti tes beaux habits ? Je suis déçu. À moins que vous ne soyez obligés d'être accoutrés ainsi depuis que mon père est revenu avec une dame anglaise.

Il jeta un regard amusé aux belles livrées bleues des palefreniers.

Peter secoua la tête.

— Oh non, Madame très bonne, Madame ange ! Mais aujourd'hui Noël, grande fête à la maison, beaucoup de backras et de dames, musique, danse… Tous bien habillés, même Nègres.

— Eh bien, fais attention à ne pas te salir, dit Doug en sortant. Tu veux bien t'occuper de mon cheval ? Il n'est pas méchant, juste un peu nerveux face aux personnes de couleur.

— Comme cheval de Madame. Mieux avec un peu d'avoine.

Doug se dirigea vers la maison tout en se demandant si le fait d'arriver en pleins préparatifs de Noël jouerait ou non en sa faveur. En tout cas, son père devrait patienter avant de le soumettre à la question, et après cette soirée, la moitié de la Jamaïque serait informée de son retour. Son père ne pourrait donc pas le renvoyer en Angleterre par le prochain bateau. Cette perspective donna un peu de courage à Doug. Arrivé devant la maison, il eut une dernière hésitation : devait-il entrer par la porte principale ou passer par la cuisine ? Il choisit finalement la première option. De toute façon, Mama Adwe devait être débordée, il la saluerait plus tard.

Un domestique en livrée l'introduisit dans le vestibule.

— Qui dois-je annoncer ? demanda-t-il en parcourant nerveusement la liste des invités.

Doug se dit qu'en réalité, l'homme ne savait pas lire et connaissait tous les convives de vue.

— À vrai dire, je n'ai pas été invité, répondit-il pour le sortir de ce mauvais pas. Mais veuillez informer le backra que son fils Douglas Fortnam est arrivé.

Elias arriva quelques minutes plus tard, manifestement incrédule.

— Douglas, je ne t'attendais pas du tout. Mais qu'est-ce que tu… ?

Doug s'efforça de garder le sourire.

— Ne sois pas si surpris, père. Nous étions convenus que je rentrerais après avoir terminé mes études de droit.

Le visage d'Elias s'illumina.

— C'est donc un avocat que j'ai devant moi ! Félicitations, mon garçon !

— Oui, on peut dire cela, répondit-il en suivant son père au fumoir.

Heureusement, aucun invité n'était encore arrivé. Elias saisit une carafe de rhum.

— Trinquons ! Mais que sous-entends-tu par là ?

Doug prit une grande gorgée, même si d'habitude il attendait le coucher du soleil pour boire.

— À mon retour, dit-il.

— Comme avocat diplômé d'Oxford !

Alors qu'il allait porter son verre à ses lèvres, Elias suspendit son geste en voyant la mine déconfite de Douglas.

— Tu es bien diplômé ?

— Disons que j'ai acquis de solides connaissances en droit maritime et commercial, répondit Doug en haussant les épaules. Tu pourras compter sur moi pour aider les planteurs de Jamaïque à négocier les contrats, et je défendrai au mieux les intérêts de Cascarilla Gardens.

Doug eut à peine le temps de s'asseoir et de boire une deuxième gorgée de rhum avant d'affronter le courroux de son père.

— Tu t'es défilé ? Tu n'as pas terminé tes études ?

Elias était écarlate et une veine battait sur son front.

— Je sais tout ce que j'ai besoin de savoir, se défendit Doug. Mais en effet, pour obtenir un diplôme en bonne et due forme, il aurait fallu que je reste encore deux ans à Oxford. Cela n'en valait pas la peine, père. Je voulais rentrer à la maison !

— « Rentrer à la maison » ? On croirait entendre un petit enfant ! Et comment peux-tu prétendre en savoir assez ?

— Je suis capable de diriger une plantation !

— N'importe qui en est capable avec de bons contremaîtres, maugréa Elias. Moi, j'avais dans l'idée de te confier un bureau de négoce à Londres, une succursale sur le continent, maintenant que nous avons des relations dans le beau monde ! Et puis le roi ne voudra pas avoir affaire à un étudiant raté, alors que si tu étais avocat… En abandonnant tes études, tu perds tout crédit !

— Le roi n'en a que pour les lords, de toute façon, répondit Doug.

Tandis qu'il se défendait, Doug comprit que son père n'avait pas prévu de l'accueillir en Jamaïque à la fin de ses études. Il avait des projets plus ambitieux, sans doute échafaudés avec le père de sa seconde épouse. Doug aurait dû résider à Londres et y représenter les intérêts des planteurs de canne à sucre.

Elias ne répondit pas, il était de toute façon trop tard pour mettre son fils aux fers et le renvoyer en

Angleterre par le prochain bateau. Et puis cela n'aurait servi à rien. Ce tour d'Europe dans des conditions précaires n'avait pas affaibli son fils, bien au contraire, il respirait la santé et pouvait aussi bien aller faire fortune ailleurs. En entendant deux calèches qui s'arrêtaient devant la porte, certainement celles de Lord Hollister et Christopher Keensley, un autre voisin, il décida d'en rester là pour l'instant.

— Très bien, Doug, monte dans ta chambre. Mon valet va t'aider à te préparer. J'espère que tu disposes d'habits convenables.

Doug hocha la tête, soulagé mais conscient que cette trêve n'était que provisoire. Qu'entendait son père par « se préparer » ? Devait-il se maquiller et se parfumer, à la mode française ? Peu lui importait, il s'en préoccuperait en temps voulu.

Nora, immobile, attendait que Máanu eût terminé de décorer sa chevelure tressée avec des fleurs d'oranger. La jeune fille avait beaucoup appris auprès de la bonne très éduquée mais hors de prix de Lady Hollister, et elle ne manquait pas d'occasions de s'entraîner. Elias n'avait pas exagéré en décrivant à Nora une vie mondaine animée en Jamaïque. Si la saison des récoltes était assez calme, les invitations pleuvaient le reste de l'année, entre pique-niques et bals somptueux. Les planteurs simulaient même des parties de chasse avec de jeunes Noirs dans le rôle des renards. Nora s'en était émue, même si les jeunes garçons semblaient prendre plaisir à courir le plus longtemps possible et à jouer à cache-cache avec les chiens. Les chasseurs, souvent alcoolisés, récompensaient les meilleurs coureurs par des friandises ou quelques pièces. Nora fut encore plus horrifiée lorsque Máanu lui révéla la vraie raison pour laquelle ces jeux étaient organisés.

— Le but est d'entraîner la meute à courir après les Nègres qui essayent de fuir.

Heureusement, Nora put se soustraire facilement à ces fausses parties de chasse car Elias, piètre cavalier, n'aimait pas particulièrement monter à cheval. De manière générale, les mondanités ennuyaient la jeune femme, qui avait de nombreuses connaissances mais pas de véritables amis parmi les planteurs. En effet, elle n'appréciait ni les hommes imbus d'eux-mêmes ni les femmes oisives qui se plaignaient pendant des heures du soleil, qui nuisait à leur teint de porcelaine, de leurs domestiques, qu'elles jugeaient paresseux et incapables sans même se donner la peine de les connaître, de la chaleur et du manque d'activités culturelles. Nora ne supportait pas non plus leur condescendance à propos des soins qu'elle prodiguait aux malades. «Je ne pourrais jamais, très chère. Cette chaleur, cette saleté… Et puis ces gens transpirent ! » Mais elle faisait bonne figure pour le bien des esclaves. Depuis plusieurs mois, des appels au secours lui parvenaient d'autres plantations, le plus souvent relayés par Máanu ou Adwea, mais elle ne pouvait pas intervenir sans l'autorisation du propriétaire.

Finalement Nora, forte de son expérience dans l'East End, réussit à convaincre Mrs Hollister et Keensley de lui envoyer directement les proches des esclaves souffrants même si, parfois, elle arrivait trop tard car ces dames n'avaient pas voulu être dérangées. Au fil du temps, elle développa une réelle aptitude à soigner les femmes qui souffraient de crampes et de saignements, le plus souvent à cause d'un avortement.

Ainsi, la remarque assassine d'Elias sur la fierté des femmes ashantis qui préféraient tuer leur bébé plutôt que de donner naissance à un futur esclave se vérifia. Sur les autres plantations aussi, les enfants étaient peu nombreux, et tout le monde savait vers qui se tourner en cas de grossesse non désirée. Nora n'envisagea pas une seconde de dénoncer ces faiseuses d'anges, bien qu'elle réprouvât leurs actions. Tout le monde avait à y perdre, les planteurs n'hésiteraient pas à les pendre et les femmes enceintes se tourneraient vers d'autres personnes moins expérimentées.

Nora écrivit au Dr Mason, confronté au même problème dans l'East End, pour lui demander des conseils de lecture aussi bien sur les maladies les plus courantes que sur les affections gynécologiques. Ensuite, Adwea l'aida à mettre au point des remèdes maison que Nora administrait aux femmes souffrantes pour en mesurer l'efficacité. À force de lectures et d'expériences, elle approfondit ses connaissances et constitua une réserve de traitements efficaces.

Chaque guérison emplissait Nora de bonheur et la reconnaissance qui lui était témoignée dans les différents quartiers d'esclaves lui allait droit au cœur. Cette activité d'aide-soignante lui conférait également plus de liberté, car les palefreniers ne la dénonçaient jamais à Elias quand elle partait seule à cheval, tout comme personne ne commentait ses escapades à la plage. Quant à Máanu, elle était presque devenue une amie au cours des derniers mois.

Les occupations de Nora ne se limitaient pas aux soins des esclaves. Désireuse d'en savoir encore davantage sur la faune et la flore de Jamaïque, elle lut l'intégralité des ouvrages de Sir Hans Sloane. Oui, elle aimait cette île, et plus le temps passait, moins elle éprouvait de chagrin en pensant à Simon. Elle ne l'oubliait pas, elle le sentait même parfois à ses côtés, comme si elle partageait avec lui tous les paysages merveilleux qu'elle voyait, les sons qu'elle entendait, les parfums qu'elle sentait sur l'île. Nora ne pleurait plus sur la plage, elle ouvrait ses sens à la mer, au sable et au soleil.

Quant à Elias, il ne troublait ni ses rêves ni son sommeil. Son intérêt pour sa jeune épouse avait nettement diminué, et six mois après le mariage, il ne venait presque plus la voir dans sa chambre, et seulement quand il avait bu. Quand ils passaient la nuit chez d'autres planteurs ou à Kingston et qu'ils devaient partager le même lit, Nora prétextait parfois une terrible migraine auprès de la maîtresse de maison pour se retirer plus tôt et se voir attribuer une chambre seule où Máanu pouvait veiller sur elle. Au bout de trois fois, Máanu comprit et apportait dorénavant sa propre natte, pour ne plus avoir à dormir à même le sol.

Elias ne semblait même pas chagriné par leur absence de descendance. Il n'avait pas menti à Thomas Reed lorsqu'il avait justifié cette union par des raisons sociales. Nora s'en arrangeait parfaitement, même s'il lui arrivait de se demander où Elias trouvait son bonheur dans cette vie. Enfin, l'essentiel à ses yeux était de ne constater aucune ressemblance entre son époux et les enfants qui vivaient sur la plantation.

— J'ai terminé !

Máanu tendit un miroir à Nora pour qu'elle pût admirer sa coiffure.

Nora approuva d'un signe de tête et se leva avec lassitude. Avant de lacer son corset, Máanu l'aida à passer de luxueux bas en dentelle. Nora ne put réprimer un soupir en pensant aux chaussures trop étroites qu'elle allait devoir supporter toute la soirée, alors qu'elle avait pris l'habitude de marcher pieds nus comme son esclave. Elle devait toutefois se montrer prudente car elle avait subi par deux fois déjà les remontrances de son mari, sans doute averti par les contremaîtres. Enfin, Máanu boutonna sa robe à arceaux que la dernière mode voulait ovales et rembourrés aux hanches. Nora soupira avec résignation, tout de même consciente de ce qu'elle devait à Elias et à la plantation, et observa son reflet dans le miroir. Si seulement elle avait quelqu'un pour qui fournir tous ces efforts! Comme elle devait porter son collier de perles, elle se sépara du bijou de Simon qu'elle glissa dans une petite pochette, facile à cacher parmi les plis de sa robe. Nora n'était pas heureuse, mais ce souvenir lui permettait au moins de se sentir un peu moins seule.

Doug tenta d'ignorer les complaintes du valet d'Elias, catastrophé par son accoutrement. En effet, il n'avait pas de veste de brocart et la dentelle de sa chemise faisait grise mine. Finalement, le valet rameuta plusieurs couturières qui reprirent un justaucorps, une veste et des hauts-de-chausses appartenant à son père. Doug, qui doutait de la solidité des points cousus à la va-vite, demanda à ce que les vêtements ne fussent pas trop moulants, et tant pis pour la mode.

Les retouches furent terminées juste à temps pour l'arrivée des derniers convives. Doug jeta un coup d'œil dans un miroir et fut presque gêné de se voir en damoiseau engoncé dans une veste vermillon.

— Tenez, backra, perruque, dit le valet.

C'en fut trop pour le jeune homme.

— J'ai une belle tignasse, Terry, pourquoi m'embarrasser de cette hideuse perruque? Et par cette chaleur, en plus? Contente-toi de coiffer mes cheveux en tresse, tu es certainement plus doué que moi. Et ne compte pas sur moi pour me poudrer le visage. C'est tout de même absurde de vouloir avoir un teint de cadavre.

Doug ne se laissa pas attendrir par la mine inquiète de Terry, qui craignait certainement les reproches de son maître, et rejoignit les invités réunis dans le grand salon, juste à temps pour l'arrivée des Fortnam.

Elias descendit le grand escalier en hauts-de-chausses blancs et en justaucorps de soie bleu clair, perruque parfaitement poudrée et tricorne sous le bras. Il était accompagné d'une femme qui se mouvait avec élégance malgré son encombrante toilette. Par-dessus des jupons vert clair, elle portait une robe blanche brodée de fleurs de différentes tailles. Les manches qui s'arrêtaient au coude étaient évasées, comme des ailes. Sa taille était très fine, le décolleté laissait deviner de petits seins fermes, quant à son visage... Doug eut le souffle coupé en reconnaissant la belle baigneuse. Sa chevelure mordorée était à présent tressée avec sophistication et parée de fleurs. Qui était vraiment cette créature ? La femme qu'il avait vue se baigner en toute simplicité ou celle qui descendait l'escalier dans une tenue somptueuse ?

Lorsque Nora Fortnam sourit à ses invités, Doug crut qu'il allait défaillir. Il devait à tout prix se ressaisir avant de rencontrer officiellement sa belle-mère, mais il était comme hypnotisé. Enfin, il comprit ce que ses camarades trouvaient aux femmes du monde, lui qui avait toujours préféré les jeunes paysannes qui déambulaient pieds nus.

— Nora, je t'ai parlé d'un invité un peu... inattendu, dit Elias en approchant avec un air pincé. Mon épouse, Nora. Nora, Douglas Fortnam, mon fils.

Nora sourit. Ses yeux d'un vert profond et soutenu rappelèrent à Doug les innombrables nuances de la jungle jamaïcaine. La chaleur qui en émanait ne pouvait être feinte.

— Je suppose que l'on vous appelle Doug. Bienvenue chez vous !

3

— Vous devez absolument me raconter votre voyage, dit Nora à Doug alors qu'ils se dirigeaient vers la salle à manger.

En apprenant le retour de son beau-fils, elle avait modifié le plan de table à la va-vite de façon à le placer entre elle et son époux. Elle s'était dit qu'avec la fatigue le jeune homme ne serait sans doute pas d'humeur à discuter avec des inconnus. Sans oublier que certaines dames lui parleraient sans doute de leur fille dans l'espoir d'un mariage.

— Vous avez visité l'Italie et l'Espagne, c'est bien cela ? Le littoral européen ressemble-t-il à celui que nous avons ici ? Je suppose que même si ce sont des pays chauds, la canne à sucre n'y pousse pas.

Doug, touché par l'intérêt que Nora lui témoignait, était à la fois apaisé par sa gentillesse et troublé par le contact délicat de sa main sur son bras.

— Dans l'Ancien Monde, rien ne ressemble à ce que nous connaissons ici. Cela dit, les pays méditerranéens ont aussi leur charme. Ce n'est pas de la canne à sucre qu'on y cultive, mais de la vigne. Je suppose que vous préférez le vin au rhum.

Après l'avoir aidée à s'asseoir, il tendit la main vers la carafe de vin qui se trouvait devant lui, mais Nora secoua presque imperceptiblement la tête. Doug comprit et attendit qu'un valet vînt les servir.

— J'ai perdu mes bonnes manières, s'excusa-t-il.

Nora sourit.

— Vous allez vite les retrouver, il est plus facile de s'habituer au confort que d'y renoncer. Moi aussi, à mon arrivée, je trouvais étrange que le moindre de mes gestes fût devancé. Mais je vous en prie, mangez. Vous devez avoir faim après ce long voyage.

Doug se servit dans le plat d'écrevisses que lui tendait un domestique et prit soin de ne pas engloutir la nourriture à la façon des marins. Cette entrée était délicieuse, la cuisine d'Adwea n'avait rien à envier à celle des chefs français et italiens.

— Je me souviens de la viande salée et du biscuit de mer que nous avons mangés durant la traversée, poursuivit Nora. Le cuisinier faisait de son mieux pour les accommoder.

Doug leva le nez de son assiette.

— Pour nous, il ne se donnait pas cette peine.

— Vraiment ? répondit Nora en fronçant les sourcils. Je crois que nous nous serions plaints. Après tout, nous avions payé la traversée !

Elle fit discrètement signe à un domestique d'approcher et de resservir Doug.

— J'avais embarqué comme matelot, précisa Doug avec un petit sourire. Je pouvais difficilement me plaindre.

Nora le regarda ébahie, comme une enfant qui n'avait pas entendu une histoire palpitante depuis longtemps.

— Ne seriez-vous pas en train de vous moquer de moi ?

— Je suis très sérieux ! L'argent que m'envoyait mon père tous les mois n'aurait jamais suffi à payer la traversée, et de toute façon, je me serais ennuyé à mourir comme simple passager. Là, au moins, j'avais de

quoi m'occuper. Mais ne le dites pas à mon père, il se
fâcherait.

— Lui-même a pourtant été marin pendant plusieurs années, s'étonna Nora. Enfin, passons. Peut-être
pourrez-vous enfin répondre à cette question qui me
taraude : comment dort-on dans un hamac ?

Doug s'était rarement autant amusé que lors de ce
banquet aux côtés de sa belle-mère. Ils ne prêtèrent
aucune attention à Elias, qui était de toute façon trop
occupé à converser avec son autre voisine de table,
Lady Keensley, une invitée réputée difficile.

Après le dîner, Elias et Nora ouvrirent le bal par
un menuet. Ensuite, Nora dansa avec quelques autres
messieurs – on manquait de dames dans les colonies.
Mais avec la chaleur, les invités se lassèrent rapidement et s'assirent, se contentant d'apprécier la
musique du petit orchestre en arrière-plan de leurs
causeries. Il n'échappa pas à Doug que les jeunes filles
présentes l'observaient à la dérobée. Mais, ce soir-
là, elles s'abstinrent de l'aborder, tout comme leurs
mères. La stupéfaction qu'avait provoquée son retour
soudain n'était pas encore passée. Lorsque du café,
du thé et du chocolat chaud furent servis à ces dames,
Doug eut l'eau à la bouche en humant les senteurs de
poivre et d'épices. Malheureusement, il ne pouvait
se joindre à elles, car sa place était au fumoir, où son
père et les autres messieurs s'étaient installés autour
de whiskys et de cigares. Doug préféra se contenter de
punch. Il était fatigué et l'alcool fort ne ferait qu'em-
pirer les choses. Il écouta distraitement les planteurs
qui parlaient affaires – leurs représentants à Londres
étaient parvenus à négocier les prix de la canne à sucre
à la hausse – puis tendit l'oreille lorsqu'il fut question
des marrons.

— Allons bon ! s'exclama Lord Hollister après avoir écouté le récit d'un planteur de l'intérieur des terres. Ce serait une femme qui organiserait toutes ces attaques ?

— Une Ashanti, souligna Elias, comme si cette précision suffisait à tout expliquer. Vous confirmez, n'est-ce pas ? Et on raconte qu'elle n'était pas la dernière à vivre du commerce d'esclaves en Afrique.

— Comme tous les Ashantis, répondit Keensley avec dédain. C'est, paraît-il, la tribu dominante de la Côte-de-l'Or. Toutefois, concernant cette reine Nanny, j'en doute. Elle et ses frères étaient jeunes à leur arrivée ici.

Doug, qui peinait à suivre la conversation, demanda des précisions sur cette femme dont ils parlaient.

— La reine Nanny, comme elle aime à se faire appeler, est la meneuse des marrons, expliqua le planteur de l'intérieur des terres. Petite pour une Ashanti, mais coriace. Elle et ses frères ont été capturés en Côte d'Ivoire puis vendus à un fermier d'ici, sur la côte nord. Ils y sont restés quelques années, puis ils ont fui après avoir tué trois contremaîtres. Un an plus tard, ils sont revenus massacrer toute la famille du planteur et brûler la ferme. Voilà ce que nous savons sur les Nègres marrons de Jamaïque. Les trois frères et la sœur – dont on dit qu'elle est la plus influente – ont fédéré les rebelles de l'île et les ont répartis en différents groupes sur leur territoire des Blue Mountains, où ils ont construit de véritables petits villages. Nanny a baptisé le sien Nanny Town et y vit avec son frère Quao. Celui qui a un nom bizarre…

— Accompong, intervint Keensley.

— … vit dans le sud-ouest de l'île, et Cudjoe, le pire des frères, à Saint James. C'est de là qu'ils organisent les expéditions punitives, les assassinats, les pillages. Nanny aurait également libéré huit cents esclaves des champs.

— Mais si on sait où ils vivent, pourquoi ne pas aller les affronter ? s'étonna Doug, plus par curiosité que par envie d'en découdre.

— Parce que c'est plus facile à dire qu'à faire, entre la jungle épaisse et les montagnes impénétrables, répondit le planteur du nord. Ces gens-là connaissent la région comme leur poche, et puis ils sont si rusés… Bien sûr, nous savons où se trouve Nanny Town : au-dessus de la Stony River, à flanc de montagne. On ne peut pas en approcher sans être vu, ce village est imprenable.

— Y a-t-il eu des tentatives ? demanda Doug.

Le planteur eut un rire mauvais.

— Et comment, mon garçon, après chaque attaque de plantation ! Mais sans succès pour l'instant. Ceux qui s'y sont risqués ont été tués dans des embuscades avant d'atteindre le village.

Doug, qui préférait la négociation à l'affrontement armé, redoutait l'escalade. D'ailleurs, les Blancs les plus raisonnables avaient toujours traité avec les marrons. Il était absurde de vouloir tous les tuer, une coexistence pacifique avait nettement plus de sens.

Une fois le banquet terminé, Doug se faufila dans la cuisine pour saluer Adwea, qui fondit en larmes comme si elle retrouvait un fils après une trop longue absence. Ensuite, elle entreprit de lui résumer tous les événements survenus au cours des quatorze dernières années. Doug apprit ainsi que sa fille Máanu travaillait désormais comme femme de chambre auprès de la nouvelle maîtresse de maison, ce dont Adwea n'était pas peu fière. Alors que les invités se retiraient pour la nuit et que Doug allait enfin se coucher, il croisa la jeune fille dans l'escalier principal. Elle voulut l'esquiver, mais il la retint par le bras.

— Máanu, ne t'en va pas comme ça ! Si tu ne veux pas me parler, laisse-moi au moins te regarder ! Tu… tu sais qui je suis, n'est-ce pas ?

— Bien sûr, Backra Doug, répondit Máanu en lui lançant un regard noir. Tout le monde ne parle que de votre retour. Et bien sûr que je vous parlerai, si c'est ce que vous souhaitez.

En la voyant s'incliner, Doug, perplexe, passa une main sur son front. La même attitude qu'Akwasi. Au moins, Máanu formulait des phrases complètes.

— Qu'est-ce qui vous prend, à la fin ? J'ai vu Akwasi, et il s'est conduit comme si…

— Vous vous attendiez à rentrer sous les hourras, après ce que vous avez fait ?

— Enfin, je n'ai rien fait, je…

— Justement ! Et maintenant, si vous voulez rendre service à Akwasi, laissez-le tranquille. Il a assez de problèmes comme ça.

— Mais pourquoi est-il resté ? demanda Doug, déconcerté. Je croyais que… Enfin, tout le monde croyait qu'il rejoindrait les marrons. Pourquoi ne s'est-il pas enfui ?

Il repensa au dos meurtri du jeune homme. L'enfant fier qu'il avait connu n'aurait jamais accepté cela.

— Sans doute pour ne pas prendre le risque qu'on lui coupe le pied, rétorqua Máanu. C'est la punition quand on essaye de fuir, Backra Douglas ! Mon Dieu, on dirait que vous n'avez pas grandi depuis qu'on vous a envoyé en Angleterre !

Máanu tourna les talons et faillit bousculer Nora, qui avait tout écouté depuis un petit palier. Mais elle se cacha à temps derrière une colonne, et Máanu dévala l'escalier sans la voir. La fête terminée, elle devait aller chercher de l'eau, aider sa maîtresse à se déshabiller et préparer son lit.

Nora était assise devant la coiffeuse lorsque Máanu revint pour lui brosser les cheveux et la libérer enfin de son corset. Elle hésita à lui parler de la conversation qu'elle avait surprise. Mais la tension était palpable et Nora préféra attendre, même si elle était curieuse. Máanu et Doug s'étaient disputés, mais ils avaient manifestement une certaine proximité – une proximité inhabituelle pour un maître et une esclave. Et leur dispute avait un lien avec Akwasi. Bien sûr, tous trois avaient grandi sous l'œil sévère mais bienveillant d'Adwea, qui avait été plus qu'une simple nourrice pour Doug. Quant à Akwasi, il parlait anglais aussi bien que Máanu – Nora se demandait depuis longtemps pourquoi le premier devait travailler aux champs alors que la seconde servait dans la maison. Souvent, les planteurs employaient les esclaves nés sur leur plantation, et qui parlaient donc mieux anglais que leurs parents, comme serviteurs ou palefreniers. C'étaient les hommes arrivés d'Afrique – et parfois les femmes – que l'on envoyait aux champs.

Mais l'attention de Nora fut détournée par un incident qui survint deux jours après Noël, alors que la plupart des invités étaient repartis. Comme Doug et Elias passaient la journée à Kingston, Nora en profita pour aller à la plage puis discuter des repas à venir avec Adwea. En soi, cela était superflu, Nora n'intervenait jamais dans le travail de sa cuisinière, mais Adwea appréciait son intérêt. Pendant qu'elle détaillait le menu du soir, Nora, qui regardait distraitement dehors, remarqua une petite orchidée dans un massif et fut immédiatement charmée par la délicatesse de la fleur.

— De la mauvaise herbe ! s'exclama Adwea, qui voulut sortir pour l'arracher.

Nora l'arrêta juste à temps.

— Non ! Si cette fleur te dérange, je vais la cueillir et la replanter dans mon jardin. Mais je dois d'abord savoir de quelle espèce il s'agit. Máanu, tu veux bien aller chercher le livre de Sloane que j'ai laissé dans le pavillon ?

Nora préférait ne pas s'éloigner, car Adwea était sans pitié avec les «mauvaises herbes» qui apparaissaient dans son jardin.

Máanu leva la tête de la marmite qu'elle remuait et la sortit du feu.

— Livre animaux ou livre histoire ?

Elle avait gardé l'habitude de parler mal anglais dès qu'elle n'était pas seule avec Nora.

— Celui sur la faune et la flore.

Une fois Máanu partie, Nora se souvint qu'elle était également sortie avec un ouvrage sur l'histoire de la Jamaïque ce jour-là. Elle se dit que Máanu rapporterait certainement les deux, car ils ne pesaient pas bien lourd. Or la jeune fille revint avec le bon livre.

— Nous avons de la chance, dit Nora en souriant. Ou peut-être as-tu lu le titre ?

Ce n'était qu'une boutade, elle pensait que le choix de Máanu était dû au hasard ou qu'elle avait feuilleté les deux livres et comparé les illustrations. Mais Nora eut à peine terminé sa phrase qu'Adwea bondit comme un diable de sa boîte pour s'interposer entre sa fille et sa maîtresse.

— Elle pas savoir lire. Elle Nègre, et Nègres bêtes. Toi regarder images, hein Kitty ?

Nora les regarda tour à tour, d'abord étonnée qu'Adwea appelât sa fille Kitty, ce qu'elle ne faisait jamais en l'absence d'Elias, puis stupéfaite de les voir ainsi apeurées.

— Moi comparer images, confirma la femme de chambre.

Nora était dubitative mais, devant l'affolement d'Adwea, elle préféra ne pas insister. Le soir venu, elle profita d'être seule avec sa femme de chambre pour essayer de tirer cette histoire au clair.

— Tiens, Máanu, lis-moi un passage. Et pas de dérobade !

Máanu baissa la tête.

— B… Ba… rrr… Je ne sais lire que quelques mots, madame, je vous le jure. Akwasi est bon, mais moi… Enfin, j'étais toute petite…

Nora fut effarée de voir la jeune fille trembler.

— Pitié, vous pas dénoncer à backra !

Nora n'avait pas vu Máanu aussi angoissée depuis le jour où elle l'avait suppliée d'intervenir en faveur d'Akwasi.

— Ce n'est pas grave, Máanu, répondit-elle d'une voix douce. D'accord, les planteurs refusent que vous appreniez à lire et à écrire pour éviter que vous communiquiez entre les différentes plantations, organisiez des révoltes et que sais-je encore. Mais cela n'a aucun sens !

Nora connaissait trop bien les conditions de vie dans les quartiers des esclaves pour partager les craintes d'Elias. Comment ces gens se seraient-ils procuré du papier et des plumes pour écrire ? Où auraient-ils trouvé le temps de rédiger des affiches et de les coller ? Et comment les Africains, qui ne parlaient quasiment pas un mot d'anglais, auraient-ils pu les déchiffrer ? Le bouche-à-oreille fonctionnait tout aussi bien.

Nora voyait tout à fait autre chose dans cette interdiction : permettre aux esclaves d'apprendre à lire et à écrire, c'était reconnaître leurs facultés intellectuelles. Comme tous les autres chrétiens, ils liraient la Bible et ne se contenteraient plus des extraits choisis par les maîtres pour justifier leur asservissement. Ils demanderaient à être baptisés et reconnus comme égaux aux Blancs, qui ne pourraient plus les traiter à peine mieux que des animaux.

— Vous ne me dénoncerez pas ? l'implora Máanu, toujours tremblante. Sinon, le backra m'enverra aux champs comme...

— Comme Akwasi ? Sois rassurée, Máanu, je n'en parlerai à personne à condition que tu m'expliques. Comment se fait-il qu'Akwasi et toi sachiez lire ? Et quel est le problème avec le jeune backra ? Je vous ai entendus vous disputer.

Máanu renifla et prit le temps de se ressaisir.

— Akwasi était toujours avec Backra Doug, même pendant ses cours avec le précepteur. Comme il les éventait et apportait des rafraîchissements, il assistait à toutes ses leçons, et quand j'ai grandi, ç'a été mon tour. Je les adorais tous les deux, je les suivais comme un petit chien. J'ai un peu appris aussi, mais pas autant qu'Akwasi. Il aidait même aux devoirs. Akwasi était bon en calcul, et Doug préférait l'écriture.

— Ils étaient très proches, n'est-ce pas ? demanda Nora.

Máanu acquiesça.

— Comme des frères. Et puis le backra a offert Akwasi à Doug pour ses dix ans.

— Il a quoi ?

— Il le lui a offert, madame. Akwasi était le Nègre de Doug.

— Mais... mais c'est odieux !

Nora se frotta les tempes. Comment pouvait-on offrir un enfant en cadeau d'anniversaire et faire de lui la propriété de son meilleur ami ?

— Ils n'y voyaient rien de mal, au contraire, souligna Máanu. Ils disaient qu'ils étaient frères pour de vrai et que rien ne pourrait les séparer.

— Il y a eu une dispute ?

— Non, mais ils ont été imprudents. Le backra a découvert qu'Akwasi savait lire et écrire.

Heureusement, je n'étais pas là. Mama Adwe me gardait avec elle dans la cuisine parce que j'étais malade, sinon le backra m'aurait punie aussi. Je ne sais pas exactement ce qui s'est passé, mais Doug a été envoyé peu de temps après en Angleterre. Et Akwasi... D'abord, on l'a enfermé toute une nuit dans le noir, sans rien à manger ni à boire, et on l'a frappé. Il criait, pleurait, suppliait Doug de l'aider...

Nora se mordit les lèvres.

— Et Doug n'est pas intervenu.

— Il a abandonné Akwasi, répondit Máanu avec mépris. Il l'a trahi.

4

Ces révélations de Máanu affectèrent les relations de Nora avec son beau-fils. À Noël, Doug lui avait paru fort sympathique, et grâce à lui, elle s'était amusée pour la première fois depuis longtemps. Mais dorénavant, elle préférait l'éviter quand il lui proposait des sorties à cheval ou qu'il cueillait des plantes rares pour les lui montrer. Dans un premier temps, Nora avait espéré se faire un allié de Doug, dont l'attitude vis-à-vis des esclaves noirs était diamétralement opposée à celle de son père, indépendamment de sa brouille avec Akwasi. Elle fut d'ailleurs témoin de plusieurs affrontements entre père et fils – le premier survenant le lendemain de Noël, alors que le planteur voulait renvoyer les esclaves aux champs.

— Un seul jour ? Tu ne leur donnes qu'un seul jour de repos alors qu'il s'agit de la fête la plus sainte du christianisme ? Ne t'étonne pas qu'ils s'intéressent davantage au culte obeah qu'aux sermons du révérend ! Sans parler des domestiques, qui n'ont eu aucun congé.

Elias, intraitable, expliqua qu'il fallait immédiatement procéder aux semis – comme si une plante qui mettait de toute façon deux ans pour arriver à maturité ne pouvait pas attendre un jour de plus.

Doug fulminait tandis que Nora était intriguée par son allusion au culte obeah, terme qu'elle entendait pour la première fois dans la bouche d'un Blanc. Elle n'avait toujours pas eu l'occasion d'approfondir ce sujet que les esclaves n'abordaient plus depuis qu'elle venait soigner les malades au village. Nora ne comprenait pas pourquoi l'occasion d'en savoir davantage ne s'était pas encore présentée. Elle préféra toutefois ne pas en parler à Doug, tout comme elle continua d'éviter avec lui la question délicate du statut des Noirs. Leurs conversations restaient donc très superficielles.

Nora fut très vite prise de remords en constatant les difficultés que le jeune homme rencontrait pour s'intégrer à la vie sur la plantation. Alors qu'il voulait à tout prix se rendre utile, Elias refusait de lui confier du travail sous prétexte que les prochaines tractations avec les négociants et les transporteurs n'auraient pas lieu avant un an, lors de la prochaine récolte. Pourtant, malgré sa longue absence, Doug disposait de connaissances encyclopédiques sur la culture de la canne à sucre et ses procédés de transformation. Restait simplement à les mettre en pratique.

De son côté, Elias ne semblait pas disposé à l'aider. Au contraire, il n'hésitait pas à ridiculiser son fils. « Trop feignant pour les études et trop bête pour la plantation ! disait-il. Bientôt, nous devrons acheter un siège au Parlement pour que tu te rendes un peu utile ! »

Même si Doug essayait de garder son calme, les inspections quotidiennes de la plantation auquel il tenait à assister tournaient rapidement à l'aigre. Un jour, lors d'une visite au pressoir, le jeune homme ne put s'empêcher d'intervenir en voyant son père réprimander deux jeunes esclaves. Leurs bœufs venaient d'arracher leur harnachement pour courir se réfugier dans la fraîcheur de l'étable.

— Les mouches mènent la vie infernale aux bêtes de trait, expliqua Doug. On peut les faire fuir avec une teinture d'eucalyptus, de vinaigre et de feuilles de thé bouillies, mais rien n'est plus efficace que de laisser les bêtes se reposer quand le soleil est au zénith.

Cette fois encore, Elias rabroua son fils en disant qu'il n'était pas question d'accorder une heure de pause à midi aux esclaves et aux animaux. Puis il ordonna aux deux garçons d'aller récupérer les bœufs et de les rattacher à la meule, non sans les punir de cinq coups de canne chacun.

Doug s'abstint de répondre à son père, dont l'ignorance ne cessait de l'étonner, et dut prendre sur lui pour ne pas s'en plaindre auprès de Nora, qu'il savait bienveillante à l'égard des Noirs. Il était de plus en plus admiratif de sa beauté, bien sûr, mais aussi de son enthousiasme et de ses efforts pour entretenir de bonnes relations avec les esclaves de la plantation. Il était également impressionné par ses connaissances médicales et ne se lassait pas de l'observer lors de ses tournées matinales auprès des malades. Doug devait toutefois se montrer prudent, car il surprit plus d'une fois les regards méchants de Máanu et d'Akwasi, qui essayait constamment de se rendre utile auprès des deux femmes ; peut-être croyaient-ils que les contremaîtres se servaient de lui comme espion.

Doug remarqua très vite que Nora se montrait froide envers Truman et McAllister, mais surtout envers son époux. Il ne cessait de s'interroger sur les raisons qui avaient poussé cette jeune femme belle et fortunée à épouser un planteur bien plus âgé et vivant en outre-mer. En tout cas, l'amour n'avait rien à voir là-dedans. Doug lisait du dégoût, voire de la haine, dans le regard de Nora quand son mari la forçait à assister à une punition décidée sur un coup de tête. Ensuite, les époux se disputaient car Nora insistait pour panser les plaies des esclaves châtiés. Elias se contenait devant les domestiques mais l'accablait de reproches au dîner. De son côté, Nora le laissait parler et continuait à agir comme bon lui semblait.

Doug regrettait qu'elle fût aussi distante avec lui, refusant toute conversation ou toute activité en commun, sans qu'il comprît pourquoi. Il jugea toutefois préférable de ne pas se montrer trop insistant. Une trop grande proximité entre eux ne ferait que compliquer la situation, et c'était ce dont il avait le moins besoin en ce moment.

De son côté, Nora était constamment sur ses gardes. Non seulement Elias sortait de ses gonds dès qu'on n'allait pas dans son sens, mais il semblait constamment chercher querelle avec son fils, qu'il considérait comme un raté. Nora se contentait donc d'approuver en silence les propositions que le jeune homme formulait parfois à table, comme le soir où il suggéra d'aménager des rigoles de bois pour acheminer le jus de sucre de canne directement à la distillerie, au lieu de le transporter dans des fûts très lourds.

— La construction prendra une semaine, tout au plus. Ensuite, nous gagnerons en rapidité et en main-d'œuvre…

— Je vois, il ne faudrait pas que tes chers Nègres se fatiguent, persifla Elias. Tu les couves, comme Nora avec ses malades. Au moins, elle se rend utile, les accidents sont beaucoup moins fréquents depuis qu'elle a décidé d'intervenir. Et au lieu de prendre exemple sur elle, tu…

Quand Elias partait dans l'une de ses diatribes, Nora baissait la tête et feignait de s'intéresser au contenu de son assiette. Elle ne supportait plus la tension grandissante, et surtout, elle s'en voulait de ne pas soutenir Doug, tout en étant consciente que cela n'aurait servi à rien. Au contraire, Elias aurait été encore plus en colère et l'aurait accusée d'être elle aussi du côté des esclaves. Elle continuait à justifier l'aide qu'elle leur apportait en s'appuyant sur des arguments de « fille de négociant » – pour reprendre l'expression mi-fière mi-ironique de son époux –, à savoir qu'un esclave bien traité vivait plus longtemps ; cela permettrait donc de réaliser des économies puisqu'il n'avait pas à être remplacé.

Malheureusement, Doug, moins diplomate, ne supportait pas l'obstination de son père. Le jeune homme avait pourtant une certaine éloquence, ses études de droit l'avaient préparé à la contradiction, mais Elias arrivait à le pousser à bout en quelques phrases.

Un jour, la situation dégénéra et les deux hommes se querellèrent en présence des contremaîtres car Elias, qui venait d'acheter deux nouveaux esclaves tout juste débarqués d'Afrique, se plaignait de leur lenteur et de leur maladresse.

— Comment voulez-vous qu'ils soient efficaces si personne ne leur explique en quoi consiste leur travail ? s'exclama Doug. Hier, Mr Truman, je vous ai vu les menacer de votre fouet en les traitant d'imbéciles une bonne vingtaine de fois.

— Tu n'as qu'à te retrousser les manches, petit prétentieux, puisque tu sais tout mieux que tout le monde ! rétorqua Elias. McNeil, donnez-lui un fouet et un groupe de Nègres. Demain, nous verrons bien où en seront les boutures !

Comme Doug ne descendit pas dîner ce soir-là, Elias en profita pour raconter la scène à Nora qui, pour la première fois, décida de donner son avis.

— Était-ce bien raisonnable, Elias ? Je croyais que la famille ne devait pas se disputer devant les contremaîtres. Enfin, tu le sais aussi bien que moi, la plupart sont des brutes qui profitent de la moindre petite faiblesse, y compris chez les backras.

Elias balaya sa remarque d'un revers de main.

— Doug avait besoin d'être remis à sa place. Quand les autres en auront assez de se moquer de lui…

— Ils ne le prendront plus jamais au sérieux.

Elias grogna.

— Le jour où il héritera de la plantation, il pourra les renvoyer et laisser les Nègres faire ce que bon leur semble. Mais aussi longtemps que cette exploitation m'appartiendra, il devra m'obéir.

Le lendemain matin, Doug entreprit de montrer lui-même comment procéder au bouturage, en expliquant, avec des mots simples, à quelle profondeur creuser et comment tasser la terre. Les nouveaux venus l'observèrent avec intérêt et comprirent enfin en quoi consistait leur travail. Seulement quelques approximations lui valurent les railleries des contremaîtres, et même quelques esclaves parmi les plus expérimentés ne purent s'empêcher de ricaner. Toby, qui travaillait depuis fort longtemps à la plantation, finit par voler au secours de son maître.

— Pas comme ça, backra, plus d'espace entre chaque plant.

Lorsque Doug se redressa vivement, Toby recula, effrayé.

— Merci beaucoup, Toby, dit-il avec un sourire forcé. Mais n'aurais-tu pas pu me le dire plus tôt, avant que je sois pris en défaut devant de nouveaux esclaves ? Bon, il est préférable que tu me relayes. Vérifie qu'ils ont le bon geste et montre-leur dix fois s'il le faut.

Doug tenta de faire bonne figure tandis que Toby donnait ses consignes avec enthousiasme. Le soir venu, les nouveaux esclaves étaient presque aussi rapides que les anciens.

Mais dès qu'il apprit la déconvenue de Doug, Elias Fortnam vit rouge et lui retira cette nouvelle tâche. Nora dut une nouvelle fois supporter sa colère en silence. Le lendemain après-midi, elle croisa son beau-fils dans le jardin. Alors qu'elle se contentait de le saluer d'un signe de tête, Doug lui emboîta le pas.

— Nora, voulez-vous bien me dire de quoi je me suis rendu coupable ? demanda-t-il, désemparé. Est-ce mon père qui est jaloux et qui vous a interdit de m'adresser la parole ? Je pensais vous tenir un peu compagnie, maintenant que je suis désœuvré…

— Il vous a vraiment congédié ? Je pensais qu'il se calmerait. Après tout, les résultats sont là. Le groupe que vous avez formé hier fait partie des plus rapides, m'a-t-on dit.

Doug haussa les épaules.

— Pour lui, ce n'est pas une question de résultat mais de discipline, et je pense qu'il a tort. Nos esclaves ne sont pas plus efficaces quand on les menace de les punir à coups de fouet. Au contraire, ils prennent peur et ne cherchent plus qu'à fuir.

Cette dernière phrase retint l'attention de Nora. C'était l'occasion ou jamais d'aborder un sujet qui la tourmentait depuis plusieurs nuits.

— Avez-vous des nouvelles des Hollister ? A-t-on retrouvé les fuyards ?

Deux jours plus tôt, un couple de Noirs s'était échappé de la plantation voisine. Nora connaissait la femme pour l'avoir soignée après une « fausse couche ». Ils avaient sans doute pris la fuite parce qu'elle était à nouveau enceinte.

— Pas encore, répondit Doug, mais ce n'est qu'une question de temps. Ils ont demandé à Keensley de leur prêter ses chiens pour retrouver leur trace.

Ils cherchaient également des hommes pour la traque. J'aurais pu me rendre utile, comme dirait mon père.

— Vous avez refusé ?

Doug hocha la tête.

— Bien sûr. Je ne rechigne pas à la tâche, mais là…

— J'aimerais tellement que nous n'ayons pas d'esclaves ! s'exclama Nora, les larmes aux yeux. Pourquoi ne pourrions-nous pas acheminer une main-d'œuvre européenne que nous payerions décemment ? Vous avez travaillé dans les vignobles, n'est-ce pas ?

Doug opina et l'accompagna jusqu'au pavillon.

— Ne vous tourmentez pas ainsi, Nora. Si nous nous tutoyions ? Nous sommes parents, après tout, et je pense que nous pourrions bien nous entendre. Alors cessons d'être aussi formels.

— Tutoiement, vouvoiement, peu importe. Nous ne devrions pas avoir d'esclaves, ce n'est pas chrétien !

— Aucun Européen ne viendrait travailler ici, soupira Doug. Cela a été tenté au début. Tu as peut-être entendu parler des Écossais et des Irlandais qu'on appâtait avec un lopin de terre.

Nora acquiesça et chercha un mouchoir. Elle entendait encore Simon lui parler de McArrow, tout nouveau Lord of Fennyloch.

— Mais ce système n'a pas convaincu, poursuivit Doug. La plupart des Blancs ne tenaient pas cinq ans dans les champs. Ils ne supportaient pas le climat et tombaient comme des mouches.

— Les Noirs ne vivent pas vieux non plus, objecta Nora.

— Tu as raison mais cela pourrait changer, par exemple en évitant de les faire travailler jusqu'à épuisement. Mais ils sont tout de même d'une autre constitution : ils sont forts, ils ont grandi sous les mêmes latitudes et leur peau craint moins le soleil…

— Raison de plus pour les payer ! Ils viendraient peut-être ici de leur plein gré.

Doug sourit.

— En Afrique aussi, l'esclavage existe. De nombreux peuples n'ont pas attendu les Blancs pour se livrer à la traite d'êtres humains. Ceux que nous voyons s'épuiser au travail ici n'étaient peut-être pas les derniers à rafler, vendre, exploiter. Ils s'accommoderaient peut-être de cette servitude si nous ne les privions pas de tous les plaisirs de la vie, mais mon père et ses amis en ont décidé ainsi : pas de mariage, pas de vie de famille, pas de repos, pas de fêtes, pas de religion... Les cérémonies obeah ont lieu la nuit, quand le backra dort. Comment s'étonner que les esclaves aient l'obsession de fuir ? Il pourrait en être tout autrement. Si les esclaves menaient une vie décente sur la plantation, ils seraient plus enclins à rester.

Nora en doutait, elle qui n'avait jamais cautionné le principe de l'esclavage. Doug en avait toutefois une vision plus humaine que son père.

— En quoi consiste le culte obeah ? demanda-t-elle.

— C'est l'équivalent du vaudou.

Nora fronça les sourcils. Le terme lui était familier, sans qu'elle en connût toutefois le sens précis.

— Les gens se réunissent pour invoquer les esprits, précisa Doug.

— Un peu comme des... messes noires ?

Doug rit.

— Si on veut. Cela dit, il me semble que la Sainte Trinité n'en est pas exclue. Les Africains sont polythéistes, ils prient de nombreux esprits et divinités. En tout cas, leurs rituels sont impressionnants.

— Y as-tu déjà assisté ? demanda Nora, partagée entre la crainte du blasphème et son intérêt pour l'invocation des esprits.

Le visage de Doug s'assombrit.

— Oui, quand j'étais petit, en cachette... Nora, accepterais-tu une promenade à cheval avec moi ? C'est un peu tard pour aujourd'hui, mais demain matin, après ta visite au quartier des esclaves ? Enfin, n'y vois aucune obligation. Je ne veux pas t'imposer ma présence...

Nora ne put que céder face à sa jeunesse et à sa soudaine vulnérabilité.

— Ce sera avec plaisir.

Elle devait oublier ses scrupules vis-à-vis de Máanu. Elle n'allait tout de même pas choisir ses fréquentations en fonction des inimitiés de sa servante.

5

Les deux jeunes gens passèrent beaucoup de temps ensemble au cours des semaines suivantes. Nora avait beau sentir la désapprobation de Máanu, elle appréciait la compagnie de Doug. Celui-ci, comme son père, était un bon conteur. Mais si Elias avait cherché à éveiller l'intérêt de Nora à son endroit par ses récits de la vie en Jamaïque, tout ce que Doug voulait, c'était la distraire. Il lui parlait aussi bien de ses hauts faits que de ses échecs d'étudiant, de ses voyages, des fêtes auxquelles il avait assisté.

— Le carnaval de Venise est somptueux, mais aussi un peu... décadent. Tout est permis grâce à l'anonymat du masque, qui réserve toutefois quelques surprises. Quand la jeune femme avec qui j'ai passé la dernière nuit a retiré le sien... Enfin, je n'entrerai pas dans les détails.

Nora rit. Peu lui importait que toutes les aventures que lui racontait Doug fussent vraies ou qu'il les inventât, elle ne se sentait jamais aussi détendue que lors des promenades à cheval avec son beau-fils. Contrairement à Elias et aux palefreniers qui s'accrochaient aux rênes quand ils accompagnaient Nora, Doug était bon cavalier. Il le prouva sur la plage le jour où les jeunes gens s'amusèrent à faire la course. Aurora battit évidemment son petit cheval espagnol à plate couture.

— C'était bien tenté, Amigo, dit-il en caressant son encolure. Mais il n'y a rien à faire, ces dames sont trop racées pour nous.

Il adressa un clin d'œil à Nora, qui baissa pudiquement la tête et ne s'autorisa pas à lui rendre son sourire. Depuis un certain temps, Doug se montrait charmeur avec elle, même en présence d'autres personnes. Nora profita d'un bal chez les Hollister pour lui reprocher sa trop grande familiarité.

— Les femmes ne sont pas les dernières à s'amuser au jeu de la séduction, objecta Doug en désignant des couples non mariés qui dansaient le menuet.

Il n'avait pas tort, les jeunes femmes ne laissaient rien au hasard pour séduire leur partenaire : sourires, clins d'œil, contacts appuyés, chevilles subtilement découvertes…

— J'ai même été un peu jaloux en voyant comment tu t'adressais au vieux Keensley.

— Enfin, quelle idée ! Les sourires, les causeries, les jeux de séduction font partie d'un rituel social. Mais demain, chacune des dames que tu vois dans cette salle se réveillera sur sa plantation pour affronter une nouvelle journée d'ennui. Notre situation est différente, tu vis sous mon toit et tu m'accompagnes dans mes promenades à cheval. Cela pourrait éveiller la suspicion de certaines personnes, et d'une en particulier !

Elle chercha Elias du regard, mais il s'était déjà retiré au fumoir en compagnie d'autres planteurs. Jusqu'à présent, il n'avait jamais commenté la proximité grandissante entre Nora et Doug. La façon dont les deux jeunes gens occupaient leurs journées semblait le laisser indifférent. Mais cela ne durerait pas si des rumeurs commençaient à circuler dans la bonne société de Kingston. Nora savait que son mari lui passait tout ou presque, du moment que sa réputation de femme vertueuse et de bonne maîtresse de maison n'était pas entachée, et elle ne voulait pas courir le risque de voir ses libertés restreintes.

Elle décida donc de continuer à ignorer les compliments et les bons mots de Doug. Bien sûr, elle appréciait le jeune homme, mais comment pourrait-elle aller plus loin ? Il n'avait rien en commun avec Simon, excepté peut-être un talent de conteur. Mais alors que Simon avait été capable de transporter Nora par de simples paroles, Doug ne faisait que la distraire. Et puis tomber amoureuse de Doug impliquait de devoir oublier Simon, et elle ne pouvait s'y résoudre. Au contraire, elle pensait encore plus à son bien-aimé en voyant le corps de Doug fièrement dressé sur Amigo ou le jeu de ses muscles quand il escaladait des rochers. Le soir venue, elle se remémorait la tendresse de Simon, ses baisers, ses caresses… Avant, Nora avait refoulé ces souvenirs par crainte de les souiller. Mais depuis que son mari avait montré son vrai visage, elle se laissait aller sans remords à la rêverie.

De son côté, Akwasi rêvait encore plus de Nora depuis le retour de Doug Fortnam. Face à leur proximité, il n'était pas tant jaloux que conforté dans l'idée que Nora n'aimait pas le backra. Si elle s'intéressait à Doug, pourquoi ne s'intéresserait-elle pas à lui aussi ? Exception faite de sa position sociale, Doug n'était en rien supérieur à Akwasi. Celui-ci avait encore en tête ses nombreuses victoires sur le fils du backra, à la course, à la lutte et même en mathématiques ! Il ne craignait pas de se mesurer à lui en quelque domaine que ce fût et ne voyait pas pourquoi Nora devait le lui préférer.

Le jeune esclave n'avait évidemment personne à qui se confier, mais il imaginait facilement ce que lui auraient dit Mama Adwe, Hardy ou Toby. Nora était blanche, il était noir, elle était l'épouse de son maître, il était un esclave… Mais s'agissant d'elle, Akwasi perdait tout sens commun, convaincu que l'amour surmonterait tous ces obstacles. Il désirait Nora de chaque fibre de son être et devait faire en sorte qu'elle le vît comme un homme fort qui saurait la protéger et l'aimer avec ardeur, tout le contraire du backra et de son corps flasque.

Pour l'instant, ce n'était pas le cas ; elle semblait le considérer comme un ami, se montrant aimable, sans plus, quand elle le saluait ou échangeait quelques mots avec lui. Akwasi voulait que cela change, mais tous ses efforts pour l'impressionner par sa force et son adresse restaient vains. Désespéré, il finit par se dire qu'il ne réussirait jamais à la conquérir sans intervention extérieure et décida d'implorer l'aide des esprits.

Akwasi trembla en pensant aux conséquences si les Blancs le surprenaient, mais Nora valait la peine de courir le risque. Une nuit, il sortit discrètement de sa hutte, se faufila jusqu'aux étables et ouvrit sans bruit la porte de l'enclos où les poulets dormaient sur des perchoirs. Le cœur battant, Akwasi s'empara d'un des volatiles et le fourra dans un sac. Restait à le garder caché en attendant de le présenter à l'homme obeah le lendemain soir.

Máanu rêvait d'Akwasi. Si elle l'avait toujours aimé, elle le désirait encore plus ardemment maintenant qu'une certaine distance s'était installée entre elle et sa maîtresse. Qu'attendait-il pour l'embrasser ou venir dormir dans sa hutte ? Ils se voyaient tous les jours et Akwasi recherchait sa compagnie, Máanu en était persuadée. Sinon pourquoi risquerait-il des coups de fouet en s'attardant le matin auprès d'elle et en aidant Madame à soigner les malades ? Pourquoi venait-il au potager quand Madame y discutait avec Adwea ? Pourquoi apportait-il à Máanu des fleurs et des herbes rares pour que Madame les identifiât et les fît sécher ? Máanu ne doutait pas une seconde qu'Akwasi cherchait ainsi à se rapprocher d'elle. Mais elle avait beau se montrer prête à davantage d'intimité, le jeune homme semblait ne pas remarquer son intérêt. Lasse de se sentir ainsi ignorée, Máanu en vint à se demander si Akwasi n'était pas possédé par un esprit qui affectait sa virilité ou l'aveuglait quand elle lui souriait et passait devant lui en roulant des hanches.

Mama Adwe n'écartait pas qu'il pût avoir été envoûté par une autre femme. La cuisinière n'était d'ailleurs pas enchantée que sa fille aimât un esclave des champs. Elle aurait préféré la voir épouser, avec la bénédiction du backra et de Madame, un palefrenier ou un domestique, dont la place était plus sûre. Et même si Elias Fortnam n'avait jamais autorisé deux de ses esclaves à se marier, sa femme saurait peut-être le convaincre d'offrir un banquet et une hutte aux jeunes époux. Adwea rêvait de ce genre d'union pour sa fille, mais avec Akwasi, c'était sans espoir. Elle avait beau aimer celui qu'elle avait recueilli enfant, elle craignait qu'il finît au mieux revendu, au pire fouetté à mort. À moins qu'il ne convainquît Máanu de s'enfuir avec lui, et là… Lorsque les deux esclaves des Hollister avaient été retrouvés une semaine après leur évasion, le lord avait tenu à en faire un exemple. Devant les esclaves rassemblés – Fortnam y avait même envoyé les siens, malgré les protestations de son fils et de sa femme –, l'homme avait été amputé d'un pied et la femme fouettée. Elle était morte quelques jours plus tard, ainsi que son enfant à naître.

La cuisinière éludait d'autant plus les questions de Máanu qu'elle soupçonnait Akwasi d'être tombé sous le charme de sa maîtresse.

— Une chose sûre, Máanu, lui pas t'aimer. Oublie. Beaucoup Nègres beaux et forts sur plantation.

Mais elle prêchait dans le désert, car c'était Akwasi et personne d'autre que Máanu voulait. La jeune fille pensait même qu'il suffirait d'un rien pour que la réciproque fût vraie, d'un sortilège de désenvoûtement si Akwasi en aimait effectivement une autre. Seulement elle devait pour cela se résoudre à ce qu'Adwea lui avait toujours présenté comme le pire des péchés. Pour la cuisinière, même si les backras avaient des choses à se reprocher, même s'ils maltraitaient leurs esclaves, rien ne pouvait justifier un vol. En cuisine, la cuisinière fermait seulement les yeux sur les menus larcins qui devaient servir à nourrir une famille affamée.

Aussi Máanu n'avait-elle pas la conscience tranquille lorsqu'une nuit, elle quitta en douce la hutte de sa mère, un sac à la main, et se faufila jusqu'au poulailler. Les bêtes s'approchèrent d'elle sans crainte car elle venait souvent les nourrir. Mais si elle était là cette nuit, c'était pour commettre un forfait irréparable.

6

Le lendemain soir, Máanu alla voir Kwadwo qui, comme souvent, était assis devant sa hutte, près d'un feu, et faisait fondre de la graisse de porc dans une marmite avec l'intention de préparer une pommade. Lui n'avait pas besoin de voler les plantes qui servaient à confectionner ses remèdes. Il en cultivait certaines et celles qu'il ne trouvait pas lors de ses cueillettes étaient mises à sa disposition par le backra, officiellement pour soigner les chevaux. En effet, les Blancs connaissaient le sorcier Kwadwo sous le nom de Peter, cocher et maître d'écurie.

En présence de ses semblables, Kwadwo insistait pour qu'on l'appelât par son prénom d'origine. Il avait été déporté très jeune de Côte d'Ivoire par des marchands d'esclaves blancs – des Noirs n'auraient jamais osé s'en prendre à un fils de sorcier. Bien sûr, à l'époque, Kwadwo était encore novice, son père avait tout juste commencé son initiation, tout comme son propre père de nombreuses années auparavant. La famille communiquait avec les esprits depuis des générations et Kwadwo, même captif, n'entendait pas renoncer à la tradition.

À son arrivée en Jamaïque, il rencontra rapidement un homme obeah qui lui transmit son savoir. Il était d'abord un peu perdu car les esprits de l'île portaient des noms différents de ceux que son père lui avait appris. Il imputa ces variations au fait que les esprits n'avaient pas pu ou pas voulu le suivre sur le vaisseau négrier qui l'avait arraché à sa terre natale. Il finit par s'en accommoder et, à la mort de son mentor, lui succéda sur la plantation Fortnam. Il prêtait une oreille attentive aux problèmes des autres esclaves, les conseillait et s'essayait à la médecine, même s'il avait plus de succès avec les chevaux. Kwadwo avait d'ailleurs été soulagé de voir Mrs Fortnam prendre la relève.

Si la communication avec les esprits l'intéressait bien plus que la préparation de potions et de pommades, l'homme obeah n'aimait pas organiser des rituels à la légère, au risque de les voir dégénérer. Il ne se priva pas de le rappeler à Máanu lorsqu'elle vint poser devant lui un sac contenant un poulet qui caquetait nerveusement.

— Les esprits doivent intervenir pour qu'Akwasi tombe amoureux de moi, annonça-t-elle sans détour.

— Ce n'est pas si simple, répondit Kwadwo. On ne peut rien forcer.

— Tu exiges qu'on vole un poulet mais tu ne donnes pas de garanties ?

Kwadwo haussa les épaules.

— En tout cas, j'accepte. Cela fait longtemps que nous ne nous sommes pas réunis pour invoquer les esprits, donc va pour le rituel. J'appellerai un duppy qui partage ton désir. Si tu arrives à organiser une entrevue avec ce jeune homme après la cérémonie, l'esprit prendra possession de son corps et le fera brûler d'amour pour une nuit.

— Une nuit, c'est tout ?

Máanu regrettait déjà d'avoir volé un poulet pour si peu. Une bouteille de rhum l'aurait certainement amenée au même résultat.

— Je veux qu'il m'aime pour toujours, de toute son âme.

Kwadwo secoua la tête.

— Je ne peux pas te le promettre, jeune fille, seulement demander à un esprit en mal d'amour d'entrer dans le corps de ton ami. Mais seuls les dieux savent si son âme s'enflammera d'elle-même pour toi après t'avoir connue.

Máanu soupira. Voilà qui n'était guère prometteur. D'un autre côté, si Akwasi pouvait l'aimer au moins une nuit, elle ferait tout son possible pour qu'il ne l'oubliât jamais. Máanu devait y arriver !

— Très bien, répondit-elle. Quand aura lieu la cérémonie ?

Kwadwo sourit.

— Samedi, car le backra sera pour deux jours à Kingston. Il va à une réunion de planteurs, donc Madame restera ici.

Kwadwo était souvent très au fait des projets de ses maîtres. Le maître d'écurie avait des oreilles partout, les nouvelles circulaient parmi les cochers et les palefreniers. Surtout, l'homme obeah parlait aussi bien anglais que Máanu et Akwasi. Personne ne savait où il avait appris, et ce secret lui valait le respect de nombreux esclaves. Máanu, elle, n'était pas dupe. Kwadwo avait été capturé enfant, il avait certainement grandi auprès d'un premier backra à une époque où les planteurs se montraient beaucoup moins sévères envers les Noirs encore peu nombreux. De plus, il écoutait attentivement le révérend quand celui-ci lisait la Bible tous les dimanches et faisait partie des rares à s'attarder après le service pour lui poser des questions. Máanu s'était longtemps demandé s'il fallait y voir une stratégie – personne n'aurait soupçonné Peter, si pieux le jour, d'organiser des rituels obeah la nuit – ou s'il s'intéressait vraiment au sujet. Un jour, Kwadwo finit par lui dire que toutes les spiritualités l'intéressaient.

— J'ai confiance en Madame, répondit Máanu. Elle ne nous espionne pas, et je doute qu'elle nous dénoncerait de toute façon. Mais le jeune backra…

— Il accompagnera son père. Tous deux ne manqueront pas de se disputer, mais le backra peut difficilement l'écarter sans que les autres planteurs s'interrogent. Cette réunion a certainement un lien avec les marrons. On dit que les Blancs veulent attaquer la reine Nanny. Ils cherchent à mobiliser tous les hommes disponibles.

Máanu sourit.

— Ils s'y casseront les dents. Très bien, à samedi. Je préviens les autres.

Peu de temps après le départ de Máanu, Akwasi vint à son tour s'entretenir avec l'homme obeah, alors que la plupart des esclaves avaient déjà regagné leurs huttes. Il avait préféré attendre la tombée de la nuit pour sortir le poulet de sa cachette. Heureusement, l'animal était encore en vie.

— Ô sorcier, j'aimerais que tu organises un rituel.

Kwadwo fronça les sourcils.

— À condition que tu te présentes avec un animal à sacrifier. Quel est ton souhait ?

— Je brûle d'amour pour une femme qui ne semble même pas me voir. Je voudrais qu'elle ouvre les yeux et qu'elle m'aime.

Kwadwo réprima un sourire et répéta peu ou prou ce qu'il avait dit à Máanu.

— Nul ne commande aux esprits, mais je peux invoquer un duppy ivre de désir. Si tu parviens à voir la jeune femme après la cérémonie, il entrera en possession de son corps et elle brûlera d'amour… pour une nuit au moins.

Akwasi hocha la tête.

— Très bien. Il suffira d'une fois pour qu'elle tombe amoureuse de moi, j'en suis certain !

Kwadwo sourit devant l'assurance du jeune esclave, qui ne risquait pas d'être déçu. Étrange toutefois que Máanu et lui eussent besoin des esprits pour se trouver.

— Disons samedi soir.

Akwasi acquiesça.

— Je préviens les autres.

7

Nora connaissait assez bien ses domestiques pour sentir qu'un événement inhabituel se préparait. Les filles de cuisine chuchotaient entre elles bien plus qu'à l'accoutumée et se taisaient dès que leur maîtresse approchait. Nora, qui n'interdisait à personne de chanter ou de discuter en travaillant, s'en étonna et chercha à en apprendre davantage auprès de Máanu. Il s'agissait peut-être de l'expédition punitive que les planteurs voulaient organiser contre les marrons.

— Ce sont ces esclaves libres qui vous inquiètent ainsi?

— Nous avons nos propres soucis, répondit évasivement Máanu en haussant les épaules. Pourquoi nous préoccuper de personnes qui vivent loin d'ici et avec qui nous n'avons aucun lien?

— Pourtant, ils se battent pour vous. J'ai entendu dire que cette reine Nanny libérait les esclaves.

Máanu eut un rire amer.

— Elle en aurait libéré huit cents mais ce n'est pas si extraordinaire, sachant qu'il y en a deux cent soixante-dix sur cette plantation et autant chez Hollister et chez Keensley…

Máanu avait raison. Ce chiffre était dérisoire, comparé aux nombreuses attaques que l'on imputait aux marrons.

— Comment l'expliques-tu?

— Les domestiques sont souvent tués en même temps que leurs maîtres. Quant aux esclaves des champs, ils hésitent à suivre les marrons car ils ont encore plus peur d'eux que des backras. Le temps qu'ils se décident à saisir leur chance, souvent, les marrons sont déjà loin. Ils peuvent toujours essayer de les rattraper, mais ils risquent d'être capturés avant.

Avec ce qu'elle venait d'apprendre sur les marrons, Nora oublia les messes basses dont bruissait la cuisine. Elle en parla à table le samedi matin, avant le départ de Doug et d'Elias, en espérant qu'ils seraient d'accord sur le sujet ou seraient au moins capables d'avoir une conversation raisonnable.

— Est-ce vrai qu'une sorte de milice est en train de se constituer pour lutter contre les Noirs libres ? Comptez-vous y participer ?

— Certainement pas, grommela Elias. Mes propres Nègres me donnent assez de fil à retordre pour que j'aille m'occuper des autres. En revanche, mon cher fils pourrait enfin se rendre utile.

— Je peux intervenir en tant qu'intermédiaire, répondit Doug. Les gens privilégient souvent la négociation, et en tant qu'avocat…

— « En tant qu'avocat… », grogna Elias.

— Je doute que les marrons demandent à voir mon diplôme. Ils seront certainement contents de rencontrer quelqu'un prêt à rédiger un accord qui satisfera toutes les parties.

Doug ajouta du sucre et du lait dans son thé, une boisson qu'il avait appris à apprécier grâce à Nora et qu'il trouvait apaisante.

— Un accord ! s'exclama Elias. Négocier avec des voleurs et des assassins ! Les planteurs du Nord ont raison, il faut traquer et éliminer cette racaille. Si seulement ce n'était pas aussi difficile… Enfin, Doug, sois un homme ! Tu sais te servir d'un fusil, j'imagine. À moins que tu n'aies pitié de ces Nègres…

Nora soupira. Si la tension était palpable, Elias semblait avoir trouvé une mission à confier à son fils. Elle peinait toutefois à s'en réjouir, car elle ne voulait pas voir Doug s'impliquer dans ce conflit et courir le risque d'être tué.

Nora le croisa plus tard aux écuries. Doug finissait de préparer quelques sacoches de selle, signe qu'il allait s'absenter un certain temps.

— Tu comptes vraiment partir avec les autres planteurs ?

— Oui et non, répondit Doug en sellant Amigo. Il est fort probable que les amis de mon père se contenteront de se soûler en rêvant de grandes victoires, mais je peux difficilement échapper à cette chevauchée dans les Blue Mountains sans passer pour un lâche. Au moins, je verrai des paysages magnifiques.

— Mais… Mais…

Si Nora ne put poursuivre, sa pâleur et ses yeux écarquillés en disaient déjà beaucoup. Doug sourit en la voyant ainsi devant lui, aussi magnifique que désemparée. S'il s'était écouté, il lui aurait proposé de l'accompagner. Nora avait d'ailleurs revêtu son amazone et venait de demander au maître d'écurie de seller sa jument, sans doute dans l'intention d'aller à la plage en l'absence d'Elias. Celui-ci était parti juste après le petit-déjeuner pour Kingston, où il avait quelques affaires à régler avant la réunion.

— Ne me dis pas que tu as peur, dit-il en souriant.

Nora se mordit les lèvres et joua nerveusement avec sa cravache.

— Bien sûr que non, je…

— Si, si, ne mens pas, renchérit Doug, taquin. Et puis quoi de plus naturel ? Après tout, tu es comme ma mère et…

— Cesse donc de dire des sottises ! s'écria Nora. Enfin, c'est tout de même dangereux…

— Pas tant que cela. Certes, nous irons dans les montagnes mais la probabilité que nous y tuions un marron est infime. Je serais déjà très étonné d'en voir même un seul. Ces gens connaissent les moindres recoins des Blue Mountains, contrairement à nous.

— Justement, ne risquez-vous pas de tomber dans un piège ?

Doug hocha la tête, touché de voir Nora s'inquiéter et abandonner enfin cette réserve qui l'amenait parfois à douter de sa virilité. Il n'avait jamais eu à courtiser une femme aussi longtemps. Cependant, le fait que Nora fût déjà mariée à son père constituait un obstacle de choix.

— Les marrons peuvent nous tendre une embuscade à tout moment, mais ils n'en feront rien. Ce serait fort malhabile.

Doug rit.

— «Malhabile» ? Cela s'appelle de la stratégie, chère belle-mère. Écoute, Nora, mon père et les autres planteurs décrivent les marrons comme des sauvages sanguinaires, mais en prenant un peu de recul, on voit que leur but n'est pas de massacrer des Blancs et de libérer des esclaves. Certes, ils attaquent des exploitations, certes, ils tuent des planteurs – leur haine à l'encontre des Blancs n'est plus à démontrer. Mais ce qui les intéresse surtout, c'est de piller les maisons et de faire main basse sur le bétail.

— Ce qu'on peut difficilement cautionner, murmura Nora.

— La reine Nanny te répondrait qu'ils n'ont tout simplement pas d'autre choix. D'après ce qu'on dit, les marrons vivent en autarcie, cultivent des champs et aimeraient vendre leurs récoltes. L'argent leur servirait à acheter des outils, du bétail, des vêtements... Mais cela leur est impossible. S'ils descendaient en ville pour vendre leurs marchandises, on les emprisonnerait, on les vendrait comme esclaves ou même on les lyncherait. Donc ils attaquent et pillent pour obtenir ce dont ils ont besoin pour vivre. On ne peut pas nier que certains anciens esclaves ont soif de vengeance, mais la plupart des marrons aimeraient autant vivre du fruit de leur travail. Ce sont des paysans, Nora, pas des guerriers. Et pour les commerçants de la ville, l'argent n'a pas d'odeur. Parmi eux, il y a même de vrais escrocs qui trafiquent avec les marrons. C'est ainsi que réapparaissent certains bijoux et objets de valeur volés sur les plantations.

— Penses-tu, comme tu l'as dit à table ce matin, que les marrons seraient prêts à négocier ? demanda Nora.

— Des négociations avec eux ont déjà été tentées, parfois avec succès. Par exemple, pendant longtemps, ils ont livré les fuyards aux autorités, au lieu de les accepter dans leurs villages.

Nora comprit pourquoi Máanu et les autres esclaves ne tenaient pas forcément les marrons en très haute estime.

— La situation a évolué depuis que Nanny et ses frères ont pris le contrôle des montagnes, nuança Doug. Personne n'a encore traité avec eux. Il faut dire que leurs premières attaques étaient particulièrement sanglantes et qu'ils cherchaient surtout à grossir leurs rangs. Mais cela ne veut pas dire qu'il n'y aura jamais d'accord de paix. En tout cas, je ne pense pas que Cudjoe et Accompong y soient fondamentalement opposés. Crois-moi, Nora, je ne risque pas grand-chose à part rentrer bredouille après une longue errance dans les montagnes. Mais peut-être ai-je tout de même droit à un... à un baiser d'adieu, au cas où. Si je meurs, ce sera en pensant à la douceur de tes lèvres sur les miennes.

Avant que Nora eût le temps de reculer, Doug l'attira vers lui et l'embrassa. Puis il sauta en selle, tout sourire.

— Nous nous reverrons. D'ici là, pense à moi !

Nora fut soulagée que Peter la laissât partir sans accompagnateur. L'homme ne semblait pas tout entier à sa tâche ce matin-là, et Nora dut ajuster elle-même la bride d'Aurora. Cela aurait mérité une remarque, mais elle était trop bouleversée pour penser à autre chose qu'au baiser de Doug, à ses lèvres fermes mais tendres, à son sourire au moment de partir. Qu'en penser ? À quoi jouait le jeune homme ?

Nora galopa jusqu'à la plage, s'assura comme d'habitude qu'elle était déserte et plongea dans les vagues, en espérant que l'eau la purifierait de l'étrange sentiment qui l'habitait depuis ce baiser. Seulement elle ne pouvait s'empêcher de repenser à sa dernière promenade avec Doug, sur cette même plage. Tous deux avaient fait la course puis, alors que Nora sortait de quoi pique-niquer, Doug avait sans aucune pudeur retiré ses bottes et sa veste pour se baigner en chausses. En se jetant dans les vagues, il avait poussé un cri guerrier tel un pirate partant à l'abordage. Nora avait éclaté de rire, tout en l'enviant un peu. La bienséance interdisait à une dame d'ôter ne fût-ce que ses bas en présence d'un homme. Elle s'était alors perdue dans la contemplation de ses muscles affûtés, de son corps-à-corps avec les vagues, particulièrement fortes ce jour-là… Oui, elle avait aimé le regarder.

Nora, qui était arrivée bouleversée à la plage, en repartit avec le cœur qui battait encore plus fort. Elle se sentait à la fois plus jeune, plus vivante, plus ouverte au monde, mais aussi coupable, comme si elle trahissait Simon.

8

À son retour, Nora trouva qu'il régnait une atmosphère particulièrement étrange dans la maison. Les domestiques étaient nerveux, distraits et cessaient de parler dès qu'elle entrait dans la pièce. Bien décidée à en avoir le cœur net, Nora donna son après-midi à Máanu, s'installa sur la terrasse qui surplombait le jardin potager et tendit l'oreille. Très vite, les filles de cuisine multiplièrent les allusions.

— Vous savoir qui apporter poulet ?

— Sais pas, peut-être Jimmy jeter sort pour m'épouser !

Nora fronça les sourcils. Les domestiques entendaient-ils profiter de l'absence d'Elias et Doug pour procéder à l'un de ces rituels obeah dont Máanu lui avait parlé ? Nora ne parvint pas à saisir le lieu de rendez-vous, mais elle n'aurait qu'à prétendre se coucher tôt pour ensuite se rhabiller et se faufiler discrètement jusqu'au quartier des esclaves. Elle doutait toutefois que la cérémonie, qui comprenait certainement des chants et des prières, se tînt sur la petite place. Les contremaîtres dormaient non loin de là et risquaient de surprendre les esclaves en plein rituel.

Nora passa la fin de l'après-midi et le début de la soirée entre excitation et nervosité. Il ne semblait pas en aller autrement pour Máanu, qui la peigna si maladroitement que Nora faillit la rappeler à l'ordre. Elle préféra toutefois s'abstenir pour ne pas froisser le jeune fille, dont l'aide pouvait se révéler précieuse au cours de la nuit.

Lorsque Máanu se fut enfin retirée, Nora attendit quelques minutes, le temps de la laisser regagner sa hutte, puis bondit hors de son lit. Elle passa une robe vert foncé, sans corset pour ne pas être gênée dans ses mouvements, puis prit une étole, la plus sombre qu'elle trouva, afin de couvrir sa chevelure qui risquait d'être vue au clair de lune. Elle décida de sortir pieds nus, les chaussons de soie qu'elle portait le soir s'abîmeraient si elle allait dans la jungle. Quant à ses bottes d'équitation, elles étaient trop lourdes et trop bruyantes.

Après avoir traversé la cuisine, Nora s'arrêta quelques secondes dans le jardin potager pour respirer les senteurs entêtantes de thym, de romarin et de basilic, où se mêlaient des effluves plus discrets de rose et d'orchidée. Puis elle prit la direction du village des esclaves en se repérant grâce à la lune, qu'elle devinait par-delà la mangrove et les palmiers.

Malgré les bruissements dans les sous-bois et les chants des oiseaux de nuit qui peuplaient la forêt, Nora n'avait pas peur, au contraire, elle trouvait cette aventure palpitante. En découvrant le village des esclaves désert, presque fantomatique dans la lumière du clair de lune, elle frémit toutefois à l'idée de vivre au quotidien sans chandelles ni lampes à huile.

Après une longue attente en lisière de forêt, Nora commençait à se dire que tout le monde était déjà parti lorsqu'une porte s'ouvrit. À ce signal, les esclaves de la plantation sortirent en silence et empruntèrent le chemin qui menait aux champs de canne à sucre. Dans un groupe, Nora reconnut Adwea, Máanu et la petite Mansah. Elle finit par emboîter le pas à Toby et Hardy, qu'elle s'étonnait de voir participer à un rite païen, car les deux hommes passaient, avec Peter, pour les esclaves les plus chrétiens.

Nora craignait de perdre les esclaves de vue s'ils s'engageaient dans les sentiers entre les champs de canne tous semblables, mais ils montèrent jusqu'aux bâtiments d'exploitation qui abritaient la sucrerie et la distillerie On y trouvait également les étables des bœufs et des mulets que jouxtait une grange où était entreposé le fourrage. Nora se souvint que la veille, Elias avait reproché à Peter de ne pas s'être réapprovisionné en foin. En réalité, le maître d'écurie avait laissé la grange se vider pour y organiser le rituel et ne manquerait certainement de la remplir dès le lendemain.

Nora trouva que le lieu était parfaitement indiqué, y compris pour ses propres desseins. Elle se faufila dans l'étable et se cacha dans un renfoncement où deux mules mangeaient à leur râtelier. De là, elle ne voyait rien mais entendait les esclaves qui parlaient dans la grange. Alors qu'ils avaient jusqu'à présent gardé le silence, ils se sentaient davantage en sécurité et discutaient nerveusement. Cette escapade était potentiellement très dangereuse pour eux. Bien sûr, le backra n'allait pas les fouetter ni les revendre tous s'ils étaient pris sur le fait, mais ils devaient s'attendre à des représailles. Quant à l'homme obeah, il serait certainement expulsé de la plantation.

Nora patienta jusqu'à ce que le calme revînt, signe que la cérémonie allait commencer, et décida d'entrer par une petite porte qui communiquait entre l'étable et le fond de la grange. Alors qu'elle tentait d'actionner discrètement la poignée, la porte s'ouvrit sur Adwea, qui s'attendait à trouver un retardataire et certainement pas la maîtresse de maison ! Celle-ci interrompit la cuisinière dès qu'elle commença à l'implorer.

— Chut, surtout ne dis rien. Je ne veux pas vous dénoncer, juste assister au rituel !

Adwea fronça les sourcils, puis un large sourire illumina son visage.

— Madame curieuse ? demanda-t-elle avec une pointe de taquinerie.

Nora lui adressa un clin d'œil.

— Terriblement curieuse ! Je ne vous dérangerai pas. Fais-moi juste une petite place et personne ne me verra.

— Esprits voir vous !

Nora haussa les sourcils.

— Ils ne vont pas s'en prendre à moi, n'est-ce pas ?

Adwea secoua la tête.

— Non, Kwadwo appeler esprits gentils.

Nora s'enveloppa dans son étole et s'assit près de la cuisinière non sans se demander pourquoi celle-ci, pourtant haut placée dans la hiérarchie des esclaves, était reléguée tout au fond. Máanu et Mansah avaient pris place au premier rang et formaient un cercle avec d'autres esclaves autour d'un espace vide. Máanu ne quittait pas Akwasi des yeux.

Les yeux de Nora s'habituèrent rapidement à l'obscurité. Une fois les derniers retardataires installés, deux esclaves munis de torches fermèrent la porte de la grange puis entonnèrent une mélopée en langue africaine. Ils furent bientôt imités par le reste de l'assemblée.

— Que signifient les paroles ? demanda discrètement Nora à Adwea.

Celle-ci haussa les épaules.

— Personne savoir, langue des esprits.

Alors que le chant, maintenant accompagné de percussions, gagnait en intensité, un homme grand, massif et vêtu d'un simple pagne se mit debout au centre de la grange et se lança dans des incantations. Nora fut stupéfiée de reconnaître en l'homme obeah Peter, le brave maître d'écurie qui buvait les paroles du révérend tous les dimanches.

— C'est Kwadwo, lui dit Adwea.

— Est-ce son vrai nom ?

La cuisinière hocha la tête.

— Lui grand sorcier. Fils de guérisseur.

Nora le vit alimenter le feu et y placer un chaudron où il versa le contenu clair d'une calebasse. Elle reconnut l'odeur du rhum alors que des tonnelets et des pichets circulaient dans l'assistance. Lorsque son tour vint, Nora hésita. En Angleterre, elle n'aurait jamais osé boire en compagnie de ses domestiques.

— Rapprocher vous d'esprits, expliqua Adwea.

Nora but finalement une grande gorgée. Peut-être fallait-il y voir tout simplement l'équivalent du partage du pain et du vin dans le christianisme. Et puis, après tout, maîtres et esclaves priaient ensemble le dimanche.

Les esclaves se balançaient en rythme, comme habités par les percussions que Nora trouvait étourdissantes, et quelques jeunes gens dansaient au premier rang. Soudain, les psalmodies qui allaient crescendo furent recouvertes par les cris de Kwadwo. Celui-ci sortit un poulet d'un sac, le jeta en l'air et le décapita d'un coup de machette. Un jet de sang macula les esclaves assis tout près, tandis que le corps de l'animal bougeait encore. Nora s'attendit presque à le voir courir. Puis Máanu s'en saisit et le saigna au-dessus du chaudron.

Lorsque le sorcier y ajouta des herbes, l'odeur nauséabonde qui emplit la grange sembla exciter les esclaves qui se mirent à chanter, crier et danser de plus belle. Adwea tendit une nouvelle fois le pichet à Nora. Alors que celle-ci n'avait jamais autant bu de sa vie, elle ne se sentait pas grise, au contraire, tous ses sens étaient en éveil. Constatant qu'Akwasi procédait au même rituel que Máanu, elle se demanda si elle n'était pas en train d'assister à une cérémonie de mariage. Máanu avait-elle enfin déclaré sa flamme à Akwasi ? Ce sacrifice sanglant scellait-il leur union ? La jeune femme de chambre semblait toutefois saisie de voir Akwasi prendre une part aussi active au rituel.

Pendant qu'Adwea tendait une nouvelle fois le pichet de rhum à Nora, le sorcier retira le chaudron du feu, trempa des rameaux dans le sang et aspergea les fidèles. Certains s'effondrèrent, pris de convulsions.

— Esprits les posséder, expliqua Adwea.

La cuisinière assistait à ce spectacle avec détachement, au contraire de Nora, effarée de voir certains de ses domestiques se jeter par terre avec force cris et pleurs. Elle demeura immobile, partagée entre son envie de venir en aide à ces pauvres gens, sa fascination pour les gestes et les paroles de l'homme obeah, dont elle comprenait qu'ils provoquassent pareilles transes, et sa quête de l'esprit qu'elle avait si souvent invoqué. Simon avait promis de rester à ses côtés, mais où était-il ? Certains hommes et femmes présents semblaient voir les duppies de leurs défunts, alors pourquoi pas elle ? À présent, les esclaves se frottaient les yeux avec une étrange substance, regardaient par-dessus leur épaule et saluaient les esprits avec extase.

— Larme de chien, expliqua Adwea, toujours aussi calme.

Nora faillit en réclamer. Voilà qu'elle croyait voir le visage de Doug apparaître devant elle ! Elle devait être en train de perdre la tête. S'il était déjà insensé de sa part de vouloir invoquer les esprits, il l'était encore plus de penser à Doug Fortnam... En buvant une dernière gorgée de rhum, Nora sentit les larmes couler sur ses joues.

— Maintenant, dit l'homme obeah à Máanu, dis ton vœu aux esprits.

— Je veux qu'Akwasi m'aime, chuchota la jeune fille. Je veux être sienne.

Kwadwo se tourna vers Akwasi.

— À ton tour, jeune homme.

— Je veux posséder Nora Fortnam, répondit l'esclave, en espérant que les esprits l'entendraient malgré la cacophonie ambiante. Qu'elle soit mienne jusqu'à la mort.

Les esclaves continuèrent à chanter et à danser au son des percussions. Lorsque le feu s'éteignit, les possédés se relevèrent et les esprits quittèrent la grange. Tous, sauf ceux qu'Akwasi et Máanu avaient invoqués. C'était à leur tour d'entrer en scène.

9

Maintenant que le rituel était terminé, Akwasi devait voir Nora sans tarder. Kwadwo s'était montré très clair, c'était la condition pour que le duppy prît possession de son corps. Akwasi, bien que grisé par la magie et l'alcool, réfléchit à la meilleure façon de procéder. Il connaissait la maison et savait où se trouvait la chambre de la première Mrs Fortnam. Nora, qui devait dormir depuis longtemps, ne l'entendrait pas entrer par la porte de la cuisine qui donnait sur le potager. Même si on la fermait rarement à clé, Akwasi préféra tout de même se munir d'un pied-de-biche et se dirigea vers l'étable.

En voyant les premiers participants quitter la grange, Nora chuchota un remerciement à Adwea et s'éclipsa dans l'étable. Après une journée de travail chargée et une cérémonie aussi longue, les esclaves regagneraient rapidement le village et s'écrouleraient dans leurs huttes. Nora n'avait qu'à patienter un peu avant de remonter incognito jusqu'à la maison. Seulement le rhum et les percussions lui étaient montés à la tête, elle avait même du mal à se mouvoir. Aurait-elle seulement la force de se traîner jusqu'au renfoncement où dormaient les mules, alors qu'une meule de foin semblait n'attendre qu'elle ? Elle ne résista pas à l'envie de s'y allonger quelques instants.

Máanu vit Akwasi se diriger vers l'étable d'un pas mal assuré. C'était une bonne idée, personne ne les dérangerait. Mais devait-elle le suivre sur-le-champ ? Quand on s'isolait après un rituel obeah, c'était souvent parce qu'on se sentait mal à cause de la chaleur et de l'alcool. Máanu décida d'attendre un peu avant de lui emboîter le pas. Heureusement, sa mère était déjà partie. Celle-ci n'approuverait pas l'initiative de Máanu pour conquérir Akwasi. Elle condamnait le vol et préférait laisser les esprits dans l'au-delà.

Après avoir ouvert la porte de l'étable, Akwasi eut besoin de quelques instants pour s'habituer à l'obscurité. Encore sous l'effet de l'alcool et de la transe, il faillit trébucher sur une forme allongée dans le foin. Pensant à un participant qui avait abusé du rhum, il voulut le réveiller pour lui éviter d'être surpris le lendemain matin par un contremaître.

Akwasi se pencha et découvrit le visage de la personne endormie.

En entendant une voix incrédule qui chuchotait son prénom, Nora ouvrit les yeux mais ne reconnut pas l'homme penché sur elle. Simon ? Akwasi ? Doug ? Les visages des trois hommes lui apparurent brouillés.

— Qu'est-ce que… ?

Akwasi, dont le cœur battait à tout rompre, la prit dans ses bras. La jeune femme sentit un corps sur le sien et frémit d'excitation. Une voix grave murmurait des mots tendres tandis que de grandes mains noires déboutonnaient sa robe. Nora repensa brièvement à Eileen MacDougal et à son aventure avec un palefrenier. C'était inconvenant et en même temps si agréable… Après seulement quelques baisers et caresses, Nora se sentit brûlante de désir comme jamais auparavant. Les gestes tendres mais timides de Simon, l'indifférence d'Elias, rien ne l'avait préparée à une telle explosion de sensations.

— Nora, ma Nora…

Máanu entra dans l'étable alors que Nora se cambrait de plaisir. Si elle ne vit pas tout de suite le visage de sa maîtresse, elle reconnut immédiatement le corps puissant d'Akwasi. Mais avec qui la trompait-il ? Quelle femme l'avait devancée ?

Máanu sentit la fureur l'envahir. Les jeunes filles étaient peu nombreuses sur la plantation, et toutes savaient ce qu'elle avait en tête. L'une d'elles avait peut-être piégé Akwasi pour tirer avantage du sortilège sans prendre le risque de voler un poulet ! Máanu s'apprêtait à interrompre l'étreinte du couple lorsqu'elle reconnut la femme sous Akwasi.

Elle porta la main à sa bouche. Madame… Madame avait ensorcelé Akwasi ! Máanu avait peine à y croire, même si elle savait les Blancs capables de profiter des Noirs pour satisfaire leur perversité. D'abord le backra et maintenant sa femme, Nora, qu'elle avait crue son amie !

Máanu, révulsée, courut se réfugier dans la grange déserte. Tant mieux, personne ne devait la voir dans cet état ni apprendre l'humiliation que venait de lui infliger Akwasi, même s'il n'était sans doute qu'une victime innocente. Máanu tenta de calmer les battements de son cœur. Elle avait évidemment indiqué le bon chemin au duppy en ne quittant pas Akwasi des yeux de toute la cérémonie. L'esprit le possédait, mais c'était Nora qui en profitait sans vergogne !

Comment sa maîtresse pouvait-elle en savoir autant sur leurs coutumes ? Máanu n'était certainement pas la seule à qui elle avait soutiré des informations. Elle avait dû s'acoquiner avec des malades, peut-être même avec des femmes d'autres plantations qui n'aimaient pas Máanu. Celle-ci réfléchit fébrilement, passant d'une explication à l'autre, avant de conclure que les moyens déployés par Nora afin d'attirer Akwasi dans ses filets importaient peu. Elle venait de s'abaisser à la plus vile des trahisons !

Lorsque Nora ouvrit les yeux, son sang brûlait dans ses veines et son cœur battait la chamade. Elle sortit peu à peu de sa torpeur, ouvrit les yeux et vit… Akwasi.

— Toi ? murmura-t-elle avec incrédulité.

Akwasi acquiesça fièrement.

— Je sais que ça t'a plu. M'aimeras-tu à partir de maintenant, Nora ?

La jeune femme, sentant poindre une migraine, passa une main sur son front. Cela ne pouvait pas être vrai, il disait forcément n'importe quoi ! D'un autre côté, tout semblait si réel, la sueur d'Akwasi sur sa peau, son sourire triomphant, leur couche de foin… L'esclave ne se sentait manifestement pas coupable du tout. Lui aussi avait beaucoup bu, et il y avait eu la danse, les vapeurs…

Nora se redressa. Elle devait réfléchir posément et surtout ne pas exagérer cet… incident ? Cette méprise ? Ce rêve ? Quel que fût le terme approprié, tous deux devaient oublier. Akwasi risquait la pendaison, et ce qui venait de se produire n'en valait pas la peine.

— Écoute, Akwasi, je ne sais pas ce qui m'a prise…

Le jeune homme sourit.

— Moi, je sais. C'était un esprit, un duppy qui t'a possédée à ma demande. Il est parti, mais rien ne nous empêche de recommencer. Tout de suite, ou demain soir, ou…

— Akwasi, tais-toi, tu es fou ! s'écria Nora. Nous avons trop à perdre : toi, ta vie, et moi, ma réputation. Je préfère ne pas penser au châtiment que le backra nous infligerait ! Retourne dans ta hutte, je vais attendre un peu ici avant de rentrer. Et ne t'avise pas de me suivre jusqu'à la maison ! Personne ne doit nous voir ensemble, et il va de soi que cela ne se reproduira plus jamais ! À partir de maintenant, interdiction de parler d'esprits, de poulets volés ou que sais-je encore... Il vaut mieux que nous ne nous adressions plus la parole !

Akwasi voulut répondre, mais Nora le fit taire d'un regard.

— Loin de moi l'idée de te menacer, Akwasi, mais je n'ai qu'un mot à dire au backra pour que...

Akwasi se leva.

— Je vous aime, madame...

Nora fut soulagée de l'entendre la vouvoyer à nouveau.

— Cela ne durera pas, dit-elle plus calmement. Oublie-moi, Akwasi. Intéresse-toi plutôt à Máanu, elle est amoureuse de toi depuis si longtemps.

Les soirées mondaines bruissaient de rumeurs sur des jeunes femmes violées et parfois même tuées par des esclaves qui perdaient la raison, aussi Nora préféra-t-elle ne pas s'attarder dans l'étable. Elle doutait toutefois qu'Akwasi en arrivât à une telle extrémité. Lui qui savait lire et écrire ne se laisserait pas aveugler par ses pulsions et sa déception.

Akwasi resta seul dans l'étable, abasourdi par ce qu'il venait d'entendre. Tout cela n'avait servi à rien. Pire, Nora l'avait non seulement repoussé mais menacé. Pour l'instant, il ne ressentait ni colère ni soif de vengeance, seulement un intense désespoir qui le submergea. Le jeune esclave se rassit dans le foin et pleura pour la première fois depuis que Doug l'avait abandonné.

Nora, bouleversée et tremblante comme jamais auparavant, remplit un seau au ruisseau et se lava pour se débarrasser de l'odeur d'Akwasi. Même si elle ne la trouvait pas aussi repoussante que celle d'Elias, elle tenait à effacer tout souvenir de cet incident. Elle jetterait même sa robe.

Après avoir enfilé une chemise de nuit propre et s'être glissée dans les draps frais de son lit, Nora se calma enfin. Elle ne voulait plus penser à ce qui avait pu provoquer cette situation, que ce fût le baiser de Doug, le duppy, les percussions ou le rhum, et ne pouvait que remercier le ciel pour l'absence de témoins.

TRAHISON

*Jamaïque
Printemps-automne 1733*

1

Après deux semaines de chevauchée dans les Blue Mountains, Doug avait envie de rentrer chez lui, même s'il s'émerveillait devant les paysages nappés de brouillard au petit matin, la végétation sans cesse changeante, les ravins, les grottes et les cascades. Dommage qu'il ne sût pas dessiner, Nora aurait aimé voir les fleurs sauvages, les arbres immenses, les mousses et les lichens qu'il découvrait en chemin. Il pensait souvent à son visage sérieux quand elle était en pleine lecture, ou à son sourire quand elle identifiait une plante.

Doug n'avait pas réussi à convaincre les planteurs de repousser d'un ou deux mois cette étrange expédition à laquelle il participait à contrecœur. S'ils avaient maille à partir avec leurs ennemis en cette période de mousson, la fuite serait difficile voire impossible car les chevaux glissaient sur les chemins boueux et la pluie quasi incessante gênait la visibilité. Les hommes, partis en expédition sur un coup de tête, ne s'étaient sans doute jamais aventurés à l'intérieur des terres et s'attendaient à un climat semblable à celui de Kingston, où le vent chassait les nuages quelle que fût la saison.

L'humidité des Blue Mountains, particulièrement marquée dans leur partie est, était éprouvante pour les cavaliers et leurs montures. Les rares moments où la pluie leur laissait un peu de répit, ils devaient subir l'eau qui gouttait des arbres au-dessus de leur tête. Amigo avançait sans entrain, museau baissé. Doug compatissait car son chapeau était trempé et l'eau ruisselait par-dessus les bords jusque sur sa figure. Quant aux tentes que les hommes avaient emportées pour s'y abriter la nuit, elles n'avaient pas le temps de sécher, et dès le troisième jour, vêtements, couvertures et provisions commencèrent à sentir l'humidité.

Seul le rhum prévu en grande quantité réchauffait un peu. Les autres membres de l'expédition trinquaient tous les soirs à leur aventure, tandis que Doug préférait rester sobre. Dans le cas peu probable où les marrons décideraient de les surprendre en pleine nuit, il comptait vendre chèrement sa peau.

De toute façon, ses compagnons d'aventure agissaient en dépit du bon sens. Doug avait lu beaucoup de livres de stratégie et avait même hésité à abandonner les études de droit qu'il détestait pour embrasser une carrière militaire. Il s'était finalement ravisé, préférant rentrer en Jamaïque et ne pas prendre le risque d'être envoyé à l'autre bout du monde pour faire la guerre au nom de l'Angleterre. Mais même sans avoir lu *L'Art de la guerre*, l'inutilité de cette expédition dans les Blue Mountains sautait aux yeux. Elle pouvait se résumer à une errance dans la jungle décidée par quelques soiffards, pour la plupart des contremaîtres d'autres plantations qui se vantaient de ne pas craindre les Noirs. Leur manque de discrétion laissait largement le temps aux marrons soit de fuir, soit de charger leurs armes et de les mettre en joue. Heureusement qu'ils n'en virent pas un seul en deux semaines, ils ne prenaient même pas la peine de garder leurs fusils à portée de main et ne sauraient pas se tirer d'une embuscade.

Finalement, l'expédition prit fin parce que les réserves de rhum fondaient comme neige au soleil.

— Il faudra remettre ça, dit un contremaître de la plantation Hollister comme s'il parlait d'une partie de pêche. Mais nous partirons avec quelqu'un qui connaît déjà la région.

Doug leva les yeux au ciel. Dès le début, il avait suggéré de prendre un guide. Certains Blancs qui commerçaient avec les marrons se rendaient régulièrement dans les montagnes avec un mulet chargé d'outils qu'ils espéraient revendre à prix d'or. Il y avait aussi des Noirs «libres» dans les prisons de Kingston qui attendaient d'être pendus pour vols. Doug était certain qu'on les gravirait s'ils acceptaient d'accompagner les Blancs dans les montagnes. Cependant, le risque qu'ils les attirassent dans une embuscade n'était pas négligeable. Finalement, ses compagnons avaient voulu partir au petit bonheur la chance, comme s'ils s'attendaient à voir la direction de Nanny Town, ainsi que les marrons appelaient leur village, indiquée sur des pancartes.

— Quelqu'un saura retrouver le chemin du retour ? demanda un contremaître réjoui en débouchant la dernière bouteille de rhum.

Doug soupira et sortit sa boussole. Ces gens-là n'avaient-ils jamais mis le nez hors de leur plantation ?

Dès que le groupe décida de rebrousser chemin, les chevaux accélérèrent le pas. Amigo semblait même prêt à foncer d'une traite jusqu'à Cascarilla Gardens. Ils atteignirent Kingston trois jours plus tard et furent accueillis en héros.

— Nous n'avons attrapé aucun de ces marrons, mais je peux vous dire que nous leur avons flanqué une sacrée frousse, fanfaronna le contremaître de la plantation Hollister. Ils ne vont pas oser se montrer pendant un bon bout de temps !

Il ne risquait pas grand-chose en affirmant cela car les marrons privilégiaient de toute façon les attaques sur les fermes reculées, situées au pied des montagnes, mais personne ne le contredit. Pendant que ses compagnons trinquaient, Doug profita de la fête pour parler à quelques négociants en import-export, qu'il n'eut aucun mal à convaincre de ses compétences en droit. Sans demander à voir son diplôme, ils acceptèrent de lui confier quelques contrats à vérifier. Et après qu'il eut avisé un marchand d'une omission risquant de retarder l'entrée de ses marchandises sur le sol anglais, son nom fut sur toutes les lèvres. Terminées, les journées ennuyeuses sur la plantation de son père, il se rendrait dorénavant presque tous les jours à Kingston pour y gagner sa vie.

Ce fut donc plutôt satisfait que Doug rentra à Cascarilla Gardens.

Le lendemain du rituel obeah, Nora se réveilla avec une épouvantable migraine. Jusque-là, elle n'avait bu que du vin, exceptionnellement un verre de punch, et jamais en de telle quantité. L'incident avec Akwasi passait presque à l'arrière-plan tant ses tempes bourdonnaient. Pour ne rien arranger, Máanu ne vint pas l'aider. Sur consigne d'Adwea, la petite Mansah finit par lui apporter des sels ainsi qu'une compresse à poser sur son front.

— Máanu là demain, dit la fillette.

Nora supposa que Máanu était dans le même état, ce qui n'excusait pas son absence mais pouvait l'expliquer. Elle fut davantage étonnée de la voir le lendemain aussi renfermée et taciturne que le jour de l'arrivée des Fortnam. À vrai dire, c'était encore pire, car à l'époque Máanu avait feint l'indifférence. Là, elle semblait vraiment en colère contre Nora. Celle-ci voulut en connaître la raison.

— Dois-je comprendre que tu m'as vue à la cérémonie obeah et que cela t'a déplu ? D'après toi, les Blancs ne devraient pas y assister ?

— Madame faire ce que Madame veut, rétorqua Máanu.

Puis elle sortit de la pièce sous prétexte d'aller chercher quelque chose. Nora aurait naturellement pu la forcer à dire ce qu'elle avait sur le cœur mais préféra ne pas insister. Elle n'avait plus qu'à espérer que Máanu s'adoucît. Après tout, peut-être que la présence de Nora avait heurté ses convictions religieuses. Máanu avait pris place au premier rang sans doute parce qu'elle faisait partie des adeptes les plus fidèles de Kwadwo. Nora se demanda toutefois comment elle avait appris la présence de sa maîtresse. Elle aurait dû faire jurer à Adwea de garder le silence.

Quant à Akwasi, Nora l'évita délibérément les premiers temps, avant de constater que c'était inutile. Le jeune homme obéissait à ses consignes et ne l'approchait plus.

Deux jours après la cérémonie, Nora fut soulagée de voir qu'elle saignait. Elle préférait ne pas imaginer ce qui se serait passé si elle était tombée enceinte. Certes, elle aurait pu s'adresser à la baarm madda qui vivait sur la plantation des Keensley. La sage-femme et guérisseuse « traitait » aussi bien des esclaves que des jeunes filles blanches de Kingston. Les décès de ses patientes se comptaient sur les doigts d'une main, elle était la plus fiable de la région. Mais Nora n'aurait pas supporté d'admettre devant la vieille femme qu'elle portait un bâtard ou qu'elle ne voulait pas de l'enfant de son mari, deux possibilités qui la révulsaient tout autant. À présent, elle pouvait oublier définitivement ce qui s'était passé avec Akwasi.

Du moins, elle le crut jusqu'à ce que Doug Fortnam rentrât à la plantation.

— Comment se porte ma magnifique belle-mère ?

Comme son père risquait de descendre l'escalier à tout moment, Doug voulut embrasser chastement Nora sur la joue mais elle eut un mouvement de recul. Le jeune homme, troublé, l'interrogea du regard alors qu'Elias les rejoignait.

— Alors ? Vous l'avez débusquée, cette bande de Nègres ?

Nora soupira. Cette première question d'Elias n'augurait rien de bon et le dîner se déroula conformément à ses craintes. Même si Doug n'avait rien à leur apprendre sur les marrons, Elias refusait de le laisser décrire à Nora les magnifiques oiseaux, fougères et papillons qu'il avait vus au cours de l'expédition.

— Bravo, jeune homme, il ne te manque plus que l'herbier. Tu étais parti pour attraper des Nègres, pas pour cueillir des fleurs.

Il ricana également lorsque Doug parla des conditions de vie sous la pluie.

— Mais tu es en sucre, ma parole ! C'est cela la guerre, Douglas. Le vent fouette les visages, les vagues submergent le pont, mais on dégaine son épée sans se lamenter.

— Une épée n'aurait rien pu contre toute cette pluie. Mais crois-moi, je m'en serais donné à cœur joie si j'avais mis la main sur le duppy responsable du mauvais temps.

Doug surprit l'étrange réaction de Nora lorsqu'il évoqua l'esprit. L'avait-il heurtée dans ses convictions religieuses ?

— Malheureusement, il s'est montré aussi discret que les Nègres marrons de Jamaïque, poursuivit-il. Je suis désolé, père, si tu voulais que cette expédition serve à quelque chose, il fallait envoyer d'autres gens que ces idiots persuadés de leur supériorité sur les Noirs. Au premier qu'ils auraient croisé avec un fusil, ils seraient tombés de leur cheval. Pour réduire Cudjoe Town ou Nanny Town en cendres, c'est de toute une armée que tu auras besoin. De soldats bien préparés, armés jusqu'aux dents et d'espions pour montrer le chemin jusqu'aux villages. Concernant les expéditions punitives comme celle-ci, estimons-nous heureux de n'avoir pas vu autre chose que des fleurs et des oiseaux.

Doug sortit de table et monta dans sa chambre. Il parlerait à Nora plus tard.

Malheureusement, la première impression de Doug se confirma. Nora était bien plus distante qu'avant son départ, certainement parce que le baiser l'avait choquée.

Doug maudit son empressement, il aurait dû attendre encore avant de se déclarer. Il devait tout recommencer depuis le début et avait moins de temps à consacrer à Nora, maintenant qu'il allait presque tous les jours à Kingston. Il continua toutefois à se montrer présent, à la distraire en lui décrivant avec force détails la faune et la flore des montagnes. Il lui proposa également plusieurs fois de venir avec lui à Kingston. Nora finit par accepter tant la solitude lui pesait, mais en veillant à garder une certaine distance et à ne rien montrer du trouble que Doug lui inspirait. Celui-ci était le fils de son mari, elle ne pouvait pas tomber amoureuse de lui !

Quant à Máanu, elle servait sa maîtresse de mauvaise grâce et sans lui adresser la parole. Nora trouvait éprouvant de soigner les malades avec une Máanu mutique et qui traînait des pieds. Comme elle ne prenait plus aucune initiative, Nora devait sans cesse lui donner des ordres et cette atmosphère tendue lui mettait les nerfs à vif. Elle finit par s'en plaindre à demi-mot auprès de Doug.

— Pourquoi ne la renvoies-tu pas, tout simplement ? suggéra-t-il. Tu peux toujours choisir une autre femme de chambre.

Nora lui décocha un regard noir.

— Je devrais la rejeter comme tu l'as fait avec Akwasi ?

— C'était différent, répondit Doug.

En le voyant ainsi blessé, Nora s'en voulut aussitôt pour sa remarque.

Les mois d'été qui suivirent furent marqués par les tensions entre Nora, Máanu et Akwasi, mais aussi entre Elias et Doug. Pourtant, ce dernier faisait enfin ce pour quoi son père l'avait poussé à étudier. Il devint un avocat en vue à Kingston sans que personne ne demandât jamais à voir ses diplômes. Mais sa première impression se confirma : Elias n'avait jamais compté sur un retour de son fils en Jamaïque – du moins pas de son vivant – et n'envisageait nullement une gestion commune de la plantation.

— Un bateau, un capitaine, dit-il à Nora lorsqu'elle lui en parla. Et puis Doug n'est pas de taille, il est trop bon avec les Nègres. J'aurais dû me remarier plus tôt et ne pas le laisser traîner dans la cuisine quand il était petit.

Nora eut une fois de plus confirmation que, pour Elias, une épouse n'était qu'un instrument lui permettant de parvenir à ses fins. Heureusement, il ne la touchait plus depuis des mois. Nora s'en accommodait parfaitement, tout en se demandant parfois si c'était parce que sa silhouette avait changé. Elle n'était plus aussi menue qu'à dix-neuf ans, ses marches quotidiennes aux huttes, au lac de la jungle et à la plage la musclaient, elle nageait également beaucoup et montait à cheval. Elle aimait ce nouveau corps à la fois plus souple et plus ferme. Elias, lui, devait désormais la classer parmi les « grosses vaches », ainsi qu'il appelait les autres femmes de planteurs quand il avait un peu trop bu. Elle doutait toutefois qu'il la trompât avec une femme noire. Peut-être allait-il dans l'une des maisons closes de Kingston quand l'envie lui prenait.

Doug, en revanche, n'avait d'yeux que pour Nora lors de leurs promenades à pied ou à cheval, au cours desquelles ils se parlaient beaucoup. Tous deux avaient besoin d'une personne auprès de laquelle s'épancher.

Durant cette période, les querelles entre père et fils tournèrent principalement autour d'un sujet que Doug décida d'aborder après sa première journée passée à Kingston.

— Tu devrais parler à Hollister, dit-il au dîner. Il est en train de déboiser la jungle pour y aménager de nouveaux champs de canne à sucre entre ceux qu'il a déjà et la mer. C'est incroyable.

— Notre lord doit savoir ce qu'il fait, maugréa Elias. Il cherche à s'agrandir, n'est-ce pas ce que nous voulons tous ?

Les cours du sucre montaient en flèche et la demande ne cessait de croître depuis que le thé avait conquis toute l'Angleterre, y compris dans les classes moyennes et ouvrières. Depuis peu, des salons de thé ouvraient et devenaient un lieu de convivialité pour les femmes, tandis que les hommes continuaient à préférer les pubs. Et comme personne ne buvait le thé nature, les barons du sucre se frottaient les mains.

— Mais pourquoi si près de la mer ? insista Doug. Les champs seront saccagés au prochain ouragan.

— Est-ce à craindre ? demanda Nora. Depuis mon arrivée, nous n'avons pas eu la moindre tempête.

— Estime-toi heureuse, grommela Elias.

Doug, lui, semblait inquiet.

— Justement, le dernier typhon remonte à bien longtemps. Il faut s'attendre à en essuyer un tôt ou tard, en tout cas dans les vingt prochaines années. Et Lord Hollister ne compte pas arrêter de cultiver la canne à sucre d'ici là, n'est-ce pas ?

La canne à sucre avait une durée de vie très longue. Si la première récolte se faisait attendre un an, les bénéfices étaient ensuite assurés pour deux décennies.

— Hollister est vieux mais pas si bête, répondit Elias. Il trouvera un moyen d'évacuer l'eau.

— Mais vers où ?

Elias haussa les épaules.

— Comment le saurais-je ? En tout cas, des experts anglais sont là pour construire des digues et des canaux. Laisse-le faire, il sait mieux que toi comment diriger une plantation.

Dès le lendemain, Doug se rendit sur les futurs champs de Hollister et rentra encore plus inquiet que la veille.

— Nous devons intervenir auprès de Hollister, père. L'eau sera évacuée sur notre exploitation !

Elias but une gorgée de vin.

— Et alors ? Nous sommes en pleine jungle, au pire nous perdrons quelques arbres. Je tiens à ce que nous ayons des rapports de bon voisinage.

Doug se frotta les tempes.

— Tu oublies le quartier des esclaves, il serait complètement inondé.

— Comme à chaque tempête. Tu ne m'apprends rien.

— Sauf que l'eau montera plus haut ! insista Doug en espérant faire réagir son père. Les huttes seront emportées et…

— Encore une fois, tu ne m'apprends rien. Nous avons déjà connu deux ou trois ouragans. Il suffira de les reconstruire. Pourquoi s'en soucier ?

Nora faillit objecter que les esclaves se souciaient certainement de se retrouver sans toit et de voir leurs rares possessions emportées par les eaux. Sans oublier qu'ils devraient reconstruire le village en plus de leur travail sur la plantation. Mais Doug la devança.

— Tu t'en soucieras quand tes gens mourront noyés comme des rats ! Tu sais comme l'eau peut monter vite quand il pleut et que la mer est démontée. Là, cela ira deux fois plus vite à cause de Hollister. Rien ne dit qu'ils pourront fuir à temps !

Doug se souvenait encore d'une tempête qui les avait surpris, Akwasi et lui, alors qu'ils revenaient de la plage. Les deux garçons pris au piège avaient dû trouver refuge en haut d'un palmier. Ils avaient dû y attendre plusieurs heures que l'eau se retirât, et Adwea les avait crus morts. Elle avait remercié tous les dieux et les esprits qu'elle connaissait avant de remonter les bretelles à ses deux protégés.

— Je vois qu'après avoir été avocat en devenir et stratège militaire, te voilà expert en génie hydraulique, répondit Elias d'un ton acerbe. Qu'as-tu appris d'autre en Angleterre ? Et pourquoi n'es-tu pas resté là-bas, au lieu de rentrer en Jamaïque pour semer la discorde ? Je ne vais pas gêner les affaires de Hollister sous prétexte qu'une bande de Nègres risque de se retrouver les pieds dans l'eau. Mais si tu y tiens, je lui en toucherai tout de même un mot. Nous verrons bien ce qu'il dira.

Doug ne fut pas convié à la conversation entre les deux hommes.

Le lendemain soir, ce fut un Elias manifestement grisé par le meilleur rhum de Hollister qui rentra en assurant qu'il n'y avait aucun danger.

— Je suppose que son expert anglais n'a jamais vécu d'ouragans tels que nous en connaissons ici, soupira Doug. Espérons qu'il ne reparte pas avant le prochain, il pourrait bien apprendre des choses.

2

La plupart des Blancs supportaient difficilement le climat caribéen, notamment du fait de l'absence de saisons. Nora, qui aimait pourtant la chaleur, fut étonnée d'apprendre que les températures ne baissaient jamais. En revanche, les précipitations variaient d'intensité. S'il n'y avait pas de saison sèche à proprement parler comme dans le Sud de l'Europe, où Doug avait connu trois mois sans pluie, les côtes jamaïcaines étaient très ensoleillées en été et en hiver, alors qu'au printemps et à l'automne, pas un jour ne passait sans voir tomber des trombes d'eau. L'après-midi et le soir, l'eau coulait à torrents sur les routes recouvertes d'une boue rouge extrêmement glissante.

Bien sûr, les esclaves pâtissaient de ces pluies diluviennes. Rares étaient les planteurs qui les autorisaient à construire leurs huttes sur les hauteurs, où ils préféraient installer les écuries, les moulins, les distilleries et les sucreries. Adwea, Máanu et les autres domestiques arrivaient avec de la boue jusqu'aux genoux tous les matins depuis le mois d'août. Avant d'entrer dans la maison, ils devaient se laver les pieds au ruisseau devenu une rivière tumultueuse.

Nora savait que les précipitations n'avaient rien d'exceptionnel et que le quartier des esclaves était inondé en raison de la construction du système d'évacuation sur la plantation Hollister.

— Doug n'a peut-être pas totalement tort, finit-elle par dire un soir à table, en s'efforçant d'être diplomate. Après être passée au village ce matin, j'ai préféré voir les malades au moulin. Le quartier des esclaves est vraiment sous l'eau, il y en a jusque dans les huttes. Bientôt, les gens ne pourront plus y dormir. En tout cas, pas à même le sol.

— Ils n'ont qu'à se fabriquer de vrais lits, comme de bons chrétiens, grommela Elias.

Sans en informer son père, Doug fit distribuer des pelles et des pioches aux hommes pour leur permettre de creuser des tranchées sommaires.

— Cela ne suffira pas en cas d'ouragan, s'inquiéta Nora alors qu'ils passaient près du village à cheval.

Doug secoua la tête.

— À vrai dire, le plus sensé reste de prendre la fuite.

— Mais ne devrions-nous pas au moins mettre en garde les esclaves ? insista Nora. Ils ne savent pas ce qu'impliquent les travaux de Hollister.

— Je doute qu'ils comprennent, mon père a déjà du mal à saisir ! Le problème, ce n'est pas l'eau en elle-même mais la vitesse à laquelle elle monte. En fait, il faudrait mettre en place un vrai plan d'évacuation pour que chacun sache exactement où se réfugier en cas de danger. Mais mon père hurlera si je prends ne serait-ce qu'une heure sur le temps de travail des esclaves pour leur expliquer.

Nora acquiesça avec lassitude.

— Je lui en ai déjà parlé, il prétend que cela ne fera que semer la panique…

— Il n'a pas tout à fait tort. Certains sont peureux et risquent de grimper dans l'arbre le plus proche au premier coup de vent, pour finalement se faire fouetter par les contremaîtres au moment de redescendre. Ce serait le chaos.

Nora repensa au calme et au silence des esclaves lorsqu'ils s'étaient rendus à la grange pour la cérémonie.

— Pas s'ils s'organisent eux-mêmes. Si nous en parlions à… hum, à l'homme obeah ?

Doug sourit.

— Tu le connais ?

Nora l'emmena voir Peter, le maître d'écurie.

— Vous pas me dénoncer ?

Les deux jeunes gens laissèrent à Peter le temps de se remettre de sa frayeur. Le sang s'était retiré de son visage dès que Nora l'avait appelé par son nom africain.

— Non, répondit Doug. La nuit, vous pouvez célébrer les dieux que vous voulez.

— Et je ne viens pas réclamer les poulets volés, précisa Nora. Mais tu dois expliquer aux autres que sur la plantation Hollister…

D'un geste, Doug lui signifia de le laisser parler.

— Kwadwo, nous pensons que Hollister a offensé les esprits de sa plantation. Ils risquent de se soulever lors de la prochaine tempête et de déferler sur votre village.

— Esprits attaquer Nègres Hollister, nous rien à voir.

— Ils risquent de ne pas faire la différence et je suis vraiment inquiet, Peter… Kwadwo. À la prochaine tempête, votre village risque d'être inondé.

L'homme fronça les sourcils.

— Moi faire quoi, backra ? Vous vouloir magie ? Besoin poulet pour…

Doug porta les mains à ses tempes tandis que Nora réprimait un sourire.

— Il te suffit de prévenir les autres, Kwadwo, reprit Doug. Dis-leur de ne pas essayer de se réfugier sur les toits ou dans les arbres mais de courir jusqu'au moulin, sans perdre de temps en prières et en lamentations. L'eau pourrait atteindre la maison, surtout s'il y a des vagues scélérates… enfin, si l'esprit de la mer se met en colère. Répartis les rôles entre ceux qui aideront les faibles et les malades et ceux qui vérifieront que les huttes sont vides.

— Et que les gens n'hésitent pas à se réfugier dans la grange, insista Nora. Évite d'y entreposer trop de foin en ce moment, comme tu le fais pour les…

Kwadwo, à la fois perplexe et inquiet, dévisagea sa maîtresse.

— Madame savoir beaucoup.

— Madame sait tout, répondit Nora en levant les yeux au ciel. C'est ta communauté, donc à toi d'agir pour le mieux. Et je ne parle pas de couper la tête à un poulet.

Doug et Nora rentrèrent à la maison sans se presser, peu enthousiastes à la perspective d'un dîner avec les Hollister. Ils avaient tous les deux reçu pour consigne de ne pas parler du risque d'inondation.

— Si je comprends bien, tu as assisté à un rituel, dit Doug, amusé.

Nora hocha la tête.

— Oui, en cachette. Mais je n'ai pas compris à quoi servaient les poulets.

— Ils les offrent en sacrifice. En faisant couler leur sang, l'homme obeah invoque les esprits et leur demande d'exaucer des vœux.

Nora fronça les sourcils.

— Mais comment peuvent-ils y croire ? Enfin… il n'y aurait plus de backras, si les vœux des esclaves se réalisaient.

— C'est vrai qu'il n'y a aucune garantie, répondit Doug en haussant les épaules, mais on a toutefois une chance d'invoquer le bon duppy qui, le lendemain, effraiera le cheval du backra et lui fera se rompre le cou. Ces gens sont patients, ils laissent tout le temps nécessaire aux duppies pour accomplir leur mission. Ils considèrent que c'est un succès si le backra meurt de maladie cinq ans plus tard.

— J'ai peur qu'on me maudisse, soupira Nora. Je me donne du mal mais…

— Enfin, personne ne te maudit. Au contraire, la plupart des esclaves sont en admiration devant toi !

— Máanu…

— Máanu est particulière, souligna Doug. Très rancunière, très… amère, sans que je sache pourquoi. Il ne lui est jamais rien arrivé de particulier. Quant à Akwasi…

— Pourquoi l'as-tu trahi ? laissa échapper Nora. Cela ne te ressemble pas, tu…

— Pourquoi ai-je quoi ? Qui t'a raconté cela ?

— Máanu m'a dit que tu l'avais abandonné, et elle m'a paru sincère. Tu es parti pour l'Angleterre après que…

— Je ne suis pas parti de mon plein gré, Nora !

— Mais tu ne t'es pas rebellé non plus. Et tu n'es pas intervenu en faveur d'Akwasi, bien qu'il t'ait… appartenu.

Doug secoua la tête, prit Nora par la main et l'attira dans un petit chemin à l'écart. Son cœur battait à tout rompre. Voilà pourquoi Nora était si distante. Il devait savoir ce que Máanu et Akwasi lui avaient raconté.

— Mon Dieu, Nora, crois-tu que j'avais le choix ? s'exclama-t-il en espérant que Nora ne retirerait pas sa main. Akwasi et Máanu me croyaient tout-puissant, j'avais tous les droits, j'obtenais toujours ce que je voulais, j'étais blanc…

— Tu étais le propriétaire d'un esclave, lui rappela Nora. Tu en étais responsable !

— Ton père ne t'a-t-il jamais offert un poney ? Ou un petit chien ? En te précisant bien que tu en étais responsable ?

Nora hocha la tête. Elle allait émettre une objection mais Doug la devança.

— Maintenant, imagine que ce poney t'ait désarçonnée ou que ce chien t'ait mordue tous les jours. Cela aurait tout changé, n'est-ce pas ? Ton père aurait fini par le revendre, même si tu y tenais beaucoup.

— Akwasi n'était pas un animal ! s'exclama Nora.

— Non, c'était un enfant, et moi aussi ! J'avais dix ans, je n'aurais pas même dû posséder d'esclave. Qu'aurais-je dû faire ?

Nora le regarda, stupéfaite.

— Dix ans, dis-tu ? Mais je croyais que… Comme on t'a envoyé à l'université d'Oxford, je pensais que tu avais au moins seize ans. Máanu…

Elle s'interrompit. Non, elle se trompait, Máanu n'avait pas précisé l'âge de Doug lors de l'incident. D'après son récit, Nora aurait dû comprendre qu'ils n'étaient encore que des enfants. Sa femme de chambre avait d'ailleurs parlé de leçons de lecture. Or à dix ans, Nora savait lire depuis longtemps…

— Seize ans ? Comment as-tu pu croire une chose pareille ? Pour l'amour du ciel, à cet âge, nous n'aurions pas été aussi bêtes ! Nous ne nous serions jamais laissé prendre. Et même si cela s'était su, nous nous serions enfuis ensemble, nous aurions rejoint les marrons dans les montagnes. Mais là… Mon père nous a surpris dans ma chambre, alors que j'étais malade. Mama Adwe veillait sur Máanu à la cuisine. Akwasi était assis à mon chevet et lisait à haute voix une histoire de pirates. Si nous avions su, nous aurions agi différemment. Il aurait pu par exemple prétendre qu'il inventait une histoire au fur et à mesure. Mais quand mon père est entré, Akwasi lui a dit tout fier qu'il savait lire et a voulu lui montrer. Mon père a piqué une colère et m'a envoyé en Angleterre par le premier bateau. Quant à Akwasi... Eh bien, je pensais qu'il serait vendu. Il avait de la valeur avec sa formation de domestique. Et je me suis consolé en me disant que les esclaves de maison n'étaient pas les plus mal lotis. Mais l'envoyer aux champs dès l'âge de dix ans... Il a dû vivre un véritable enfer, c'est même étonnant qu'il ait survécu. Mais je ne suis pas responsable de ma couleur de peau ni des décisions de mon père, Nora. Comme Akwasi, j'ai crié, pleuré... Et je te jure, Nora, que depuis mon retour, après avoir vu les cicatrices dans son dos... Il ne se passe pas un jour sans que je regrette de n'avoir pas pu l'aider.

En voyant Doug enfouir son visage dans ses mains, Nora ne put résister à l'envie de poser la main sur son bras.

— Et moi qui pensais que...

Doug l'attira vers lui.

— Tu me crois, n'est-ce pas ? demanda-t-il doucement.

Nora hocha la tête. Non seulement elle le croyait, mais elle se sentait coupable d'avoir mal interprété le récit et la colère de Máanu.

— Tu étais un enfant, Doug, cesse de t'accabler de reproches. Ce n'est pas toi le fautif, mais l'esclavagisme et...

« Et Elias », se dit-elle.

Nora n'eut aucun remord vis-à-vis de son époux, et elle ne pensa pas non plus à Simon lorsque Doug l'embrassa tendrement.

3

Aucun des jeunes gens n'avait prêté attention au groupe d'esclaves occupés à abattre et à débiter deux vieux acajous près de la mer. Elias Fortnam avait décrété que ces arbres ne résisteraient pas au prochain orage et voulait vendre le bois tant qu'il avait encore de la valeur. Parmi les esclaves affectés à cette tâche, il y avait Akwasi, qui était monté à la cime d'un des arbres pour en scier les plus grosses branches avant l'abattage. Lorsqu'il surprit Nora et Doug en train de s'embrasser, la haine qu'il éprouvait pour son ancien ami laissa place à la fureur. Lorsque le contremaître lui aboya l'ordre de se remettre immédiatement au travail, il s'exécuta en imaginant que sa scie découpait non pas les branches d'acajou mais la chair et les os de son rival.

Nora Fortnam sentit la première bourrasque un dimanche matin alors qu'elle écoutait le sermon ennuyeux du révérend Stevens. Contremaîtres et planteurs assistaient traditionnellement au service du dimanche avec les esclaves : les premiers pour vérifier qu'aucun Noir ne manquait à l'appel, la présence au service étant obligatoire, les seconds pour surveiller les paroles du révérend. En effet, certains hommes d'Église tenaient des prêches incendiaires dans lesquels ils défendaient l'égalité entre Blancs et Noirs. Néanmoins, concernant le révérend Stevens, les planteurs n'avaient pas à s'inquiéter.

Ainsi, ce jour-là, il cita avec délectation la parabole du bon pasteur et ne manqua pas de comparer le berger dévoué au brave planteur de canne à sucre prêt à tous les sacrifices pour ses esclaves. Elias affichait une mine ravie, tandis que Doug pinçait les lèvres. Nora le remarqua et faillit lui lancer un regard compatissant, avant de se raviser. Doug devait la trouver inconstante car elle se montrait à nouveau distante à son égard depuis leur baiser dans la forêt. Cela ne devait en aucun cas se reproduire, Nora n'était pas libre. Son âme appartenait à Simon et son corps à Elias, qu'elle ne pouvait décemment pas tromper avec son propre fils !

Tandis que Ruth Stevens, assise à côté d'elle, entonnait un cantique en multipliant les fausses notes, Nora pria pour Simon comme à chaque service. Seulement, depuis quelque temps, des pensées pour Doug venaient troubler ce rituel. Si Nora ne se reprenait pas rapidement, si Doug ne se rendait pas compte dans quelle folie leur affection naissante risquait de les entraîner, tous deux auraient très bientôt besoin de l'aide de Dieu !

Doug Fortnam ne chantait pas non plus. Au lieu de s'intéresser au révérend qui levait les mains en signe de bénédiction ou aux esclaves assis sur le sol boueux, il scrutait avec inquiétude la mer par-delà les huttes. On avait installé des chaises pour les messieurs au premier rang tandis que les dames étaient installées un peu à l'écart avec les enfants du révérend. Deux étaient nés depuis l'arrivée du couple en Jamaïque dix-huit mois plus tôt. Ruth ne supportait pas de les voir jouer avec les rares enfants qui vivaient sur la plantation, tout comme elle détestait que Mama Adwea les approchât pour les câliner ou les chatouiller. La jeune femme avait d'ailleurs tellement peur des Noirs qu'elle refusait d'en avoir comme domestiques dans son presbytère de Kingston. Elle ne ratait pas une occasion de critiquer la contrée dans laquelle elle avait suivi le révérend : trop chaude, trop humide, trop bruyante et trop païenne, pour reprendre ses termes.

— Vous ne pouvez pas vous plaindre de la chaleur aujourd'hui, remarqua Nora en exposant son visage à la brise inhabituellement forte.

— Je suis sûre qu'il va pleuvoir, répondit Ruth en tournant la tête vers la plage.

En effet, d'épais nuages noirs s'accumulaient à l'horizon, et c'était justement ce qui inquiétait Doug. Nora chercha son regard mais le jeune homme ne la vit pas. Il était en pleine conversation avec son père alors que les premières gouttes de pluie tombaient et que le révérend se dépêchait de terminer sa prière pour regagner la maison, où il savait qu'un bon repas l'attendait comme tous les dimanches.

Elias échangea quelques mots vifs avec Doug. Nora aurait aimé se joindre à eux, mais Ruth vacilla en se levant.

— Je ne me sens pas bien, murmura-t-elle. Ce temps, cette chaleur… Et voilà que soudain…

L'air se rafraîchit brutalement, et la pluie tombait à présent si dru que la voix du révérend était à peine audible.

Nora prit l'enfant de Ruth dans ses bras et regarda autour d'elle. Les esclaves se rassemblaient autour de leurs contremaîtres pour reprendre le travail, mais nul ne pouvait ignorer la tempête imminente. Fallait-il y voir les prémices de l'ouragan dont ils avaient tant parlé ?

Pendant que Nora repensait au plan d'évacuation, Ruth gémit en se tenant le ventre.

— Je crois que je vais vomir…

Adwea et les autres domestiques se dirigèrent à contrecœur vers la maison pour terminer de préparer le déjeuner. De leur côté, Elias et le révérend, qui ne paraissaient pas très inquiets, s'éclipsèrent sans un regard pour leurs épouses. Enfin, comme Doug se disputait avec McAllister, certainement à propos du plan d'évacuation, Nora se retrouva seule avec Ruth, en train de rendre son petit-déjeuner derrière un cascarille, et ses enfants. Le plus âgé se cramponna à sa jupe et se mit à crier, tandis que le plus jeune pleurait dans ses bras.

— Je dois l'allaiter, murmura Ruth.

En voyant qu'elle tenait à peine sur ses jambes, Nora renonça à la faire marcher jusqu'à la maison.

— Venez dans la cuisine des esclaves, dit-elle en désignant la hutte près de la petite place. Il y a une pièce où je soigne les malades quand il pleut. Vous pourrez vous allonger pendant que j'irai vous chercher un rafraîchissement.

— Par «malades», vous entendez… des Nègres ? demanda Ruth avec une grimace de dégoût.

Si elle avait entendu parler des actions de Nora en faveur des esclaves, elle s'était toujours refusée à lui en parler. Quant à Nora, elle se retint de lui répondre que la natte sur laquelle elle allait s'étendre ne déteignait pas.

— J'y panse aussi les plaies des contremaîtres quand ils se blessent, prétendit-elle.

Cela n'arrivait presque jamais mais ce mensonge eut le mérite de rassurer la jeune femme, qui se laissa mener à la hutte ouverte où les esclaves préparaient leurs repas. Quelques semaines plus tôt, Nora avait insisté pour construire une annexe servant d'infirmerie, ce qui lui éviterait de transporter tous les jours ses remèdes entre la maison et le quartier des esclaves. De plus, elle en avait eu assez de s'occuper des malades dans la boue alors que les cas de diarrhée et de fièvre se multipliaient à cause de la montée des eaux, malgré les tranchées creusées par les hommes.

Nora voulait se dépêcher de soigner Ruth pour pouvoir la traîner de gré ou de force jusqu'à la maison. Doug l'avait mise en garde : il était bien trop dangereux d'attendre la fin de la tempête dans cette hutte, même si elle était plus solide que les autres. Tout pouvait aller si vite… La preuve, les deux femmes pataugeaient déjà dans une boue rouge et sale. S'il s'agissait bien d'un ouragan, elles n'avaient sans doute pas plus d'une heure pour se mettre à l'abri.

Une fois à l'infirmerie, Nora donna un verre de jus de fruits au plus âgé des enfants et un linge mouillé à Ruth, que celle-ci appliqua sur son front tout en essayant de donner le sein à son bébé. Mais comme elle manquait de lait, l'enfant continua à pleurer. Nora se dépêcha de lui préparer du thé auquel elle ajouta une cuillère de sirop de cascarille qui, mélangé à du miel, permettait de soulager les maux de ventre. Elle mit également une goutte de miel sur son index et le tendit au bébé, qui téta un peu.

— Ruth, si vous vous sentez mieux, nous devrions nous dépêcher de partir. Un ouragan emporterait tout le village…

Ruth passa le linge mouillé sur sa nuque.

— Cela fait du bien. Merci, Nora. Mais vous n'êtes tout de même pas sérieuse quand vous parlez d'ouragan ? Mon Dieu, quel pays…

Nora la pressa de reboutonner son corsage et de se lever, mais elle était d'une lenteur exaspérante. Elle réagit enfin en voyant l'eau monter dans la hutte.

— Sortons, Ruth, vite ! cria Nora en prenant le bébé dans ses bras.

— Il y a quelqu'un ? demanda une voix d'homme à l'extérieur.

En la reconnaissant, Nora fut aussitôt soulagée.

— Doug, nous sommes là !

Le jeune homme entra précipitamment, prit l'aîné des enfants dans ses bras et entraîna le petit groupe hors de la hutte. L'eau leur arrivait déjà à mi-cuisse.

— Dieu du ciel. Nora, nous devons à tout prix partir d'ici.

Doug prit Ruth par le bras pour la faire avancer plus vite tandis que Nora, déjà complètement trempée, tentait de voir à travers le rideau de pluie.

— Les… les Noirs…

— Ils sont tous partis. Kwadwo les a déjà évacués même si, dans un premier temps, les contremaîtres les ont retardés. J'étais le dernier, et comme je ne t'ai pas vue partir avec mon père… Cramponnez-vous à moi, Mrs Stevens.

Ruth tenait à peine debout et Nora marchait elle aussi avec difficulté. Les deux femmes portaient leurs habits du dimanche. La robe en épais tissu noir de Ruth était certes lourde et entravait ses mouvements, mais pas autant que la jupe à arceaux de Nora. Doug s'en rendit compte immédiatement.

— Enlève le bas, Nora, ou tu ne pourras pas avancer !

Nora essaya de suivre son conseil tout en allant vers le moulin. Ce n'était pas la direction de la maison, protesta Ruth, mais ses deux compagnons savaient qu'ils ne l'atteindraient jamais à temps. Le sentier montait en pente très douce, l'eau les rattraperait rapidement. En revanche, le chemin qui menait aux bâtiments d'exploitation était relativement raide.

— Ne bouge pas, je vais t'aider ! cria Doug en voyant que le torrent d'eau entraînait Nora en arrière.

Il lâcha Ruth quelques instants, sortit un couteau de sa poche et coupa la robe au niveau de la hanche de

Nora. Ruth, qui n'oubliait pas les convenances même dans ces circonstances, poussa un cri horrifié. Nora put enfin marcher en serrant le bébé contre sa poitrine. De son côté, Doug portait l'aîné sur un bras et faisait avancer Ruth, dont les lamentations se mêlaient aux cris des deux petits et aux bourrasques de vent. Nora, qui ne supportait plus cette cacophonie, faillit lui ordonner de se taire. Après avoir retiré ses chaussures pour progresser plus facilement sur les pavés irréguliers et boueux, elle dut essayer tant bien que mal de nager avec le petit dans ses bras car l'eau lui arrivait maintenant jusqu'au cou. Heureusement, le vent soufflait dans son dos et les vagues finirent par la porter. Mais le bébé… Et Doug avec Ruth…

Enfin, les premiers bâtiments leur apparurent. Nora hésita à se diriger vers la distillerie, mais se ravisa en pensant que l'eau risquait de continuer à monter et de submerger le toit. De son côté, Doug voyait que les forces des femmes faiblissaient. Il fallait à tout prix s'éloigner avant que l'un d'eux fût assommé ou tué par les débris et les arbres déracinés que l'eau chassait.

— Nous devons nous mettre en hauteur, Nora ! Continue à nager !

La jeune femme lutta de toutes ses forces contre le courant et put enfin s'accrocher au toit de la distillerie. Elle essaya d'y hisser le bébé, sans succès, et décida de mobiliser le peu d'énergie qui lui restait pour lui maintenir la tête hors de l'eau. Comme l'enfant avait cessé de crier, elle craignait qu'il ne fût déjà plus en vie.

Après ce qui lui parut une éternité dans cet enfer de vent, de pluie et d'obscurité, Nora entendit enfin la voix de Doug près d'elle.

— Accrochez-vous, Mrs Stevens, accrochez-vous ! Plus fort que ça, nom de Dieu !

Ruth gémit.

— Les enfants… Mary, Sam…

Nora vit Doug déposer sur le toit la fillette qu'il avait prise dans ses bras. Elle était inanimée, seuls sa fine chevelure et ses vêtements s'agitaient au vent. Doug continua à se débattre avec Ruth qui se cramponnait à lui.

— Pour l'amour du ciel, Mrs Stevens, agrippez le rebord du toit quelques secondes, le temps que je monte et que je vous hisse.

Soudain, une ombre apparut au-dessus de Nora. C'était Ruth qui hurlait et priait en serrant sa fille aînée contre sa poitrine. Enfin, Doug vint lui prendre le bébé.

— Courage, Nora, ne lâche pas maintenant !

Nora sentit que Doug l'empoignait par les bras pour la hisser sur le toit, comme Ruth et les enfants avant elle. Il la serra contre lui quelques instants en chuchotant son prénom.

— Nora, Nora…

Après quelques secondes de faiblesse, il se ressaisit.

— Nous devons trouver un endroit où nous accrocher. Si la tempête empire…

Doug traîna Ruth et les enfants jusqu'en haut du toit et les mit à l'abri du vent derrière une cheminée.

— L'arbre…, balbutia Nora dans un souffle.

Derrière le bâtiment se trouvait un immense guaiacum à l'ombre duquel les esclaves attachaient leurs mulets. Étant donné l'épaisseur de son tronc, il ne risquait pas d'être déraciné et ses branches étaient accessibles depuis le toit de la distillerie.

Doug hocha la tête.

— Nous pourrions au moins y abriter les petits et nous protéger avec les feuillages. Venez, Mrs Stevens !

Ruth réagit à peine. Doug l'entraîna avec les enfants jusqu'à l'arbre. Nora les suivit alors qu'une eau sale et rougeâtre commençait à submerger le toit.

Doug ressortit son couteau et découpa des bandes de tissu dans les jupes de Ruth pour attacher ses enfants aux branches les plus solides de l'arbre.

— Si l'eau monte encore, ils vont se noyer, cria Nora.

— Alors nous nous noierons tous !

Doug s'échina à renforcer les nœuds alors que le vent lui arrachait presque le tissu des mains. Nora s'accrocha fermement aux branches. Peut-être pouvaient-ils monter encore un peu plus haut… Épuisés, hébétés, Doug et elle virent passer sous eux ce qui restait du quartier des esclaves : des débris de toit, des détritus, des animaux morts… Doug s'empara d'un chat trempé mais encore vivant pour le mettre à l'abri, mais l'animal lui planta ses griffes dans la main avant de se réfugier dans la cime du guaiacum. Dans le même temps, une vague puissante projeta contre le tronc le premier cadavre, celui du vieux Harry.

— Comment se fait-il que… ? Oh, mon Dieu !

Nora se souvint de l'avoir autorisé le matin même à rester dans sa hutte. Personne n'était venu le chercher et la tempête l'avait surpris.

— Les esclaves ont pour habitude de grimper sur les toits, dit Doug, fou de rage. C'est ce qu'il a dû faire quand il s'est retrouvé tout seul. Mais cette fois… Tout cela à cause de Hollister, nom de Dieu !

— Ne blasphémez pas, protesta faiblement Ruth.

— Au contraire, continue ! cria Nora du plus fort qu'elle put par-dessus le vent. Peut-être qu'elle va finir par se réveiller et y mettre un peu du sien.

Elle avait mal aux bras mais Doug devait encore plus souffrir, lui qui s'accrochait tant bien que mal à l'arbre d'une main et de l'autre soutenait Ruth, complètement apathique. Impossible de savoir comment allaient les enfants. Soit ils n'émettaient pas un son, soit le tumulte de la tempête recouvrait leur voix.

La pluie ne faiblissait pas, le vent charriait la pluie et des vagues violentes emportaient tout sur leur passage. Nora n'aurait jamais imaginé que la mer pût gonfler ainsi, telle une rivière sortant de son lit. Heureusement, le guaiacum semblait tenir bon, même si le vent, après avoir arraché toutes les feuilles jusqu'à la dernière, finit par l'étêter. Le chat redescendit à toute allure, s'arrêta à la hauteur de Doug et Nora et planta ses griffes dans l'écorce.

Ruth, qui s'accrochait enfin seule, réclama ses enfants en hurlant comme une démente. Elle parvint à détacher le plus jeune mais s'époumona de plus belle en le prenant dans ses bras.

— Il est mort... Oh, mon Dieu, il est mort...

Doug et Nora se regardèrent, désemparés. Ils ne pouvaient pas vérifier mais cela était possible, sinon hautement probable.

— Je veux le rejoindre. Moi aussi, je veux mourir !

Les doigts de Ruth laissèrent échapper la branche et l'enfant. Doug n'eut pas le temps de rattraper le petit corps avant qu'il fût emporté par les flots. Ruth poussa un cri presque bestial et leva la main vers le chat.

— Ce maudit animal est en vie alors que mon petit Sam...

Nora s'approcha et donna une paire de gifles retentissantes à la jeune femme, qui sombra à nouveau dans l'apathie.

— Attache-la bien avant qu'elle se tue et son aînée avec ! cria Nora à Doug.

Celui-ci se redressa péniblement, découpa d'autres bandes de tissu dans la robe de Ruth et la ligota fermement à deux branches. Ce faisant, il remercia le ciel pour les mois passés en mer au cours desquels il avait appris à confectionner des nœuds conçus pour résister au vent et à la pluie.

Nora poussa un cri lorsqu'elle vit passer, parmi des arbres déracinés et des cadavres de chiens et de bœufs, une adolescente aux cheveux crépus qui se cramponnait à un tronc en appelant au secours.

Doug Fortnam n'hésita pas longtemps. Leur groupe avait déjà perdu un enfant et un autre était sur le point de se noyer. Il se laissa glisser dans l'eau, atteignit la jeune fille en deux brasses et tenta de la ramener. En voyant qu'il luttait contre le courant, Nora s'assit sur une branche et la fit plier de tout son poids. Doug l'attrapa d'une main en tenant la rescapée de l'autre. Nora aida celle-ci à se hisser jusqu'à l'arbre. Doug y remonta seul. Pendant qu'il reprenait son souffle, Nora remarqua avec soulagement que le niveau de l'eau semblait se stabiliser. L'adolescente se mit à pleurer. Nora reconnut Sally, l'une des domestiques les plus jeunes.

— Sally, d'où… ? Mais qu'est-ce que… ?

— Discuter dans forêt avec Annie.

Nora comprit. Les deux jeunes filles s'étaient attardées en forêt au lieu de regagner la maison tout de suite après le service pour reprendre le travail.

— Et puis vague. Très grosse vague…

Sans demander où était Annie, Nora prit dans ses bras Sally qui était toute tremblante. Doug les rejoignit, et tous trois agrippèrent les branches les plus solides de l'arbre. Nora, qui gardait les yeux fermés pour ne plus voir l'eau et les horreurs qu'elle charriait, perdit toute notion du temps. Le contact du torse puissant et protecteur de Doug lui apportait toutefois un peu de réconfort, presque comme si le jeune homme la réchauffait alors que lui aussi tremblait de froid et de fatigue. Il chuchotait son nom et se risqua même à l'embrasser tendrement dans le cou. Nora lui aurait succombé, sans Sally qui sanglotait et balbutiait des phrases sans queue ni tête.

— Ma faute. Esprits furieux car Sally bêtises. Dieu furieux car révérend dire…

Nora essaya de la rassurer.

— Ce n'est pas grave d'avoir traîné en chemin. Les esprits ne te puniraient pas pour cela, j'en suis sûre.

— Beaucoup plus grave. Sally faire vilaines choses…

Soudain, la pluie cessa, le vent retomba et un soleil pâle apparut au-dessus du paysage ravagé.

— C'est fini ? demanda Nora en sentant que Doug desserrait son étreinte.

— Non. Surtout, ne bouge pas. Pour l'instant, nous sommes dans l'œil du cyclone, une zone calme sans vent ni pluie, mais les intempéries risquent de reprendre. Reste là, je vais voir Mrs Stevens.

Nora entendit très vite que la femme du révérend était toujours en vie. Bien décidée à se jeter à l'eau pour retrouver son enfant, elle hurla à Doug de la détacher. Doug vérifia comment allait sa fille aînée, Mary, et eut enfin de bonnes nouvelles.

— Mrs Stevens, Mrs Stevens, écoutez-moi ! Votre bébé est décédé, mais vous avez encore un enfant. Regardez, votre fille est en vie…

Doug accepta de lui libérer une main pour lui permettre de serrer son enfant contre elle.

— Ce n'est qu'une question de minutes, chuchota-t-il à Nora. La petite est toute pâle, elle souffre d'hypothermie. Et les températures vont encore chuter.

— Donne-la-moi, je vais la réchauffer.

Nora prit l'enfant entre elle et Sally, tandis que Ruth se débattait avec Doug qui l'entravait à nouveau.

— Mrs Stevens, c'est pour votre bien et celui de votre fille. Vous n'avez pas la force de la tenir !

Ruth paniqua en sentant que la tempête reprenait de plus belle et sombra dans un délire où se mêlaient prières et blasphèmes. De son côté, Sally s'accablait à nouveau de reproches, persuadée que les dieux se déchaînaient pour la punir.

Nora ne pouvait compter les heures, mais elle apprit plus tard que la tempête avait fait rage jusque dans l'après-midi.Enfin, la pluie cessa et le vent retomba. Comme l'eau commençait à se retirer, Nora et Doug purent regagner le toit et dresser un premier bilan. Tous deux étaient indemnes à l'exception de quelques éraflures, Sally avait survécu, Mary aussi mais il fallait la mettre de toute urgence à l'abri du froid et de l'humidité. Quant à Ruth Stevens, elle semblait dormir.

— C'est à toi que je dois mes blessures les plus graves ! dit Doug au chat qui faisait sa toilette, assis sur une branche.

— Comment allons-nous descendre d'ici ? demanda Nora. Penses-tu que l'eau va se retirer entièrement ?

— Elle n'arrive déjà plus qu'à mi-hauteur de la distillerie, mais la décrue ne sera pas forcément régulière. À mon avis, la mer ne va pas tarder à se retirer. Mais concernant l'eau de pluie, je ne sais pas... Cela risque de prendre des jours avant que le quartier des esclaves soit à nouveau au sec.

— Mais alors... Mary va mourir, dit Nora, désespérée.

Ces mots parvinrent à Ruth.

— Mary... Où est Mary ? Sam... ?

Elle fondit en larmes. Nora lui tendit vite la petite Mary, qui pleurait doucement.

— Tenez, Mary est là.

Ruth voulut serrer l'enfant contre elle mais grimaça à cause de sa poitrine douloureuse. Nora eut alors une idée. Mary ne devait pas être sevrée depuis longtemps, elle retrouverait sans doute le réflexe de succion.

— Peut-être... peut-être devriez-vous essayer de l'allaiter. Elle a besoin de chaleur et de nourriture. Sans cela, elle est perdue.

— Non, non ! Mon lait est pour Sam, et Sam est…

Les yeux hébétés de Ruth s'arrêtèrent sur Sally, qui contemplait d'un air absent l'eau tout autour d'elle.

— Et elle, cette… cette petite ordure de Négresse ! Pourquoi a-t-elle survécu alors que Sam est mort ?

Sally recommença aussitôt à s'accabler de reproches.

— Parce que dieux méchants, Sally méchante…

Elle fut interrompue par des éclats de voix.

— Attention, Joe ! Plus lentement !

— Peux pas autrement, Billy !

— Si ramer comme ça, nous noyer !

Quelques secondes plus tard apparut un radeau manœuvré par deux palefreniers qui pagayaient à l'aide de planches de bois. L'embarcation de fortune était entraînée par l'eau qui se retirait vers le quartier des esclaves. Ils devaient toutefois veiller à ne pas dériver jusqu'à la mer. Enfin, si cela pouvait les mener à une plage sans backra…

Une fois qu'ils eurent aperçu le petit groupe réfugié sur le toit de la distillerie, Joe et Billy pagayèrent dans sa direction en poussant des cris de joie.

— D'où venez-vous ? demanda Doug. C'est Peter qui vous envoie ?

Alors qu'ils approchaient, Nora essaya de trouver de quoi se couvrir. La tempête ne lui avait pas laissé le temps de penser à ses jambes nues. En surprenant les sourires des deux garçons, Doug lui tendit sa chemise trempée et déchirée.

— Peter nous envoyer voir village. Et devoir dire backra où esclaves être avant d'avoir pied coupé, dit Joe.

— Tout le monde a pu se réfugier dans la grange ? demanda Nora.

Billy leva les mains.

— Moi pas savoir, madame. Beaucoup, oui, mais personne voir domestiques. Et manque Harry, Emma, Toby…

— Oh non !

Nora soupira. Toby et Emma, qui partageaient dernièrement leur hutte avec Harry, étaient de fervents chrétiens. Ils avaient certainement suivi le révérend en espérant une bénédiction. Ou peut-être avaient-ils cru que la tempête épargnerait un homme d'Église, voire tous ceux qui croyaient en Jésus-Christ au détriment des esprits traditionnels.

— Et tout groupe de Mr Truman, madame. Envoyé par backra creuser tranchées pour éviter inondation…

— Évidemment, soupira Doug, il a cru que des rigoles creusées à la dernière minute serviraient à quelque chose. Les hommes de Truman ne sont sans doute plus en vie…

À ces mots, Ruth s'agita sur le toit.

— Tous les Nègres sont en vie, tous les Noirs ! Alors que Sam, mon petit Sam…

Joe et Billy échangèrent un regard perplexe.

— Doug, penses-tu que nous tiendrons tous sur ce radeau et que tu sauras le diriger ? demanda Nora.

Le jeune homme avait bon espoir. Il récupéra quelques planches parmi les débris et les distribua en expliquant qu'ils réussiraient à remonter le courant jusqu'à la maison si tout le monde pagayait de concert. Ruth ne prêta aucune attention à ses paroles, préférant continuer à se lamenter et à insulter les Noirs. Nora puisa dans ses dernières forces pour la calmer et la faire monter sur le radeau, où elle resta prostrée tant elle avait peur de Billy et Joe. Sally garda la petite Mary contre elle tandis que les hommes dirigeaient l'embarcation vers le sud. Enfin, ils atteignirent la maison. Le chat, qui avait tout de suite reconnu Billy et s'était réfugié dans ses bras, fut le premier à sauter sur la terre ferme.

— C'est Bessie, chat qui attrape souris dans écurie ! expliqua le jeune Noir. Moi pas savoir que lui nager.

— Ne perdons pas espoir, peut-être que d'autres ont survécu, murmura Nora en suivant l'animal des yeux.

Le soir venu, alors que la décrue se confirmait, ce fut l'heure du bilan. Harry, Toby, Annie et Emma étaient morts, ainsi que quatre hommes aux ordres de Truman. Le reste du groupe, dont Akwasi, avait pu trouver refuge sur les toits ou dans les arbres, comme Nora et Doug. Truman aussi avait survécu. Quant aux domestiques, à l'exception d'Annie, ils avaient regagné assez rapidement la maison, qui fut épargnée par le raz-de-marée. Le révérend Stevens interpréta cela comme un signe divin, oubliant que Toby et Emma, les deux esclaves les plus croyants, avaient péri. Il réagit calmement à la nouvelle de la mort de son fils et prit quelques minutes pour prier avec sa femme et la réconforter.

Ensuite, Nora prépara un grand bol de tisane pour Ruth et l'aida à se mettre au lit. Elle aurait volontiers laissé Adwea s'en occuper, mais la femme du révérend était hystérique dès qu'elle la voyait.

— Elle est peut-être enceinte, j'hésite à faire venir une baarm madda, dit Nora à une Máanu toujours aussi renfrognée. Mais à quoi bon, si elle la repousse… Dis-moi, serait-il possible de manger quelque chose ? Je meurs de faim et de sommeil.

Máanu esquissa la révérence qui, elle le savait, ne manquait jamais d'agacer Nora.

— Vous devriez vous changer, le dîner sera servi dans une demi-heure.

— Pardon ? Dois-je comprendre que la plantation est dévastée, que nous avons neuf morts à déplorer et que mon mari fait servir le dîner comme tous les soirs ?

— Un mort, madame, les autres ne sont que des esclaves. Nous avons aussi perdu quatre bœufs. Le backra est très fâché, il a l'intention de faire fouetter les vachers qui ne les ont pas sortis à temps de l'enclos.

Nora se prit la tête dans les mains.

— Máanu, j'aimerais que tu arrêtes, au moins pour aujourd'hui. Mais très bien, puisqu'il en est ainsi, aide-moi à me changer et à me coiffer. J'ai les cheveux dégoûtants, mais pour t'épargner la corvée d'aller chercher de l'eau ce soir, je les laverai demain. D'ici là, comporte-toi normalement ou tais-toi.

Máanu brossa les cheveux de Nora, en retira une grande quantité de poussière rouge puis les attacha. La jeune femme sursauta en voyant son reflet dans le miroir. Elle avait le teint blême, les yeux enfoncés dans leurs orbites et les joues creusées, mais pas question de se maquiller. Elle se sentait aussi épuisée qu'elle en avait l'air et personne n'oserait lui faire de reproches ce soir. De son côté, Máanu cessa de provoquer sa maîtresse. Elle sortit une robe d'intérieur sombre et un châle noir, ainsi que l'exigeaient les circonstances. Dans l'escalier, Nora retrouva Doug, exténué lui aussi, et tenta de plaisanter en voyant que sa chevelure blonde avait encore une teinte rougeâtre.

— Tu vas devoir les laver demain, ou on va te prendre pour un Irlandais.

Doug sourit.

— Nous pourrions aller à la plage et nous laver de toute cette terre. Maintenant que je t'ai vue nager…

Nora rougit.

— Je n'imagine pas profiter de la mer et de la plage pour l'instant. Et puis ce dîner… Ne trouves-tu pas cela sinistre ?

— Tout ce que je sais, c'est que j'ai assez entendu parler de dieux et d'esprits pour aujourd'hui. Si le révérend y va de sa petite prière pour remercier le

Seigneur de nous avoir sauvés, je risque de faire un malheur.

Finalement, Doug endura avec une lassitude manifeste la prière courte mais sincère que le révérend adressa aux âmes des défunts. Puis, comme Nora, il se jeta sur la nourriture sans se préoccuper du regard réprobateur de Stevens. Le seul à parler au cours du repas fut Elias, qui enchaînait les verres de rhum. Il avait enfin compris ce que son fils essayait de lui dire depuis des semaines.

— Ce maudit Hollister ! Je suis monté à sa plantation. Elle est presque intacte, alors que notre quartier des esclaves a été englouti. Mais je lui ferai payer les dégâts et les pertes ! Huit esclaves, dont cinq travailleurs dans la force de l'âge. Et deux attelages de bœufs ! Son expert venu d'Angleterre va entendre parler de moi. Cela va coûter cher de tout reconstruire, la distillerie est détruite…

Sitôt le dîner terminé, le révérend monta rejoindre sa femme et dire encore quelques prières pour son fils. Nora remarqua qu'il ne prêtait presque aucune attention à sa fille. Sans doute aurait-il préféré que la mort frappât Mary.

— Addy, fais-moi monter un dernier verre, demanda Elias à Adwea lorsqu'elle vint débarrasser.

Alors qu'elle s'apprêtait à sortir de table, Nora vit la cuisinière se figer.

— Ce soir, backra ? Mais, monsieur, fillette épuisée et…

— Évidemment, ce soir. Si j'avais voulu demain, j'aurais dit demain.

Adwea eut dans le regard le même éclair de haine que Nora avait si souvent vu chez Máanu.

— Bien, monsieur.

Nora monta péniblement l'escalier tout en s'interrogeant sur la réaction d'Adwea. En tant que cuisinière, la mère de Máanu jouissait d'un statut privilégié au sein de la maisonnée, sans toutefois donner l'impression de se sentir supérieure aux autres. Pourquoi n'apportait-elle pas elle-même le verre de punch à Elias, si Mansah et Sally dormaient déjà ? Nora hésita à s'en charger elle-même mais renonça, de crainte que son mari s'imaginât des choses et la touchât. En haut de l'escalier, elle trouva Doug devant sa chambre.

— Je voulais te prendre dans mes bras encore une fois, chuchota-t-il, peut-être même… Nora, nous étions si proches aujourd'hui…

La jeune femme, trop fatiguée pour jouer les coquettes, hocha simplement la tête – et l'idée de s'endormir dans les bras de Doug n'était pas pour lui déplaire. Sa présence chasserait les images et les sons qui la tourmentaient déjà.

— J'aimerais aussi, soupira-t-elle, avant que nous… que nous oubliions tout cela.

Nora se blottit contre Doug comme pour puiser un peu de sa force. Malgré les risques qu'ils couraient, elle s'était rarement sentie autant en sécurité qu'entre ses bras.

Les deux jeunes gens ne virent pas la forme tremblante qui se dirigeait pieds nus vers les appartements d'Elias Fortnam. Plus tard dans la nuit, Nora se réveilla en sursautant après avoir entendu des pleurs mais crut à un cauchemar.

4

Comme tous les matins, le premier geste de Nora au lever fut d'ouvrir la fenêtre. Alors que, d'habitude, elle s'extasiait devant le vert de la forêt et le bleu azur de la mer, elle fut ce matin-là saisie par un véritable spectacle de désolation. En contrebas de la maison, tout était encore inondé, y compris le quartier des esclaves. Seules les cimes des arbres les plus solides émergeaient d'une eau rouge foncé. Quant au jardin, le vent et la pluie avaient dévasté une grande partie des parterres de fleurs, et le pavillon était lui aussi fortement endommagé. Nora se dit que ce paysage reflétait parfaitement son âme et sourit tristement. Chaque muscle de son corps était endolori. Elle se serait volontiers recouchée, mais une longue journée de deuil l'attendait.

Lorsque Máanu vint l'aider à s'habiller et à se laver les cheveux, Nora lui posa quelques questions auxquelles elle répondit d'encore plus mauvaise grâce qu'à l'accoutumée.

— Comment va l'épouse du révérend?

— Elle pleure et répète qu'elle veut aller chercher son fils. Elle dit qu'un ange lui est apparu cette nuit pour lui dire qu'il était encore en vie.

— C'est impossible.

Máanu haussa les épaules.

— Mais elle y croit. Le backra a envoyé une vingtaine de Nègres chercher le corps.

— C'est de la folie ! s'exclama Nora.

En effet, se rendre dans les zones tout juste inondées n'était pas sans danger en raison du sol boueux et instable. Il y avait de forts risques de glissements de terrain.

Mais Nora ne dit rien, sachant que le révérend et sa femme ne partiraient pas avant d'avoir retrouvé le corps de leur fils, et le plus tôt serait le mieux.

— Le révérend pourrait célébrer un office ce matin, dit-elle. Non pas que cela change grand-chose à la situation, mais nous devons enterrer les morts…

— Où ça ? Le cimetière des esclaves est inondé.

— Eh bien, nous en aménagerons un nouveau ! Et nous devons également réfléchir à un nouvel emplacement pour le quartier des esclaves. L'ancien était inondé à chaque tempête, si j'ai bien compris. Il serait donc logique de le rebâtir en contre-haut de la maison.

— Backra Doug et Backra Elias se sont déjà disputés à ce sujet.

Nora soupira en imaginant la teneur de leur conversation.

Au petit-déjeuner, l'atmosphère était en effet tendue. Doug proposa de reconstruire les huttes près des écuries, mais Elias refusa par pur esprit de contradiction. Nora joua une nouvelle fois la carte de la fille de négociant et fit mine, dans un premier temps, de donner raison à son mari.

— Bien sûr, l'emplacement actuel du village est plus pratique, à mi-distance entre l'entrée de la cuisine et les bâtiments d'exploitation. Des huttes près des écuries éloigneraient notamment les esclaves du moulin.

— Mais…

Alors que Doug allait protester, d'un regard Nora lui intima l'ordre de se taire et poursuivit.

— Il faut penser au coût de la reconstruction, tant en argent qu'en temps.

— Hollister payera, rétorqua Elias.

Il avait l'air épuisé et de mauvaise humeur. Le drame de la veille l'avait-il plus affecté que le pensait Nora ?

— Peut-être, mais imagine que nous essuyions un nouvel ouragan l'année prochaine : Hollister te reprochera de ne pas avoir déplacé les huttes. Quant aux réparations à effectuer après chaque tempête, je doute que cela soit ce qu'il y ait de mieux en termes d'investissements. La seule alternative serait d'entreprendre les mêmes travaux qu'Hollister.

— Mais cela me coûterait une fortune ! s'écria Elias. Rien que de faire venir des experts d'Angleterre…

— Tu devrais y réfléchir à tête reposée, conclut gentiment Nora. Tu n'as pas à décider aujourd'hui. En revanche, concernant le cimetière…

La matinée fut pluvieuse mais avec la chaleur qui revenait, il fallait inhumer les corps sans tarder. Elias se laissa convaincre d'aménager un nouveau cimetière derrière les écuries. Doug et Nora, soulagés, virent cela comme la première étape vers la construction d'un nouveau village. Même si Máanu souligna, non sans arrière-pensées, que les nouvelles tombes seraient situées tout près du cimetière des animaux.

Pour la première fois de sa vie, Nora faillit frapper une domestique.

Le révérend célébra un service funèbre auquel Nora n'assista pas car elle veillait sur Ruth. En voyant que les hommes partis à la recherche du corps de Sam n'étaient toujours pas rentrés, elle espéra qu'aucun d'eux n'était des proches des défunts que l'on s'apprêtait à inhumer. Peut-être que Kwadwo organiserait une cérémonie secrète de son côté. Ce fut d'ailleurs lui qui trouva le bébé en début d'après-midi. Avait-il reçu l'aide des esprits ? Nora ne lui posa pas la question.

Ruth s'effondra une nouvelle fois à la vue du petit corps. Nora lui servit une infusion de millepertuis et de cascarille, puis se retira pour la laisser prier avec son mari. Ensuite, elle s'occupa de soigner les plaies heureusement superficielles des esclaves. Seul Akwasi, que le vent avait violemment projeté contre un tronc d'arbre, souffrait d'importantes contusions. Lorsque Nora demanda à Máanu d'appliquer du camphre et de la pommade sur ses blessures, les deux jeunes gens la regardèrent avec animosité. Nora se demanda une nouvelle fois si leur attitude avait un lien avec ce qui s'était passé la nuit du rituel obeah. Seulement Akwasi n'était pas assez fou pour en parler, et Máanu ne pouvait l'avoir appris par une tierce personne.

Pendant ce temps, Doug organisait les hébergements temporaires des esclaves. Peu importait l'endroit où les huttes seraient reconstruites, ils devaient avoir un toit au-dessus de leur tête, d'autant que la pluie tombait à nouveau. Il décida finalement de les installer dans la grange et une partie des écuries, tout en craignant que son père rejetât ce choix le soir venu. Elias était parti dès la fin de l'office pour Kingston, où il comptait bien, selon ses termes, avoir une « petite discussion » avec Hollister.

— Il ne rentrera peut-être pas avant demain, chuchota Doug à Nora alors qu'ils mangeaient une soupe avec les esclaves.

Nora comprit le sous-entendu.

— Nous hébergeons toujours les Stevens, répondit-elle en rougissant. Je ne peux pas…

En réalité, Doug occupait constamment ses pensées, mais Nora se raisonnait en pensant aux conséquences d'une telle liaison. Et puis il y avait aussi Simon, les rêves qu'ils avaient partagés, leur hutte sur la plage… Son esprit ne l'avait pas encore quittée.

Doug hocha la tête. Il allait insister lorsque McAllister approcha avec un nouveau problème à résoudre. Les habitations des contremaîtres, situées tout près du quartier des esclaves, étaient elles aussi inondées. Or ils refusaient de dormir dans les mêmes granges que les esclaves, de peur d'être assassinés dans leur sommeil. Il fallait soit les héberger dans la maison principale, soit trouver une autre solution. Doug accepta de s'en charger et alla voir s'il restait de la place dans les bâtiments de l'exploitation.

La journée se termina par un dîner éprouvant avec les Stevens. Le révérend avait forcé Ruth à se lever et à descendre. Nora ne jugeait pas cela très avisé, mais l'homme d'Église répétait sans cesse que la vie devait continuer.

— Dieu donne, Dieu prend, dit-il de sa voix douce-reuse. Et dans Ses voies impénétrables, Il a décidé de rappeler notre fils Sam à Lui. Nous devons nous mon-trer dignes comme Abraham alors qu'il s'apprêtait à sacrifier son fils Isaac…

Nora, épuisée, faillit avoir un rire nerveux en repen-sant aux sacrifices de la cérémonie obeah. Elle avait grand besoin de repos, ou elle allait s'écrouler. Au moins, Adwea lui confirma que la petite Mary se por-tait bien. Heureusement, car Nora avait déjà trop à faire pour s'occuper d'une enfant dont la mère devenait hys-térique dès que des mains noires la touchaient.

Elias ne rentra pas cette nuit-là. Nora, qui ne trou-vait pas le sommeil malgré sa grande fatigue, repensa à son étreinte avec Doug pendant l'ouragan, au senti-ment de sécurité qu'elle avait éprouvé, au point qu'elle faillit revenir sur sa décision. Alors qu'elle avait jusqu'à présent trouvé quelque réconfort en se remémorant les moments passés avec Simon dans ses bras, elle rêvait désormais de se blottir contre un torse puissant.

Le lendemain, les Stevens partirent enfin, Mary assise entre eux à l'avant et le petit Sam derrière enveloppé dans des linges. Dans un premier temps, Ruth n'avait pas voulu s'en séparer mais le révérend avait fait preuve d'autorité. Nora éprouvait de la compassion pour cette jeune femme qui, après avoir suivi son mari à l'autre bout du monde, se retrouvait seule avec son chagrin. Elle se demanda comment un homme d'Église pouvait se montrer à ce point indifférent.

Entre-temps, l'eau s'était retirée. Mais comme l'emplacement des nouvelles huttes n'avait toujours pas été décidé, les contremaîtres envoyèrent les esclaves aux champs.

Elias rentra dans l'après-midi de bien meilleure humeur après avoir obtenu de Hollister une compensation financière ainsi que trois esclaves et deux bœufs.

Nora pressentit toutefois qu'elle n'était pas au bout de ses peines, car Elias trouverait sans doute à redire quant aux esclaves que lui céderait Hollister. De plus, il faudrait certainement en acheter d'autres et les former.

Ce soir-là, Elias ne s'attarda pas à table car il tombait de sommeil après ces âpres négociations. Doug et Nora se retrouvèrent en haut de l'escalier mais n'osèrent pas s'enlacer et se contentèrent de se serrer rapidement la main. Il y avait encore trop de personnel dans les couloirs. Adwea rangeait, les domestiques d'Elias lui apportaient de l'eau et Máanu attendait Nora.

— Mon père a approuvé le nouvel emplacement des huttes, chuchota Doug. Ils commenceront à défricher demain. Tu t'es très bien débrouillée. Avec moi, cela aurait été sans fin. Bonne nuit, Nora.

— Bonne nuit, Doug, répondit-elle avec tendresse.

La nuit fut difficile. Nora ne dormait que depuis une heure ou deux lorsqu'elle fut réveillée par quelqu'un qui frappait à sa porte. Doug ? Nora tâtonna jusqu'à sa porte et trouva Adwea sur le seuil.

— Madame... Moi envoyer Máanu vous chercher mais elle pas vouloir. Madame aider peut-être. Vous peut-être médicaments. Toute petite fille, si jeune... Baarm madda peut pas aider et moi non plus. Mais peut-être Madame...

Nora réfléchit tout en passant une robe légère. Il devait s'agir d'une fausse couche provoquée par la fuite devant l'ouragan, même si elle n'avait remarqué aucune femme enceinte récemment. Et comment pouvait-elle aider si même la guérisseuse ne pouvait rien faire ?

— Où est-elle ? Et d'ailleurs, de qui s'agit-il ?

— Sally, soupira Adwea. Attendre dans remise près cuisine.

— Sally ? Mais enfin, ce n'est qu'une adolescente ! Et pourquoi dans ce réduit sombre et humide, Adwea ? Il fallait la faire entrer dans la maison.

— Sally pas vouloir, honte. Moi la trouver hier dans remise, malade, saignait... Appeler baarm madda. Mais Sally pas mieux.

Nora prit les rares pansements et remèdes qui lui restaient après que son matériel entreposé à l'infirmerie eut été emporté par les eaux. Adwea devait se tromper. Sally ne pouvait pas avoir d'amant, elle avait treize ans, tout au plus ! En suivant Adwea, Nora envisagea différentes explications à ses saignements.

Une fille de cuisine éclairait l'intérieur de la remise à l'aide d'une lampe à huile pendant que la baarm madda psalmodiait même si Sally, allongée sur des couvertures maculées de sang, ne l'entendait plus. Nora avait vu assez de moribonds à Londres pour reconnaître l'ombre de la mort qui planait sur le visage hagard de la petite. Elle était brûlante et allait sans doute succomber à une hémorragie ou à une fièvre.

Nora s'agenouilla près d'elle après avoir salué la baarm madda. Celle-ci courait un grand risque en venant jusqu'ici pour proposer son aide. Les déplacements nocturnes des guérisseurs pouvaient être interprétés comme une tentative de fuite.

— Que s'est-il passé ?

La baarm madda, une femme un peu plus âgée qu'Adwea, souleva les tissus qu'elle avait disposés sur le ventre de Sally.

— Elle perdre enfant, dit-elle doucement, mais moi pouvoir rien faire. Personne…

— Mais comment est-ce possible, à son âge ?

— Douze ans, saigner tous les mois donc pouvoir avoir enfant.

— Mais enfin, quel homme serait capable d'une chose pareille ? s'écria Nora, bouleversée, en regardant le corps encore enfantin de Sally. Comment être attiré par une fille aussi jeune ? Il a dû la forcer, elle ne pouvait pas être consentante…

Nora s'interrompit en se rappelant les paroles que Sally avait prononcées pendant la tempête. *Sally méchante… Sally faire vilaines choses…* Certainement une allusion à ce que ce monstre lui faisait subir.

— En tout cas, vous pouvez compter sur moi pour tirer cette affaire au clair et mettre fin à de tels agissements !

Nora entreprit d'enrayer l'hémorragie, même s'il restait peu d'espoir après tous les efforts de la baarm madda.

— Adwea, prépare une infusion, ajoutes-y quelques gouttes de vin rouge et fais-la boire à la petite.

Alors que Nora épongeait le sang, un ricanement se fit entendre derrière elle.

— Madame va tirer cette affaire au clair ? Mais bien sûr, elle s'inquiète tellement pour ses pauvres Nègres.

Máanu. Nora faillit la réprimander mais se retint, car la jeune fille savait peut-être quelque chose.

— Depuis quand Sally saigne-t-elle ? demanda Nora à Adwea.

— Moi pas savoir. Hier, avant-hier…

— Depuis deux nuits, précisa Máanu, et ce n'est pas par hasard.

Alors que la femme de chambre tournait les talons, Nora nota sa remarque. Un événement particulier avait dû déclencher cette fausse couche. L'ouragan ? Une nouvelle agression ? Elle interrogea Adwea du regard. Comme celle-ci avait peur de parler, pouvait-il s'agir d'un contremaître ?

En constatant un peu plus tard dans la nuit que les saignements faiblissaient, Nora eut un semblant d'espoir. Mais celui-ci fut anéanti dès qu'elle croisa le regard de la baarm madda.

— Sally plus jamais saigner, dit-elle en secouant la tête.

Adwea et l'autre fille de cuisine éclatèrent en sanglots. Nora eut elle aussi les larmes aux yeux.

— Pas pleurer, madame, pas pleurer, Addy, ajouta la guérisseuse. Sally libre et heureuse…

5

— Je t'en prie, Nora, ce n'est pas le genre de sujet que l'on aborde à table ! Encore moins quand on est une dame.

Elias reposa brusquement la fourchette avec laquelle il venait de se servir en poisson séché et en ocra.

Nora, qui était descendue plus tard que d'habitude pour le petit-déjeuner, ne se souciait guère de gâcher l'appétit de ces messieurs en leur parlant de Sally. Elle-même ne pouvait rien avaler, tout l'écœurait jusqu'au sucre dans son thé. Sans la convoitise des Blancs, Sally serait peut-être encore en vie quelque part en Afrique.

— Nora, si tu penses que Máanu sait quelque chose, nous devons l'interroger, intervint Doug. Voire la menacer de coups de fouet. La situation exige qu'elle ait plus peur de nous que de celui qui a infligé cela à Sally.

— Il s'agit forcément d'un contremaître, répondit Nora. Adwea n'a peur de personne au quartier des esclaves, or je l'ai vue trembler à l'idée de lâcher la moindre bribe d'information.

— Je n'oserais pas brandir mon fouet sous le nez de notre cuisinière, plaisanta Doug. Elle risquerait de nous empoisonner en retour.

Nora ne réussit même pas à sourire.

— Personne ne menacera personne, peu importe ce que ces femmes croient savoir, objecta Elias contre toute attente. Ce serait les inciter à l'insubordination.

Imaginez que chaque Nègre se mette à diffamer son chef. Cette affaire doit être réglée en toute discrétion. Je vais en parler à chacun des contremaîtres, et dès que je saurai qui c'est, je déduirai cinquante livres de son salaire.

— Cinquante livres ? s'écria Nora, indignée. Nous parlons d'une adolescente qu'un adulte a violée et engrossée. Il y a des choses qui ne se monnayent pas !

— N'exagérons rien, c'était une esclave.

Nora fulminait. Si elle s'était écoutée, elle aurait planté ses ongles dans le visage de son mari et l'aurait lacéré. Pour une fois, ce fut Doug qui tenta d'apaiser les esprits.

— Père, ce n'est pas possible. Il y a des lois et je doute qu'elles autorisent qui que ce soit à torturer des enfants à mort.

La bouche d'Elias se tordit en un affreux rictus.

— Tout de suite les grands mots. Cette gamine n'a pas été torturée à mort, elle est simplement tombée enceinte. Débourrée un peu tôt, certes, mais qu'y peut-on ? On trouve des esclaves jusque dans les maisons closes de Kingston.

— « Débourrée » ?

Nora ne put aller plus loin.

— C'est une piste, remarqua Doug. Je me renseignerai la prochaine fois que j'irai à Kingston. Qui sait, un de nos contremaîtres a peut-être la réputation d'aimer les jeunes prostituées. Pardon, Nora.

Elle balaya son excuse d'un revers de main.

— Allons, Doug, ne va pas t'imaginer que les dames de Kingston n'ont jamais entendu parler de ces maisons closes. En tout cas, Elias, dès que nous saurons de qui il s'agit, tu devras le renvoyer !

— Et le livrer aux autorités, renchérit Doug. Une enfant est morte et son bourreau mérite la potence !

— Très bien, dit Elias à contrecœur, mais seulement s'il reconnaît les faits. Sinon, ce sera la porte ouverte aux dénonciations en tous genres. Ces Nègres, vous leur donnez un doigt, ils prennent tout le bras.

Doug grimaça.

— Ne t'inquiète pas, père. Une fois que cet homme sera passé entre mes mains, il avouera tout.

— Pourquoi refuses-tu de parler, Máanu ? Tu sais quelque chose. Doug et moi sommes de votre côté, nous...

Nora s'entretenait depuis une demi-heure avec sa femme de chambre, mais celle-ci se contentait d'arborer un sourire malveillant. Lorsqu'elle finit par accepter de répondre, ce fut dans l'anglais rudimentaire dont elle savait pertinemment qu'il insupportait sa maîtresse.

— Madame pas vouloir savoir. Mieux si Madame oublier, et Backra Doug aussi.

Si Máanu resta stoïque, la discussion avec Adwea se termina dans les cris et les larmes.

— Moi rien dire. Pas pouvoir forcer moi, même si frapper. Pas frapper, Madame. Moi erreur appeler Madame...

Nora essaya désespérément de calmer la cuisinière en lui assurant qu'elle n'avait pas l'intention de la maltraiter.

— Adwea, tu dois comprendre que cet homme risque de recommencer. Pour l'amour du ciel, tu as une petite fille...

À l'idée que ce crime pût se répéter, Adwea s'effondra. Elle pleura à chaudes larmes jusqu'à ce que la voix agacée d'Elias se fît entendre pour réclamer que le déjeuner fût servi. Aussitôt, la cuisinière se ressaisit et se remit aux fourneaux. Nora n'était guère avancée.

— Adwea sait tout, Máanu aussi et elles sont toutes les deux terrifiées. Je crois qu'elles préféreraient être fouettées plutôt que de parler.

Doug et Nora avaient sellé leurs chevaux pour une sortie qui n'eut rien d'agréable. La plage était encore impraticable et la plantation fourmillait d'esclaves qui, en plus de leur travail habituel, devaient reconstruire les huttes des contremaîtres avant de penser aux leurs.

— Et aucune piste dans les maisons closes de Kingston, répondit Doug en fronçant les sourcils. Bien sûr, certains clients maltraitent les prostituées, mais nos contremaîtres n'ont pas mauvaise réputation.

— Il y a tout de même un monstre ici. D'après la baarm madda, plusieurs jeunes filles ont trouvé la mort à Cascarilla Gardens au cours de la dernière décennie. Je n'ai pas plus de précisions sur les dates car elle utilise un calendrier différent. Une première est décédée suite à une fausse couche comme Sally, une deuxième a été retrouvée noyée dans l'étang de la jungle alors qu'elle savait nager, et une troisième s'est pendue.

— Au cours de la dernière décennie, dis-tu ? Au moins, me voilà écarté de la liste des suspects.

Nora regarda Doug avec perplexité.

— Enfin, personne ne te soupçonnait !

— Pourquoi pas ? À croire Máanu, je suis le mal incarné.

Nora rit.

— Non. Le mal incarné, pour elle, c'est le backra...

Nora s'interrompit, saisie d'un doute affreux. Elias était un homme cruel, certes, mais il ne l'avait jamais violentée. Non, ce ne pouvait pas être lui.

Les semaines suivantes, le calme revint sur Cascarilla Gardens. Une fois le village reconstruit en hauteur, les esclaves purent quitter les étables et les écuries pour s'installer dans leurs nouvelles huttes. Nora reprit ses tournées matinales pour soigner les malades et veiller sur les jeunes filles de la plantation. Parmi elles, Mansah, la fille cadette d'Adwea. Nora ne craignait pas particulièrement pour sa sécurité car elle passait ses journées en cuisine auprès de sa mère, dont elle prendrait un jour la suite.

Un jour, Nora la trouva dans le salon en train de cirer les meubles.

— Tu travailles bien, dit-elle en voyant un guéridon qui n'avait jamais autant brillé. Voudrais-tu travailler plus souvent dans la maison ?

— Mama Adwe dit moi devoir car vous manquer servantes…

Mansah était triste. Avec le décès de Sally et la noyade d'Annie, elle avait perdu ses deux amies.

— C'est vrai, répondit Nora, mais je peux peut-être trouver une esclave des champs qui accepterait de te remplacer.

Cela ne faisait même aucun doute. Dans les plantations de canne à sucre, la main-d'œuvre était moins féminine que sur les exploitations de coton ou de tabac, du fait de la pénibilité du travail. Rares étaient les femmes qui le supportaient plus de quelques années. Comme on manquait de main-d'œuvre en Jamaïque, les négriers préférant traiter avec des îles plus grandes et plus centrales comme la Barbade. On devait donc envoyer les femmes les plus solides aux champs, qu'elles quittaient sans hésiter dès qu'on leur proposait une place de servante. Or les domestiques plus anciens avaient tendance à voir ces arrivées d'un mauvais œil. Nora espérait que ce ne serait pas le cas d'Adwea.

Elle décida de profiter de sa prochaine visite au village pour trouver une jeune femme qui pourrait convenir. Ainsi, Mansah retrouverait vite sa place en cuisine.

Seulement une dispute éclata avant que Nora eût pu prévenir la cuisinière. La jeune femme lisait dans le pavillon lorsque lui parvint la voix furieuse de Máanu. Intriguée, elle alla s'asseoir sur la terrasse qui surplombait la cuisine et tendit l'oreille.

— Pas Mansah! Elle devait rester en cuisine et prendre ta relève! Mama Adwe, tu ne peux pas laisser faire ça! Pas Mansah!

— Moi faire quoi, Máanu? Désobéir backra? répondit Adwea entre désespoir et résignation.

— Tu dois intervenir. Ne l'envoie pas dans la maison. Demande à Madame de la faire remplacer par une esclave des champs. Cirer des meubles, c'est à la portée de tout le monde. Mais surtout ne quitte pas Mansah des yeux!

— Et si backra insister? Nous pouvoir rien faire, Máanu, rien du tout...

Nora s'inquiéta aussitôt. Máanu n'avait pas l'air agacée de voir Mansah reléguée au rang de bonne, inférieur à celui de cuisinière. Elle semblait plutôt avoir peur pour sa sœur, tandis qu'Adwea était fataliste. Il s'agissait forcément de l'homme qui avait violé Sally. Un des domestiques, qui risquait de s'en prendre à Mansah si celle-ci quittait le giron d'Adwea? Non, mère et fille n'auraient pas hésité à dénoncer un Noir. Et seuls deux hommes blancs vivaient dans cette maison...

Bouleversée, Nora voulut reprendre son livre mais elle ne pouvait plus se concentrer. Elle hésita à appeler Máanu et lui faire part sans détour de ses soupçons, pour finalement décider d'attendre le soir. Restait à trouver la bonne façon de prévenir Doug, s'il y en avait une.

Nora passa le reste de la journée dans un état de tension extrême et ne put rien avaler au dîner. Si Elias ne le remarqua pas, Doug la regarda avec inquiétude jusqu'à ce qu'elle s'excusât.

— Je vais monter dans ma chambre et m'allonger, dit-elle avec un sourire forcé. Dites à Adwea de m'envoyer Máanu pour qu'elle m'aide à me déshabiller. Je crois que je suis souffrante.

Ce n'était pas vraiment mentir. Nora crut qu'elle allait étouffer si elle restait assise plus longtemps à la même table qu'Elias.

Mais ce fut Mansah et non pas Máanu qui vint frapper à sa porte.

— Mama Adwe envoyer moi aider Madame. Máanu sentir mal.

Nora fronça les sourcils. Devait-elle la croire ? En fin d'après-midi, sa femme de chambre avait semblé en pleine forme. Cependant, elle ne pouvait pas savoir que sa maîtresse prévoyait de la questionner. Peut-être avait-elle une autre raison d'envoyer Mansah à sa place. Nora se demanda si elle devait insister pour voir Máanu. Finalement, elle eut une meilleure idée. La discussion avec Máanu pouvait attendre ; cette nuit, elle veillerait sur Mansah.

— Merci d'être venue. Quand tu m'auras détaché les cheveux, tu iras me chercher un verre de lait chaud et tu en profiteras pour rapporter ta natte. Comme je suis souffrante, je préférerais que tu passes la nuit ici.

Mansah hocha la tête et se mit au travail avec le sourire. Manifestement flattée de remplacer sa grande sœur, elle prit grand soin de la chevelure et des vêtements de Nora. Celle-ci s'abstint de grimacer lorsque la fillette la peigna avec un peu trop de vigueur. Contrairement à la taciturne Máanu, Mansah était souriante, discutait joyeusement et parvint presque à distraire sa maîtresse. Le lendemain matin, alors que le soleil inondait la chambre, sa bonne humeur eut presque raison des lourds soupçons qui tourmentaient Nora depuis la veille. L'homme qui guettait l'occasion de s'en prendre à cette adorable enfant ne pouvait pas être Elias mais un monstre, un ogre, un fou ! À force de questionnements, Nora avait l'impression de perdre la tête. Elle devait absolument voir Máanu.

Or celle-ci ne vint pas non plus lors de sa visite matinale au village et se fit remplacer une fois encore par Mansah. Même si cette compagnie était plus agréable, Nora, à bout de patience, finit par aller voir Adwea.

— Moi savoir Máanu méchante et pas travailler, dit la cuisinière apeurée. Mais Máanu malade...

Nora secoua la tête.

— Dans ce cas, elle aurait dû au moins m'en informer ce matin. En l'occurrence, elle passe pour une paresseuse.

Tous les travailleurs aux champs devaient se présenter chaque matin devant leurs contremaîtres, à l'exception de ceux que Nora avait excusés pour cause de maladie. Concernant les domestiques et les garçons d'écurie, seuls Kwadwo et Adwea contrôlaient les absences. Comme la cuisinière connaissait bien les plantes médicinales et les soins à apporter aux malades, Nora lui faisait confiance quand elle disait qu'un domestique était souffrant. Mais dans le cas présent, elle se méfiait.

— Elle avoir... hum... avoir honte. Mais demain...

— Dois-je comprendre qu'elle a consulté la baarm madda ? demanda Nora, les yeux écarquillés.

Seul un avortement pouvait justifier la honte que venait de mentionner Adwea. Nora avait appris à identifier les signes de grossesse et n'hésitait pas à aborder le sujet avec les femmes concernées, afin de les dissuader de tuer leur bébé. Avorter, c'était prendre le risque d'être punie, et les planteurs pouvaient prendre des mesures particulièrement cruelles pour empêcher les femmes d'aller voir la baarm madda. Nora n'avait jamais dénoncé aucune esclave à Elias. S'agissant de Máanu... À aucun moment Nora ne s'était dit qu'elle pouvait être enceinte. Mais Adwea hocha vigoureusement la tête, ravie de ce prétexte.

— Oui, madame. Comment Madame savoir? Oh, Madame pas dire à backra, sinon Máanu fouettée. Elle rentrer demain.

Nora n'en crut pas un mot, la disparition de Máanu avait tout à voir avec la dispute qu'elle avait surprise à propos de Mansah.

— Adwea, y a-t-il un rapport avec... avec Sally? Avec ce qui lui est arrivé? Avec Mansah?

Elle frémit à l'idée que Máanu eût pu se livrer à ce monstre pour protéger sa petite sœur.

Adwea rougit, se mit à transpirer, mais nia avec véhémence.

— Sally morte et Mansah chez Madame...

— Máanu est-elle en danger, Adwea? insista Nora.

La cuisinière secoua vigoureusement la tête.

— Non, juste malade. De retour demain. Demain, sûrement...

«De retour»? Nora laissa tranquille la cuisinière apeurée, tout en continuant à réfléchir. Máanu était-elle partie chercher de l'aide sur d'autres plantations? Auprès d'un homme obeah, peut-être?

Non, Máanu n'aurait pas pris ce risque insensé.

— Tu penses qu'elle a pris la fuite? demanda Doug à Nora lorsqu'elle l'informa de la disparition de Máanu.

— Pris la fuite?

Nora n'avait pas envisagé cette hypothèse. Tous deux traversaient la forêt à cheval pour se rendre à la plage, même s'ils ne comptaient pas se baigner. Nora tenait à garder ses distances avec son beau-fils, bien que cela lui fût chaque jour un peu plus difficile. Elle avait envie de l'embrasser, de se blottir contre celui qui supplantait parfois Simon quand elle rêvait de nuits d'amour sur la plage. Elle redoutait de lui faire part du soupçon qui la rongeait.

— Quand un esclave disparaît du jour au lendemain, on pense tout naturellement à une fuite. Máanu avait-elle une raison de partir ?

Nora se mordit les lèvres.

— Je l'ai entendue se disputer avec sa mère.

Elle s'efforça de répéter aussi fidèlement que possible les paroles qu'elle avait surprises.

— J'ai senti qu'il y avait urgence, comme si Mansah était en danger de mort. Sous notre toit, Doug !

Le jeune homme fronça les sourcils.

— Tu as peut-être mal compris. Que pourrait-il arriver à Mansah ?

— La même chose qu'à Sally !

— C'est impossible, Nora. S'il s'agissait d'un domestique, Máanu l'aurait dénoncé.

Nora ne répondit pas et garda les yeux rivés sur le chemin que suivait son cheval. Le paysage était moins lugubre depuis qu'Elias avait dégagé les arbres abattus par la tempête et revendu les bois les plus précieux à Kingston. De jeunes pousses apparaissaient déjà dans les trous laissés par les plantes arrachées.

— Et ce ne peut pas être mon père ! s'exclama Doug devant le silence de Nora. Tu ne peux pas l'accuser de faits aussi monstrueux. Nous avons des différends, certes, il peut se montrer cruel, impitoyable, mais violer des adolescentes…

— Dans ce cas, de qui s'agit-il ? répondit Nora en le regardant droit dans les yeux.

— Enfin, mon père…

Doug ne put terminer sa phrase. Comme ils avaient atteint la plage, Nora arrêta son cheval et mit pied à terre. Il ne pleuvait pas, les deux jeunes gens pourraient marcher un peu sur le rivage. Nora avait besoin de sentir Doug près d'elle.

— Écoute, moi non plus, je ne veux pas croire cela de mon mari. Mais il s'agit forcément d'un Blanc qui vit dans la maison…

— À moins qu'il ne commette ses forfaits ailleurs. Peut-être que Máanu est simplement fâchée de savoir que Mansah va devoir s'éloigner de sa mère, qui la protège jour et nuit. Mais elle ne peut pas avoir dit que la petite était en danger sous notre toit. Ce n'est pas possible.

— Reste à savoir où elle se trouve. Dois-je la dénoncer à Elias si elle ne réapparaît pas demain ?

Doug haussa les épaules.

— Tu n'auras guère le choix, et puis les contremaîtres risquent de commencer à se poser des questions. Si Máanu est vraiment partie…

Nora réfléchit.

— Je pourrais dire que je lui ai donné quelques jours de congé. Mieux, que je l'ai envoyée chercher chez la baarm madda de Keensley des plantes rares qui ne poussent pas ici.

Doug attira Nora tout contre lui. Elle se blottit dans ses bras, soulagée de ne pas le voir fâché.

— Mais si Máanu est arrêtée ? demanda le jeune homme après réflexion. Imagine si l'on apprend que tu as couvert la fuite d'une esclave. Le scandale secouerait toute l'île.

Nora se dégagea et faillit parler à Doug de Simon, avant de se raviser. C'en était fini des révélations pour aujourd'hui.

— J'ai toujours fait fi du scandale, se contenta-t-elle de répondre.

6

Máanu, qui ne savait même pas où se trouvait la Stony River, doutait de trouver un jour les marrons. Si elle était arrêtée par l'une de leurs nombreuses sentinelles, rien ne garantissait qu'on la conduisît dans un de leurs villages. Certains marrons n'hésitaient pas à livrer les fuyards aux autorités en échange d'une belle récompense. Máanu espérait de toutes ses forces que les esprits lui montreraient le chemin vers le village et le cœur de la reine Nanny. Elle se sentait tout de même plus en sécurité maintenant qu'elle s'était suffisamment éloignée de Kingston et de ses nombreuses plantations.

Au lever du jour, Máanu arriva au pied des Blue Mountains et se lança dans leur ascension. Après les palmiers et les bambous des contreforts, elle se fraya un chemin dans une végétation plus broussailleuse et traversa plusieurs cours d'eau à la nage, sans un regard pour la beauté des paysages. Elle devait se dépêcher et surtout ne pas perdre le cap au nord-nord-est, là où devait se trouver Nanny Town. La vie de Mansah en dépendait.

Au deuxième jour de son expédition, Máanu, fatiguée et affamée, fut presque soulagée d'entendre la corne de brume qui signalait une intrusion sur le territoire des marrons. Quelques instants plus tard, deux Noirs surgirent des buissons.

— Toi, là ! Quoi vouloir et où aller ? demanda le plus âgé.

— Je m'appelle Máanu et je me suis enfuie d'une plantation. Cascarilla Gardens, derrière Spanish Town.

L'homme acquiesça.

— Grosse plantation. Elias Fortnam.

— Oui, et je cherche Nanny Town. Je dois parler à la reine.

— Pas sûr que reine accepte parler à petite esclave, dit la plus jeune sentinelle avec un ricanement.

— Conduisez-moi auprès d'elle, insista Máanu. C'est… c'est bien près d'ici ?

— Pays reine Nanny et roi Quao, confirma le plus âgé. Mais toi être seule ? Toi pas guider Blancs ? Bizarre, petite fille venir seule…

— Je ne suis pas une petite fille ! Je suis une femme et je viens voir la reine ! J'ai besoin d'une baarm madda…

On disait en effet que la reine Nanny connaissait les plantes médicinales.

Encore une fois, les deux hommes éclatèrent de rire.

— Toi pas avoir baarm madda sur plantation ? se moqua le plus jeune.

Máanu soutint son regard.

— Elle ne commande pas à des esprits aussi puissants !

— Toi envoyée par obeah ? demanda le plus âgé.

— Personne ne m'envoie. Enfin, si, quatre duppies qui réclament vengeance. Ils ne toléreront pas que quelqu'un se mette en travers de leur chemin.

Máanu essaya de s'exprimer avec autant de conviction que possible, bien qu'elle doutât de la portée de cet argument. Même si, jusqu'à présent, les esprits des quatre adolescentes mortes sur la plantation l'avaient guidée avec succès.

— Nous t'amener à Nanny Town, décida finalement le plus âgé des deux hommes. Là, toi dire quoi vouloir.

Bien qu'elle ne fût pas encore tirée d'affaire, Máanu poussa un soupir de soulagement et suivit les deux sentinelles sur un petit sentier envahi par la végétation jusqu'à la Stony River. La centaine de huttes qui composaient Nanny Town se trouvaient à flanc de montagne, avec une vue dégagée sur les environs. Impossible de s'en approcher ou même de traverser le fleuve sans être repéré.

Arrivés aux portes du village, les deux sentinelles se concertèrent tandis que Máanu reprenait son souffle.

— Quoi faire maintenant ? Nous la montrer à reine ?

Máanu évita de les brusquer, même s'il lui paraissait évident que tout nouvel arrivant devait être signalé. En voyant qu'on la conduisait finalement dans une hutte ronde de style africain, très différente de celles qu'elle connaissait, Máanu se prit à espérer qu'elle allait rencontrer la reine en personne. Elle devait arriver à la convaincre, lui faire entendre la supplique d'une esclave désespérée. Les battements de son cœur s'accélérèrent. Pour se donner un peu de courage, elle regarda par-dessus son épaule et vit un petit esprit aux cheveux crépus qui lui souriait.

Quatre jours après la disparition de Máanu, Nora décida enfin d'informer Elias, qui s'emporta aussitôt.

— Je l'ai envoyée chez Keensley car l'une de ses guérisseuses a des plantes rares. Mais elle n'est jamais rentrée.

— Et tu as attendu tout ce temps avant de m'en parler ? Enfin, l'aller-retour ne prend pas plus d'une journée !

— J'ai pensé que la baarm madda ne disposait pas des plantes que je voulais et que Máanu avait dû attendre…

— Attendre quoi ? Que ça repousse ? s'exclama Elias, furieux, en faisant les cent pas. Et quelles plantes trouve-t-on chez Keensley qu'il n'y a pas ici ? Pourquoi ne pas avoir envoyé un palefrenier ? Máanu est femme de chambre, Nora, femme de chambre ! Son travail consiste à te coiffer, à prendre soin de tes vêtements et à t'habiller. Elle a trop de valeur pour qu'on l'envoie chercher quelques herbes.

— Justement, comme c'est une domestique, je lui faisais confiance…

— Eh bien, tu auras au moins appris quelque chose : ne jamais faire confiance à un Nègre ! Une petite leçon qui me coûte deux cents livres.

— Si elle disparaît pour de bon, nuança Doug. Elle peut encore être capturée ou rentrer d'elle-même.

Elias ricana.

— Bien sûr, puisqu'elle est allée rendre visite à une vieille tante. À ton avis, de quoi les Nègres rêvent-ils la nuit ?

— De toute façon, Máanu était mon esclave, intervint Nora avec un peu plus d'aplomb. Si elle est partie, tant pis pour moi.

— Ah, parce que tu l'as payée avec ton argent ? rétorqua Elias. De toute évidence, très chère, tu as encore beaucoup à apprendre. Ici, rien ne t'appartient. Ne crois pas que tu peux disposer des Nègres à ta guise ! À t'écouter, il faudrait leur donner la becquée jusqu'à ce que leur ventre explose. Cette Négresse est à moi, à moi seul, et nous allons tout faire pour la récupérer, même si, après quatre jours, nos chances sont minces. Je vais tout de suite chez Keensley, ses chiens pourront peut-être flairer une piste si elle est bien passée voir cette sorcière.

Il sortit en trombe. Soudain, Nora comprit ce que Doug avait ressenti quatorze ans plus tôt quand on l'avait séparé d'Akwasi. Cela avait dû être encore pire pour les deux enfants. Après tout, Máanu avait retrouvé la liberté, et Elias avait beau tenir sa femme pour responsable, il ne pouvait pas la punir.

Doug posa une main sur l'épaule de Nora.

— Sois tranquille, ils ne la chercheront pas longtemps. À moins qu'elle n'ait fait quelque chose de vraiment idiot, comme s'enfuir avec un amant d'une autre plantation. Mais venant de Máanu, je ne pense pas.

Nora secoua la tête.

— Moi non plus. Ak… Akwasi est là, n'est-ce pas ?

À sa connaissance, Akwasi était le seul homme que Máanu aimait.

— Bien sûr, les contremaîtres auraient tout de suite remarqué son absence, confirma Doug.

— Mais où peut-elle bien être ?

Doug sourit.

— À ton avis ? Dans les montagnes, évidemment. Si elle n'a pas rencontré d'obstacles en route, elle doit déjà être chez les marrons.

— Pourquoi je t'aiderais ?

Après avoir invité Máanu à s'asseoir sur un tapis, la reine Nanny l'avait écoutée depuis son siège en bois finement sculpté qui reposait sur deux grands piliers gravés de symboles. La meneuse des marrons était une femme petite et mince âgée d'une quarantaine d'années. Ses habits occidentaux contrastaient avec le style africain du kraal qu'elle avait fait bâtir à flanc de montagne. Elle avait un visage stoïque et des yeux d'un noir étincelant, si perçants que Máanu se sentait mise à nu.

— Parce qu'il s'agit de ma sœur, reine Nanny. C'est une très jolie fille, et il lui infligera les mêmes souffrances qu'aux autres. Qu'à moi.

Máanu baissa les yeux.

— Tu as survécu, répondit la reine.

Comme Nanny n'était encore qu'une enfant à son arrivée en Jamaïque, elle parlait un bon anglais, malgré un très fort accent ashanti.

— Moi aussi, j'ai perdu un enfant, insista Máanu d'une voix étouffée, et j'ai failli en mourir. J'en porte encore les marques aujourd'hui.

— Comme nous toutes. Ta sœur ne sera pas la première ni la dernière à subir les assauts d'un Blanc.

— Mais… elle est si jeune ! s'écria Máanu, les larmes aux yeux.

Nanny haussa les sourcils et prit un fruit dans une corbeille posée à côté de son trône.

— Ça finira par arriver. Aujourd'hui, demain… Je ne peux rien y faire et toi non plus. Tu dois l'accepter. Ou donne-moi une meilleure raison d'attaquer une plantation qui se trouve à plus de trente miles d'ici.

— Cascarilla Gardens est riche ! s'exclama Máanu. D'ailleurs, ta sentinelle la connaissait et…

— Tout le monde connaît cette plantation, rétorqua la reine en pelant son fruit. Mais c'est trop loin, trop risqué. Nous ne pouvons pas faire parcourir une telle distance à cinquante de nos hommes sans qu'ils soient repérés. Mais imaginons qu'ils arrivent à destination et qu'ils brûlent Cascarilla Gardens : on nous traquerait comme du gibier. Désolée, ma fille, mais c'est non.

Máanu se mordit les lèvres et s'inclina.

— Inutile d'en envoyer cinquante, reine Nanny. Donne-m'en… Donne-m'en seulement cinq !

Les chiens eurent beau parcourir plusieurs fois la plantation de Keensley puis celle de Hollister, ils ne flairèrent évidemment aucune piste. Christopher Keensley se montra extrêmement coopératif et mit tout en œuvre pour aider Elias à retrouver Máanu. Il fit même fouetter la baarm madda à qui la jeune fille était censée avoir rendu visite, mais elle persista dans ses dénégations.

Ensuite, Elias emmena les chiens sur sa plantation également mais plus d'une semaine avait passé depuis la disparition de Máanu et il avait plu presque tous les jours. Après trois jours de recherches infructueuses, Elias suspendit la traque et annonça sa décision au dîner.

— Si elle est partie dans les montagnes, les marrons ont dû la capturer depuis longtemps. Nous pouvons rayer cette souillon de nos effectifs. C'est ta faute, Nora, j'espère que tu en es consciente.

— Bien sûr que oui, répondit-elle.

Elle garda les yeux rivés sur son assiette pour cacher sa jubilation.

— J'ai fait preuve de négligence et j'en suis navrée. Mais tu n'auras pas à m'acheter une nouvelle femme de chambre. Je formerai la petite Mansah.

Elias repoussa son assiette. Il sentait déjà le rhum. Il avait sans doute bu avec Keensley pour noyer son mécontentement après la traque infructueuse.

— Mandy, sa sœur ? Le même sang, la même allure… J'aurais dû envoyer Kitty aux champs quand…

— Quand tu y as envoyé Akwasi ? demanda Doug avec un calme glaçant.

Elias foudroya du regard son fils qui, après avoir fait mine de participer aux recherches, avait passé deux jours à Kingston.

— Oui, et j'ai bien fait puisqu'il est toujours là. Nora, j'irai chercher en ville une femme de chambre qui aura interdiction de quitter la maison. Pour peu qu'elle s'entiche d'un autre Nègre, nous aurons encore des problèmes. Quant à toi, tâche à l'avenir de te comporter comme une dame. Va pour les soins des malades, mais je ne veux plus entendre parler de sorcières et de guérisseuses.

— Mais...

Alors que Nora s'apprêtait à protester, Elias se leva de table et se tourna vers le domestique qui apportait le plat principal.

— Dis à Addy de me faire monter un dernier verre.

Les mains de Nora se crispèrent sur sa serviette. Elle ne devait pas s'emporter. De toute façon, ce soir, Elias ferait la sourde oreille. Il serait peut-être plus disposé à l'écouter après une bonne nuit de sommeil. Nora se demanda ce qu'Adwea ajoutait dans ce dernier verre qu'il réclamait. Le lendemain, il était toujours de meilleure humeur.

Le domestique, d'abord décontenancé, se ressaisit et poursuivit son service. Nora n'avait pas faim, la tension à table avait achevé de lui couper l'appétit. Alors qu'elle se forçait tout de même à prendre une cuillerée de soupe, Doug lui sourit par-dessus son verre.

— On dirait que les recherches sont abandonnées pour de bon. Tant mieux pour Máanu. J'espère qu'elle sera heureuse.

— Moi aussi, répondit Nora d'une voix étranglée. Mais je...

Après s'être longtemps contenue, elle avait les larmes aux yeux. Máanu, le sermon d'Elias, le danger que courait Mansah... C'en était trop. Jusqu'à présent, Nora avait évité de trop s'interroger sur son avenir à Cascarilla Gardens. Elle aimait cette île, elle s'était accommodée de son époux, jusqu'à ce qu'il devînt insupportable. Elle ne s'imaginait pas vivre encore dix ou vingt ans aux côtés d'Elias. Et encore moins sous le même toit que Doug !

Nora ne pouvait nier plus longtemps les sentiments qu'elle éprouvait pour son beau-fils. Si elle ne le laissait pas l'embrasser, la prendre dans ses bras de temps en temps, elle dépérirait. Elle craignait également que

Doug finît par se lasser et partir. Elle ne le supporterait pas. Leur liaison semblait inéluctable. Mais si Elias les surprenait…

Doug dut lire dans ses pensées car il lui prit tendrement la main.

— Cesse de te tourmenter et laisse les choses se faire…

En entendant sa voix douce et séduisante, Nora se retint tant bien que mal de pleurer.

— Mais je ne peux pas, chuchota-t-elle. Si on nous voit…

Doug embrassa sa main.

— Nous nous enfuirons, comme Máanu.

— Ce n'est pas possible. Les gens…

En réalité, ce n'était pas le qu'en-dira-t-on que Nora redoutait mais la réaction d'Elias. Même si celui-ci avait quitté la table, sa présence dans la pièce était encore palpable. Mais au contact de la main de Doug sur la sienne, Nora sentit que ses dernières défenses cédaient.

— Tu m'as pourtant dit que tu faisais fi du scandale. Accepte-moi, Nora. Je te protégerai, maintenant et pour toujours.

Doug Fortnam suivit Nora dans sa chambre et entreprit de la déshabiller délicatement à la lueur de la pleine lune. Ensuite, il lui brossa les cheveux en ne s'arrêtant que pour l'embrasser dans le cou.

— C'est toi que je devrais prendre comme femme de chambre, le taquina Nora.

— Je suis tout à ton service, chuchota-t-il en faisant courir ses lèvres sur ses épaules et sa poitrine.

Il la porta jusqu'au lit où il l'aima en lui murmurant des mots tendres. Nora sentit alors un tourbillon d'émotions déferler sur elle.

— Tu m'as transportée jusqu'à la lune, murmura-t-elle.

Doug rit.

— Parce que tu es une grande voyageuse. La prochaine fois, j'essayerai de te transporter jusqu'à Vénus. Mais d'abord, raconte-moi les scandales que tu as connus. Inutile de nier plus longtemps, Nora Fortnam née Reed. Je veux tout savoir !

Nora rougit. Blottie contre Doug, elle se sentait en sécurité, réconfortée. Devait-elle vraiment réveiller l'esprit de Simon ? À moins qu'il ne fût déjà là, en train de sourire. Elle porta la main au pendentif qu'elle portait presque en permanence.

— Très bien, je… j'ai connu un homme jadis. Un lord, pas un baron du sucre. Et il me racontait des histoires merveilleuses…

D'une voix étranglée par l'émotion, Nora décrivit la gentillesse de Simon, sa tendresse, les rêves qu'ils avaient partagés… et enfin sa mort dans ses bras.

— Je comprends mieux pourquoi tu as épousé mon père, dit doucement Doug. Tu voulais venir ici, sur l'île de Simon.

Nora hocha la tête.

— Et je t'ai trouvé. Mais je ne sais pas si… si…

Doug sourit.

— Si Simon nous donne sa bénédiction ? Eh bien, si cela peut te rassurer, nous n'aurons qu'à apporter un poulet à l'homme obeah demain. Ou alors aimons-nous à nouveau et voyons si la foudre nous tombe dessus.

Ce deuxième moment fut encore plus magique que le premier. Nora se sentait soulagée d'avoir raconté son histoire, et Doug semblait lui aussi libéré d'un poids.

— Veux-tu rester avec moi cette nuit ? demanda la jeune femme.

Doug hocha la tête.

— Si tu le souhaites. Il faudra seulement que je regagne ma chambre avant le réveil d'Adwea, car rien ne lui échappe. Et je me méfie de Terry, le valet de mon père, qui traîne parfois dans les parages. Pourtant, je croyais que mon père ne laissait pas les Noirs entrer ici la nuit.

Nora s'en étonna aussi. À chaque fois qu'elle avait laissé Máanu dormir dans la maison, à l'époque où leurs relations étaient encore bonnes, Elias avait manifesté son mécontentement.

Doug se redressa et prit la bouteille de vin qu'il avait montée.

— Il en reste la moitié. Prenons un dernier verre.

À ces mots, Nora fut prise d'une soudaine angoisse. *Dis à Addy de me faire monter un dernier verre.* Était-ce parce que Doug avait repris une expression qu'elle avait si souvent entendue dans la bouche d'Elias ? Ou y avait-il autre chose qui lui échappait depuis des mois ?

Dis à Addy de me faire monter un dernier verre. Elias avait encore prononcé ces mêmes paroles ce soir, et le domestique avait failli en lâcher son plateau. Et n'avait-il pas formulé la même demande le soir précédant la fausse couche de Sally ? Nora repensa à l'objection d'Adwea, qui l'avait étonnée. Puis à la violente dispute entre Máanu et sa mère, sa disparition…

Les doutes de Nora devinrent une terrible certitude. Elle saisit le bras de Doug si violemment qu'elle enfonça ses ongles dans sa chair.

— Lève-toi, nous devons intervenir ! Je n'ai pas le temps de t'expliquer, mais je crois que ton père est en train de s'en prendre à Mansah !

7

Nora ignora les questions de Doug et passa une simple robe de chambre, sans se soucier de ce qu'Elias penserait en la voyant si légèrement vêtue en compagnie de son fils. Celui-ci enfila ses braies sans savoir de quoi il retournait exactement, mais il se fiait au jugement de Nora. La jeune femme ne lui avait jamais paru folle ou hystérique, au contraire, elle était tout à fait sensée.

— Suis-moi, dit-elle en allumant une bougie.

À chaque battement de cœur, sa théorie prenait forme. Bien sûr qu'il n'y avait pas de bâtards à Cascarilla Gardens, Elias s'en prenait à des adolescentes qu'il faisait avorter si elles tombaient enceintes. Et ne s'était-il pas désintéressé de Nora dès que celle-ci avait commencé à avoir des formes plus féminines ? La bonne société de Kingston devait bruisser de rumeurs sur ces jeunes filles qui disparaissaient sur la plantation. Elias avait fui en Angleterre, puis il y avait eu ce mariage…

— Nous aurions dû comprendre depuis longtemps, murmura Nora. Comment avons-nous pu être aussi aveugles ? Et maintenant… J'espère qu'il n'est pas trop tard.

Doug la suivit pieds nus et sans chemise. Dans le couloir, il crut entendre des pleurs. S'il avait été seul, il aurait pris le temps de tendre l'oreille mais rien ne pouvait arrêter Nora. Elle courut jusqu'à la suite d'Elias qui était aménagée comme la sienne : petit salon, cabinet de toilette et chambre à coucher. Nora se précipita dans la première pièce et trouva Terry, le valet de son mari.

— Backra Doug, Madame…, balbutia-t-il, les yeux écarquillés. Vous pas pouvoir entrer.

Alors qu'il essayait de barrer la route aux deux jeunes gens, Nora le poussa sur le côté.

— Oh que si, nous pouvons !

Elle ouvrit la porte de la chambre et resta interdite devant la scène qu'elle découvrit. Mansah, recroquevillée dans un coin, serrait un oreiller contre sa poitrine tandis qu'Elias se tenait devant elle avec sa ceinture défaite.

— Debout ! Déshabille-toi !

Mansah était pétrifiée face à l'homme qui la dominait de toute sa hauteur.

Nora entendit Doug pousser un cri étouffé derrière elle. Pour lui, ce spectacle devait être encore plus choquant. Après tout, il s'agissait de son père.

— Non, backra, pas faire comme avec Sally…, supplia Mansah d'une voix étranglée par la peur.

Ni elle ni son bourreau n'avait remarqué Nora et Doug. La jeune fille enfouit son visage dans l'oreiller certainement prévu pour étouffer ses cris. Elias n'eut pas le temps de l'approcher car Doug s'interposa et lui assena un coup de poing au menton qui le projeta contre le mur.

— C'était donc toi, espèce de salaud ! s'écria-t-il d'une voix étranglée par le dégoût et l'indignation.

Mansah se jeta dans les bras de Nora et fondit en larmes.

— Il a… il a…

Elle ne trouvait pas les mots pour expliquer ce qui venait de se passer. Nora constata avec soulagement qu'il n'y avait pas de taches de sang sur sa robe. Elias avait fait très peur à Mansah mais ne l'avait pas encore blessée.

— Comment oses-tu violer et tuer des jeunes filles ? cria Doug en empoignant son père par le col.

Elias retrouva peu à peu ses esprits.

— Tu as déjà oublié ? Elles m'appartiennent ! On en trouve treize à la douzaine sur le marché de Kingston !

— Tu es… tu es un monstre. Je vais te dénoncer aux autorités…

Le visage d'Elias se tordit en une affreuse grimace.

— Les autorités ? Laisse-moi rire. Vous la trouvez peut-être un peu jeune, mais ces Négresses sont précoces. Et vous, d'où sortez-vous dans cette tenue ?

Doug, fou de rage, serra les mains autour du cou de son père. Il l'entendit suffoquer et se délecta de ses râles. Il allait tuer ce monstre, il allait le faire souffrir comme ces filles avaient souffert, il…

— Non ! cria Nora. Doug, arrête, tu vas le tuer !

— Et alors ? Le monde ne s'en portera que mieux !

— Et toi, tu finiras à la potence ! Doug, quoi qu'il ait fait, il reste ton père !

Doug lâcha Elias qui tomba à terre.

— Décidément, mon cher fils manque de cran, dit-il d'une voix rauque.

Nora s'interposa entre les deux hommes.

— Doug, sors d'ici et calme-toi ! Tu ne te contrôles plus.

— Nora… Nora, il…

Doug voulut protester, mais elle le poussa fermement vers la porte. Il entendit Elias ricaner et crut même voir une esquisse de sourire sur le visage de Terry, qui gardait l'entrée.

— Sors d'ici ! répéta Nora alors qu'il hésitait.

C'en fut trop pour Doug. Il assena un violent coup d'épaule au valet qui fut projeté à l'autre bout du cabinet de toilette. L'homme était resté sur le seuil de la chambre et avait assisté à toute la scène. Il devait être au courant de ce qu'Elias faisait subir aux fillettes de la plantation.

Mais qui d'autre que lui, Nora et Doug savaient dans cette maison ?

Nora poussa un soupir de soulagement après le départ de Doug, qu'elle n'aurait pas supporté de voir devenir un meurtrier. Elle frémit toutefois en constatant qu'elle et Mansah étaient à la merci d'Elias, qui les rattraperait très vite si elles tentaient de fuir. Il pouvait très bien les tuer et accuser Terry, qui était étendu sans connaissance dans le cabinet de toilette. Ce serait sa parole contre celle de Doug.

Nora chercha une arme pour se défendre et vit l'épée d'Elias, appuyée contre le mur près du lit. Elle n'avait qu'un geste à faire… Elle repoussa Elias qui approchait, s'empara de l'épée et se campa devant Mansah pour la protéger.

— N'approche pas ou tu vas le regretter !

Doug sortit en trombe de la maison qui l'avait vu naître, avec une seule idée en tête : tuer Elias d'un coup d'épée en plein cœur, quelles qu'en fussent les conséquences et quoi qu'en pensât Nora. Son père avait raison, il ne serait jamais inquiété pour des viols d'esclaves. Bien sûr, le scandale serait une catastrophe pour Cascarilla Gardens, mais il ferait sans doute plus souffrir Nora qu'Elias. Les autres planteurs lui pardonneraient et il pourrait très vite reprendre ses activités. En revanche, terminé les bals et les mondanités. Nora vivrait coupée du monde, avec pour toute compagnie un mari violent. Restait la fuite. Elias ne pourrait pas empêcher les deux jeunes gens de partir, mais c'était le laisser continuer à violer et tuer en toute impunité.

Ivre de rage et de désespoir, Doug courut vers les écuries. En le voyant arriver, Amigo hennit. Doug le harnacha, utilisa une caisse comme marchepied et l'enfourcha à cru. Une sortie à cheval le remettrait d'aplomb, l'éloignerait de la maison et l'aiderait à remettre un peu d'ordre dans ses pensées. Nora avait raison, il devait se ressaisir. Ils aviseraient plus tard.

Doug lança Amigo au galop dans la nuit. Vers la plage, vers la mer, ou mieux, *dans* la mer. Le jeune homme ressentait le besoin impérieux de se purifier.

Máanu essaya d'entrer dans le village des esclaves sans faire le moindre bruit, mais elle n'était pas aussi discrète que les cinq hommes qui l'accompagnaient. Les marrons que la reine Nanny avait mis à sa disposition étaient des guerriers expérimentés. En Afrique, ils avaient appris à marcher à pas de loup, à bondir à la vitesse de l'éclair et à disparaître tout aussi rapidement. Ils avaient imprimé un tempo particulièrement rapide, ralliant en une journée Nanny Town à Cascarilla Gardens, malgré de nombreux détours effectués pour rester cachés par l'épaisseur de la jungle. Ils avaient profité de la nuit pour traverser la plantation des Hollister et atteindre le nouveau quartier des esclaves. Máanu allait demander à ses accompagnateurs de l'attendre dans la forêt lorsque leur chef prit la parole.

— Où contremaîtres ?

Máanu désigna quatre huttes plus spacieuses situées en bordure du village.

— Là-bas. Mais il vaudrait mieux attendre que nous soyons plus nombreux, non ?

L'homme secoua la tête et sortit son couteau.

— Toi réveiller esclaves, nous aller voir contre-maîtres…

Il accompagna sa réponse d'un geste sans équivoque. Máanu acquiesça, le cœur battant. Le chef avait peut-être raison, ce serait plus facile de surprendre les contre-maîtres dans leur sommeil. S'ils se réveillaient aux cris des esclaves qui se rebellaient, ils auraient le temps de tirer des coups de feu pour alerter les Fortnam.

Máanu se glissa dans la hutte d'Akwasi.

— Akwasi, Bobbo, Coffee, Fiddler !

Après une dure journée de labeur aux champs, les esclaves dormaient à poings fermés. Bobbo, un jeune homme toujours disposé à plaisanter, fut le premier à ouvrir les yeux.

— Ça alors, Máanu ! Qu'est-ce que tu fais ici ? Tu es revenue pour Akwasi ? L'amour, c'est beau mais ça rend fou !

— Je suis revenue pour vous libérer tous !

Akwasi sursauta dès qu'il reconnut la jeune fille.

— Un groupe de marrons m'accompagne. Cette nuit, la plantation sera réduite en cendres ! Mais nous avons besoin de votre aide. Si vous vous battez à nos côtés, vous serez libres !

— Ou morts ou capturés, remarqua Coffee.

— Pas forcément, dit Fiddler qui semblait prêt à y réfléchir.

— Ils nous épargneront, insista Máanu. Venez, il faut réveiller les autres. Surtout les jeunes, les autres sont trop hésitants. Akwasi, Coffee, Bobbo, Fiddler, répartissez-vous les huttes.

Akwasi secoua la tête.

— Hors de question de jouer les messagers, je veux me battre ! Où sont les marrons, Máanu ? Déjà en train de tuer les contremaîtres ?

— Exactement. Mais tu…

Akwasi s'empara du couteau qu'elle portait à la ceinture.

— Je me charge de Truman.

Akwasi marchait d'un pas décidé vers la hutte de son tortionnaire lorsqu'un cri et des bruits de lutte lui parvinrent. Il se figea. Non seulement quelqu'un l'avait devancé, mais le vacarme risquait de donner l'alerte. Sans hésiter plus longtemps, Akwasi sortit le couteau de Máanu et ouvrit en grand la porte de la hutte. À la lueur de la pleine lune, il distingua Truman qui se battait avec un marron. Il réussit à se dégager et se mit à crier.

— À l'aide ! Les esclaves se révoltent !

Akwasi l'empoigna par les cheveux, lui renversa la tête en arrière et lui trancha la gorge d'un coup net. Truman s'affaissa dans un gargouillis.

— Ta mort a été bien trop rapide, sale chien, chuchota Akwasi.

Le marron sourit.

— Bravo. Lui faire semblant dormir quand moi entrer, alors bagarre. Toi venir avec nous ?

— Je m'appelle Akwasi et je brûle de faire subir la même chose à ceux qui se trouvent dans la maison. On en est où avec les autres ?

— Tous morts, ici dernière hutte. Marrons chercher argent, fusils…

Même si les contremaîtres n'étaient pas riches, les marrons espéraient trouver quelques piécettes et bien sûr des armes. Akwasi sentit son cœur faire un bond dans sa poitrine lorsqu'il vit le fusil de Truman posé contre le mur.

— Je peux ? demanda-t-il au marron.

— Oui, moi déjà armé.

Il désigna le fusil qu'il portait en bandoulière.

— Pas tirer si pas nécessaire. Pas faire de bruit, sinon tout le monde savoir pour attaque.

— Mais nous brûlerons la maison, n'est-ce pas ? demanda Akwasi, plein d'espoir.

Le marron acquiesça.

— Plus tard. D'abord argent puis…

Il passa un index en travers de sa gorge.

Lorsque Akwasi et son nouveau frère d'armes sortirent de chez Truman, Máanu avait déjà rassemblé une cinquantaine d'esclaves sur la place du village. Tous étaient jeunes, portaient des marques de coups de fouet dans le dos et avaient soif de vengeance. Les marrons les saluèrent d'un signe de tête.

— Nous tous aller dans maison. Surtout pas de bruit. Si personne dénoncer nous, eux dormir. Mais souvent traîtres…

C'était justement ce que la reine Nanny avait objecté à Máanu. Lors de précédentes attaques, les marrons avaient eu des difficultés à rallier les esclaves à leur cause. Certains rêvaient de se venger des backras tandis que d'autres étaient dévoués à leurs maîtres. Ainsi, les domestiques avaient souvent des scrupules à les tuer et à réduire en cendres la maison dans laquelle bon nombre d'entre eux avaient grandi. Ils avertissaient leurs maîtres de l'attaque et gâchaient l'effet de surprise des marrons. Dans les faits, cela ne changeait rien car les marrons étaient en supériorité numérique et tuaient les planteurs. Mais ils subissaient parfois des pertes, ce que cherchait absolument à éviter la reine Nanny.

— Pas traîtres ici !

Akwasi reconnut la voix d'Adwea.

— Mais backra pas dormir. Backra avec Mansah.

— Quoi ? s'écria Máanu. Nous sommes arrivés trop tard, c'est ça ? Comment as-tu pu, Mama Adwe ? Je t'avais pourtant dit que… Allons-y, essayons de la sauver. Et si nous ne pouvons plus rien pour elle, je la vengerai !

Máanu, le regard étincelant de fureur, brandit une machette.

— Suivez-moi ! lança-t-elle aux hommes. Ne vous inquiétez pas, il est peut-être réveillé mais il ne voit et n'entend rien d'autre que le sang et les cris de ma sœur !

Le regard hébété d'Elias se posa tour à tour sur le visage rouge de colère de sa femme, sur l'épée qu'elle tenait à la main et sur la jeune esclave qui se cachait derrière elle. Il eut besoin de quelques instants pour reconstituer le fil des événements. Il s'était toujours montré prudent, jamais il n'aurait cru que Nora et Doug se doutaient de quelque chose. Bien sûr, les domestiques savaient, c'était inévitable. Mais il avait toujours réussi à les contrôler. Quant à Máanu, la seule à lui avoir témoigné une véritable haine, elle était partie. Et voilà que sa propre épouse le menaçait. Elias avait peut-être commis une erreur en la faisant entrer dans cette maison. Oserait-elle utiliser cette épée particulièrement aiguisée ? Sans doute, car Nora supportait très bien la vue du sang. Au village des esclaves, elle perçait les abcès et soignait les blessures causées par les machettes.

— Sois raisonnable. Je n'ai rien fait à cette gamine. Et crois-tu franchement que je vivais comme un moine ?

— Jamais je n'ai exigé cela de toi. C'est toi qui as choisi de ne plus m'approcher, certainement parce que j'étais devenue trop féminine. Le problème n'est pas que tu me sois infidèle, mais que tu violes et tues ces filles !

— Très bien, Nora, je te donne Mansah. Avec acte de propriété et *tutti quanti*. Fais-en une femme de chambre, envoie-la chez les marrons si ça te chante.

Mais maintenant, reprends-toi, va te coucher et oublie cette nuit.

— Pour que tu puisses aller chercher la suivante ?

Nora sentit que l'épée lui donnait du courage. Elias semblait disposé à la laisser partir, et elle devait parler à Doug. Malheureusement, Elias disait vrai : les autorités n'interviendraient pas, et même le scandale social ne durerait qu'un temps. En fait, Nora n'avait d'autre choix que de rester à la plantation et surveiller son mari de près pour l'empêcher de céder à ses pires instincts. Il s'en prendrait peut-être à d'autres jeunes filles, mais au moins celles de leur plantation seraient protégées. Nora fut prise de vertige en pensant à la vie qui l'attendait. Elle et Doug ne pourraient jamais s'aimer librement, car Elias ne devait surtout pas avoir de raisons de demander le divorce. Mais pour l'instant, elle devait quitter cette pièce…

Nora se dirigea lentement vers la porte tandis que Mansah se cramponnait à sa robe de chambre. Alors qu'Elias souriait avec grivoiserie en voyant presque tomber le léger vêtement, elle entendit que l'on enfonçait une porte dans le couloir. Doug était-il de retour ? Non, elle entendit une voix de femme.

— Terry, sale traître ! Laisse-moi passer ou je te taille en pièces !

Un coup sourd et un cri de douleur indiquèrent que Máanu venait de mettre sa menace à exécution. Puis tout s'enchaîna très vite. Alors que Terry hurlait sous les coups de machette d'un marron, Máanu ouvrit en grand la porte de la chambre. Akwasi apparut derrière elle. Tous deux restèrent interdits en voyant Nora qui menaçait Elias avec une épée.

— Vous, madame ? demanda Máanu, estomaquée. Vous… vous saviez ?

— Elle sauver moi !

Mansah lâcha Nora et courut se réfugier dans les bras de sa sœur. Tout de suite, Elias comprit ce qui était en train de se passer et jeta un regard désespéré à l'épée que Nora tenait fermement.

— Donne, Nora.

La jeune femme l'ignora.

— Je viens de l'apprendre, dit-elle à Máanu, et je suis désolée. Mais Mansah est saine et sauve.

Akwasi vit Elias se diriger, pris de panique, vers une fenêtre qui se trouvait au fond de la chambre. Il ne devait pas s'enfuir !

— Vas-y, Máanu, tue-le ! cria Akwasi en désignant le backra. Sinon, je m'en charge.

Les marrons entrèrent, manifestement décidés à en finir au plus vite avec tous les Blancs présents et, si nécessaire, avec les domestiques récalcitrants. Derrière eux, Terry baignait dans une mare de sang.

— Massacrez-le ! cria Máanu, pleine de haine, à ses compagnons. Je sais que nous sommes pressés, mais pour lui vous pouvez prendre votre temps !

Si Nora ferma les yeux devant les supplices qu'Akwasi, Máanu et les marrons infligèrent à son mari, elle entendit le refus horrifié de Mansah lorsque sa sœur lui proposa de participer à la boucherie. La petite se réfugia dans ses bras.

— Ne regarde pas et n'écoute pas, Mansah…

Elle serra la fillette contre elle tandis que Máanu, entre deux coups de machette, dressait la longue liste des sévices qu'Elias lui avait infligés. Nora comprenait tout à présent.

— Pense à quelque chose d'agréable, chuchota-t-elle à Mansah. Tu dois oublier, tu m'entends ? Nous… nous devons oublier.

Elle la berça jusqu'au dernier râle d'Elias, puis croisa le regard de Máanu. Ses mains étaient couvertes de sang.

— Est-ce mon tour ? demanda-t-elle d'une voix étranglée.

La jeune fille leva son couteau.

— Non ! cria Akwasi, dont le pagne qu'il portait pour dormir était lui aussi maculé de sang. Non, c'est au tour de Doug Fortnam !

— Avec elle, faites vite !

Máanu eut presque un regard d'excuse. Sans doute se souvenait-elle que Nora ne l'avait jamais vraiment fait souffrir, seulement les marrons ne laissaient jamais de survivants.

— Non ! répéta Akwasi en se campant devant Nora. Elle m'appartient, elle part avec nous. Je la veux !

— Tu la veux ? répondit Máanu en le foudroyant du regard. Tu la veux toujours ? Ce n'était pas que… ce n'était pas que le duppy ?

Nora les regarda sans comprendre. À moins que… Máanu l'avait-elle surprise en train de s'abandonner à Akwasi, dans l'ivresse du rituel obeah ?

— Je la veux, elle sera ma femme ! insista Akwasi, à la fois triomphant et brûlant de désir. Elle sera même mon esclave !

Le chef des marrons secoua la tête.

— Pas possible, Blancs interdits à Nanny Town. Reine pas vouloir.

— Alors j'irai à Cudjoe Town ou à Saint James, peu importe. On finira bien par nous accepter quelque part.

Máanu allait protester lorsqu'un groupe d'esclaves entra dans la pièce.

— Plus personne, Máanu, annonça le marron à leur tête. Nous tuer deux Nègres maison car voulaient dénoncer. Montrer où dort troisième Blanc, mais lui pas là.

— Doug Fortnam s'est échappé ? s'écria Akwasi.

Si celui-ci était déçu, presque penaud, les marrons s'alarmèrent aussitôt.

— Lui chercher aide, alors nous dépêcher !

Le meneur mit les tiroirs et les armoires d'Elias sens dessus dessous, sous le regard stupéfait des esclaves qui venaient de découvrir le corps supplicié de leur backra.

— Piller puis incendier maison, leur expliqua un autre marron, visiblement nerveux.

Si quelqu'un appelait à l'aide et rameutait des hommes armés de fusils, des chiens, des chevaux, si la traque était déjà lancée, il leur serait impossible de s'échapper.

— Nous pas croire que Blanc fuir, intervint l'un des jardiniers. Lit pas défait, sans doute à Kingston.

— Traître dire que lui manger ici, répondit l'homme qui avait annoncé la disparition de Doug. Faire vite.

Nora resta recroquevillée sur le tapis gorgé du sang de son époux, Mansah serrée contre elle, tandis que les hommes fouillaient la maison à la recherche d'objets de valeur.

— Moi vouloir Mama Adwe, chuchota la petite. Madame croire eux me laisser la voir ?

Nora n'avait guère d'espoir, d'autant qu'elle ignorait ce qu'il était advenu de la cuisinière et des domestiques qui travaillaient avec elle. La maison semblait être investie uniquement par des hommes, à l'exception de Máanu, et celle-ci ressentait une telle haine qu'elle était capable de tuer sa propre mère, qui avait laissé le backra s'en prendre à ses deux filles. En tout cas, une chose était sûre : Máanu ne repartirait pas sans sa petite sœur.

— Tu restes avec moi, dit Nora à Mansah pour la rassurer. Tu as entendu, Akwasi veut m'emmener.

En voyant le cadavre d'Elias, Nora se dit qu'être enlevée par les marrons restait un sort plus enviable. Elle pourrait toujours tenter de s'échapper, et puis il y avait Doug. Il était libre et volerait à son secours !

344

Soudain, l'ombre du meneur des marrons se dressa devant elle.

— Quoi faire avec Blanche ? La tuer vite et partir ?

Nora sursauta en voyant l'éclat métallique d'une lame de couteau. Akwasi s'interposa.

— J'ai dit qu'elle était à moi ! Je la prends, c'est mon butin. Je ne veux rien d'autre !

— Toi pas difficile, répondit l'homme. Toi nouveau, toi pas marron.

Akwasi le foudroya du regard.

— Tu oublies que j'ai tué le backra. Et avec ma force, je serai un grand guerrier pour votre reine Nanny. Ou pour Cudjoe. Au pire, je me construirai une hutte dans la montagne. Je partirai avec vous ou seul, mais pas sans elle !

— Toi pas partir seul, répondit le marron. Trop dangereux. Si toi capturé, toi parler beaucoup et dénoncer marrons. Toi venir avec nous et prendre Blanche. Nanny décider du reste.

Akwasi acquiesça, puis fut pris d'un nouvel accès de fureur en remarquant la tenue légère de Nora.

— Qu'est-ce que tu fais à moitié nue ? Tu couchais avec ton Doug, c'est ça ?

— Cela ne te regarde pas, répliqua-t-elle en le regardant droit dans les yeux.

Akwasi la gifla de sa main trempée du sang d'Elias.

— Ne parle pas comme ça à ton maître ! Tu vas apprendre à m'obéir !

— C'est un « oui, backra » que tu veux entendre ? dit Máanu d'un ton moqueur. Madame va devoir s'entraîner.

— Qu'elle commence par s'habiller correctement. Elle ne peut pas arriver à Nanny Town dans cette tenue. Va l'aider, Máanu !

— Tu me prends aussi pour ton esclave ?

— Je n'ai pas besoin d'aide, intervint Nora.

— Et tu n'en auras pas, rétorqua Máanu. Je viens quand même avec toi pour prendre tes objets de valeur. Dépêche-toi, nous n'allons pas tarder à partir.

Dans la chambre de Nora, des esclaves vidaient ses boîtes à bijoux et fourraient ses robes les plus précieuses dans de grands sacs, sans doute pour les revendre à Kingston ou dans une autre ville.

— Dépêche-toi ! cria Máanu alors que son ancienne maîtresse hésitait à retirer son peignoir devant eux. Ils ont déjà vu des femmes nues, quand elles se faisaient fouetter, par exemple. Tu n'as pas oublié ? On nous conduisait sur la place du village et on nous déshabillait. C'est fini pour toi, les traitements de faveur.

Lorsqu'elle arracha le peignoir de Nora, celle-ci crut mourir de honte. Après avoir saisi les sous-vêtements que Máanu lui lançait au visage, elle eut la présence d'esprit de retirer discrètement son pendentif, de peur que les hommes le vissent et l'ajoutassent au butin. Máanu lui fit préparer un baluchon avec quelques vêtements, puis l'entraîna hors de la maison. Akwasi, qui les attendait dans le jardin, prit fermement Nora la main. Le cœur serré, elle dut se résoudre à lâcher son pendentif. L'esclave l'entraîna vers un groupe d'environ quatre-vingts esclaves qui chuchotaient avec excitation. Nora ne se risqua pas à demander ce qu'étaient devenus les autres.

Máanu et deux des marrons leur firent traverser la plantation en direction de l'exploitation des Hollister. Après une heure de marche, Nora entendit les esclaves pousser des cris de joie, vit une lueur rougeâtre à l'horizon et comprit pourquoi les trois derniers marrons venaient seulement de les rejoindre. Cascarilla Gardens était en flammes.

AMOUR

*Blue Mountains, Nanny Town,
Cascarilla Gardens
Automne 1733 – automne 1735*

1

Doug lança Amigo au galop sur la plage. Lorsqu'il sentit que son cheval fatiguait, il le guida au sommet d'une falaise et le laissa reprendre son souffle en contemplant la mer qu'éclairait la pleine lune. Maintenant que plusieurs miles le séparaient de Cascarilla Gardens, il y voyait un peu plus clair, sans toutefois réussir à chasser de son esprit la scène dont Nora et lui avaient été témoins. Même dans ses pires cauchemars, jamais il n'aurait imaginé que son père et le monstre qui sévissait sur la plantation n'étaient qu'une seule et même personne. Mais maintenant, tout s'expliquait : le manque d'empressement d'Elias pour retrouver le violeur de Sally, son indifférence face à la mort de plusieurs jeunes filles alors qu'il avait pour habitude de maudire les esclaves qui lui faisaient perdre de l'argent, le comportement étrange de Máanu, sa disparition... Comme les domestiques savaient, Máanu et Akwasi avaient dû croire que Nora et Doug étaient également au courant.

Doug mit pied à terre et marcha lentement à côté d'Amigo dans la mangrove qu'il avait explorée sans relâche avec Akwasi. Un jour, leur curiosité avait été récompensée par la découverte d'une cascade spectaculaire. Tout en réfléchissant, Doug suivit un cours d'eau jusqu'à ce qu'il la retrouvât. Elle était encore plus impressionnante de nuit, éclairée par la pleine lune. L'eau coulait sur de gros rochers ronds qu'Akwasi et

Doug avaient tenté maintes fois d'escalader, sans grand succès mais toujours avec de grands éclats de rire. Pendant qu'Amigo s'y abreuvait, Doug prit de l'eau au creux de ses mains et la but en se promettant de montrer un jour la cascade à Nora.

Il regretta d'être parti en laissant Nora et Mansah en si fâcheuse posture, même s'il ne pensait pas son père capable de les tuer. Nora l'avait chassé de la chambre mais pas de la maison. Il aurait dû attendre, lui parler, trouver une solution, au lieu de fuir comme un lâche.

Le cœur lourd, Doug se servit d'une grosse pierre comme marchepied, enfourcha Amigo et le guida lentement hors de la jungle. De retour aux falaises, il vit une lueur étrange à l'est, vers Cascarilla Gardens. Parfois, des huttes s'embrasaient quand les Noirs allumaient un feu devant, mais un petit incendie n'aurait pas été visible à cette distance. Non, c'était une grande maison qui brûlait ! Doug lança Amigo au galop. La plantation était en proie aux flammes !

— D'après ce que nous savons, environ quatre corps ont été retrouvés à l'intérieur, monsieur.

Benson, un contremaître de la plantation Hollister, informa Doug non sans un regard intrigué à son accoutrement. Dans des circonstances moins tragiques, il aurait sans doute demandé au jeune homme si cela lui arrivait souvent de sortir à cheval en pleine nuit et à moitié nu.

— « Environ » ? répéta Doug en contemplant, incrédule, les ruines encore fumantes de Cascarilla Gardens.

La demeure avait entièrement brûlé, il n'en restait plus que les soubassements. Dès le départ des marrons, les esclaves restés sur la plantation avaient essayé d'éteindre l'incendie, tandis que des domestiques étaient allés prévenir les Hollister et les Keensley.

— C'est difficile à dire, répondit Benson, un peu gêné. Les… les cadavres sont complètement calcinés. Et en partie…

— Épargnez-lui les détails, intervint Christopher Keensley en poussant son contremaître sur le côté. Tenez, Douglas, buvez une gorgée.

Il lui tendit une flasque. Doug la porta à ses lèvres et but une gorgée d'un rhum d'excellente qualité. Si l'alcool ne le fit pas se sentir mieux, il l'aida au moins à reprendre ses esprits.

— Mon garçon, vous savez qu'ils tuent comme des… comme des bêtes sauvages, poursuivit Keensley. Et cette fois-ci, si j'ai bien compris, des travailleurs des champs ont pris une part active au carnage. Ils ont sans doute surpris votre père et votre belle-mère dans leur sommeil et… et ils avaient des machettes.

Doug chancela.

— Ils les ont… Ils les ont taillés en pièces ? demanda-t-il d'une voix blanche.

Keensley acquiesça et lui tendit à nouveau la flasque.

— Et ils ont mis le feu. Dites-vous qu'au moins, votre famille n'a pas brûlé vif. Malheureusement, les corps sont impossibles à identifier. Je suis désolé, Doug. Mieux vaut que vous ne les voyiez pas…

— Vous êtes sûr pour Nora ?

— C'est plus que probable. De qui d'autre pourrait-il s'agir ? Nous pensions que vous faisiez aussi partie des victimes. Comme je vous le disais…

— Je veux la voir ! s'écria Doug en rendant la flasque. Il… Il faut que je la voie, je…

Il lâcha la bride d'Amigo et se dirigea vers la maison en titubant. Les restes des dépouilles avaient été disposés sur des couvertures, et deux esclaves arrivaient avec les cadavres de Truman et McAllister.

— Tous les contremaîtres ont été tués, annonça Benson.

Keensley lui répondit d'un simple signe de tête et emboîta le pas à Doug.

— Rien ne vous oblige à affronter cela, lui dit-il. Ces images vont vous hanter…

— Cette nuit, il s'est passé beaucoup de choses qui resteront gravées dans ma mémoire, répondit le jeune homme hagard. Faites prévenir le révérend. Nous devons les inhumer au plus vite.

Doug ne s'effondra pas malgré cette vision d'horreur. Il aurait certainement perdu la raison en reconnaissant Nora, mais là… On ne pouvait même pas dire s'il s'agissait de Noirs ou de Blancs, d'hommes ou de femmes, d'adultes ou d'enfants. Doug se demanda si Mansah comptait parmi les victimes ou si les marrons l'avaient emmenée. D'habitude, ils tuaient tous les domestiques. Dès qu'il se détourna, Keensley lui proposa sa flasque.

— Venez. Il n'y a plus rien à faire, l'incendie est éteint et les esclaves survivants ont été placés sous la surveillance de nos contremaîtres.

— À quoi bon les surveiller ? s'emporta Doug. S'ils n'ont pas fui cette nuit, pourquoi fuiraient-ils maintenant ?

Keensley ricana.

— Vous savez très bien qu'on ne peut pas leur faire confiance.

— J'aimerais les voir.

C'était un sentiment étrange, mais Doug devait s'habituer à l'idée qu'il venait d'hériter de son père. Tout ce qui restait de Cascarilla Gardens, esclaves comme bétail, lui appartenait.

— Ce n'est vraiment pas une bonne idée, Douglas. Vous devriez partir avec nous et revenir demain.

Doug secoua la tête.

— Je dois leur parler. Est-ce que… Est-ce que Mama Adwe… ?

Keensley n'en savait rien. Doug tourna les talons et retrouva Amigo là où il l'avait laissé. Le cheval ne paraissait pas moins troublé que son maître. Doug caressa son encolure et l'enfourcha en s'aidant d'une souche.

— Allons voir les écuries. Qui sait, peut-être que toi, tu as encore un toit.

Aux écuries, Doug retrouva Kwadwo. Le bâtiment avait été épargné sans doute en raison de sa proximité avec le quartier des esclaves, auquel le feu se serait rapidement propagé.

— Kwadwo, murmura Doug d'une voix éteinte. Tu… Tu n'es donc pas parti ?

L'esclave secoua la tête.

— Non, backra, moi pas fuir. Beaucoup pas partir, esclaves âgés, malades, peureux… Tous avoir besoin d'homme obeah. Pas que vos Nègres, backra, aussi mes Nègres.

Doug acquiesça.

— Nous… Nous nous occuperons d'eux ensemble. Sais-tu pour Madame, Kwadwo ? Étais-tu dans la maison ?

— Non, moi ici, backra. Ai aidé à seller chevaux. Nègres des champs bêtes, essayer mettre selle de dame… Moi pas vouloir donner, mais…

Kwadwo se mordit les lèvres, craignant que le backra le punît pour avoir facilité le vol des animaux. Mais ce n'était pas ce qui préoccupait Doug. Pour l'instant, il cherchait à comprendre pourquoi les marrons avaient frappé si loin des Blue Mountains.

— Madame dans maison, avec vous ? demanda Kwadwo, à qui l'idylle naissante entre Doug et Nora n'avait pas échappé.

Doug hocha la tête.

— Oui, confirma-t-il d'une voix fatiguée.

— Alors elle être… Désolé, Backra Doug, mais tout le monde dans maison mort.

Alors que Doug se dirigeait d'un pas chancelant vers le quartier des esclaves, il ressentit soudain une immense fatigue qui lui fit presque oublier sa souffrance. Il ne voulait pas aller chez les Keensley, il préférait encore rester auprès de son cheval et dormir dans la paille.

Les Noirs qui étaient restés au village accueillirent leur backra avec soulagement. En l'absence d'héritier, Hollister et Keensley auraient certainement fait main basse sur la plantation et démantelé la communauté des esclaves. D'un autre côté, ils craignaient que leur nouveau maître se vengeât sur eux pour l'assassinat des siens et se rassemblèrent tout tremblants devant lui.

— Où est Adwea ? demanda Doug. Est-elle… ?

— Ici, Backra Doug.

La cuisinière replète sortit d'une hutte.

— Moi pas partie. Akwasi parti, Máanu partie, Mansah pas savoir, peut-être morte. Mais moi rester.

Elle ouvrit grand les bras en voyant Doug approcher.

— Moi avoir cinq enfants, murmura Adwea. Premier vendu, puis Máanu, Akwasi, toi et Mansah. Moi mauvaise femme, donner enfants à backra. Toi dernier. Embrasse Mama Adwe !

Doug se jeta dans ses bras et fondit en larmes.

Malgré les mises en garde de Keensley, Hollister et Benson, Doug décida de passer la nuit au quartier des esclaves. Les chants de Kwadwo et de ses fidèles, où se mêlaient pensées pour les défunts et prières pour leurs compagnons partis avec les marrons, l'accompagnèrent dans son sommeil. Adwea le berça comme un enfant tout en pleurant ses filles. Personne ne l'avait prévenue que Mansah avait échappé à la tuerie. Elle croyait donc que sa cadette avait été tuée en même temps que son tortionnaire – peut-être même par lui – et que Máanu la haïrait jusqu'à la fin de ses jours.

Le lendemain, un silence pesant et un air saturé de fumée planaient encore sur les ruines de Cascarilla Gardens. Pendant la nuit, Christopher Keensley et Lord Hollister avaient ordonné à leurs esclaves menuisiers de confectionner des cercueils provisoires pour les défunts. Il fallait épargner la vue des cadavres à Doug Fortnam. Celui-ci ne pouvait toujours pas croire que Nora comptait parmi les victimes, elle qui avait toujours été si vive, tendre, attentive, bienveillante. Doug en voulait à Dieu et aux esprits. Simon Greenborough s'était-il vengé ? Dieu les avait-il punis pour les crimes d'Elias ?

Doug essaya de se concentrer sur l'inspection des ruines. La maison ne serait pas difficile à reconstruire, pour peu qu'il en eût l'envie. À vrai dire, il ne s'y était jamais plu. Son architecture sévère, ses colonnes, ses escaliers détonnaient en Jamaïque, tout comme les maisons coloniales d'inspiration espagnole. Doug pouvait se contenter d'une simple hutte. Il crut entendre à nouveau la voix de Nora. *Nous voulions vivre dans une hutte en bambou avec un toit en feuilles de palmier. Je me voyais tisser un hamac dans lequel il m'aimerait au clair de lune…*

Doug aurait tant aimé lui donner cette hutte sur la plage. Pourquoi l'avait-il abandonnée ? Il maudit la panique et la colère qui l'avaient poussé hors de la maison. Pourtant, même en restant, il n'aurait sans doute pas pu protéger Nora car les marrons, d'excellents guerriers dénués de scrupules, ne laissaient jamais aucun survivant parmi les planteurs. Mais au moins, Doug serait mort avec Nora.

Anéanti, il s'assit sur ce qui restait du perron noirci de suie. Alors qu'il aurait préféré se cacher et laisser libre cours à son chagrin, il ne pouvait échapper à ses responsabilités : s'occuper des esclaves, organiser les obsèques...

Le regard de Doug fut alors attiré par quelque chose qui étincelait au soleil parmi les gravillons de l'allée principale. Il se leva et reconnut le pendentif de Nora encore humide de rosée.

Le cœur battant, Doug ramassa le bijou que la jeune femme avait porté lors de leur nuit d'amour. Il savait qu'il se leurrait en pensant que cette découverte avait une quelconque importance. Le ruban de soie était déchiré, on avait dû l'arracher du cou de Nora avant de la tuer. Les marrons étaient connus pour ne laisser aucun objet de valeur dans les maisons qu'ils incendiaient, et l'un d'eux l'avait sans doute perdu dans sa fuite... Doug serra le pendentif au creux de sa main et se mit en route pour le quartier des esclaves.

Persuadé que Doug serait revenu à la raison et accepterait de l'aide pour surveiller ses gens, Keensley avait envoyé deux contremaîtres à la plantation dès le lever du jour. Mais Doug les congédia aussitôt et nomma Kwadwo « busha », ou chef du village.

— Pour l'instant, vous n'avez pas de travail, annonça le jeune homme avec lassitude. Inutile d'aller aux champs aujourd'hui, quant à la maison...

— Vous ne voulez pas la reconstruire, backra ? demanda Kwadwo, qui avait décidé de ne plus cacher son bon niveau d'anglais. Est-ce qu'on ne devrait pas... ?

— La reconstruire pour qui ? répondit Doug en passant une main sur son front. Vous pouvez toujours nettoyer l'une des huttes de contremaître, cela me suffira. Et Mama Adwea préparera mes repas ici.

— Donc vous revendre tous domestiques, backra ? demanda Adwea, consternée. Bonnes, valets… ?

Doug soupira. D'un côté, il ne voulait plus avoir d'esclaves. De l'autre, comment les abandonner ?

— Bien sûr que non, finit-il par répondre. Je ne vais vendre personne, ne vous inquiétez pas. Et je n'enverrai aucun domestique aux champs. Nous y verrons un peu plus clair dans quelque temps. Pour aujourd'hui…

— Le révérend.

Adwea désigna la calèche des Stevens qui arrivait au village des esclaves. Doug redoutait de revoir le révérend. Il espéra que celui-ci avait laissé femme et enfant à la maison. Ruth était encore sûrement en deuil.

— Nettoyez une hutte de contremaître, ordonna Doug. Je suppose qu'il préférera passer la nuit chez les Hollister ou les Keensley, mais il aura tout de même besoin d'un endroit où préparer les obsèques.

Adwea acquiesça.

— M'en occuper, Backra Doug. Révérend peut tenir service devant cuisine. Moi préparer barbecue…

Doug eut un haut-le-cœur en pensant au feu et à l'odeur de viande grillée mais s'en remit à Adwea. Déjà épuisé, il se retourna et vit la silhouette filiforme du révérend, tout de noir vêtu, descendre de la calèche.

— Mr Fortnam !

Le révérend prit les mains de Doug dans les siennes.

— Les mots ne sont rien face à votre indicible souffrance…

Doug se prépara à un long sermon.

2

Nora, exténuée, gravissait tant bien que mal les pentes escarpées des Blue Mountains. Elle qui se considérait comme une bonne marcheuse était à bout de forces. Pourtant, la longue colonne progressait lentement par rapport au rythme habituel des marrons, dont l'objectif était de s'éloigner au plus vite de la plantation dévastée et de gagner l'intérieur des terres. Leur meneur avait pris un peu d'avance pour dégager le chemin à coups de machette et éviter que les fuyards fussent trop ralentis par les racines et les lianes.

Bien qu'Akwasi la tînt fermement par la main au point de lui faire mal, Nora ne cessait de trébucher, tout comme Máanu, Mansah et les quelques bonnes qui avaient fui la plantation. Les travailleurs des champs, eux, se déplaçaient avec aisance en dépit des épines et des racines.

Pour la jeune femme, très vite, chaque pas fut synonyme de souffrance, malgré la corne qu'elle avait aux talons à force de marcher pieds nus sur la plage ou jusqu'à l'étang de la forêt. Mais ce n'était rien comparé à ce qu'affrontaient au quotidien les esclaves des champs, qui riaient en entendant les domestiques se plaindre. Quant à Máanu, elle regardait droit devant elle et avançait en tirant par le bras sa petite sœur en pleurs. Nora s'inquiétait pour Mansah, éprouvée par la marche mais aussi par les événements de la nuit. Dès

358

qu'elle le pouvait, elle courait vers Nora et enfouissait la tête dans ses jupes.

Les marrons les laissaient rarement se reposer. Leur groupe de plus de quatre-vingts personnes était tout sauf discret et ils craignaient de le voir rattrapé par une troupe de planteurs. Ils se dépêchèrent jusqu'aux premières lueurs du jour, tandis que le vent chassait le brouillard des hauteurs. Nora n'eut pas un regard pour ce spectacle de la nature. Dans son état d'épuisement, chaque pas était une torture.

Plus la journée avançait, plus la chaleur devenait intenable, bien que les fuyards prissent de l'altitude. La végétation était moins dense, la jungle épaisse s'éclaircissait au profit de buissons et d'acacias en fleurs qui attiraient les papillons et les colibris. Nora se dit avec tristesse qu'elle ne pourrait plus jamais identifier de nouvelles plantes. À vrai dire, elle voulait tout simplement se laisser mourir, alors que les travailleurs des champs autour d'elle se plaignaient de la faim. La marche semblait à peine les fatiguer. Maintenant qu'ils se sentaient plus en sécurité, les plus jeunes se mirent même à chanter, ce qui ne plut pas au chef des marrons.

— Silence. Nanny Town pas loin. Risquons voir marchands, eux parfois traîtres.

Nora ressentit de la colère à l'égard de ces Blancs qui commerçaient sans vergogne avec les marrons alors qu'ils connaissaient parfaitement la provenance des butins. Et on soupçonnerait forcément les marrons du pillage de Cascarilla Gardens.

— Eux pas savoir quels marrons, répondit le chef à la domestique qui lui fit la remarque. Peuvent être ceux de Nanny, peuvent être ceux de Cudjoe, peuvent être ceux d'Accompong à Elizabeth Parish. Blancs pas savoir sur qui se venger, et impossible attaquer tout le monde.

— Il y a souvent des représailles ? demanda la jeune fille avec inquiétude.

Le chef se leva pour poursuivre sa route, après avoir fait s'arrêter le groupe près d'un cours d'eau pour boire.

— Pas toujours. Mais pas avoir peur, Nanny Town imprenable !

Nora soupira. Il serait donc difficile pour Doug de venir la sauver.

Les esclaves progressaient à présent sur des pistes plus dégagées. Nora espéra qu'ils approchaient enfin de Nanny Town, mais la marche semblait interminable dans cette succession de collines et de vallées qui se ressemblaient toutes. Elle finit par ne plus regarder que le sol pour éviter les cailloux et ne plus poser ses pieds meurtris que sur de la terre meuble.

Quant à Akwasi, il la tenait toujours fermement par la main sans lui adresser la parole. Sa décision de fuir avec une Blanche lui valait d'être mis à l'écart du groupe. De plus, on murmurait que c'était lui qui avait tué le backra, ce qui avait suscité le respect chez ses compagnons mais aussi une sorte de crainte superstitieuse. Si quelqu'un devait s'attirer les foudres divines dont le révérend menaçait les non-croyants chaque dimanche, ce serait lui.

De son côté, Mansah avait arrêté de pleurer et suivait docilement Máanu, trop fatiguée pour opposer une quelconque résistance.

Enfin, au coucher du soleil, le chef des marrons décida de marquer une pause.

— Deux heures repos. Pas nourriture, manger demain à Nanny Town. Ici pouvoir dormir, pas Blancs la nuit.

Nora se laissa tomber par terre. Fermer les yeux, reprendre enfin son souffle, dormir… Mais à peine ses épaules avaient-elles touché le sol qu'Akwasi la tira par le bras.

— Viens, je te veux ! Demain, ils risquent de t'enlever à moi.

L'enlever à lui ? Nora avait peur de comprendre. Avait-elle enduré ce long calvaire pour être fouettée à mort ou massacrée à la machette dès son arrivée à Nanny Town ? Elle ignorait le châtiment que les esclaves libres réservaient aux femmes de planteur. Elle voulait simplement qu'on la laissât tranquille, mais ce n'était pas dans les projets d'Akwasi.

— Allez, viens ! Sauf si tu veux que tout le monde regarde.

Il l'emmena à l'écart et tailla quelques fougères qu'il jeta par terre en guise de couche.

— Tiens, ton lit de noces ! lança-t-il en ricanant. Personne ne pourra dire qu'Akwasi maltraite son esclave. C'est plus confortable que le sable et plus beau que la forêt où Doug t'a embrassée, hein ?

Nora n'eut pas la force de réfléchir à la façon dont Akwasi l'avait appris. Le matelas de fougères n'était pas inconfortable et des senteurs entêtantes émanaient des fleurs alentour. Dans d'autres circonstances, elle aurait certainement apprécié ce cadre. Là, elle n'eut pas la force de repousser Akwasi qui l'allongea par terre et releva sa jupe.

Nora n'avait jamais eu particulièrement mal avec Elias. Même si ses caresses étaient hâtives, il lui suffisait de fermer les yeux et de penser à Simon pour se sentir excitée. Mais seul Doug lui avait fait connaître l'extase quelques heures plus tôt.

Avec Akwasi, il en fut tout autrement. La jeune femme ne put retenir un cri lorsqu'il la pénétra avec brutalité et gémit à chacun de ses violents coups de reins. Après ce qui lui parut une éternité, Akwasi se retira enfin.

— C'était bon ! s'exclama-t-il. Bien meilleur que la première fois !

— « Meilleur » ? Mais je… j'ai eu si mal…

Akwasi acquiesça.

— C'est comme ça que ça doit se passer. En Afrique, les femmes vertueuses restent sèches. Seules les catins prennent du plaisir.

Il s'allongea et s'endormit presque aussitôt. Nora, elle, garda les yeux ouverts encore longtemps, tenaillée par la douleur qui irradiait de son sexe meurtri et l'angoisse de ce qui l'attendait à Nanny Town.

Personne ne protesta lorsque les marrons donnèrent l'ordre de se remettre en route, à part la petite Mansah qui se mit à pleurer. Les anciens esclaves étaient de fort belle humeur à l'idée d'arriver bientôt à Nanny Town, le village de Noirs libres dont ils rêvaient depuis longtemps. Ils s'y sentiraient plus en sécurité, tout comme leur guide qui gravissait des pentes de plus en plus raides comme s'il avait le diable aux trousses. Nora, percluse de douleur, fut très vite à bout de souffle.

Lorsque la colonne atteignit enfin la Stony River, les esclaves explosèrent de joie. Ils longèrent encore pendant quelques miles le fleuve qui était comme un immense ruban argenté dans les premières lueurs du jour. Alors que Nanny Town apparaissait enfin devant eux, ils entendirent des cornes de brume et plusieurs sentinelles lourdement armées surgirent des buissons. Certains hommes étaient vêtus à l'occidentale, d'autres arboraient le pagne de leur tribu d'origine. Après avoir salué respectueusement Máanu et ses cinq marrons, ils accompagnèrent les nouveaux arrivants sur un chemin abrupt qui menait aux portes du village.

Nora atteignit la cité à bout de souffle et le cœur battant, mais son calvaire n'était pas terminé. Maintenant que le soleil était haut dans le ciel, Nanny Town grouillait d'hommes, de femmes et d'enfants qui tous dévisagèrent ouvertement l'étrange butin d'Akwasi. Certaines jeunes filles l'insultèrent, l'une d'elles allant jusqu'à lui cracher dessus. Nora, épuisée, s'efforça de les ignorer. Tout ce qu'elle voulait, c'était dormir. Elle penserait au reste plus tard.

Après avoir mené fièrement les esclaves et le bétail dans tout le village, les marrons s'arrêtèrent sur la place centrale. Les nouveaux arrivants, épuisés par la longue marche, s'écroulèrent sur le sol en terre battue tandis que les habitants de la cité, curieux d'entendre le récit des guerriers, leur apportaient de l'eau, des fruits, des galettes et de la bouillie de millet. Alors que les esclaves se jetaient sur la nourriture, Nora, toujours cible de regards incrédules et hostiles, n'eut pas droit à une seule miette.

Sur ce, une petite femme sortit de l'une des huttes rondes qui entouraient la place. À l'agitation générale, Nora comprit qu'il s'agissait de la reine Nanny. Celle-ci n'eut qu'à ouvrir la bouche pour que le silence retombât.

— Je vois que tu es de retour, Máanu, ma fille.

Un murmure parcourut l'assemblée. «Ma fille» devait être un titre honorifique.

— Comme promis, reine Nanny. Avec un beau butin et des renforts pour ta tribu! répondit Máanu, triomphante.

— As-tu pu sauver ta sœur?

Nora retint son souffle et, bien malgré elle, ressentit un certain respect pour son ancienne femme de chambre qui, mue par sa haine envers le backra et son amour pour Mansah, avait organisé cette expédition. Une seule jeune fille avait mis fin aux agissements d'Elias.

— Oui!

Nora ne voyait pas grand-chose mais supposa que Máanu poussait en avant Mansah, qui se mit à pleurer.

— Cette petite chose, c'est ta sœur ? demanda Nanny, moqueuse. En valait-elle vraiment la peine ? Enfin, c'est toi qui sais. Et ton maître ?

— Il brûle en enfer.

— Parfait. Demain, nous organiserons une cérémonie pour conjurer son duppy. Les hommes construiront une hutte pour toi, ta sœur et ton mari, si tu décides d'en choisir un.

Encore un murmure. Ce devait être une récompense importante. Máanu était manifestement montée dans la hiérarchie de Nanny Town.

— Où est l'esclave qui a tenu à venir avec une Blanche ?

Nora et Akwasi sursautèrent. Si la reine savait déjà, c'était sans doute que chaque buisson des derniers miles avait des yeux et des oreilles.

Lorsqu'un marron désigna Nora et Akwasi, les gens devant eux s'écartèrent. La jeune femme baissa la tête, elle ne voulait pas être exhibée à cette foule et affronter la reine et ses sarcasmes. Sa robe était déchirée et trempée de sueur, ses pieds étaient en sang, ses bras et son visage étaient couverts de griffures et d'éraflures, ses cheveux crasseux encadraient son visage aux traits creusés. Plutôt mourir que se montrer ainsi.

L'un des guerriers la tira par le bras, tandis qu'Akwasi se tenait déjà devant Nanny.

— Je m'appelle Akwasi, dit-il fièrement. J'ai assassiné son mari et je veux qu'elle soit mienne pour toujours.

Nanny, sachant que les esclaves avaient parfois scrupule à tuer leur maître, le regarda avec estime.

— C'était donc toi ?

— Nous l'avons tué tous les deux, répondit Akwasi en désignant Máanu, mais c'est moi qui l'ai décapité. Sa femme me revient.

Nora frémit.

— À vrai dire, Akwasi, le butin est à tout le monde. Et nous n'avons pas pour habitude de faire des prisonniers.

— C'est interdit d'avoir des esclaves ici? Après tout, tu es une Ashanti.

— *J'étais* une Ashanti, corrigea Nanny. C'est vrai, mon peuple a vécu de la traite des esclaves. Mais il n'y en a pas dans cette tribu.

Nora eut une lueur d'espoir. Si Nanny ne tolérait plus l'esclavage…

— Parce que les dieux l'interdisent, comme notre homme obeah nous l'a enseigné? répondit Akwasi, sarcastique.

Nanny eut un rire qui ressemblait au cri d'un oiseau exotique.

— Les dieux s'occupent de leurs affaires, je m'occupe des miennes. Mais c'est ma tribu, tout comme c'est celle de Quao, de Cudjoe et d'Accompong. Nous avons décidé de ne pas prendre d'esclaves et de ne plus renvoyer personne, même contre rançon, car cela nous affaiblit.

Nora perdit tout espoir. Pour Nanny, tout n'était que stratégie, elle ne s'embarrassait pas de considérations humaines et ne désapprouvait certainement pas l'esclavage en tant que tel.

— Elle est blanche, insista Akwasi.

Nanny soupira.

— Ce qui ne va pas faciliter les choses. Une Noire finirait par s'accommoder de sa situation. Tu la veux dans ton lit, je suppose?

Akwasi hocha la tête.

— Tu es bel homme, une Noire saurait t'apprécier. Avec une Blanche, tu n'auras que des problèmes.

— J'en fais mon affaire, répondit Akwasi en bombant le torse.

Nanny rit.

— Je ne parle pas de vos nuits. Que fera-t-elle de ses journées ? Elle cultivera ton champ, tiendra ton foyer ? Pendant que les autres femmes désespéreront que tu choisisses l'une d'elles ? Il y a beaucoup plus d'hommes que de femmes ici, Akwasi.

— Ma reine, quand tu étais en Afrique, est-ce qu'on t'a demandé si tu voulais cultiver les champs des Blancs et ce que penseraient leurs femmes en sachant que le backra te mettrait de force dans son lit ?

Nanny ricana à nouveau, les yeux étincelants. Cette discussion à bâtons rompus avec Akwasi semblait l'amuser.

— Tu as réponse à tout, jeune guerrier. Montre-moi cette fille !

Elle désigna Nora, qui baissait toujours la tête. Le marron qui la tenait par le bras lui tira les cheveux en arrière pour que Nanny vît son visage.

— Qu'en pense Madame ? demanda la reine. Tu préfères le servir ou mourir ?

Nora scruta ses yeux perçants et son petit visage noir, qui aurait pu être celui d'un gnome ou d'une fée, en cherchant la meilleure réponse à donner.

— Je ne lui ai jamais rien fait, finit-elle par balbutier. D'ailleurs, je n'ai jamais rien fait à qui que ce soit…

Elle entendit un éclat de rire. Máanu.

— Ce n'était pas la question, répondit calmement Nanny. Mais puisqu'on en parle, moi non plus, je n'avais rien fait à personne quand on m'a arrachée à mon village.

— J'ai toujours aidé du mieux que j'ai pu. Je suis contre l'esclavage et…

Tous ricanaient à présent. Nora, consciente d'être en train de se ridiculiser, baissa les yeux. Mieux valait répondre à la question de Nanny, personne ne voulait l'entendre se justifier.

— Je veux vivre.

Nanny acquiesça.

— C'est une bonne réponse, même si tu finiras sans doute par la regretter. Akwasi, la veux-tu pour femme ou pour esclave ?

En croisant le regard de Nora, le jeune homme eut un instant d'hésitation. Elle l'avait trahi, comme Doug, alors qu'il l'aimait à la folie.

— Je la veux pour esclave.

— Alors prends-la, répondit Nanny. Mais je ne veux entendre aucune plainte de vous deux. Mes hommes vont montrer leurs huttes aux nouveaux arrivants. Vous deux, vous allez devoir en construire une. Je ne forcerai personne à partager sa hutte avec une Blanche.

3

Comme Akwasi se méfiait des huttes rondes à l'africaine et de leurs murs en bouse de vache, il choisit de construire la sienne sur le même modèle que celles de Cascarilla Gardens, avec des murs en torchis. Après avoir passé le premier jour à dormir en plein soleil sur la place du village, Nora accepta de lui prêter main-forte. En plus de la chaleur et des insectes, elle ne voulait plus s'exposer aux regards et aux quolibets des villageois qui se succédaient devant elle pour l'humilier.

Máanu ne fut pas en reste, alors que Nora enduisait les murs de sa future maison.

— Alors, madame la Blanche, ça te plaît? Et toi, Akwasi, c'est une hutte d'esclave que tu lui construis, ou tu comptes y vivre aussi?

Le jeune homme haussa les épaules.

— Ce n'était pas ma hutte que je détestais, mais les backras qui m'y retenaient prisonnier. Je n'ai jamais appris à construire autrement, et elle n'aura rien d'autre!

Akwasi ne s'intéressait toujours pas à Máanu. Il n'était même pas allé voir la belle habitation qu'on lui avait attribuée, tout près de celle de la reine Nanny.

— Je me demande pourquoi tu me détestes, Máanu, dit Nora avec lassitude. Qu'est-ce que je t'ai fait? Je ne savais pas pour Elias. Je serais intervenue plus tôt, comme pour Mansah, si tu m'avais prévenue. Si quelqu'un pouvait empêcher la mort de Sally, c'était toi, pas moi.

Máanu la foudroya du regard.

Nora allait porter la main à son front, mais se ravisa à cause de la douleur. Depuis plusieurs jours, elle ne pouvait plus se protéger du soleil et avait la peau du visage brûlée, au grand amusement des Noirs. Lorsqu'elle s'était confectionné un chapeau en feuilles de palmier, des femmes le lui avaient arraché des mains pour le piétiner.

À présent, Nora luttait contre la migraine et espérait que sa peau allait s'habituer au soleil. Elle avait tendance à bronzer très vite, ce qui avait été une importante préoccupation depuis son arrivée en Jamaïque. Elias avait toujours tenu à ce qu'elle eût un teint de porcelaine, comme les autres femmes de planteurs qui ne quittaient presque jamais la maison. Il était à présent primordial de trouver un moyen artificiel de protéger sa peau. Cela l'encouragea à s'activer pour la construction de sa hutte.

Les huttes étaient rapides à construire. Nora n'eut plus qu'une nuit à passer à la belle étoile avant que la sienne fût terminée. Alors qu'elle se préparait à subir à nouveau les assauts d'Akwasi, celui-ci la laissa tranquille, à son grand soulagement, sans doute parce que lui-même n'était pas serein. La majorité des villageois voyaient d'un mauvais œil son choix de « butin ». Certains rejetaient l'esclavage après en avoir été eux-mêmes victimes, d'autres trouvaient indigne qu'un Noir libre partageât son lit avec une Blanche et lui criaient des insultes. Surtout, la plupart redoutaient des représailles après l'enlèvement de Nora. Celle-ci entendit deux femmes en parler alors qu'elles broyaient des céréales pour fabriquer de la farine.

— Les backras ne vont pas en rester là. Des chevaux, des mules, passe encore. Mais une femme ? Ils vont vouloir la récupérer et en profiteront pour raser le village !

En revanche, dès la première nuit passée dans la hutte, Akwasi brutalisa Nora. Celle-ci lutta pour ne pas pleurer ou crier, ne fût-ce que par dignité, mais Akwasi la pénétra violemment tout en l'écrasant contre le sol en terre battue. Le fait qu'il ne daignât même pas la regarder pendant l'acte fut presque plus douloureux. En le voyant fixer le mur devant lui, Nora avait l'impression d'être une poupée de chiffon malmenée par un enfant capricieux.

Le lendemain matin, elle se leva tant bien que mal pour moudre les céréales qui serviraient à préparer les galettes de son petit-déjeuner. Les villageoises qui s'étaient attroupées pour se moquer d'elle en furent pour leurs frais, car à force de broyer des plantes dans un mortier, de mélanger des pommades et de nettoyer des pansements, Nora avait pris le coup de main. Elle aurait même pris plaisir à faire cuire les galettes sur le feu en plein air, si ce n'avait pas été pour un homme haineux qui ne reculait devant rien pour la posséder.

Le tressage des nattes fut plus ardu. Les femmes les fabriquaient à partir de feuilles de palmier et Nora avait cru que ce serait simple. Le cœur lourd, elle repensa à Simon alors que ses tentatives échouaient les unes après les autres. Les feuilles étaient trop lisses et glissaient, il aurait fallu des baguettes pour les maintenir en place. Nora aurait voulu qu'on lui montrât comment procéder, mais Mansah était la seule à venir s'asseoir près d'elle. La jeune fille était triste et angoissée, loin de sa mère que les villageoises de Nanny Town ne pouvaient remplacer. Si celles-ci se montraient gentilles avec elle, c'était surtout pour s'attirer les faveurs de Máanu, la nouvelle confidente de la reine. La rumeur disait que Nanny la convoquait régulièrement dans sa hutte pour lui demander conseil, mais Mansah la démentit rapidement.

— Reine demander conseil à personne, parler anglais avec Máanu et vouloir apprendre à lire. Máanu dit elle pas savoir assez et demander Akwasi. Mais Nanny pas vouloir Akwasi, car Akwasi amener Madame. Máanu dit que reine obligée car pas pouvoir lire traité.

À ce mot, Nora eut une lueur d'espoir.

— Un traité, dis-tu ? Les marrons cherchent à négocier avec les backras ?

Mansah haussa les épaules.

— Sais pas, madame. D'après Máanu, reine veut pas car traité demande retour esclaves en fuite. Mais Cudjoe veut.

En effet, Nora avait entendu dire à Kingston que Cudjoe, à l'origine des premiers pillages et soulèvements de marrons, vivait à présent à Saint James et voulait que son territoire fût reconnu.

— Quao rentré de chez Cudjoe. Et maintenant, se dispute avec Nanny.

— À propos de ce traité ?

Mansah haussa à nouveau les épaules. Cette habitude si agaçante de Máanu était presque amusante chez elle.

— Sais pas, madame. Nanny et Quao parler langue ashanti. Máanu dit que veut apprendre langue vrai peuple !

— Pourtant, votre mère est dogon, un peuple que les Ashantis exploitent depuis des siècles. Pourquoi serait-il mieux de parler leur langue plutôt que l'anglais ? Et justement, Mansah, tu devrais parler correctement, maintenant qu'il n'y a plus de backra pour te réprimander.

Les heures qui suivirent furent placées sous le signe de l'effort commun. Nora tenta de confectionner une sorte de cadre pour ses nattes, tandis que Mansah s'appliquait pour formuler des phrases correctes en anglais. La deuxième démarche rencontra plus de succès que la première. Nora était en train de se dire qu'elle allait se contenter d'entasser les feuilles de palmier pour amortir le sol lorsqu'un homme arriva.

— C'est donc toi, dit-il en dévisageant Nora sans vergogne. Je ne pouvais pas y croire, je me disais que tu étais peut-être mulâtre, mais pas blanche…

Nora le regarda avec colère.

— Bienvenue au zoo ! Tu n'es pas le premier, Akwasi pourrait gagner de l'argent en m'exposant.

Bien que ce fût inconvenant, elle ne se gêna pas pour dévisager à son tour le Noir petit mais musclé qui se tenait devant elle. Plus jeune que la reine, il avait les mêmes yeux noirs et étincelants.

— Je suis Quao, le roi.

— Alors, satisfait ? À moins que tu ne veuilles vérifier mes dents, comme sur les marchés aux esclaves ?

Quao rit.

— Tu serais capable de me mordre. De toute façon, tu ne me plais pas du tout. Tu ne seras qu'une source de problèmes.

— Je ne suis pas ici de mon plein gré, grommela Nora.

Quao soupira.

— Mais il s'est forcément passé quelque chose entre toi et ce jeune homme, pour qu'il t'aime et te haïsse à la fois. Tu l'as séduit car tu avais envie de goûter à la chair noire ?

Nora le foudroya du regard.

— Je n'ai jamais…

Mais elle repensa à la cérémonie obeah et baissa les yeux.

— Enfin, je n'ai rien provoqué…

— Il s'est donc bien passé quelque chose. Je l'ai senti, et Nanny aussi. Tout serait bien plus simple si ce jeune homme et Máanu… Enfin, peu importe. Comment t'appelles-tu ?

— Nora.

— Bien, Nora… La reine et moi n'approuvons pas ta présence. Nous avons même pensé à… eh bien, à nous débarrasser de toi. Mais cet Akwasi te veut, et il semblerait que nous ayons besoin de lui. C'est vrai qu'il sait lire et écrire ?

Nora haussa les épaules.

— Il a grandi avec le fils du backra. Ils étaient amis, même si Akwasi le hait aujourd'hui.

Quao observa attentivement Nora. Au fil des ans, il avait appris à lire sur le visage des gens.

— Tiens donc, murmura-t-il. Et Akwasi l'a tué aussi ?

Nora secoua la tête.

— Le fils du backra risque donc de partir à ta recherche, soupira Quao. Mais comme je te le disais, nous avons besoin d'Akwasi. Il aura ce qu'il veut, mais je vais lui expliquer que les Ashantis ne maltraitent pas leurs esclaves. Si tu tombes enceinte, il devra t'épouser et reconnaître vos enfants. En tout cas, je suis curieux d'entendre ses raisons de te prendre pour esclave.

— C'est une prisonnière de guerre ! soutint Akwasi face aux reproches de Quao.

Le frère de la reine Nanny soupira.

— D'accord, mais tu ne peux pas la traiter comme du bétail. Au contraire, tu dois la nourrir, l'habiller. Et interdiction de la frapper ou de la violer !

Nora baissa les yeux.

— Elle s'est plainte ? s'exclama Akwasi. Je la prends comme un Africain prend sa femme, je…

— Tandis que moi, je me conduis comme une dame, l'interrompit Nora, et je n'expose pas mon inimité à des inconnus.

D'un geste, Quao leur intima l'ordre de se taire.

— Akwasi, n'oublie pas que tu devras la prendre pour épouse si elle te donne un enfant. C'est non négociable, nous n'élèverons pas d'enfants esclaves comme sur les plantations des Blancs. Quant à toi, Nora, attention à ce que tu dis. Si ton maître a le devoir de te traiter correctement, ce n'est pas le cas des autres membres de la tribu.

Nora comprit rapidement ce que sous-entendait Quao. À Nanny Town, on ne vivait pas que des pillages mais aussi de la culture de la terre, une tâche dévolue aux femmes. Une fois qu'Akwasi aurait défriché le lopin de terre qui lui avait été attribué à son arrivée, les villageoises se chargeraient du bêchage et de l'ensemencement. Nora écouta avec étonnement le marron qui expliquait à Akwasi la technique du brûlis.

— La fumée et les flammes ne risquent-elles pas de se voir à des kilomètres ? demanda-t-elle entre perplexité et espoir. Tout Kingston saura où se trouve Nanny Town.

Le marron rit.

— Pas un secret, Blanche. Gouverneur savoir où sont Cudjoe Town, Nanny Town, Accompong…

Akwasi regarda Nora avec fierté. Il venait d'avoir une longue discussion avec le marron, et sa mise à l'écart n'avait pas duré longtemps. Au contraire, parmi les simples villageois, nombreux étaient ceux qui l'enviaient. Il n'était pas le seul à avoir convoité la femme de son planteur.

— Oh oui, confirma-t-il. Le gouverneur le sait très bien, et ses troupes ont essayé plus d'une fois de prendre la ville. Mais sans succès, toutes les attaques ont été repoussées. Comme ça ne l'arrange pas, il prétend ignorer où nous nous cachons.

Nora repensa à la longue errance de Doug et des contremaîtres dans les montagnes l'année passée. En cachant la vérité aux planteurs, le gouverneur sauvait des vies. En effet, nul besoin d'être fin stratège pour comprendre que les défenseurs de Nanny Town viendraient à bout d'une troupe inexpérimentée en un rien de temps, ils n'avaient qu'à organiser une embuscade dans les montagnes. Petit à petit, Nora prit conscience des enjeux, des relations complexes entre les esclaves libres et le gouvernement de Jamaïque, ainsi que de leurs accords implicites, malgré leurs différends.

Elle continua à réfléchir tout en aidant son nouveau « maître » à étouffer l'incendie et à déblayer le sol de la végétation calcinée. Voilà pourquoi sa présence inquiétait Nanny et Quao. Le gouverneur pouvait fermer les yeux sur des attaques occasionnelles, même s'il y avait des victimes à déplorer. Mais si les Noirs commençaient à asservir des Blanches, la pression sur les chefs des marrons augmenterait. Nora croyait en Doug. Il saurait mobiliser les barons du sucre et forcer le gouverneur à tout mettre en œuvre pour la sauver.

4

Cascarilla Gardens venait à peine d'enterrer ses morts que Lord Hollister, Keensley et les autres planteurs de la région parlaient déjà d'organiser une expédition punitive contre les marrons. Tous s'offusquèrent lorsque Doug Fortnam manifesta son désaccord.

— Vous aurez la possibilité de vous venger, jeune homme ! insista Keensley. Sauf si vous ne tenez pas à ce que ceux qui tuent nos hommes et brûlent nos possessions répondent de leurs crimes !

Doug faillit lui rappeler qu'une femme comptait également parmi les victimes, mais il se retint car rendre publique sa relation avec Nora était tout sauf judicieux.

— Ces actions ont-elles prouvé leur efficacité ? Admettons que vous attrapiez quelques pauvres diables qui finiront pendus à Kingston. Ce ne seront pas des marrons, mais des esclaves en fuite dans les montagnes...

— Ceux-là aussi méritent la pendaison ! s'exclama Lord Hollister.

— Mais ils ne sont pas responsables des attaques. Les expéditions punitives ne servent à rien contre les marrons. Ils ne vivent pas dans des campements de fortune, ils ont des villes et savent les défendre. Il faudrait mobiliser des troupes, leur déclarer la guerre, et je n'en ai ni les moyens ni l'énergie. Adressez-vous au gouverneur, j'ai plus important à faire. Je n'ai pas le temps d'errer dans les montagnes pour peut-être tuer un ou deux Noirs alors que tout va à vau-l'eau ici.

— Mais nous devons honorer la mémoire d'Elias! insista Lord Hollister.

Doug serra les poings sous la table. Il n'avait pas l'intention de venger la mort de son père, Elias n'avait eu que ce qu'il méritait. En revanche, Nora…

— Agissez comme bon vous semble. Pour ma part, je pense remplir mon devoir de fils en faisant vivre Cascarilla Gardens.

«Et en faisant acte de contrition pour la conduite de mon père», ajouta Doug en silence. Cette idée l'obnubilait depuis l'incendie. Elle l'empêchait aussi de penser uniquement à Nora, à ce qu'elle avait ressenti en voyant les marrons arriver pour la massacrer, à son angoisse et à sa souffrance lorsqu'ils l'avaient tuée à coups de machette.

Doug réfléchissait également à une nouvelle organisation du travail sur Cascarilla Gardens, sans contremaîtres ni coups de fouet. Une fois le révérend et les voisins repartis, il réunit les Noirs restés à la plantation.

— Vous le savez comme moi, nous sommes à mi-saison et la canne à sucre doit être taillée sur les deux tiers de nos parcelles. Or quatre-vingts esclaves sont partis. Y en a-t-il parmi vous qui travaillaient aux champs?

Quelques esclaves d'âge mûr levèrent la main. Doug les salua d'un signe de tête.

— Je suis content que vous soyez restés, et je ne vous remercierai pas en vous envoyant aux champs jour et nuit, d'autant qu'une grande partie du bétail a été volée. Nous n'avons plus que deux attelages de bœufs, que nous avions prêtés à Keensley, et trois chevaux: le mien et deux juments qui étaient avec le nouvel étalon barbe de Hollister…

La voix de Doug faillit se briser lorsqu'il repensa à l'émerveillement de Nora devant le magnifique cheval gris pommelé que le lord avait fait venir d'Orient pour une petite fortune. Les courses de chevaux étaient de plus en plus à la mode en Angleterre, et Hollister voulait importer ce nouveau loisir en Jamaïque. Le lord n'aimait pas voir Aurora, la jument de Nora, doubler sa monture à chaque partie de chasse. Il avait donc acheté l'étalon pour l'accoupler avec les juments de la plantation. Les Fortnam lui avaient confié Aurora et une autre des juments venues d'Angleterre avec Nora, ce qui les avait sauvées du pillage.

— Toujours est-il que ce ne sont pas des chevaux de trait. Demain, j'essaierai de trouver des bêtes de somme à Kingston, ce qui ne sera pas simple, ainsi que quelques... quelques esclaves.

Doug l'annonça à contrecœur, mais les Noirs face à lui ne parurent pas offusqués. Ils semblaient plus se réjouir de cette aide à venir que réprouver l'asservissement d'autres Africains. Doug se tourna vers les travailleurs plus âgés.

— Vous serez responsables de leur formation. Et vous m'en voyez désolé, mais tous les domestiques et tous les artisans de la plantation vont participer à la taille. Pour l'instant, ce n'est pas de forgerons, de menuisiers et de valets que nous avons besoin.

Un murmure indigné parcourut l'assemblée.

— Je sais, soupira Doug, j'ai promis de ne rétrograder personne, mais la condition pour avoir une maison et employer de nombreux domestiques, c'est d'exploiter la canne à sucre. Vous devrez donc travailler tous ensemble.

Il jeta un regard inquiet au groupe des esclaves de maison. Si ceux-ci refusaient, il devrait engager un contremaître et les coups de fouet risquaient de pleuvoir à nouveau. Doug se mordit les lèvres en voyant approcher Kwadwo. L'homme obeah et maître d'écurie devait trouver indigne de son rang d'être envoyé aux champs pour tailler la canne à sucre.

— Mes palefreniers et moi feront de notre mieux, annonça-t-il au grand soulagement de Doug.

Adwea avança à son tour.

— Moi aider et filles cuisine aussi. Mais nous tailler moins vite que Nègres des champs. Nous fouettés ?

Doug secoua la tête.

— Plus personne ne sera fouetté sur Cascarilla Gardens, à moins d'avoir commis un délit. Et ce sera moi qui en jugerai, pas un contremaître. D'ailleurs, vous ne travaillerez plus le dimanche et vous aurez des jours de congé supplémentaires à Noël et à Pâques. En échange, j'attends de vous travail et loyauté. Demain matin à la première heure, vous vous réunirez devant la hutte de Kwadwo et vous écouterez les consignes des Nègres des champs. Cela concerne tout le monde sauf Adwea et ses filles de cuisine, car il est hors de question que vous mouriez de faim.

Lorsque Doug partit pour Kingston le lendemain matin, les Noirs étaient déjà en train de se répartir en différents groupes de travail. Même si tout semblait bien se passer, Doug était d'humeur morose. Chaque palmier, chaque panorama lui rappelait Nora, qui avait tant aimé les paysages, le soleil, le jeu des couleurs de la jungle et de la mer. Il ne pouvait accepter sa mort. Plusieurs fois, il porta la main à la poche où se trouvait son pendentif et regarda par-dessus son épaule. Mais aucun duppy ne lui apparut : ni Simon vengeur, ni Nora amoureuse, ni Elias furieux.

Les mois suivants, Doug œuvra pour réorganiser la vie sur Cascarilla Gardens et suscita plus d'une fois la perplexité de ses voisins, par exemple en refusant de reconstruire la maison.

— L'attaque lui a fait perdre la raison, soupira Lady Hollister. Comment peut-il vivre dans une hutte de contremaître ?

— Il risque d'y laisser la vie, renchérit Christopher Keensley. Un Blanc tout seul parmi tous ces Nègres… Si ce ne sont pas ses vieux esclaves qui le tuent, ce seront les nouveaux !

Doug acheta en effet cinquante esclaves tout juste arrivés d'Afrique pour l'exploitation de ses champs. Ils débarquèrent dans un état épouvantable, et au grand dam de ses voisins, Doug leur laissa quelques semaines pour se remettre de la traversée. Ensuite, il demanda aux anciens de la plantation de les former et de leur apprendre l'anglais. Il tint également à acheter ensemble une mère et sa fille, bien que celle-ci fût encore trop jeune pour travailler, ainsi que deux couples et une famille qu'il laissa s'installer comme bon leur semblait.

Voyant cela, trois couples d'esclaves qui travaillaient depuis longtemps sur la plantation s'enhardirent et demandèrent à Doug l'autorisation de se marier. Le jeune homme accepta, leur offrit une chèvre, deux poulets et leur donna deux jours de congé pour construire une hutte plus grande. En revanche, une union officielle, consacrée par le révérend, demeurait inenvisageable.

— J'ai demandé, Tiny, annonça-t-il à regret au travailleur et à sa compagne Leonie, très croyante. Mais le révérend refuse de marier les couples non baptisés. Et il ne peut pas vous baptiser car…

Doug se mordit les lèvres. Il ne pouvait décemment pas leur dire que le révérend refusait de reconnaître l'âme des Noirs.

— Je ne sais pas pourquoi, poursuivit-il. Et puis la loi n'autorise pas les esclaves à se marier. Ils sont considérés comme des enfants, et à ce titre ne peuvent signer aucun contrat. Et le mariage en étant un…

Devant la perplexité de Tiny et Leonie, Doug se demanda quelle solution aurait trouvée Nora, elle qui avait toujours été si pragmatique.

— Écoutez, prenez un poulet et donnez-le à Kwadwo. Je suis sûr qu'il saura quels esprits invoquer pour vous.

— Et ça suffira ? demanda Leonie, sceptique.

Elle n'était plus toute jeune, Cascarilla Gardens était déjà la troisième plantation sur laquelle elle servait depuis qu'on l'avait déportée à l'âge de dix-sept ans. Doug savait que Nora l'avait soignée plusieurs fois, sans doute après des interventions de la baarm madda.

— À Cascarilla Gardens, ça suffit ! répondit Doug. Toi et Tiny, je ne vous séparerai pas. Et si vous avez des enfants, je m'engage à ne pas les vendre.

Au cours de l'année suivante, il y eut trois naissances sur la plantation.

Il y avait de nombreux enfants à Nanny Town, mais quasiment aucune guérisseuse. La reine Nanny était la seule ou presque à connaître les soins à prodiguer aux malades et aux femmes enceintes, mais elle en savait tout de même beaucoup moins que les baarm madda des plantations. Nora le sut rapidement, puisqu'elle pouvait écouter les autres femmes à loisir tout en cultivant la terre. Son calvaire à Nanny Town prit d'ailleurs une nouvelle dimension, car les villageoises, qui jusque-là s'étaient contentées de moqueries et de regards insistants, se mirent à la traiter comme une esclave.

— Plus la peine de travailler maintenant qu'on a une esclave ! ricana la meneuse des jeunes femmes célibataires, une magnifique Ashanti.

Elle força Nora à prendre une machette et désigna un champ de canne qui fournissait Nanny Town en sucre et en alcool. Mais la plus grande partie des parcelles était consacrée à la culture d'aliments, de l'igname au manioc en passant par les fruits et les céréales. Le travail de la terre, une tâche dévolue aux femmes, n'était pas si pénible pour qui supportait la chaleur et l'humidité typiques de la région. Mais ce n'était pas le cas de Nora.

— Du nerf, esclave! crièrent les jeunes filles, hilares, en faisant mine de la fouetter avec des feuilles de palmier.

Nora se sentait humiliée, d'autant qu'elle avait aussi l'espoir d'impressionner les autres femmes par sa grande capacité de travail même face aux tâches les plus ingrates. Seulement elle comprit vite qu'elle n'était pas de taille. La chaleur étouffante lui donnant des migraines et des vertiges, elle dégoulinait de sueur, ses vêtements lui collait à la peau et elle ne cessait de se prendre les pieds dans sa jupe. Plusieurs fois, elle faillit même se couper avec la machette, ce qui la conforta dans l'idée que les esclaves de Cascarilla Gardens ne se mutilaient pas volontairement. Heureusement, son outil avait une lame émoussée qui ne lui facilitait pas le travail mais lui évitait au moins de se blesser.

Plus la journée avançait, plus Nora se sentait mal. Ses mains étaient couvertes d'ampoules, ses pieds saignaient à nouveau et elle sentait à chaque pas son bas-ventre meurtri après une nouvelle nuit passée avec Akwasi. Une pommade aurait pu atténuer la douleur, seulement Nora n'avait pas le temps de la préparer ni la liberté de rassembler les ingrédients nécessaires. Il y avait bien deux jardins potagers à Nanny Town, mais les plantes médicinales qui y poussaient lui étaient inconnues.

Alors que les plantes sauvages comme l'aloe vera, très utiles pour la fabrication d'onguents, se trouvaient facilement à Cascarilla Gardens, elles ne poussaient pas à Nanny Town et Akwasi n'autoriserait jamais Nora à s'éloigner du village pour aller en chercher. Finalement, elle prit son courage à deux mains et demanda aux autres femmes où elle pouvait trouver une baarm madda. Sa question éveilla aussitôt les soupçons.

— Ben alors, Madame est enceinte ? Tu veux te débarrasser de ton enfant ? Moi, je n'ai rien pu y faire et ce sera pareil pour toi !

Julie, une femme mariée qui parlait très bien anglais, regarda méchamment Nora. Celle-ci se demanda pourquoi car elle n'avait pas voulu la provoquer. Mais Julie tenait à raconter son histoire.

— Mon backra m'a violée dans son lit et j'ai voulu me débarrasser du bébé. Mais comme Madame voulait des enfants esclaves, ils m'ont fouettée et retenue prisonnière jusqu'à la naissance de l'enfant.

Finalement, ce fut Mansah qui vint à la rescousse de Nora en demandant à Nanny une pommade pour une petite blessure. Máanu passait beaucoup de temps avec la reine et Mansah la voyait souvent, bien que sa présence ne fût pas appréciée. En effet, la reine trouvait que Mansah pleurait trop, reprochait à Máanu de la couver et lui conseillait vivement de lui faire cultiver la terre.

Même si Máanu, fille de domestique, trouvait humiliant d'envoyer sa sœur aux champs, elle finit par se plier aux ordres de la reine. Mansah pleura toutes les larmes de son corps, bien que le travail de la terre à Nanny Town n'eût rien à voir avec le calvaire des esclaves sur les plantations. Quand on n'était pas l'esclave blanche méprisée et maltraitée, cela pouvait même être amusant. Les femmes marquaient de fréquentes pauses pour discuter ou chanter, tandis que les enfants du village participaient un peu ou jouaient avec des bouts de bois entre les plates-bandes.

Malgré son immense tristesse, la jeune fille se mit à manier la houe avec vigueur sous l'œil attentif de

Nora, qui comprenait désormais l'enfance difficile que Mansah, Sally et Máanu avaient vécue. Au pire, les domestiques anglaises qui n'obéissaient pas perdaient leur place, alors que les jeunes filles de la plantation avaient grandi dans la peur d'être revendues pour travailler dans les champs.

En tout cas, les villageois de Nanny Town acceptaient de parler à Mansah, et elle put procurer à Nora la pommade fabriquée par la reine Nanny.

— Pas de baarm madda ici, seulement Nanny qui a savoir d'Afrique...

Nora renifla avec méfiance la mixture dont l'odeur étrange, la couleur marron et la consistance visqueuse n'inspiraient pas confiance. D'autant que Mansah raconta une histoire qui la fit sérieusement douter des compétences de la reine.

— Cette nuit, dans hutte voisine, Pretty est morte. Elle enceinte, naissance commencée hier et mari chercher Nanny. Mais pas pu aider, alors Máanu...

— Qu'est-ce que Máanu vient faire là-dedans ? demanda Nora, soudain inquiète.

— Máanu essayer de tourner bébé dans ventre de Pretty, comme Madame faire.

Nora replaça la mèche de cheveux échappée du turban qu'elle portait depuis peu comme certaines villageoises. Elle avait appris auprès de la baarm madda des Keensley à retourner un bébé en vue de l'accouchement, et Máanu l'avait vue faire. Ce geste n'avait rien de difficile en soi, mais Máanu, qui n'avait jamais eu pour ambition de devenir baarm madda, n'y avait jamais procédé elle-même, elle avait seulement assisté Nora lors des soins. Et Pretty venait de mourir entre ses mains.

— Et il ne lui est pas venu à l'idée de venir me chercher ? demanda Nora, amère.

Mansah secoua la tête.

— Non, mais elle regretter après. Voulait pas… voulait pas vexer Nanny.

— Et Pretty en est morte.

— Vous finirez par vous en remettre.

Doug Fortnam avait entendu ces mots mille fois, que ce fût par le révérend, par ses amis et ses voisins, et même par les esclaves de Cascarilla Gardens.

Les dames de Kingston et de Spanish Town étaient les premières à s'inquiéter de ce deuil qui ne semblait pas vouloir prendre fin – ainsi que de la reconstruction de son lieu de résidence. Elles lui rendaient souvent visite dans l'espoir de marier qui une fille, qui une sœur, qui une cousine avec le jeune héritier d'une grande plantation. Car Doug ne sortait presque plus «depuis que le malheur avait frappé sa maison», une expression qui avait le mérite de rester vague sur les menaces qui planaient sur leur propre sécurité. Le gouverneur n'était toujours pas disposé à partir à l'assaut des Blue Mountains, sans doute parce que des actions semblables avaient occasionné de lourdes pertes entre 1729 et 1734. Il semblait privilégier la voie de la négociation et ignorer autant que possible les revers tels que l'attaque de Cascarilla Gardens.

— Quand allez-vous enfin reconstruire votre demeure ? demanda Lady Hollister, venue inviter Doug au premier bal du printemps.

Elle était assise, visiblement nerveuse, sur l'une des petites chaises avec lesquelles Doug avait meublé l'ancienne hutte de contremaître. La proximité du quartier des esclaves la mettait mal à l'aise.

— Votre… votre malheur remonte à plus d'un an, il est temps de tourner la page.

— Cela ne va pas être facile, répondit Doug en s'efforçant de sourire, mais j'ai l'intention de reconstruire la demeure principale en m'inspirant de celle que vous avez à Kingston.

— Quelle bonne idée ! s'exclama lady Hollister.

Sa nièce, tout juste arrivée en Jamaïque après avoir vécu en pensionnat, avait déjà annoncé qu'elle refuserait de vivre dans un manoir anglais. La gaieté du style colonial plaisait bien plus à la jeune Lucille.

— Nous vous conseillerons un architecte.

Doug hocha la tête, sourit et laissa son invitée poursuivre. En réalité, la reconstruction de la maison était le cadet de ses soucis, mais il voyait bien qu'à long terme la situation exigeait quelques compromis. Il ne pouvait pas se tenir indéfiniment à l'écart de la société de Kingston sans que cela nuisît à ses affaires. Même si Cascarilla Gardens avait réalisé de bons bénéfices l'an passé, ses partenaires avaient clairement montré leur réprobation face à ses méthodes de gestion tout sauf conventionnelles. Un planteur qui se contentait d'à peine plus de confort que les Noirs, une exploitation sans contremaîtres, où les esclaves avaient le choix d'assister ou non au service du dimanche, où ils pouvaient se marier et officialiser leur union en sautant par-dessus un balai, selon une coutume venue de Virginie, lors de fêtes qui rassemblaient toute la communauté…

Jusqu'à présent, les gens avaient fermé les yeux sur ce qu'ils considéraient comme des extravagances de la part du jeune Fortnam. Mais maintenant que la période de deuil était terminée, ils attendaient de Doug qu'il retrouvât un comportement plus traditionnel, sans quoi il risquait d'être mis au ban de la société.

Doug n'eut donc pas d'autre choix que d'engager un jeune Écossais comme contremaître. Comme Simon, Ian McCloud était un noble désargenté doublé d'un doux rêveur, qui refusait que les esclaves l'appelassent « backra » et préférait « monsieur Ian ». Le jeune homme mettait également à mal l'idée reçue selon laquelle les roux en général et les Écossais en particulier étaient énergiques et soupe-au-lait. Au contraire, il aimait méditer ou lire à l'ombre d'un palmier pendant que les esclaves s'organisaient entre eux, refusait l'emploi du fouet et écoutait les sermons du dimanche avec la dévotion d'un vrai chrétien, au lieu de compter les absents.

Ian McCloud s'installa sur la plantation avec son épouse Priscilla qui se présenta tout de suite à Doug comme une médium. Sans que personne ne l'y eût invitée, elle prétendit entrer en contact avec les esprits d'Elias et de Nora et transmit au jeune homme leurs salutations de l'au-delà. Doug ne savait pas s'il devait en rire ou en pleurer, car Kwadwo lui avait déjà réclamé trois poulets pour exorciser le duppy d'Elias Fortnam.

Concernant la maison, Doug décida finalement de la reconstruire dans un style qui aurait plu à Nora. Il demanda également à Reed quelles avaient été les couleurs préférées de sa fille pour la peindre. Depuis que Doug lui avait annoncé la mort de Nora, les deux hommes s'écrivaient régulièrement car parler de Nora leur apportait un peu de réconfort. Doug lui disait que les femmes de la plantation entretenaient sa tombe, tandis que Reed lui racontait son enfance à Londres. S'il devinait que Doug et Nora partageaient plus que des liens familiaux, il n'aborda jamais le sujet, tout comme Doug ne lui parla jamais de l'union malheureuse avec Elias. Thomas Reed avait déjà assez de mal à accepter que sa fille eût trouvé la mort dans une contrée aussi lointaine.

6

Après une année de captivité à Nanny Town, Nora était au bord du désespoir. Au début, elle avait compté sur une action des Blancs, d'autant qu'elle avait remarqué les efforts déployés par Nanny et Quao pour améliorer la défense de la cité. En effet, tous deux semblaient s'attendre à des représailles plus importantes qu'une simple expédition organisée par une bande de planteurs. Ils postèrent davantage de sentinelles, élevèrent les clôtures autour du village et mobilisèrent des guerriers pour protéger les femmes et les enfants qui travaillaient aux champs. Ils ne négligèrent pas non plus la formation des nouveaux arrivants. Les esclaves de Cascarilla Gardens apprirent le maniement des armes à feu et des lances, ainsi que le combat rapproché au couteau. Grâce à sa force et à son intelligence, Akwasi s'illustrait dans toutes ces disciplines. Après avoir également démontré à Nanny et Quao qu'il savait lire et écrire, tous deux le tenaient désormais en haute estime.

Toutefois, Máanu et Akwasi ne transmirent pas leur savoir aux autres membres de la tribu, qui se pâmaient devant eux comme s'ils étaient doués de pouvoirs surnaturels. Jamais Nanny ne se dit que l'apprentissage de la lecture et de l'écriture n'était pas plus difficile que le travail de la terre et le maniement des armes. Alors qu'elle trimait dans les champs, Nora hésita plus d'une fois à proposer ses services à Nanny.

Elle répugnait à pactiser ainsi avec l'ennemi mais préférait largement enseigner la lecture plutôt que tailler la canne à sucre sous les quolibets des autres femmes. Les anciennes esclaves continuaient à lui attribuer les tâches les plus pénibles et Nora peinait à s'y habituer. Elle avait certes la peau tannée et un turban qui la protégeait du soleil, mais la chaleur l'incommodait toujours autant. Elle comprenait maintenant pourquoi les planteurs n'employaient pas de Blancs aux champs. Jamais ils n'auraient supporté de travailler aussi dur dix heures par jour, avec une seule matinée de repos dans la semaine.

Cependant, Nora maniait de mieux en mieux la machette et la houe, tandis que la pommade de Nanny protégeait efficacement ses pieds et ses mains. Malheureusement, elle ne put la soulager des douleurs ressenties lors des viols qu'Akwasi lui imposait presque quotidiennement. Nora espérait en vain qu'il se lasserait rapidement d'une femme qui se contentait de rester sous lui, raide comme une planche.

Semaine après semaine, Nora crut de moins en moins à une attaque des Anglais. Doug Fortnam ne semblait pas décidé à venir la sauver. Passé le traumatisme de l'attaque, elle pensa qu'il allait user de son influence auprès du gouverneur. Nanny serait certainement prête à négocier, elle n'allait pas risquer une guerre pour qu'Akwasi pût garder son esclave blanche !

Mais plus le temps passait, plus elle se disait que la société de Kingston l'avait oubliée et qu'elle ne comptait sans doute pas autant pour Doug qu'elle ne l'avait cru. Le jeune homme était riche, il pourrait par exemple commanditer son enlèvement à l'un des Blancs qui venaient régulièrement à Nanny Town. Les espoirs de Nora qui renaissaient dès qu'elle voyait des chevaux devant la hutte de Nanny étaient immanquablement déçus, et Akwasi la surveillait de trop près pour qu'elle put aller s'adresser directement à l'un des marchands.

Leur aventure n'avait peut-être été qu'un jeu pour Doug. Maintenant qu'il avait hérité, il pouvait épouser n'importe quelle jeune femme entre Kingston et Montego Bay. Nora essaya de penser moins à lui et plus à Simon, mais ses souvenirs se fanaient. Ses rêves de mer et de plage avaient tourné au cauchemar.

Il survint alors un événement qui scella le destin de Nora. Depuis quelque temps, elle avait les seins douloureux, des nausées matinales et les pieds lourds comme du plomb. Le jour où elle perdit connaissance en plein champ, elle dut se rendre à l'évidence : seule une grossesse expliquait tous ces symptômes. Elle s'était pourtant crue stérile, après toutes ces années de vie commune avec Elias sans descendance et la nuit d'amour avec Doug restée sans suite.

Après s'être péniblement relevée, Nora s'éloigna du feu dont les villageoises se servaient pour défricher les champs et qui n'était pas sans lui rappeler l'incendie de Cascarilla Gardens. Heureusement, elle était seule sur cette partie du champ et les autres villageoises n'avaient certainement pas remarqué son malaise. Nora s'efforça d'inspirer et d'expirer profondément afin de calmer la panique qui montait en elle. Elle avait soigné de nombreuses femmes qui avaient avorté, elle en trouverait bien une à Nanny Town qui saurait comment procéder. Sa décision était déjà prise : hors de question qu'elle portât l'enfant d'Akwasi !

Mansah ne comprit pas tout de suite ce que Nora lui demandait à mots couverts.

— Vous enfant, madame ? De qui, Backra Doug ?

L'idylle naissante entre Nora et son beau-fils n'avait pas échappé aux esclaves de Cascarilla Gardens. Nora rougit et se prit à rêver, l'espace d'un instant, qu'elle portait l'enfant de l'amour et non le fruit de l'angoisse et de la souffrance. Mais c'était impossible, la nuit passée avec Doug remontait à plus d'un an.

— Peu importe, répondit-elle, il me faut une baarm madda. Et pas la reine Nanny.

— Mais connais pas d'autre.

Mansah réfléchit, mais les faits étaient là : seule la reine soignait les malades, elle ne formait personne pour prendre sa relève et aucune des anciennes esclaves n'était guérisseuse. C'étaient surtout des jeunes travailleurs des champs qui se réfugiaient dans les Blue Mountains, tandis que les baarm madda, souvent d'âge mûr, étaient davantage employées comme domestiques. Et puis peut-être que Nanny n'aurait de toute façon pas toléré la concurrence, d'autant que les baarm madda qui exerçaient sur les plantations avaient souvent un fort tempérament.

Plus le temps passait, moins Mansah semblait avancer dans ses recherches. Nora perdait patience, car elle savait qu'un avortement précoce réduisait le risque de complications. Peut-être qu'en travaillant encore plus dur, Nora provoquerait une fausse couche. Elle se mit donc à arracher des racines jusqu'à épuisement, tout en mangeant et en buvant le moins possible. Mais elle avait beau maigrir et souffrir de vertiges, ses seins continuaient à grossir et elle ne saignait toujours pas. L'enfant résistait également aux assauts nocturnes d'Akwasi, pour lesquels elle avait élaboré quelques préparations de fortune à base d'herbes et d'aloe vera. Dans les dernières semaines, elle décida d'y renoncer en espérant que la douleur viendrait à bout de cet enfant qui s'accrochait tant à la vie, mais elle ne récolta rien d'autre que des plaies et des ecchymoses.

Un matin, Mansah s'assit près de Nora alors qu'elle était en train de moudre du millet, qu'elle mélangerait ensuite à du manioc pour en faire une bouillie. Le tout serait accompagné de lentilles qu'elle avait préparées la veille. Akwasi serait le seul à manger, Nora avait déjà la nausée en posant la marmite sur le feu. Elle se serait damnée pour un simple morceau de pain ou de fromage.

— Bonne odeur, dit Mansah en trempant un doigt dans la marmite. Beaucoup de poivre, moi aimer !

Nora eut un haut-le-cœur mais, par politesse, n'en laissa rien paraître. Et puis personne d'autre ne devait savoir qu'elle était enceinte. Elle encouragea la jeune fille à se servir. Ainsi, Akwasi croirait qu'elle avait mangé. Mansah ne se le fit pas dire deux fois. Elle prit une poignée de bouillie puis une poignée de lentilles.

— Moi trouvé baarm madda, chuchota-t-elle en se léchant les doigts. Difficile, car femme se cache de reine qui veut être la seule. Mais Tolo faire déjà ça avant Nanny !

Nora poussa un soupir de soulagement.

— Qui est cette Tolo ?

— Elle pas vivre au village, répondit Mansah la bouche pleine. Gens disent qu'elle sorcière.

Nora sourit.

— C'est aussi ce que disent les Blancs de toutes les baarm madda.

— Et elle s'être déjà disputée avec Nanny. Vit dans les fourrés près du fleuve. Marcher une heure.

— Et elle accepterait de m'aider ? demanda Nora, nerveuse. Tu as pu lui parler ? Ce sera difficile d'aller la voir, il faut compter une demi-journée.

Elle redoutait la marche dans les fourrés, surtout le chemin du retour. La plupart des baarm madda pratiquaient l'avortement à la cuillère, et un temps de repos était ensuite indispensable. Les femmes que Nora avait vues mourir après cette opération rentraient d'une longue marche et parfois même d'une demi-journée de travail aux champs.

— Moi pas parler avec elle, seulement avec autres femmes. Mais elle toujours aider. Tolo pauvre, besoin de nourriture. Quand femmes malades, payent avec millet, fruits… Mais pour enfant, elle veut poulet.

Nora se massa les tempes. Elle devrait voler un poulet comme les esclaves pour leurs rituels obeah. Si sa situation n'avait pas été aussi désespérée, elle aurait pu en rire.

— Madame peut aller demain, ajouta Mansah, quand villageois débroussailler pour nouveaux.

La semaine précédente, les marrons de Nanny avaient encore attaqué une plantation dont ils avaient rapporté un gros butin ainsi que deux douzaines d'esclaves. Depuis, une certaine tension régnait à Nanny Town, car Quao et Nanny étaient apparemment en désaccord sur la suite à donner à ces attaques. Et depuis la veille et l'arrivée de Cudjoe, lui-même en mauvaise posture dans son village, on se disputait en langue africaine dans la hutte de Nanny.

— Avec feux et villageois, Madame pouvoir partir. Antonia dit trouver Tolo pas difficile. Rivière faire courbe, puis croisement avec ruisseau. Madame marcher jusqu'à source avec étang. Là, hutte de Tolo.

Mansah allait poursuivre lorsque la silhouette massive d'Akwasi apparut sur le seuil de la hutte.

— Si tu as enfin terminé de cuisiner, va aux champs, dit-il sèchement à Nora.

Akwasi ne prenait jamais le petit-déjeuner avec elle. Dans certaines tribus africaines, hommes et femmes n'avaient pas pour habitude de partager leur repas. Akwasi n'avait pas grandi dans ces traditions mais tenait à se rappeler ses racines.

— Merci pour ta visite, Mansah, dit Nora en se levant docilement. Tu peux compter sur moi pour vous aider à débroussailler demain. Et n'aie pas peur du feu, les hommes savent le maîtriser. De toute façon, tu resteras avec moi.

Mansah lui lança un clin d'œil discret. Elle avait compris le message.

— Moi pas lâcher jupe de Madame !

Le lendemain, si quelqu'un lui posait la question, elle jurerait qu'elle avait passé toute la journée avec Nora.

Le lendemain matin, des bourrasques de vent rendirent le débroussaillage plus difficile que prévu. Mansah avait vu juste, il y avait plus de monde qu'à l'accoutumée et une certaine confusion régnait sur les champs. Tout d'abord, les villageoises célibataires commencèrent à lancer des œillades aux esclaves tout juste arrivés et à plaisanter avec eux, sous le regard réprobateur des anciens de Nanny Town. Puis les nouveaux venus se mirent à danser, rire, exulter devant cette liberté retrouvée, qui serait bientôt consacrée par l'attribution d'une parcelle à cultiver. Nora put s'éclipser sans difficulté alors que les flammes s'élevaient enfin dans le ciel. Elle se dirigea vers les poulaillers dans un village presque désert. Tant mieux, parce que le poulet qu'elle avait choisi pour Tolo refusait de se laisser capturer. L'animal se mit à caqueter bruyamment, bientôt imité par les autres occupants du poulailler, et se débattit avec vigueur lorsque Nora réussit enfin à le fourrer dans un sac en toile de jute.

— Ça ne me fait pas plaisir non plus, dit-elle en jetant le sac sur son épaule.

Arrivée à la rivière, elle découvrit plusieurs chemins et se décida finalement pour le plus raide et le plus dangereux, en espérant qu'il serait moins surveillé que les autres. Les sentinelles étaient de toute façon plus concentrées sur les personnes qui approchaient de Nanny Town que sur celles qui en sortaient – tout le monde sauf Nora avait le droit de quitter le village. Par précaution, Nora prit exemple sur certaines Africaines qui marchaient tête baissée et cachaient leurs cheveux sous de longs voiles colorés, au lieu d'un simple turban, dès qu'elles sortaient de leur hutte.

Mais Nora ne se faisait pas d'illusions, on risquait tout de même de la surprendre en chemin. Les sentinelles surveillaient les environs du village en permanence, et même si Nanny n'aimait pas la sorcière Tolo, celle-ci vivait sous la protection des Nègres marrons de Jamaïque. Les abords de la rivière avaient beau sembler déserts, Nora était persuadée que des yeux alertes la suivaient alors qu'elle longeait le cours d'eau. Pétrie de honte, elle se demanda si les sentinelles comprendraient pourquoi elle transportait un poulet dans un sac. On ne pouvait pas ne pas entendre l'animal qui continuait à se débattre.

La hutte de Tolo n'était pas très loin. Nora marcha environ une heure, cherchant parfois son chemin parmi les fougères et les lichens où se cachaient une multitude d'insectes. Malgré la tristesse de sa mission, Nora s'émerveilla devant les papillons colorés, tout en chassant les moustiques qui se faisaient un plaisir de la piquer aux mollets. Et s'il n'y avait pas de crocodiles dans la partie est de l'île – on disait qu'ils vivaient plutôt dans la région de la Black River –, elle vérifiait à chaque pas que la voie était libre, d'autant qu'elle progressait seule et non armée dans l'ombre des acacias et des fougères. Elle repensa également à Doug et à ses promesses de lui faire découvrir l'île. Avec lui, elle n'aurait pas eu peur des crocodiles… Mais maintenant qu'il l'avait abandonnée, Nora devait l'oublier.

Elle arriva en sueur à l'endroit où la rivière formait un coude puis un embranchement avec un petit ruisseau Elle s'y rinça le visage et se décida à retirer son voile. Si un marron la voyait à cet endroit, il saurait qu'elle allait chez Tolo et resterait en dehors de ces affaires de femmes. Bien sûr, il pourrait plus tard raconter à Akwasi l'escapade de son esclave. Mais quand bien même Nora serait punie à son retour, elle aurait un gros poids en moins sur les épaules.

La hutte de Tolo était bien cachée près d'un petit étang alimenté par une source. D'après les femmes de Nanny Town, les bons esprits se plaisaient dans ce genre d'endroits idylliques, et c'était sans doute pour cette raison que Tolo avait choisi de s'installer ici. La vieille femme assise devant sa hutte, près du feu, leva la tête. Nora eut un mouvement de surprise : elle n'avait jamais vu d'yeux si clairs et étincelants chez une femme noire.

— Vous êtes Tolo ? demanda-t-elle, intimidée.

La bouche de la femme se tordit, sans que Nora pût dire si elle esquissait une grimace ou un sourire. Tolo, sans doute une Dogon, était aussi petite que Nanny, mais plus forte et indubitablement plus âgée.

— Qui veux-tu que je sois ? Et toi... J'avais entendu dire qu'une Blanche vivait chez Nanny, mais je n'y croyais pas.

— Je ne suis pas ici de mon plein gré.

Nora était incommodée par les herbes que Tolo brûlait dans son feu, sans doute pour chasser les insectes, et par la forte odeur d'une mixture qui cuisait dans une marmite.

— Moi non plus, répondit Tolo avec cette fois un franc sourire. Aucun de nous n'est ici par choix, mais au moins, toi, personne ne t'a forcée à monter nue et enchaînée dans un bateau. Ce n'est pas en te plaignant ainsi que tu te feras des amis.

Tolo parlait un très bon anglais. Nora, qui la trouvait impressionnante, continua spontanément à la vouvoyer. Son charisme n'avait rien à envier à celui de Nanny.

— Vous êtes née ici, n'est-ce pas ?

Tolo acquiesça.

— Oui, c'est ma mère qui a été déportée. Disons que j'avais un meilleur statut dans ma tribu, avant que Cudjoe, Accompong, Nanny et Quao fédèrent les marrons. Enfin, je ne leur en veux pas, c'est mieux comme ça, du moins pour les marrons. Pour les esclaves, en revanche, vu que Cudjoe veut traiter avec les Blancs…

— Nanny Town les accueille en nombre.

Même si Nora aurait aimé parler de ce qui l'amenait ici, elle avait certainement beaucoup à apprendre sur la situation en Jamaïque auprès de cette femme manifestement intelligente.

— Certes, mais les marrons n'obtiendront rien du gouverneur s'ils ne renvoient pas les esclaves d'où ils viennent, et Nanny n'est pas d'accord. Et puis elle aime les attaques et les assassinats de backras. Si on l'écoutait, Kingston serait rasée. C'est la haine qui l'anime.

Comme Máanu, pensa Nora avec tristesse.

— Puis-je espérer qu'ils me renvoient aussi ?

Tolo haussa les épaules.

— Si des gens de Kingston se souciaient de ton sort, ils seraient venus te chercher depuis longtemps. Mais ça ne semble pas être le cas. Et si tu as un enfant…

Nora tressaillit.

— Comment le savez-vous ?

— Il suffit d'un peu d'expérience pour le voir tout de suite, dit la vieille dame en riant. Nanny le sait sans doute aussi et doit remercier les dieux de t'avoir montré le chemin jusqu'ici. Ton enfant n'est qu'une source de problèmes pour elle. Si tu le mets au monde, son père devra te prendre pour femme. Une servante blanche comme récompense pour un guerrier d'exception, passe encore, mais Nanny ne tolérera pas que des enfants grandissent comme esclaves dans son village.

— Je ne veux pas de ce bébé ! s'écria Nora.

— Tu es sûre ? Ta vie au village serait meilleure.

— Je ne veux pas d'une meilleure vie ! Je veux partir, je veux…

Nora serra les poings.

— C'est ton premier enfant, n'est-ce pas ? Tu n'en voulais pas avant ?

Nora ne sut que répondre. Elle ne pouvait nier qu'elle avait parfois rêvé d'avoir des enfants. Bien sûr autrefois avec Simon, et plus récemment avec Doug. Même un enfant d'Elias ne lui aurait pas déplu dans les premiers mois de leur union, du moins elle n'aurait pas cherché à interrompre cette grossesse. Mais ici, en captivité, parmi toutes ces femmes hostiles… Tolo lut dans ses pensées.

— L'enfant grandirait libre et serait l'héritier de son père.

— Il n'aurait qu'un lopin de terre qu'on m'oblige à cultiver.

— Chez les Blancs, ce serait un lopin de terre qu'on obligerait des Nègres à cultiver. Est-ce que ça ne revient pas au même ? Et tu en paieras le prix fort, comme toutes les autres. Tu rêveras de cet enfant.

Nora faillit répondre qu'elle ne rêvait plus depuis des mois, mais c'était faux. Ses nuits étaient hantées de sang, de peur et de cris. Et elle s'apprêtait à créer un nouveau duppy qui la tourmenterait à son tour.

— Je volerai un poulet et je demanderai à l'homme obeah d'exorciser son esprit, répondit Nora.

Tolo rit.

— Je vois que tu connais les règles les plus importantes. Très bien, Blanche. Assieds-toi, réfléchis encore un peu et si tu es toujours décidée, je te préparerai une potion. Tu la boiras ce soir et tu saigneras demain. Et qui sait, si les Blancs veulent encore de toi, tu pourras peut-être partir !

Nora enfouit son visage dans ses mains. Tout sauf réfléchir. D'ailleurs elle ne voulait plus penser, et surtout pas à Doug.

Tolo s'éclipsa et revint avec une fiole remplie d'un liquide marron foncé. Nora la prit avec gratitude et la cacha dans une poche de sa jupe.

— Je ne risque rien ?

— Est-ce que je connais la volonté des dieux ? répondit Tolo en haussant les épaules. Toute femme qui tue l'enfant qu'elle porte court un risque. Encore un prix que nous payons. Mais ça arrive rarement avec moi.

L'autre inquiétude de Nora était de regagner Nanny Town sans être vue, mais le destin semblait de son côté car à mi-chemin, elle sentit de la fumée et vit des flammes à l'horizon. Le débroussaillage des nouvelles parcelles avait manifestement dégénéré et les villageois s'affairaient pour éteindre l'incendie. Même les guerriers de haut rang luttaient contre les flammes. Ce jour-là, aucune femme de la tribu n'eut une remarque blessante pour Nora. Elle se glissa discrètement parmi les villageoises qui formaient une chaîne pour puiser de l'eau au ruisseau et se passer les seaux. En plus de la chaleur insupportable, le vent faisait voleter des particules de cendre qui trouaient les vêtements et brûlaient la peau.

Les villageois de Nanny Town ne vinrent à bout de l'incendie qu'en début de soirée, aidés par une pluie tropicale. Tous rentrèrent exténués jusqu'à leurs huttes après s'être baignés dans l'un des petits cours d'eau qui traversaient la cité.

Nora préféra s'abstenir, il était trop risqué de se déshabiller devant les autres femmes. La jeune femme fut soulagée à l'idée que ce jeu de cache-cache prendrait fin dans la nuit. C'était la bonne décision. Elle ne porterait pas l'enfant d'Akwasi.

Nora attendit que le soleil se couchât et qu'elle eût terminé de préparer le dîner d'Akwasi. Celui-ci était allé voir Nanny, qui débattait toujours dans sa hutte avec Cudjoe et Quao au sujet des négociations avec les Blancs. Akwasi était censé rédiger un compte rendu, seulement ils ne s'entendaient sur rien. Ils réclamaient la reconnaissance officielle de leurs cités par le gouverneur et l'autorisation de commercer avec Kingston, Spanish Town et d'autres villes anglaises, mais ne parvenaient guère à se mettre d'accord sur ce qu'ils allaient offrir en retour. Akwasi avait passé le plus clair de sa journée à bayer aux corneilles pendant que les chefs des marrons discutaient âprement en langue ashanti.

Nora soupira en le voyant rentrer d'humeur irritable. Il se défoulerait sans doute sur elle au cours de la nuit, mais cette fois, cela lui était égal. Nora le laissa manger près du feu et se retira dans la hutte. Après avoir contemplé la lune quelques instants, elle murmura une prière et, sans une once de remords, déboucha la fiole. Mais au moment où elle la portait à ses lèvres, la porte s'ouvrit brusquement.

— Je t'interdis de boire ça ! hurla Akwasi.

Il envoya valser la fiole et gifla Nora.

— Tu en as déjà bu, espèce de…

Nora, prise d'un haut-le-cœur, ne put répondre. Akwasi la tira hors de la hutte et la frappa à nouveau.

— Crache, traînée !

Nora, en pleurs, vomit près du feu tandis qu'Akwasi la tenait fermement par le poignet. Lorsqu'elle releva la tête, elle reconnut Máanu dans l'ombre de la hutte. La magnifique jeune femme portait une jupe écarlate et un haut aux couleurs des Ashantis, rouge sang, jaune doré et vert forêt, le tout flambant neuf.

— C'est toi ?

— Oui, qui d'autre ? On m'a dit que Mansah posait de drôles de questions pour son âge, donc je t'ai gardée à l'œil.

— Mais…

Nora allait objecter que Máanu était la dernière personne à avoir intérêt à sauver son enfant. Elle avait toujours voulu Akwasi pour elle seule, et si, comme l'avait dit Tolo, Nanny insistait pour qu'Akwasi épousât Nora, elle avait définitivement perdu. Mais Nora n'eut qu'à voir le visage de Máanu tordu par la haine pour comprendre que cela importait peu à son ancienne femme de chambre. Elle voulait la faire souffrir, à n'importe quel prix. Quitte à mettre son propre bonheur en péril.

— Tu ne tueras pas mon enfant ! éructa Akwasi. Je ne le permettrai pas !

— Et comment comptes-tu m'en empêcher ? demanda Nora.

Même si elle se savait en mauvaise posture, elle refusait de baisser les bras. La nuit lui porterait sans doute conseil.

— Je vais te le dire, ricana Akwasi. Tu sais comment le backra s'y est pris avec ma mère ? Non ? Tu te souviens de la remise près de la cuisine, où on rangeait les balais ?

Nora hocha la tête, le cœur battant. La remise où Sally était morte.

— C'est là que ma mère, une princesse ashanti, a accouché après avoir passé six mois enchaînée au mur, dans l'obscurité. Dès qu'on lui libérait une main, elle essayait de se tuer et moi avec. Elle s'est noyée le

402

lendemain de ma naissance. Tu crois que je ne vais pas venir à bout de la petite poupée blanche que tu es ?

En regardant Akwasi, Nora, bien que tremblante de colère, eut pitié de ce fils qui s'efforçait d'être fier de sa mère alors qu'elle avait voulu le tuer.

— Le sang des puissants coule dans les veines de mon enfant, poursuivit Akwasi. Ce sera un grand guerrier béni des esprits.

— Les gens le traiteront de bâtard, rétorqua Nora. Tous, Noirs comme Blancs. Il n'y a pas de place dans ce monde pour les enfants comme lui. Pourquoi ne pas le laisser mourir, tout simplement ? Pourquoi ne pas me renvoyer et prendre une Noire pour épouse ?

Akwasi la foudroya du regard.

— Pour que tu retrouves Doug Fortnam ? Tu m'appartiens, Nora, et cet enfant aussi.

— Alors tu devras m'épouser, soupira Nora, et cet enfant m'appartiendra autant qu'à toi. J'espère que tu seras heureux, Akwasi, et toi aussi, Máanu. Maintenant, laisse-moi aller me laver à la source. Si j'y croise des femmes, je leur dirai que je porte ton enfant. Au moins, elles cesseront de me traiter en esclave.

Akwasi regarda tour à tour Nora et Máanu. Il hésitait manifestement à laisser Nora s'éloigner.

— Et si elle se tue ? lança-t-il à Máanu.

Nora ne lui laissa pas le temps de répondre.

— Je ne me tuerai pas, Akwasi, pas d'inquiétude. Je ne suis peut-être pas une princesse, mais je ne suis pas lâche non plus. Une Nora Reed ne se dérobera pas comme ta merveilleuse mère. Je montrerai la voie à cet enfant qui n'aura d'autre choix que de grandir dans un environnement hostile. Maintenant, laisse-moi partir. J'ai chaud et je ne me sens pas bien. Il paraît que c'est fréquent chez les femmes enceintes que l'on frappe. Avec un peu de chance, Akwasi, tu viens de tuer ton enfant.

Nora tourna les talons et s'éloigna, la tête haute.

Máanu ne put s'empêcher d'éprouver une certaine admiration pour son ancienne maîtresse. D'ailleurs, elle-même n'était pas très fière de ses actions. Nora Fortnam n'avait jamais trahi une seule esclave de Cascarilla Gardens qu'elle avait soignée après un avortement, et elle n'était évidemment pas responsable de ce que la mère d'Akwasi avait enduré. La punir pour cela ne rimait à rien.

Máanu avait hésité avant de prévenir Akwasi. Ces dernières semaines, elle s'était plus rapprochée de lui que pendant toutes ces années passées à Cascarilla Gardens où elle avait toujours été la domestique et lui, l'esclave maltraité. À Nanny Town, tous deux étaient devenus des conseillers estimés de la reine pour leur capacité à lire et à écrire, considérées comme un pouvoir magique par bien des Africains. On pouvait donc s'attendre à ce qu'Akwasi et Máanu finissent par se marier, avec l'assentiment de Nanny et Quao, qui les couvriraient de cadeaux. Et puis Máanu avait cru sentir que l'attirance d'Akwasi pour Nora faiblissait.

Quant à Nora, elle ne semblait pas le désirer. À Cascarilla Gardens, ne l'avait-elle pas déjà remplacé par Doug ? Elle était sans doute une de ces femmes qui se lassaient après une ou deux nuits passées avec un amant. Or, en l'empêchant d'avorter, Máanu venait de lui assurer une position plus confortable au village. Elle avait beau savoir que c'était de la folie, elle voulait faire souffrir Nora Fortnam et détruire sa vie.

Máanu s'assit près d'Akwasi et trempa un morceau de pain dans la marmite qui mijotait toujours sur le feu.

— Tu vas donc être père, dit-elle.

Akwasi, encore sous le choc, acquiesça machinalement.

— Je te dois une fière chandelle, reconnut-il à contrecœur.

— En effet, tu me dois un enfant.

Akwasi faillit bondir tandis que Máanu, impassible, continuait à mâcher son morceau de pain.

— Qu'est-ce que tu sous-entends ? Tu veux l'enfant de la Blanche ?

— Je ne vois pas ce que je ferais d'un bâtard, rétorqua Máanu avec un rictus. Elle a raison, personne ne respectera cet enfant. Je veux un enfant à moi, Akwasi. Un fils de guerrier, un enfant qui jouera aux pieds de la reine et la considérera comme sa grand-mère. Au cas où ça t'aurait échappé, Nanny n'a pas d'héritier.

Akwasi réfléchit.

— Il faudrait que je t'épouse.

— Qu'est-ce qui t'en empêche ?

— Eh bien, Nora a raison, répondit Akwasi en fronçant les sourcils, la reine va insister pour que je…

Máanu le regarda droit dans les yeux.

— Tu es chrétien, Akwasi ?

— Bien sûr que non ! Je n'ai pas oublié cet horrible révérend Stevens… Comment je pourrais prier son dieu ?

— Tu as d'autres croyances ?

— Une fois, j'ai volé un poulet que j'ai donné à l'homme obeah, dit Akwasi sans entrer dans les détails.

— Ça ne compte pas. Les rituels obeah, c'est juste un peu de magie. Nanny a une vraie religion. Elle m'en a parlé. Les Ashantis ont des dieux très puissants.

— Et alors ?

Máanu sourit.

— Les dieux de nos ancêtres autorisent les grands guerriers à avoir plusieurs femmes.

— Tu as changé d'avis ? demanda Tolo en s'asseyant à côté de Nora.

La guérisseuse avait été invitée à la grande cérémonie par laquelle la reine Nanny allait sceller l'union entre Akwasi et Máanu selon la tradition ashanti. Máanu, qui était toujours aussi proche de la reine, avait insisté pour que tout le village participât à la fête.

— Tu es toujours enceinte, n'est-ce pas ?

Nora acquiesça et se tapit dans l'ombre des arbustes. Tolo s'y abritait du soleil tandis que Nora cherchait à se soustraire aux regards des autres femmes. Depuis l'annonce de la noce, Nora cuisinait jour et nuit, sans qu'on lui laissât une minute de répit. À présent, toutes les villageoises savaient qu'elle était enceinte, qu'elle avait voulu avorter mais qu'Akwasi l'avait forcée à garder l'enfant. Les anciennes esclaves qui avaient vécu la même chose avec leur backra le soutenaient. Bien sûr, le fait qu'il en épousât une autre ne laissait pas les habitants du village indifférents. Seules les Africaines venant de tribus polygames et les musulmanes comprenaient cette décision.

Nora s'en accommodait dans l'espoir secret qu'un mariage forcé avec une esclave, surtout en secondes noces, n'aurait aucune valeur officielle et qu'elle serait un jour libre de retrouver les siens.

— Je m'y suis mal pris, j'aurais dû boire votre potion tout de suite, dit-elle à Tolo. Tout le monde me surveille, maintenant.

Nora soupira en voyant une femme marron écarter une branche de l'arbuste et lui lancer un regard lourd de reproches.

Tolo haussa les épaules.

— Dis-toi que c'est la volonté des dieux. Et elle, elle est enceinte ?

La guérisseuse désigna Máanu, que l'on accompagnait sous les chants et les prières jusqu'à la hutte ronde de Nanny.

Nora secoua la tête.

— Pas encore, ils ne consommeront leur union que demain. Mais elle veut un enfant, et elle arrive toujours à ses fins.

— Elle n'en sera pas forcément plus heureuse, souligna Tolo. Elle a tout de même d'étranges souhaits. Elle m'a invitée parce que je suis dogon, comme sa mère, et elle a voulu que je la prépare au mariage selon nos traditions. Son futur mari aussi a insisté, même si Nanny a certainement essayé de l'en dissuader. Ces Nègres cherchent à adopter n'importe quelles coutumes, même si ce ne sont pas celles de leur tribu d'origine. Je me demande si à l'intérieur, Akwasi n'est pas plus blanc que toi. Bon, le devoir m'appelle. Toi, prie pour Máanu.

Sur ces paroles énigmatiques, la vieille femme se leva et disparut dans la hutte de Nanny. Nora, perplexe, la suivit du regard. Pourquoi devait-elle prier pour Máanu ? Elle haussa les épaules et retourna près du feu, où elle devait tourner une broche sur laquelle cuisait un bœuf entier. Rien que le fumet lui coupait l'appétit.

Curieusement, Nanny aussi semblait souffrante. La reine ashanti sortit de sa hutte une heure plus tard avec le teint cireux et les yeux hagards. Les vapeurs de plantes et le bruit infernal qui régnait chez elle depuis l'entrée de Tolo lui étaient certainement montés à la tête. Au milieu des chants traditionnels qu'entonnaient les femmes, Nora crut entendre des plaintes, voire des cris de souffrance. Mais elle avait assez à faire avec ses nausées pour se pencher plus avant sur la question des rites matrimoniaux africains. Depuis plusieurs jours déjà, le son monotone des tambours résonnait sans interruption et faisait bourdonner les tympans.

Nora ne s'attarda pas sur la mauvaise mine de la reine, car maintenant que la fête commençait, elle devait s'occuper du service. Elle posa devant Akwasi, qui regardait dans le vide, de la viande, des galettes et un ragoût de légumes. La reine discutait vivement avec Quao et des femmes ashantis. Nora ne tendit même pas l'oreille, elle était fatiguée, elle avait mal au dos et aspirait juste à un peu de repos. Elle voulait également demander à Tolo un remède contre les nausées, mais la guérisseuse était toujours dans la hutte de Nanny. Nora finit par se demander ce qui se passait et pourquoi Máanu ne sortait pas. Peut-être qu'en Afrique, il était coutume de séparer les jeunes mariés avant la noce.

Une fois la soirée bien avancée, Nora put enfin s'asseoir dans un coin relativement tranquille et essaya de manger un peu de bouillie. Elle était en train de plonger la cuillère dans la marmite lorsqu'elle sentit que quelqu'un tirait sur sa jupe. Elle tourna la tête et vit Mansah, dont le visage était tordu par l'angoisse.

— Madame… Madame doit aller voir Máanu. Sorcière la faire saigner, elle crier et pleurer. Disent tous que pas grave et que moi devoir rester car sœur. Mais moi croire que grave et vouloir vous montrer. Madame…

— Máanu ne voudra pas de mon aide, quoi qu'on lui ait fait, répondit Nora. Et si Tolo est auprès d'elle, je suis sûre qu'elle saura la soigner.

Mais Mansah secoua vigoureusement la tête.

— Sorcière Tolo la couper avec couteau! Máanu dit que obligée, coutume mariage. Mais pas possible, madame, si?

La curiosité de Nora était éveillée. Qu'avait bien pu infliger Tolo à Máanu? Ou plutôt que lui avait demandé la jeune mariée ? Nora avait bien senti que Tolo avait accepté sa mission à contrecœur.

— Très bien, Mansah. Si cela peut te rassurer, je vais proposer mon aide à Máanu. Mais elle va m'envoyer promener, j'en suis sûre.

Nora craignait de se voir barrer la route par les convives rassemblés sur la place du village, mais ils étaient tous plus ou moins silencieux et endormis sous l'effet de la bière et du rhum servis en quantité généreuse. Seuls quelques infatigables villageois dansaient encore près du feu.

— Máanu ? demanda Mansah en écartant la couverture à l'entrée de la hutte. Máanu ! Máanu sûrement morte, madame !

Au fond de la hutte, Nora vit la jeune femme étendue sur un lit de camp à la lueur des bougies. Elle avait les yeux fermés et le teint pâle, mais elle vivait encore. Tolo approcha et fit signe à la fillette de se taire.

— Chut, elle dort enfin. Ne la réveille pas ! Elle n'a plus besoin de rien, le pire est passé. Je lui avais donné une potion pour dormir, mais avec tout ce vacarme dehors, elle n'arrivait pas à fermer l'œil. Et bien sûr, il y a la douleur.

— Que s'est-il passé ? demanda Nora en s'approchant.

— Je l'ai opérée selon la tradition de notre peuple, répondit Tolo, le visage grave. Je lui ai pourtant expliqué que ce n'était pas une obligation. Elle est même femme depuis longtemps et a déjà porté des enfants. Normalement, ça se fait plutôt à son âge.

Elle désigna Mansah, qui se cacha aussitôt derrière Nora.

— De quoi parlez-vous ?

Nora remarqua des taches de sang sur la couverture. Elle la souleva et vit que l'entrejambe de Máanu était recouvert de feuilles et de bandages.

— Mais elle n'était pas enceinte, dit-elle, perplexe.

Jusqu'à présent, elle n'avait vu ce genre de choses que chez les femmes qui venaient de voir une baarm madda pour avorter.

— Non, répondit Tolo. Et je n'ai pas coupé beaucoup, juste le strict nécessaire. Elle a tellement insisté…

Soudain, Nora se souvint de la coutume de l'excision dont Adwea lui avait parlé, expliquant qu'elle symbolisait le passage à l'âge adulte. Nora avait trouvé triste que les femmes fussent privées d'un organe de plaisir.

— Mais qu'est-ce qui lui a pris de vous demander cela ?

Nora regarda tour à tour Tolo et Mansah. Celle-ci s'agenouilla au chevet de Máanu et pleura en silence.

— C'est la tradition chez les Dogons, pour qui chaque être humain naît homme et femme, expliqua Tolo. Si c'est un garçon, on enlève sa partie féminine, et si c'est une fille, on enlève sa partie masculine, pour que l'enfant puisse grandir.

— Cela n'a aucun sens ! s'exclama Nora.

Tolo haussa les épaules.

— C'est ce que lui a dit la reine. Cette coutume n'existe pas chez les Ashantis, et ça ne les empêche pas d'avoir des enfants.

Nora avait la tête qui tournait. Quel était ce monde fou dans lequel elle vivait ?

— Enfin, Akwasi est ashanti ! Comment peut-il approuver cela ?

— Je te l'ai déjà dit, Akwasi est blanc à l'intérieur. Il ne veut pas une reine mais une brave petite femme qui lui obéisse comme une chrétienne. Et si elle ne jouit pas avec lui, peu importe, au moins elle ne le trompera pas. C'est sa plus grande crainte. Alors surtout ne montre aucun plaisir, Blanche, sinon il te forcera à faire la même chose.

Tolo replaça doucement la couverture sur Máanu.

Nora soupira. Elle savait qu'Akwasi en était capable. Et elle n'éprouva aucune satisfaction à l'idée que Máanu ne profiterait pas de sa nuit de noces.

7

Ce fut une Máanu au teint de cendre qui assista à sa cérémonie de mariage. Elle s'assit jambes écartées sur le tabouret qu'Akwasi lui offrit selon la tradition et eut besoin d'aide pour transporter jusqu'à sa hutte les nombreux autres cadeaux des villageois. Le lendemain, elle ne se montra pas de toute la journée. Mansah, inquiète, dit à Nora qu'elle ne pouvait même pas se lever. Nora ne fut pas surprise, elle avait dû passer une nuit terrible avec Akwasi. Tolo leur assura toutefois que la vie de Máanu n'était pas en danger.

— Je n'ai pas coupé beaucoup, juste assez pour qu'ils soient contents. Quand la plaie ne sera plus à vif, Máanu se sentira beaucoup mieux. D'habitude on intervient beaucoup plus tôt, bien avant que la femme soit touchée pour la première fois.

Tolo regarda Mansah, qui se réfugia dans les jupes de Nora.

— Elle pas me couper, madame! supplia-t-elle.

Tolo secoua la tête.

— Personne ne t'y force, tu as de la chance. La reine Nanny le désapprouve. Dans notre tribu, personne ne nous protégeait, et crois-moi, les entailles étaient plus profondes que pour ta sœur. Va t'occuper de Máanu et ne t'inquiète pas : elle sera rétablie dans quelques jours.

Nora craignait toutefois que l'infection subsistât. Sous ce climat, même des blessures a priori bénignes pouvaient entraîner la mort. Mais elle ne voulait pas effrayer Mansah, et Máanu refuserait son aide. De toute façon, son ancienne femme de chambre l'avait si souvent accompagnée au quartier des esclaves qu'elle saurait comment empêcher une plaie de s'infecter.

Finalement, Máanu guérit sans d'autres complications. Ensuite, ce fut au tour de Nora de devenir l'épouse d'Akwasi au cours d'une cérémonie moins fastueuse. La reine Nanny se contenta de demander à quelques dieux et esprits de bénir le couple, puis annonça publiquement que Nora n'était plus une esclave.

Dès lors, elle jouit d'un meilleur statut parmi les femmes du village, qui cessèrent de la tourmenter. Nora continua à travailler un peu à l'écart mais on ne lui attribuait plus les tâches les plus pénibles depuis que sa grossesse se voyait. Et puis elle pouvait toujours compter sur Mansah, qui ne se sentait pas à l'aise dans le groupe des jeunes filles. Depuis peu, elle venait même dormir dans sa hutte avec l'accord de Máanu et Akwasi qui se disaient qu'en sa présence, Nora n'attenterait pas à la vie de son enfant ni à la sienne. Akwasi dormait toutes les nuits avec Máanu depuis qu'elle avait commencé à se rétablir. Il était manifestement déterminé à avoir un enfant de sang pur.

De son côté, Nora finit par s'accommoder de sa grossesse et remercia le ciel pour l'éloignement d'Akwasi. Après tout, peut-être que Máanu serait heureuse avec lui. Nora n'en demandait pas moins, du moment qu'on la laissait tranquille. Elle appréciait la compagnie de Mansah, qui, en plus de parler de mieux en mieux anglais, apprenait à lire et à écrire, même si l'exercice la rendait parfois perplexe.

— C'est vrai que tout le monde peut, madame ? On n'a pas besoin de la bénédiction des esprits et des dieux ?

Alors que l'accouchement approchait, les villageoises laissèrent davantage de temps libre à Nora, qui décida d'en profiter pour cultiver un jardin de plantes médicinales près de sa hutte. Mansah s'y intéressait bien plus que sa sœur et l'aida avec plaisir. Comme la jeune fille pouvait se déplacer librement, elle l'envoyait quémander des graines aux marchands blancs qui continuaient à venir régulièrement, ou chercher des plantes et des racines en dehors du village. Ces excursions restaient interdites à Nora, dont les moindres faits et gestes étaient surveillés dès qu'elle s'éloignait des champs.

Très vite, elle eut à sa disposition du persil, de la camomille, de la sauge et de l'alchémille en grande quantité, dont elle finit par faire profiter les villageoises. Tout commença le jour où elle surprit au déjeuner une conversation entre deux femmes marrons. L'une d'elles, María, souffrait tous les mois de crampes et de pertes de sang abondantes.

— Je devrais aller voir Tolo, mais c'est trop loin.

— Et Nanny ?

María leva les yeux au ciel.

— Elle dit que ce n'est pas grave, que je n'ai qu'à attendre que ça passe. Mais Nanny a de la force, c'est une reine. Moi, je ne suis pas si courageuse.

Nora soupira. Une fois de plus, elle eut confirmation que Nanny avait de grosses lacunes en médecine. D'après ce que l'on disait, elle avait été déportée très jeune d'Afrique. Même si sa mère avait été une grande chamane, elle ne pouvait avoir eu le temps de lui transmettre son savoir.

Nora sortit de sa poche une poignée d'herbes qu'elle gardait toujours à disposition pour Mansah, qui avait ses règles depuis trois mois et souffrait elle aussi de crampes. Nora lui préparait des infusions en toute discrétion pour ne pas ébruiter la nouvelle, de crainte que

Mansah se vît obligée par Akwasi et Máanu de respecter la coutume dogon.

— Tiens, dit-elle à María. Mets ces herbes à tremper dans de l'eau bouillante pendant dix minutes. Si tu en bois trois tasses par jour, tu te sentiras mieux.

María regarda les herbes séchées avec méfiance.

— Tu veux m'empoisonner, Blanche ?

Sans répondre, Nora alluma un feu malgré les protestations des deux femmes qui ne voulaient pas avoir encore plus chaud. Elle fit chauffer de l'eau, y plongea les herbes, les laissa infuser puis but quelques gorgées une fois la préparation refroidie. Mansah l'imita, non sans une petite grimace.

— C'est très amer mais ça te fera du bien.

Nora servit une tasse à María, qui but l'infusion avec prudence. Même si elle n'était pas tout à fait convaincue, elle partait du principe que Nora n'essayerait pas d'empoisonner Mansah. Au bout d'une demi-heure, son visage se détendit.

— Ça a marché ! s'exclama-t-elle, tout sourire. Qu'est-ce que je peux te donner en échange, Blanche ? Tolo nous demande des œufs et des céréales.

Nora secoua la tête.

— J'ai tout ce qu'il me faut.

Pour leur mariage, Nanny avait offert trois poules à chacune des femmes d'Akwasi. Máanu avait également reçu des meubles, des couvertures, des vêtements et même quelques bijoux.

— Ce qui me ferait plaisir, c'est que vous arrêtiez de m'appeler « Blanche ». Les Anglais aussi ont des prénoms, vous savez ? Le mien, c'est Nora.

María et Mansah ne furent pas longtemps les seules patientes de Nora. Dans les jours qui suivirent, de nombreuses femmes marrons vinrent la consulter pour des troubles le plus souvent bénins. La plupart étaient des Noires nées libres car les anciennes esclaves se méfiaient d'une guérisseuse blanche, ce dont elle ne pouvait leur tenir rigueur. Ces femmes détestaient tout ce qui pouvait leur rappeler les plantations, tandis que les vrais marrons n'avaient rien contre elle. Si elles craignaient les représailles des Blancs – Nora apprit d'ailleurs que le gouverneur avait mené quelques années plus tôt des attaques sérieuses sur Nanny Town –, elles accueillaient toujours gentiment les marchands auprès desquels elles échangeaient des fruits contre des objets susceptibles de leur faciliter le quotidien. Maintenant que la glace était brisée avec Nora, elles se montraient plus curieuses qu'hostiles. Nombre d'entre elles auraient d'ailleurs plus volontiers vécu à Kingston ou à Montego Bay qu'à Nanny Town, où elles devaient adopter les coutumes africaines, et elles étaient choquées par certaines décisions de la reine, par exemple celle d'autoriser Akwasi à avoir deux femmes. Certaines étaient chrétiennes ou croyaient aux rites obeah fortement influencés par le christianisme. Nora ne fut pas surprise lorsqu'on lui dit que Tolo avait été leur femme obeah.

— On organise encore des cérémonies, confia María à sa nouvelle amie, mais Nanny n'en veut pas dans le village et on a peur la nuit dans la forêt.

Nora fut en revanche étonnée d'apprendre que dans leurs tribus d'origine, les femmes ashantis avaient quasiment les mêmes droits que les hommes et qu'elles participaient aux combats quand il s'agissait de défendre leur village.

— Je me souviens d'avoir jeté des pierres aux Anglais, expliqua María. Notre village est imprenable !

Nora sentit sa gorge se nouer comme à chaque fois qu'elle entendait ce mot. Elle ne pouvait pas non plus compter sur un soulèvement et un changement de pouvoir dans la cité. Les marrons historiques n'approuvaient peut-être pas toutes les décisions de leurs chefs, mais ils n'oubliaient pas que Nanny, Quao, Cudjoe et Accompong avaient réussi à fédérer les Noirs libres qui erraient par petits groupes et à en faire des guerriers redoutables.

— Je n'aime pas les chants ashantis et le culte du dieu Onyame, mais au moins, Nanny ne nous traite pas comme des esclaves, dit María. On ne nous interdit pas d'organiser des cérémonies avec Tolo dans la forêt, on ne nous interdit pas de croire en Jésus et on n'interdit pas aux musulmans de pratiquer leur religion.

Personne ne savait en quoi celle-ci consistait précisément. Les quelques esclaves venus d'Afrique qui appartenaient à la tribu des Mandingues priaient entre eux sans jamais procéder à des sacrifices. Les femmes étaient discrètes, en particulier quand les discussions entre femmes marrons portaient sur les prouesses nocturnes de leurs maris. Elles priaient cinq fois par jour et cachaient leur chevelure sous des foulards ou des turbans noués avec sophistication. Nanny tolérait les trois ou quatre familles et les cinq ou six hommes seuls arrivés d'Afrique qui avaient continué à pratiquer leur religion sur les plantations, malgré les services du dimanche et la tentation des trépidants rituels obeah. Et l'interdiction de l'alcool était un avantage dont elle profitait en affectant les musulmans aux postes de surveillance les plus éloignés. Ils ne risquaient pas de boire en cachette et de dormir pendant une attaque des Blancs.

Si les nouvelles amies de Nora avaient de la peine pour sa position guère enviable de seconde épouse, elle-même y trouvait son compte. Son quotidien était plus facile qu'à son arrivée à Nanny Town, elle éprouvait même un certain plaisir à sentir le bébé bouger dans son ventre et donner des coups de pied. Manifestement, ni la pauvreté de son alimentation en début de grossesse ni les coups qu'Akwasi lui avait assénés n'avaient eu raison de sa bonne santé. De plus, Nora savait qu'il ne grandirait pas seul, mais avec les enfants de María et des autres femmes marrons. Akwasi n'envisageait pas une seconde que ce pût être une fille. Il voulait absolument un fils, ce que Tolo voyait comme une nouvelle preuve qu'il pensait et vivait plus comme un Blanc que comme un Ashanti. Chez ces derniers, la femme était quasiment l'égale de l'homme. En tout cas, il ne mettait pas tous ses œufs dans le même panier, comme la guérisseuse le fit remarquer à Nora lors d'une de ses visites. Quelques mois après le mariage, Máanu tomba à son tour enceinte et se mit à exhiber son ventre avec fierté.

— Viendrez-vous m'aider à accoucher ? demanda Nora, inquiète, à la vieille femme obeah qui s'apprêtait à repartir dans la jungle.

Tolo secoua la tête.

— Le temps que j'arrive, l'enfant sera déjà né. Tu es robuste et en bonne santé, donc tout va bien se passer. Et tu peux compter sur Nanny.

Nora repensa à Pretty, pour qui Nanny n'avait pas été d'une grande aide. Elle espérait toutefois que María, Elena et Sophia, les femmes marrons dont elle était la plus proche, seraient là pour l'assister. Toutes les trois avaient des enfants et sauraient identifier d'éventuelles complications à temps pour envoyer Mansah chercher Tolo.

Finalement, tout se passa bien malgré un travail qui dura une douzaine d'heures. Nora put compter sur le soutien de ses trois amies, et ce fut une petite fille aux cheveux noirs et à la peau marron clair qui arriva dans les mains de Nanny.

— Bienvenue, puisse la bénédiction d'Onyame et des autres esprits t'accompagner dans ce monde ! clama la reine en la tendant à Nora. Quel bébé magnifique ! Elle aura la force de son père et la beauté de sa mère.

Nora savait que pour les Ashantis, le père donnait à l'enfant son esprit et sa force, et la mère, sa chair. Celle-ci était considérée comme plus précieuse, raison pour laquelle les enfants appartenaient davantage à la famille de leur mère que de leur père. C'étaient également les femmes qui héritaient des titres royaux.

Comme Nora l'avait pressenti, Akwasi ne manifesta pas un grand enthousiasme. Il prit toutefois sa fille dans les bras, sortit de la hutte et la tendit vers les étoiles.

— Elle s'appellera Dede, comme ma mère, annonça-t-il.

Nora ne broncha pas et attendit le lendemain pour donner à sa fille le nom de Deirdre au cours d'un baptême organisé par ses amies chrétiennes.

Elle fut touchée par l'attention que les femmes portaient à son enfant et constata à son grand soulagement que ni Akwasi ni Máanu n'avait l'intention de l'en séparer. Nora l'avait craint car il était fréquent de retirer leur enfant aux femmes noires des plantations. Akwasi s'était désintéressé de l'enfant dès qu'il en avait su le sexe. Quant à Máanu, elle la haïssait tellement qu'elle en aurait été capable, mais elle était déjà assez occupée par l'accouchement à venir. Elle assura Akwasi qu'elle lui donnerait le fils qu'il espérait tant.

— Étant donné le gabarit de ton bébé, la naissance risque d'être difficile, dit Nora à Máanu, qui vint saluer Dede par pure politesse.

La jeune Noire était splendide dans les habits colorés de style africain qu'elle portait désormais en permanence. Pour une grossesse, ils étaient bien plus confortables que les vêtements occidentaux. Máanu avait toujours le même port altier, une peau et une chevelure magnifiques, et un ventre déjà très arrondi alors qu'elle était à trois mois du terme.

— Tu devrais insister auprès de Nanny pour que Tolo soit là. Surtout que tu...

Nora rougit.

— L'excision ne compliquera pas l'accouchement, Tolo me l'a assuré, rétorqua Máanu. Nanny sera là pour m'aider, ainsi que tous les esprits ashantis et dogons.

— Je ne pensais pas à l'excision.

Nora hésita à poursuivre. Elle avait toujours en tête l'image de Sally et la remarque de Tolo alors qu'elle venait d'opérer Máanu. *Elle a déjà porté des enfants...* La jeune femme ayant déjà connu des fausses couches, des séquelles n'étaient pas à exclure.

— Tu devrais au moins demander à Tolo de t'examiner avant l'accouchement. Les esprits, tu sais... D'accord, ils peuvent t'aider mais... Tu m'as dit toi-même qu'ils n'étaient pas toujours d'une grande utilité.

Nora n'avait pas oublié le scepticisme de Máanu à l'égard de la foi, des prières et de Dieu.

— Je mettrai le fils d'Akwasi au monde avec l'aide de la reine, dit fièrement Máanu. Ce n'est pas toi qui vas me faire peur, Blanche. Je suis forte.

Nora n'insista pas et se concentra sur Dede, qui tétait avec gourmandise. La petite était très tranquille. Ses yeux bleus suscitaient l'étonnement et la tendresse chez la plupart des femmes du village. D'autres, plus rares, y voyaient le signe que la fillette était possédée par un démon. Tolo balaya cette superstition d'un revers de main.

— Sornettes ! Bien sûr, une femme noire qui accouche d'un enfant blanc, ça n'augure rien de bon. Certains bébés ont même les yeux bleus ou rouges, c'est très effrayant, et souvent, ils ne vivent pas longtemps. Mais pour ta fille, rien de plus normal.

— Elle aura peut-être les yeux verts, dit Nora pour prévenir les rumeurs qui risquaient de naître à cause d'un changement de couleur. Je les ai eus bleus pendant quelques mois, comme la plupart des enfants blancs.

Tolo acquiesça.

— Ta Dede est magnifique. Ce n'est jamais facile pour les enfants métis, mais les filles métisses ont tout de même la vie plus facile que les garçons. Alors en plus, jolie comme elle est...

Trois mois après son accouchement, Nora ne fut guère surprise de trouver Mansah en pleurs sur le seuil de sa hutte. La jeune fille en avait été chassée depuis qu'Akwasi voulait à nouveau passer ses nuits avec Nora. Après tout, Máanu était presque à terme, tandis que Nora, une fois rétablie, était plus belle que jamais. Elle ressentait les bienfaits de cette vie en plein air maintenant que les autres femmes avaient cessé de la persécuter et de lui attribuer les tâches les plus ingrates. Elle qui avait toujours été mince et élancée arborait des formes encore plus féminines depuis la naissance de Dede. Et comme elle allaitait, sa poitrine était dodue et ferme. Le soleil donnait à sa peau un éclat doré souligné par les étoffes de couleur vive qu'elle nouait autour de sa tête.

Quant à Akwasi, la fureur que l'idylle entre Nora et Doug avait suscitée chez lui s'atténua peu à peu. Il persistait à croire qu'une femme vertueuse ne devait prendre aucun plaisir, mais il se mit à parler correctement à Nora et cessa de la frapper. Elle continuait toutefois de redouter et de détester les nuits passées en sa compagnie. Malgré tout l'amour qu'elle portait à Dede, elle était bien décidée à ne pas avoir d'autre enfant et gardait une fiole préparée par Tolo parmi ses potions et ses pommades. Au premier signe de grossesse, elle n'hésiterait pas à s'en servir.

Une nuit, alors qu'Akwasi s'apprêtait à la prendre, quelqu'un frappa à la porte de leur hutte en sanglotant.

— Arrête, Akwasi !

Elle se débattit en s'efforçant d'être la plus discrète possible pour ne pas réveiller Dede qui, heureusement, avait le sommeil lourd.

— Enfin, tu n'entends pas ? Je crois que c'est Mansah. Máanu est peut-être en train d'accoucher.

Elle s'enveloppa à la hâte dans un grand tissu, alla ouvrir la porte et trouva Mansah en larmes.

— Madame, venez vite… Máanu va avoir son enfant.

Nora la fit entrer.

— Du calme, Mansah, c'est une bonne nouvelle. Tu as appelé Nanny ? Máanu voulait qu'elle soit là pour l'aider. Elles sont presque voisines.

— Nanny est avec elle depuis des heures mais le bébé n'arrive pas et Máanu n'arrête pas de crier…

— Enfin, Mansah, j'ai beaucoup crié aussi, tu as eu peur, mais tout s'est bien passé.

— Mais le bébé ne vient pas, madame ! Nanny dit qu'il est peut-être trop gros pour passer, et Máanu perd beaucoup de sang.

Nora soupira. Ses inquiétudes venaient de se confirmer. Or elle n'était pas sage-femme et avait assisté à trop peu d'accouchements sur Cascarilla Gardens pour être d'une quelconque aide. Elle savait seulement comment enrayer une hémorragie et soigner les femmes qui venaient d'avorter. Si au moins le bébé était né, elle pourrait peut-être aider Máanu, mais en attendant…

— Venez, madame, s'il vous plaît ! Máanu et Nanny ne veulent pas de moi.

Akwasi, qui s'était rhabillé, se campa devant Mansah.

— Qu'est-ce que tu dis ? Le bébé ne vient pas ? Mon fils va mourir ?

— Nanny fait brûler des plantes et invoque les dieux, dit Mansah.

— Voilà qui sera sans doute très utile, répondit Nora, sarcastique. Akwasi, je peux essayer d'intervenir, mais tu dois venir avec moi et convaincre Máanu de me laisser l'approcher. Tu diras à Nanny que tu as entendu les dieux m'appeler, elle te croira peut-être. Je ferai tout mon possible, mais ne me tiens pas pour responsable si ton fils ou ta fille meurt malgré tout.

Akwasi était prêt à tout mettre en œuvre pour que l'enfant qu'il avait tant attendu eût une chance de survivre. Il s'empara de la besace de Nora. Alors que celle-ci prenait le temps d'ajuster son turban, il ne put s'empêcher de la réprimander.

— C'est pour ne pas avoir les cheveux dans la figure ! lui répondit-elle sèchement. Toi, Mansah, pas la peine de nous suivre. Reste ici avec Dede. Au pire, si tu ne veux pas rester seule, prends-la et attends devant chez Máanu. Et surtout, arrête de pleurer ! Je sais que tu t'inquiètes, mais il est temps que tu te comportes en adulte !

Nora courut jusqu'à la hutte de Máanu où régnait une chaleur intense, une forte odeur de sang et une épaisse fumée. Nanny chantait en transe devant un bol où brûlait de l'encens. Nora entra en toussant et approcha du lit où était étendue Máanu, trempée de sueur.

— Je veux que ça s'arrête, gémit la jeune femme. Nanny, fais quelque chose…

Elle eut une violente contraction et se mit à hurler. Mansah avait dit vrai, le travail durait depuis plusieurs heures déjà et la tête du bébé n'était toujours pas visible.

Akwasi s'agenouilla près de sa femme.

— Máanu, j'ai fait venir Madame pour qu'elle voie où ça en est. C'est moi qui lui ai demandé, alors laisse-toi faire. Elle veut seulement t'aider.

Le regard vacillant de Máanu chercha celui de son mari. Elle avait les yeux injectés de sang.

— J'accepterai l'aide du diable s'il le faut !

Nora s'enduisit les mains avec une pommade d'aloe vera et de graisse de cochon puis examina Máanu. Elle saignait et la poche des eaux avait séché entre ses jambes, mais son état n'était pas aussi désespéré que Mansah l'avait dit.

— La reine a raison, le bébé est bien positionné mais il ne peut pas passer, constata-t-elle. Tu n'es peut-être pas assez dilatée, à moins que quelque chose à l'intérieur ne gêne, peut-être une séquelle de fausse couche. Je vais essayer de sentir et tu vas devoir m'aider, pour le bien de ton enfant. Mais avant…

Nora fouilla sa besace à la recherche d'une potion à base de pavot que Tolo lui avait donnée en cas de douleur. Après l'avoir bue, Máanu fut plus détendue et Nora réussit à toucher la tête du bébé.

— Je ne sais pas s'il est encore en vie. De toute façon, nous n'avons plus le choix, il faut le faire sortir. Máanu, tu vas devoir pousser de toutes forces. Akwasi, aide-la à s'accroupir et appuie sur son ventre à la prochaine contraction.

Nora dut s'y reprendre à deux fois pour atteindre le bébé avec ses mains pourtant menues. Il commença enfin à descendre, tandis que Máanu poussait des cris inhumains. C'était un petit garçon très costaud qui se mit à hurler dès que Nora l'attrapa et lui donna une petite tape dans le dos. Elle le confia à Akwasi et à la reine qui, dès qu'elle eut repris ses esprits, demanda aux dieux de le bénir.

Quant à Máanu, elle pleurait d'épuisement. Une fois le placenta expulsé, les saignements finirent par cesser.

Lorsque Mansah entra une demi-heure plus tard dans la hutte avec Dede, le nouveau-né dormait, propre et emmailloté, dans les bras de sa mère.

— Viens voir ton neveu, Mansah, dit Nora qui tombait de fatigue. Et ne t'inquiète pas pour ta sœur, tous les deux vont vivre.

Elle fut surprise de voir Máanu tourner la tête vers elle pour lui chuchoter quelques mots.

— Merci. Merci, madame.

Nora soupira.

— Tu n'es plus mon esclave, Máanu, comme tu n'as cessé de me le rappeler ces derniers mois. Alors, je t'en prie, appelle-moi Nora.

VENGEANCE

Cascarilla Gardens, Nanny Town, Spanish Town
Automne 1738 – automne 1739

1

— Mr Fortnam, vous avez de nombreuses jeunes filles qui s'affairent ici et qui m'ont l'air très compétentes, dit Lady Hollister en agitant son éventail. Accepteriez-vous de m'en vendre une ? Il me manque une femme de chambre.

Il faisait relativement frais sur la nouvelle terrasse de Doug, mais la danse avait donné chaud à la dame quelque peu corpulente. Doug n'avait pas regardé à la dépense pour son premier bal depuis la reconstruction de sa maison, il avait même loué les services d'un maître de danse pour animer la soirée. Il raccompagna la dame essoufflée à la table de son époux et fit signe à une servante de leur servir des cocktails.

— J'essaierai de convaincre l'une d'elles, répondit Doug en tentant de se montrer conciliant. Vous avez raison, j'ai trop de personnel. Heureusement, Adwea veille sur elles ainsi que sur mes serviteurs arrivés récemment d'Afrique.

Lady Hollister fut étonnée d'entendre que Doug entendait consulter ses servantes.

— Vous employez des Africains comme domestiques ? demanda son mari. D'habitude, ce sont plutôt des esclaves de... hum, de deuxième génération.

Doug pensa à la méthode bien particulière de Lord Hollister pour assurer le renouvellement des employés de maison. Aucune femme de chambre n'échappait à ses assauts.

— J'ai des Noirs très jeunes que je confie à mes artisans en attendant de pouvoir les envoyer aux champs. Comme vous le voyez, j'ai de bons menuisiers…

Il désigna la balustrade de la terrasse, le petit pavillon de jardin et les tourelles finement sculptées qui ornaient la façade de sa nouvelle demeure.

— … et d'excellents distillateurs, ajouta-t-il en levant son verre à la santé de ses invités. Quant aux jeunes filles, elles travaillent en cuisine avec Adwea ou dans la maison.

— Vous devriez vraiment en vendre quelques-unes, insista Lady Hollister. Là, elles se gênent plus qu'autre chose. Et il y a des maisons qui ont urgemment besoin de bons domestiques.

— Cascarilla Gardens ne vend pas ses esclaves, rétorqua Doug en pinçant les lèvres. Les gens vivent ici en famille, je leur ai promis de ne pas les séparer.

Lord Hollister rit. Christopher Keensley, au moins aussi surpris que Lady Hollister, intervint depuis la table voisine.

— Vous les nourrissez alors qu'ils ne servent à rien ! Mr Fortnam, si les marchands d'esclaves sont toujours contents de vous voir, c'est parce que vous acceptez leurs rebuts !

Doug se frotta le front. Il ne voulait pas se fâcher avec ses voisins et savait que l'on se moquait de lui à Kingston. Mais lorsqu'il avait été obligé de racheter des esclaves après l'attaque des marrons, il n'avait pu se résoudre à séparer les couples et les familles. Il ne l'avait pas regretté car ces gens comptaient parmi ses travailleurs les plus consciencieux.

Doug ne se sentait pas perdant. Presque cinq ans après l'attaque des marrons, Cascarilla Gardens fonctionnait avec un seul contremaître, et les économies réalisées sur les salaires étaient substantielles. Mais il avait abandonné l'idée de le faire comprendre à Hollister et Keensley, qui n'étaient pas près de renoncer aux châtiments corporels.

— Comme vous le voyez, les « rebuts » sont très efficaces, souligna-t-il toutefois en désignant une bonne qui proposait des boissons sur un plateau. Je vous présente Alima.

La jeune fille fit une petite révérence et baissa la tête. En plus d'être timide, elle avait des parents musulmans qui mettaient un point d'honneur à ce qu'elle ne frayât pas avec les hommes qui vivaient sur la plantation, contrairement à d'autres jeunes filles de son âge.

— Alima a seize ans et est arrivée d'Afrique quand elle en avait dix ou onze. D'après Adwea, elle est appliquée et très respectueuse. Une place de femme de chambre pourrait lui plaire, n'est-ce pas, Alima ?

Celle-ci releva la tête, intriguée. Elle avait un visage aux traits fins, de hautes pommettes et des yeux noisette. En plus de son uniforme de domestique – pour cette fête, Doug avait vraiment veillé au moindre détail –, elle portait un turban bleu ciel sur ses cheveux courts et crépus.

— J'aime les belles choses, cirer les nouveaux meubles, Backra Doug, répondit-elle d'une voix chantante à l'accent africain.

Alima promena un regard émerveillé sur les fauteuils, les tables et les commodes que Doug avait fait venir d'Angleterre pour décorer sa nouvelle maison. La plupart avaient été choisis par Lady Hollister et sa nièce car Doug ne s'intéressait absolument pas à ce genre d'ameublement élégant. Il se serait volontiers contenté des chaises et des tables que fabriquaient les menuisiers de la plantation. Mais il avait assez de divergences d'opinions avec les autres planteurs pour se marginaliser encore davantage à cause d'une histoire de mobilier.

Cela impliquait à terme de trouver une épouse, or Doug ne pouvait s'y résoudre. Le décès de Nora avait beau remonter à plusieurs années, il ne trouvait pas le sommeil sans boire un verre de rhum et se réveillait tous les matins en pensant à elle. Il aurait préféré mourir à ses côtés que vivre sans elle, mais il se consolait en se disant qu'elle aurait aimé ce que Cascarilla Gardens était devenu. Tout le monde l'ignorait, mais la maison, le village des esclaves, les nouvelles conditions de travail et l'accueil des enfants, tout cela, c'était en mémoire de Nora Fortnam. Doug avait même construit une hutte en bois et feuilles de palmier près de la mer. Quand il avait du vague à l'âme, il sellait Aurora et galopait jusqu'à la plage pour marcher, se baigner et rêver comme elle. Dans ce lieu, il se sentait plus proche d'elle qu'au cimetière où l'on avait enterré les restes calcinés de sa famille.

— Peut-être que tu aimerais aussi prendre soin de belles robes, dit Doug à Alima.

Il ne devait pas se laisser distraire. Par cette fête, il devait signifier à ses voisins et à ses partenaires commerciaux que la plantation Fortnam était redevenue une exploitation florissante et gérée de main de maître, en dépit de méthodes peu conventionnelles.

— Avec plaisir, backra! s'exclama Alima, tout sourire.

Doug opina.

— Alors nous en reparlerons.

Lorsque la jeune fille repartit avec son plateau, la façon qu'eut Lord Hollister de la regarder déplut à Doug. Ce n'était peut-être pas très prudent d'envoyer Alima sur sa plantation.

— Vous voyez, Lady Hollister, la petite est intéressée, dit-il avec une bonne humeur forcée. Mais il faut bien sûr que j'en parle à ses parents.

— Et nous devons également convenir d'un prix, répondit Lord Hollister. Cette belle enfant doit avoir de la valeur.

Doug pinça à nouveau les lèvres.

— Comme je vous l'ai dit, personne ici n'est à vendre.

Il se tourna vers Lady Hollister.

— Milady, si j'envoie Alima chez vous, ce sera un prêt. Vous la garderez quelques années, et à son retour ici, elle sera une femme de chambre hors pair.

— Vous avez l'air de tenir à cette petite bonne, remarqua Christopher Keensley avec un sourire égrillard. Vous n'arrivez plus à vous déshabiller tout seul ?

Lord Hollister et lui éclatèrent de rire.

— Ce n'est sans doute pas pour lui que Mr Fortnam souhaite garder cette petite, intervint Lady Hollister d'une voix mutine. Un jour, il y aura bien une Mrs Fortnam...

Doug eut un sourire forcé.

— C'est précisément ce que j'avais en tête. D'ailleurs, où est votre magnifique nièce, Lady Hollister ? Je crois qu'elle ne m'a encore accordé aucune danse.

Le visage de la dame s'illumina.

— Vous devriez partir à sa recherche, ou un autre pourrait bien vous devancer.

Doug s'abstint de répondre que cela ne risquait rien car Lucille Hornby, en plus d'avoir de l'embonpoint et une conversation limitée, venait d'une famille de fonctionnaires londoniens sans le sou. Il prit congé et traversa la salle de réception, joliment décorée mais sans surcharges. Elle ressemblait davantage à une cour intérieure agrémentée de terrasses et de petits salons adjacents. Nora s'y serait plu… Doug devait arrêter de penser sans arrêt à elle. Si seulement il pouvait voir les filles et les nièces des planteurs autrement que comme des bécasses qui ne cessaient de se plaindre de la chaleur et, plus largement, de la vie dans les colonies. Peut-être devait-il se résoudre à épouser Lucille Hornby.

Doug se ressaisit et invita à danser la première jeune femme qu'il croisa.

Il devait faire le deuil de Nora.

La jeune Alima versa quelques larmes lorsque Doug lui proposa de passer les quelques années à venir chez Lady Hollister. Khadija, sa mère, pleura encore plus à l'idée d'être séparée de sa fille tandis que son père, un Africain aux larges épaules prénommé Maalik, prenait la chose avec plus de philosophie.

— Quand elle se marier, partir aussi, dit-il. Et ici, pas d'homme pour elle. Hollister plus près de Kingston, et à Kingston, plus de musulmans.

Doug vit se profiler de nouvelles difficultés à l'horizon. Si Alima se trouvait un soupirant, il se verrait dans l'obligation de l'acheter à son tour. Il était cependant fort peu probable qu'Alima rencontrât chez les Hollister un membre de la même communauté que Maalik. Les domestiques de Kingston étaient rarement d'origine arabo-africaine, et Alima n'aurait sans doute pas l'occasion de rencontrer des esclaves des champs. Sans oublier que le révérend Stevens rendait régulièrement visite aux Hollister, chez qui la présence au service du dimanche demeurait obligatoire et la pratique d'autres religions proscrite. Pour le révérend, l'islam était d'ailleurs une invention du Malin, et aborder le sujet avec lui, c'était risquer de subir un prêche de haine interminable.

— Alima ne part pas pour de bon, dit Doug pour consoler Khadija. Lady Hollister sera accompagnée de sa femme de chambre quand ils viendront passer du temps sur leur plantation ou me rendre visite. Et le dimanche, vous pourrez aller la voir à Kingston. Je vous donnerai des laissez-passer.

— Et elle ne sera pas vendue ? demanda Kwadwo.

Doug consultait le busha dès qu'il avait une décision importante à prendre. Le vieil homme savait se faire comprendre des esclaves arrivés récemment d'Afrique et était plus au fait de leur culture.

— Non, Alima ne sera pas vendue, assura Doug. Je reste son propriétaire et elle reviendra quand... quand je...

— Vous n'auriez pas dû bâtir une maison pour son duppy, dit le vieil homme dans un soupir. Il ne partira jamais...

En effet, Kwadwo avait assisté avec scepticisme à la construction de la hutte sur la plage même si, maintenant que les rites obeah n'étaient plus interdits sur Cascarilla Gardens, de petits autels fleurissaient dans le village des esclaves en mémoire des défunts.

— Peut-être que je ne veux pas qu'il s'en aille, murmura Doug. Bref, c'est d'Alima qu'il est question. J'exigerai de Lady Hollister qu'elle soit bien traitée et que sa vertu soit préservée.

Il ne manquerait pas d'insister à ce sujet auprès du lord.

— Il serait également préférable pour la tranquillité de tous qu'Alima assiste au service du révérend, mais si elle ne peut vraiment pas s'y résoudre, nous trouverons bien une excuse. La lady ne l'empêchera pas de prier en dehors de ses heures de travail, comme ici. Alors, Alima, est-ce que tu acceptes ?

La jeune fille baissa la tête.

— Oui, si maman pas trop triste et papa pas fâché. J'aime belles robes, Lady Hollister est très jolie et Miss Hornby aussi.

Doug ne put s'empêcher de penser que ce dernier point était sujet à débat. Enfin, tant mieux si Alima appréciait sa nouvelle maîtresse.

Lorsque Doug conduisit Alima à Kingston, Lord Hollister était absent. Il profita toutefois d'une conversation avec son épouse pour aborder ouvertement le sujet de la « vertu ».

— Enfin, Mr Fortnam, qu'allez-vous imaginer ? s'exclama Lady Hollister. Cette jeune fille sera autant en sécurité chez moi que dans le sein d'Abraham. Même si nous avons quelques beaux valets.

Doug faillit lever les yeux au ciel en l'entendant glousser. Comment pouvait-elle ne pas voir la ressemblance entre son époux et les enfants métis qui vivaient sous son toit ?

— Je suis certain qu'Alima ne commettra aucun faux pas, se contenta-t-il de répondre. Mais je vous demande de veiller à ce que les hommes de cette maison en fassent de même.

Lady Hollister, toujours amusée, hocha la tête. Doug soupira. Il ne pouvait pas être plus clair. Une semaine plus tard, il prit le temps de rendre visite à Alima et n'entendit que des éloges. Lady Hollister appréciait son application et sa rapidité à apprendre, tandis qu'Alima était contente de porter tous les jours une robe et un tablier en dentelle. À force de l'entendre parler de belles toilettes, de maquillage et de coiffure, Doug craignit toutefois qu'elle devînt comme Lucille, alors que les servantes étaient souvent plus intéressantes que leurs maîtresses.

Une semaine plus tard, malgré une chaleur accablante, Maalik et Khadija allèrent la voir à Kingston et rentrèrent absolument ravis.

— Alima mettre blanc sur visage de maîtresse, raconta Khadija. Pourquoi, backra ? Peau déjà blanche !

Doug rit et laissa Kwadwo lui expliquer en quoi consistait le maquillage. Il fut un peu plus inquiet en entendant le récit de Maalik, qui avait rencontré au marché un jeune musulman de la même tribu.

— Peut-être mari pour Alima. Dit qu'il a bon backra. Peut-être que backra racheter Alima…

Doug fut surpris de ce revirement. Après s'être montré inquiet du départ de sa fille, Maalik n'y voyait plus d'objection. Dommage que Nora ne fût pas là pour l'entendre.

Au cours des semaines qui suivirent, Doug n'eut plus de nouvelles d'Alima. Il entendit seulement dire par Adwea que tout se passait bien. La cuisinière la citait souvent en exemple à ses filles de cuisine. Des phrases comme « Si toi pas sérieuse, toi pas avoir de jolies robes comme Alima » ou « Si toi bien faire, peut-être femme de chambre chez belle dame comme Alima » devinrent très vite des menaces ou des encouragements récurrents. Maalik et Khadija allaient à Kingston un ou deux dimanches par mois. Quand Doug invitait les Hollister, Alima les accompagnait à Cascarilla Gardens et passait la moitié de la nuit à parler de son nouveau quotidien à ses amies.

De leur côté, la lady et sa nièce ne tarissaient pas d'éloges. Elles se confondaient en remerciements dès qu'elles voyaient Doug. Maintenant que la canne à sucre était récoltée et que Noël approchait, les dîners et les bals se multipliaient.

— Je crois que nous avons fait des heureux, dit Doug à Ian McCloud, son contremaître, avec qui il but un verre de punch le 24 décembre au soir. Mais demain, prévoyez un cadeau pour Alima.

Doug avait toujours une petite attention pour ses gens en cette période de fêtes – le plus souvent une bouteille de rhum ou, pour les musulmans, du thé ou du café en grains.

— Les Hollister passent Noël à Kingston, mais c'est important pour les parents que nous n'oubliions pas leur fille. Elle fait toujours partie du personnel de Cascarilla Gardens.

— Nous la verrons la semaine prochaine, répondit McCloud. Maalik était tout content de m'annoncer que les Hollister venaient passer quelques jours sur leur plantation.

Doug sourit.

— Oui, le lord veut toujours garder un œil sur la distillation du rhum, et les résultats sont là, dit-il en levant son verre. Je dois avouer que si j'ai accepté de leur prêter Alima, c'est aussi dans l'espoir que l'on m'offre quelques tonneaux.

Ian McCloud éclata de rire.

— J'ai dit au père qu'elle pourrait dormir au village des esclaves. J'espère que cela vous convient.

Doug haussa les épaules.

— Si la lady n'insiste pas pour qu'elle passe la nuit sur le pas de sa porte… Certaines dames ne peuvent pas se passer de leur femme de chambre plus de trois minutes.

McCloud reprit son sérieux.

— Sans vouloir manquer de respect à Lord Hollister, je ne pense pas que cela serait judicieux. Leur demeure de Kingston est grande, mais sur leur plantation…

— Sur leur plantation, sa porte à elle, c'est sa porte à lui. Vous avez tout à fait raison, Ian. Et si les Hollister trouvent à y redire, je trouverai bien un prétexte. Alima ne doit pas courir le moindre danger.

2

Une semaine plus tard, Alima retrouva la hutte de ses parents malgré les protestations de Lady Hollister. Celle-ci, objectant que la jeune fille aurait à rentrer seule et de nuit à Cascarilla Gardens, suggéra de la faire dormir sur sa plantation.

— Elle n'a aucune amie chez vous, répondit Doug, et elle sera plus en danger parmi des Nègres qu'elle ne connaît pas qu'en marchant jusqu'ici le soir. À propos, aurez-vous besoin d'elle jusqu'à minuit ? Si vous la laissez partir en fin d'après-midi, elle pourra rentrer chez ses parents avant la nuit et tout le monde sera content.

Lady Hollister céda, tout en refusant de libérer Alima plus tôt. Tous les soirs, son arrivée tardive privait Maalik et Khadija d'une partie de leur nuit de sommeil, car ils voulaient discuter et manger avec elle. Doug n'était pas ravi mais préféra ne pas froisser les Hollister.

Un soir, Doug était couché en train de lire lorsque quelqu'un frappa si fort à la porte d'entrée qu'il l'entendit depuis sa chambre. Après qu'un domestique eut ouvert, des éclats de voix lui parvinrent dont celle de son contremaître. Doug se leva, descendit et vit McCloud, Kwadwo et Maalik. Celui-ci se jeta en pleurs à ses pieds.

— Elle brave fille, brave fille. Pas la tuer, non…

Kwadwo le força à se relever tandis que McCloud assistait à la scène, visiblement ému.

— Brave fille, pas la pendre. Elle…

— Quelqu'un peut m'expliquer ce qui se passe ? demanda Doug. Maalik, sois plus clair ou laisse les autres raconter. Ian ?

— Je n'ai pas tout compris non plus, Mr Fortnam. J'ai juste entendu dire qu'Alima était déjà rentrée. J'ai cru que la lady lui avait donné sa soirée, jusqu'à ce que Maalik vienne se jeter à mes pieds aussi. J'ai appelé Kwadwo, et pendant qu'il le raisonnait, je suis allé voir la jeune fille dans sa hutte. Elle a complètement perdu la tête. Dès que je suis entré, elle s'est réfugiée dans un coin et n'a cessé de répéter qu'on allait la pendre. Quant à la mère, elle hurlait, pleurait… Tout ce que j'ai compris, c'est qu'Alima s'est enfuie de chez les Hollister.

Doug haussa les épaules.

— Il doit s'agir d'un malentendu. Nous tirerons cette histoire au clair demain. J'imagine qu'Alima a dû commettre une erreur et que sa maîtresse a menacé de la fouetter. Les Hollister ont la main leste. Ne vous inquiétez pas, elle est de toute façon la propriété de Cascarilla Gardens. Les autorités n'interviendront pas même si la lady la dénonce. Et pour ce qui est de la pendre…

McCloud secoua la tête.

— Hélas, Mr Fortnam, je crains que l'affaire soit plus sérieuse. D'après ce que m'a dit Kwadwo, il semblerait qu'Alima risque effectivement la potence. C'est pourquoi je me suis permis de vous déranger.

Doug choisit finalement de s'en remettre à McCloud, qui avait parfois du mal à en venir au fait mais agissait toujours avec discernement. Il s'arma de patience.

— Très bien. Suivez-moi, tous les trois. Nous allons nous installer dans ma chambre et boire un verre de rhum. Toi aussi, Maalik, même si ton dieu trouve à y redire. Tu as besoin d'un calmant.

Kwadwo s'assit, manifestement impressionné par les meubles imposants et les tapis qui décoraient la chambre. Il prit un verre de rhum et força Maalik, toujours bouleversé, à en accepter un aussi.

— Si j'ai bien compris, c'est arrivé cet après-midi, raconta l'homme obeah. Alima était en train de repasser et…

Alima travaillait dans le cabinet de toilette de sa maîtresse qui était assez exigu. Comme les Hollister résidaient souvent à Kingston, ils avaient fait bâtir sur leur plantation une maison bien plus petite que celle de Doug Fortnam ou de Christopher Keensley. Elle ne comprenait qu'un salon de réception, pas de salle de bal, et le lord et la lady partageaient le même cabinet de toilette. Cela posait rarement problème car Lady Hollister avait pour habitude de se lever après son mari. Ce matin-là, lorsque Alima était venue lui apporter son thé puis l'aider à se coiffer, à se maquiller et à s'habiller, le lord se trouvait déjà à la distillerie où il surveillait la fabrication de son fameux rhum.

En fin d'après-midi, Alima ne se méfia pas en voyant Hollister entrer. Elle se contenta de baisser les yeux comme toujours en sa présence et le salua. Mais elle remarqua très vite que quelque chose n'allait pas, car au lieu d'aller dans sa chambre, le lord resta debout à l'observer. Pourtant, le repassage n'avait rien d'une tâche passionnante et la chaleur était étouffante. Bien qu'Alima y fût habituée, quelques gouttes de sueur perlaient sur son front. Elle prit des braises sur un réchaud posé près de la fenêtre et en remplit son fer.

— Tu es une jolie fille, dit soudain Lord Hollister.

Alima rougit sans savoir quoi répondre.

— Tu serais contente d'avoir une nouvelle robe, n'est-ce pas ?

Alima fut étonnée de cette question, avant de se souvenir que c'était Noël. Peut-être que, comme Mr Fortnam, Lord Hollister offrait des cadeaux à ses domestiques.

— Tu devrais t'appeler Chocolat, poursuivit-il sur un ton plus pressant. Tu es si noire… Je n'en ai jamais eu comme toi.

Alima tressaillit en voyant le lord approcher. Bien sûr qu'elle était noire, elle venait d'Afrique. Ils étaient tous noirs dans sa tribu, alors que les domestiques des Hollister avaient la peau marron. Mais quelle importance ?

— Alors, Chocolat ?

— J'aime les belles robes, répondit évasivement Alima.

Le lord sourit.

— Moi aussi, dit-il en baissant la voix, comme s'il lui confiait un secret. Mais quand il fait chaud comme aujourd'hui, on est mieux sans.

Effarée, Alima vit du coin de l'œil que le lord ôtait ses bas de soie et déboutonnait ses chausses. Certes, c'était son cabinet de toilette, mais s'il pouvait d'abord la laisser partir…

Elle s'efforça de ne pas regarder son maître et de faire comme si de rien n'était. Il allait peut-être enfiler d'autres chausses et ressortir. Elle remplit à nouveau son fer de braises et entreprit de repasser une chemise en dentelle. Alors qu'elle se concentrait pour ne pas l'abîmer, Lord Hollister, complètement nu, l'enlaça par-derrière.

— Allez, petit Chocolat, déshabille-toi. Attends, je vais t'aider.

Le lord attira Alima contre lui.

— Non, backra, je veux pas de nouvelle robe…

Elle se débattit en évitant de regarder le lord. Comment sortir de là ? Peut-être par la chambre de Madame…

Alors qu'Hollister l'agrippait par le bras, Alima, affolée, comprit que le seul moyen à sa disposition pour se défendre était le fer brûlant et tendit la main sans réfléchir. L'objet atteignit le lord à l'entrejambe. La jeune fille le maintint appuyé une ou deux secondes, puis le lord s'effondra dans un hurlement. Dans sa chute, il entraîna le fer qui se vida sur lui. Alors qu'Alima sortait du cabinet de toilette en trombe, elle croisa sur le seuil sa maîtresse qui poussa un cri en voyant son mari à terre, la chemise en feu. Tandis qu'elle dévalait l'escalier et courait jusqu'à Cascarilla Gardens, la voix de Lady Hollister ne cessait de résonner à ses oreilles.

— Tu seras pendue pour cela !

— Elle l'a brûlé à l'entrejambe avec un fer à repasser ? demanda Doug en réprimant un sourire.

— Si j'ai bien compris les explications de son père, répondit Kwadwo.

Très inquiet, il se tourna vers Maalik qui était toujours prostré dans son fauteuil.

— Et la jeune fille m'a raconté peu ou prou la même chose, confirma McCloud. Je n'avais pas bien compris sur le coup, mais maintenant…

Doug se frotta le front.

— La voilà dans une situation délicate. Je suis désolé, Maalik, mais si Alima a grièvement blessé cet homme, je ne vais pas pouvoir la protéger. Encore moins s'il meurt.

Maalik, que le verre de rhum avait à peine requinqué, poussa un cri de désespoir.

— Comme elle est ma propriété, je ne peux que la soustraire à un châtiment arbitraire, soupira Doug. Mais en cas de meurtre, c'est la loi de la Couronne qui prévaut, que l'on soit esclave ou libre.

— Alima brave fille, balbutia Maalik.

— Elle a agi en état de légitime défense, souligna McCloud.

Doug grimaça.

— Sauf qu'elle va devoir le prouver. Et quand bien même elle le pourrait, je n'ai pas besoin de vous rappeler ce que vaut l'honneur d'une Noire sur cette île !

McCloud baissa la tête, tandis que Kwadwo essayait, avec des mots simples, d'expliquer la situation à Maalik.

Doug se leva.

— Toujours est-il que nous devons garder le contrôle de la situation. Demain, j'irai voir moi-même de quoi il retourne. Peut-être que ce n'est pas si grave. Quant à Alima, il vaut mieux qu'elle prenne quelques affaires et qu'elle s'en aille. Kwadwo, tu lui expliqueras comment aller dans les montagnes depuis Kingston.

— Vous voulez… Elle doit… Vous voulez la laisser partir ?

Ian McCloud et Kwadwo regardèrent Doug avec de grands yeux ronds.

— Si on la pend, je la perdrai aussi, dit le jeune homme en haussant les épaules. Et puis j'ai mauvaise conscience. C'est ma faute, je n'aurais jamais dû l'envoyer là-bas.

— Mais si elle fait des émules…

Ian McCloud avait beau être progressiste, laisser fuir un esclave, pire, l'y encourager…

— Elle ne partira pas, objecta Kwadwo. Enfin, backra, vous imaginez cette jeune fille toute seule dans les Blue Mountains ?

Doug leva les yeux au ciel.

— Vous oubliez Máanu.

— Mais Alima n'est pas Máanu. Elle a toujours été choyée par sa famille et par ce… drôle de dieu.

Au sujet de l'islam, le révérend et l'homme obeah se rejoignaient plus ou moins.

— Ses parents ne la laissaient pas assister aux rituels obeah, elle n'a jamais regardé un homme dans les yeux, et vous voulez l'envoyer chez les marrons ?

Doug soupira. Il aurait dû refuser cet arrangement avec les Hollister.

— Très bien, Kwadwo. Tu expliqueras le chemin à Maalik, qui partira avec sa famille. Si c'est la seule solution…

Il se leva.

Ian McCloud était toujours bouche bée, tandis que Kwadwo regardait son maître avec respect voire admiration.

— Et si les tuniques rouges débarquent ici cette nuit ? demanda le contremaître.

Doug secoua la tête.

— C'est peu probable, les Hollister ont d'autres priorités que de dénoncer Alima. Les tuniques rouges arriveront au plus tôt demain. Mais mettons-nous d'accord : nous ne l'avons pas vue, et si elle se cache quelque part, ce n'est pas sur la plantation. Ne faites pas cette tête, McCloud, on nous croira ! Et si le gouverneur met notre parole en doute, il pourra toujours fouiller le quartier des esclaves.

D'ici là, Alima et ses parents seraient partis. Des esclaves qui valaient plus de cinq cents livres… Doug n'avait vraiment aucune peine pour Lord Hollister.

Le lendemain matin, Kwadwo avait déjà sellé Amigo lorsque Doug entra dans les écuries. Il était très inquiet car Alima et Khadija avaient pleuré toute la nuit à l'idée de partir pour les montagnes, et Maalik n'était pas enthousiaste non plus. Doug se frotta le front en pensant que c'était encore une péripétie qu'il aurait volontiers partagée avec Nora.

Il ne cessa de s'accabler de reproches alors qu'il parcourait les deux miles qui le séparaient de la plantation

Hollister. C'était à prévoir, il n'aurait pas dû envoyer Alima, si timide et si vertueuse, chez les Hollister. Une jeune fille plus affirmée se serait mieux défendue.

Lorsque Doug arrêta son cheval devant la maison des Hollister, il vit la voiture du Dr Walton, un médecin de Kingston qui n'était pas considéré comme le meilleur de sa profession. Son goût prononcé pour le rhum lui valait d'être en piteux état dès le début de l'après-midi. En l'occurrence, il ne semblait pas d'une grande aide à son patient car les cris de Lord Hollister résonnaient dans toute la maison.

Dès qu'un domestique affolé introduisit Doug dans le vestibule, la lady se précipita vers lui comme une furie. Blême et échevelée, elle n'avait manifestement pas fermé l'œil de la nuit.

— Mr Fortnam, vous osez vous montrer ici ! Quel est ce monstre que vous avez fait entrer dans notre maison ? Cette fille… Elle finira au bout d'une corde, soyez-en certain ! Et encore, c'est un châtiment bien clément. Si cela ne tenait qu'à moi, elle serait brûlée vive ! Ce qu'elle a fait à mon mari est tout bonnement… Il a hurlé toute la nuit, écoutez comme il souffre !

Elle étouffa un sanglot.

— Je vous avais dit de veiller sur cette jeune fille, répondit Doug, bien décidé à défendre son esclave. Elle est très timide et votre mari l'a effrayée.

— Timide ? Laissez-moi rire ! Elle lui a forcément fait les yeux doux, sinon il n'aurait jamais…

À croire que la lady n'avait jamais regardé ses domestiques dans les yeux.

— Il dit qu'elle l'a séduit, avant de… Oh, mon pauvre mari, mon pauvre Ronald…

Doug ne sut que répondre. Ce qui l'intéressait avant tout, c'était l'état de santé de Lord Hollister, qui avait manifestement encore assez de forces pour s'époumoner. Alors que Doug hésitait à le voir, le médecin descendit l'escalier. Il était pâle et avait sans doute déjà bu quelques gorgées de sa flasque.

— Comment va Lord Hollister, docteur ? demanda Doug. J'ai entendu la nouvelle et je suis naturellement très gêné de…

Le Dr Walton opina, la mine grave.

— Quelle sinistre affaire. Si Lord Hollister survit, eh bien… il ne sera plus jamais le même.

La lady étouffa encore un sanglot.

— Ses jours sont-ils en danger ? insista Doug.

— Étant donné la gravité de la brûlure, surtout sur une zone aussi… hum, sensible, il faut tout envisager, Mr Fortnam. J'ai appliqué des compresses, reste à surveiller l'évolution. Vous m'en voyez navré, milady, mais l'heure est grave. A-t-on capturé la Négresse ?

— La jeune fille…

Lady Hollister interrompit Doug aussitôt.

— Le gouverneur sera prévenu dès aujourd'hui ! Pour l'instant, Mr Fortnam, je ne vous trouve pas très coopératif. À moins que vous n'ayez déjà mis cette fille aux fers.

Doug secoua la tête.

— J'ai appris l'incident ce matin par mon maître d'écurie. Vous savez ce que c'est, le bouche à oreille… Apparemment, la jeune fille n'est pas rentrée hier soir.

— Les tuniques rouges la retrouveront et décideront d'un châtiment adéquat, assura le Dr Walton à la lady. Pour un tel acte, c'est soixante-dix coups de fouet, si je ne me trompe pas. Elle n'y survivra pas.

Après avoir repris son tricorne, le médecin salua Doug et la lady d'un signe de tête.

— Je repasserai demain. Donnez du rhum et du laudanum à votre mari pour atténuer la douleur.

Le Dr Walton sortit. Doug voulut lui emboîter le pas, mais la lady n'en avait pas terminé avec lui.

— Naturellement, vous ne manquerez pas de livrer cette esclave si elle se réfugie chez vous, dit-elle d'un ton sec avant de lui montrer la porte.

Doug acquiesça.

— Naturellement.

Doug regagna Cascarilla Gardens au galop. Il allait donner l'ordre à Kwadwo de préparer une carriole, assez grande pour cacher trois personnes, et de se rendre à Kingston. La famille d'Alima devait fuir au plus vite.

3

— Non, Jefe, tu dois rentrer à la maison. Ta mère t'attend. Et si tu demandes gentiment à Nanny, tu auras peut-être droit à un conte africain.

Nora souleva Jefe, le demi-frère de sa fille Dede, et le posa dans les bras de María.

— Ramène-le au village, sinon je vais avoir des ennuis avec Máanu. Elle me reproche déjà de l'accaparer.

Dede, trois ans, accompagnait sa mère aux champs comme presque tous les enfants de Nanny Town. Jefe, qui avait le même âge, aurait pu rester avec Máanu au village ; Nanny ne voyait pas d'objection à ce qu'il jouât dans sa hutte pendant que sa mère travaillait. Elle était désormais la secrétaire officielle de la reine, qui la consultait quand elle devait négocier avec les marchands et les représentants de ses frères. Mais les femmes du village se moquaient d'elle dans son dos en la traitant d'esclave ou de bonne. En effet, Máanu cuisinait, nettoyait les huttes de Nanny et Quao, préparait les vêtements de la reine et l'aidait dans la préparation des remèdes. Comme pour Nora autrefois – et là encore sans aucune rétribution, hormis le prestige de sa position.

Les compétences d'Akwasi en lecture et en écriture étaient de plus en plus précieuses pour la reine, qui l'envoyait souvent porter des messages à Cudjoe Town et au village d'Accompong, qui se trouvait dans le sud-ouest de l'île. Nanny gâtait également beaucoup Jefe, son jeune fils. Toutefois, celui-ci n'aimait pas jouer tout seul dans sa hutte, il préférait suivre les villageoises aux champs et passait donc beaucoup de temps avec Nora et la petite Dede. Les deux enfants s'aimaient tendrement. Nora ne se lassait pas de voir Jefe, un garçonnet grand et fort, couvrir d'attentions sa sœur plus gracile. En plus de lui cueillir des fruits et des fleurs, il prenait toujours sa défense face aux autres enfants du village.

De son côté, Máanu n'était pas ravie que son fils préférât aller aux champs avec Nora plutôt que rester au village avec elle. Mais elle s'en remettait à Nanny, qui ne voyait rien à y redire.

Nora, elle, était fière de ce petit qu'elle avait aidé à venir au monde. Depuis qu'elle avait sauvé Máanu, elle était reconnue comme la sage-femme et la guérisseuse du village. Nanny la laissait faire tant qu'elle n'essayait pas d'évangéliser les marrons. La reine tenait à garder la main sur l'éducation spirituelle des siens ainsi que sur leur mode de vie à l'africaine. Nanny Town devait fonctionner comme un village ashanti. Elle rejetait toute influence anglaise et s'employait à limiter le troc avec les marchands blancs au strict nécessaire. Les marrons s'en plaignaient, surtout les hommes qui n'avaient aucune envie de tisser et de confectionner des poteries comme leurs ancêtres. Ils se considéraient comme des chasseurs, des guerriers et refusaient même de cultiver la terre.

— Je taille la canne à sucre pendant que mon Nègre me surveille, dit un jour María alors que les villageoises déjeunaient à l'ombre d'un palmier. Moi aussi, je peux monter la garde et souffler dans une corne ! Lui, il saurait y faire avec la machette.

— Le mien ne sait pas tisser, renchérit Elena, dont le mari était malheureux comme les pierres depuis qu'on l'avait relégué au rang d'artisan. Il déteste ça et préfère chasser. Mais le tissage… Il dit que c'est un travail de femme.

— Il a raison, intervint Millie, une ancienne domestique qui ne supportait pas le travail aux champs. Moi, je sais tisser et coudre.

Les autres femmes acquiescèrent. Elles auraient toutes préféré tisser à l'ombre plutôt que récolter la canne à sucre. Elles attendaient avec impatience qu'un accord fût signé pour pouvoir acheter des étoffes et confectionner des robes. La reine Nanny risquait d'avoir du mal à préserver son coin d'Afrique dans les Blue Mountains si les Blancs levaient l'embargo.

La culture de la terre ne déplaisait plus à Nora, elle qui avait toujours aimé les activités de plein air. Elle arrachait les mauvaises herbes, semait les graines tout en plaisantant avec les autres femmes, essayait de faire participer les enfants en inventant des jeux et trouvait parfois le temps de s'isoler pour réfléchir. Après cinq longues années de captivité à Nanny Town, elle commençait à se résigner. Si Máanu et elle n'étaient toujours pas réconciliées, au moins, la hache de guerre semblait enterrée. La présence d'Akwasi, qui partageait son temps entre ses deux épouses ainsi que son statut l'exigeait, lui était également moins insupportable. Mais malheureusement pour Nora, il semblait la préférer. Elle était désormais convaincue qu'Akwasi ne l'avait pas enlevée simplement pour priver Doug d'une femme mais qu'il l'aimait. Du moins, il la désirait vraiment.

Nora préférait bien sûr cet étrange amour à la haine et la colère qui avaient marqué leurs premiers mois au village. Elle ne ressentait rien pour Akwasi, elle redoutait toujours les nuits passées avec lui, mais un semblant de dialogue commençait à s'établir entre eux. Ainsi,

Nora obtint quelques informations sur les négociations en cours entre les autorités et les marrons. Les représentants de la Couronne, le gouverneur Edward Trelawny et le colonel Guthrie, admettaient enfin qu'il y avait des Noirs libres en Jamaïque et qu'il y en aurait toujours. Il était bien plus raisonnable d'étudier la question de reconnaître leur territoire comme une colonie autonome et de garantir leurs droits de citoyens, plutôt que de chercher sans cesse à les combattre. Les bases étaient déjà jetées pour un futur accord : le gouverneur devait renoncer au territoire des marrons et le leur attribuer officiellement, le commerce serait autorisé, les marrons pourraient se déplacer librement dans les villes des Blancs. En échange, ceux-ci devaient renoncer aux attaques de plantations et plus aucun esclave ne serait libéré. Ce dernier point controversé suscitait de vifs débats. En effet, le gouverneur demandait aux marrons de s'engager à livrer les esclaves qui avaient pris la fuite. Trelawny soulignait d'ailleurs qu'un tel accord existait déjà entre les planteurs et les Noirs libres. Cudjoe et Accompong étaient disposés à accepter alors que Nanny s'y refusait. Elle voulait bien promettre de ne plus libérer d'esclaves – de toute façon, les attaques de plantations cesseraient –, mais renvoyer des personnes désespérées qui s'étaient réfugiées chez elle, c'était hors de question.

— Les Blancs en veulent toujours plus, s'exclama Akwasi, qui prenait le parti de la reine. Comme on connaît bien les montagnes, ils proposent de payer une rançon pour chaque esclave qu'on capturera. Comment Cudjoe peut-il approuver ça ?

Nora se contenta de hausser les sourcils. Si elle ne considérait pas Nanny comme une héroïne, elle n'avait que mépris pour Cudjoe. Peut-être que sa communauté de Saint James était aussi bien organisée que Nanny

Town, mais il était responsable des attaques les plus sanglantes commises dans le nord-ouest de l'île, avec pour conséquence la création de milices de planteurs. De plus, les attaques de Cudjoe n'étaient pas particulièrement fructueuses. Il était repoussé dans les montagnes, et le territoire qu'il contrôlait se réduisait peu à peu. Nora y voyait la raison de sa soudaine disposition à négocier. Cudjoe n'hésiterait sans doute pas à envoyer des patrouilles sillonner les montagnes à la recherche d'esclaves en fuite pour les livrer en échange d'une rançon, comme ses ancêtres en Afrique. La traite d'êtres humains était considérée comme une activité respectable chez les Ashantis.

Nanny refusait de céder, mais ce n'était qu'une question de temps d'après Akwasi. Nora, elle, se préparait à passer le restant de ses jours à Nanny Town, aux côtés d'un homme qu'elle n'aimait pas.

L'amour, c'était justement ce qui lui manquait le plus. Nora n'avait que faire du luxe qu'elle avait connu à Cascarilla Gardens, la vie qu'elle menait actuellement était finalement assez proche de celle dont elle avait rêvé avec Simon. Depuis trois ans, elle se déplaçait plus librement et était enchantée de découvrir à chaque promenade de magnifiques paysages, une multitude de plantes, des ruisseaux et des cascades féeriques. Avec Dede et Jefe, elle observait les papillons et les oiseaux tous plus colorés et gracieux les uns que les autres. Elle cueillait des fleurs, des feuilles et des racines, aussi bien pour leurs vertus que pour leur beauté. Et, bien sûr, elle aimait sa fille, tellement à l'aise dans cet environnement.

Contrairement à Jefe, Deirdre ne ressemblait pas à Akwasi. Elle avait la grâce d'une elfe tout droit sortie d'un livre d'images, des cheveux noirs, fins et bouclés et une peau beige à peine plus foncée que celle de sa mère, dont elle tenait ses yeux verts et ses traits délicats. En la voyant si jolie, Nora ne pouvait s'empêcher d'être triste en pensant que son seul avenir dans ce village reculé consistait à épouser un guerrier qui l'obligerait à cultiver son lopin de terre.

Parfois, elle s'imaginait fuir avec Dede et commencer une nouvelle vie, plus heureuse. Dès que la fillette fut en âge de comprendre, Nora se mit à lui conter des histoires qu'elle inventait. Un jour, un prince viendrait à Nanny Town, tomberait amoureux de Dede au premier regard et l'emmènerait vivre sur une île où il l'aimerait pour toujours.

— Bien sûr, les gens qui vivent sur cette île sont libres. La terre appartient à tous, ils mangent ce qu'ils cueillent dans les arbres, vivent dans la simplicité…

— Et ils font quoi toute la journée ? demanda Dede en mordant dans une mangue.

La petite aimait les fruits frais, elle s'imaginait sans mal renoncer aux haricots et aux galettes. Nora rit.

— Oh, ils jouent de la musique, se racontent des histoires, se baignent dans la mer… Un jour, ma chérie, je t'emmènerai voir la mer. Tu n'en croiras pas tes yeux ! Et quand la lune s'y reflète…

Dede se blottit dans les bras de Nora et se laissa bercer par ses paroles.

— Le prince aura un bateau. Peut-être que vous naviguerez jusqu'en Angleterre et que vous danserez au bal du roi…

Dede sourit car elle aimait bien danser. Restait un point à éclaircir.

— Est-ce que Jefe peut être mon prince ?

Nora ne sut que répondre.

En racontant ces histoires à sa fille, Nora revivait certaines scènes du passé. Elle évitait toutefois de s'attarder sur son idylle avec Doug, dont la trahison lui causait toujours beaucoup de chagrin. Et les rares fois où Nora laissait libre cours à sa colère, elle avait une certaine sympathie pour Akwasi. Autrefois, Doug n'avait-il vraiment pas pu intervenir pour sauver son ami ? Ou s'était-il plutôt persuadé qu'il ne pouvait pas lui venir en aide, comme pour Nora ? Il avait forcément survécu à l'attaque des marrons, sinon Akwasi se serait vanté de l'avoir retrouvé et tué. Doug devait savoir que Nora était en vie, et il ne manquait pas de moyens de voler à son secours. Avec la fortune dont il avait hérité, il pouvait lever toute une armée pour attaquer Nanny Town.

Mais comme Doug semblait se soucier d'elle comme d'une guigne, mieux valait oublier son visage, sa carrure, ses fossettes, ses qualités de nageur et de cavalier, ses étreintes, ses baisers, la dernière nuit à Cascarilla Gardens…

Elle préférait repenser à Simon, à leurs promenades dans les parcs londoniens et à leurs rêves de mers du Sud. Elle sentait même sa présence à ses côtés quand Akwasi se rendait dans les autres villages marrons ou passait la nuit chez Máanu, ce qui arrivait hélas trop rarement. Elle imaginait que Dede était la fille de son premier amour et que tous deux la regardaient jouer. Simon lui disait combien Dede était jolie et lui ressemblait, et Nora répétait à l'enfant les histoires qu'il lui contait. La nuit, elle repensait à ses caresses douces et timides. Quand elle revivait la dernière nuit passée à la plantation avec Simon à la place de Doug, elle se sentait coupable, mais ces rêveries avaient au moins le mérite de colorer sa vie.

— Toute une famille ? demanda Mansah, la bouche pleine.

Elle aussi aimait les mangues qui, par cette forte chaleur, étanchaient la soif. Les villageoises venaient de les cueillir et de s'asseoir à l'ombre de leur arbre préféré pour les déguster, tout en racontant les derniers potins.

— Oui, confirma Keitha.

Cette grande musulmane qui cachait ses cheveux sous un turban rouge n'avait pas pour habitude de participer aux discussions des villageoises. Elle avait été capturée en Afrique puis libérée trois ans plus tard lorsque les marrons avaient attaqué sa plantation. À présent, elle vivait à Nanny Town avec son mari, qu'elle avait rencontré dans le bateau qui les avait emmenés en Jamaïque. Si leur présence était tolérée au village, ils vivaient un peu à part, comme les autres musulmans.

Ce jour-là, elle avait des informations à partager et s'était jointe au groupe de Nora et de ses amies, en qui elle avait entièrement confiance. Nora l'avait d'ailleurs aidée à mettre son fils au monde.

— Viennent d'une plantation près Spanish Town. Fille a attaqué au backra, et backra l'a libérée.

— Comment ça ?

Nora fronça les sourcils. Voilà qui était difficilement concevable, Keitha devait avoir mal compris ce que les nouveaux arrivants lui avaient raconté. À la patrouille qui les avait arrêtés à quelques miles à l'ouest de la rivière, les fuyards avaient dit qu'ils venaient de la même région que Keitha, et celle-ci avait été désignée comme interprète.

— Pas même backra, précisa-t-elle. Autre backra acheté tous au bateau. Homme, femme, enfant. Gentil backra.

Les autres femmes éclatèrent de rire.

— Ça existe pas ! s'exclama Millie. Y a des méchants, des très méchants et des très très méchants, mais pas de gentils !

— Nouveaux disent que si, insista Keitha.

María se tourna vers Nora et Mansah.

— Une plantation près de Spanish Town… C'est de là que vous venez, non ? Peut-être que vous le connaissez, ce merveilleux backra !

Mansah entreprit d'énumérer les exploitations de la région.

— Il y a Herberts Park, la plantation Lawrence, entre Kingston et Spanish Town, Peaks Garden, Hollister, Keensley et…

— Et Cascarilla Gardens, murmura Nora.

Keitha réfléchit.

— Eux pas parler de Holl… Holl…

— S'ils trouvent que Hollister est un bon backra, ils se contentent de peu, soupira Nora. Ce n'est pas possible, Keitha, tu dois confondre. Attendons que les femmes viennent travailler aux champs. Ils restent tous les trois, n'est-ce pas ?

Keitha hocha la tête.

— Fille parle bien anglais. Père et mère, pas trop.

Le père de famille était un potier habile et enthousiaste, qui n'avait pas d'ambitions guerrières et était ravi de troquer la machette contre un tour. Nanny était enchantée de ce nouvel élément africain dans son village, d'autant que les productions de Maalik avaient du succès même auprès des femmes marrons, qui préféraient d'habitude les objets occidentaux. Dès qu'elle eut attribué aux nouveaux venus un terrain défriché, Khadija se mit au travail pour le cultiver. Elle maîtrisait le maniement de la houe et du râteau qu'elle avait certainement appris en Afrique, contrairement à sa fille, Alima, qui n'avait pas l'habitude des travaux agricoles. Lorsque toutes deux se joignirent aux villageoises à l'heure du déjeuner, la jolie jeune fille ne décrocha pas un mot, tandis que sa mère et Keitha discutaient dans leur langue d'origine.

— Tu dois tout nous raconter, lui dit Mansah, venue s'asseoir près d'elle. Toute ton histoire. Keitha a éveillé notre curiosité, mais son anglais n'est pas assez bon.

— Nous pas parler bien anglais, répondit Alima en regardant ses mains couvertes d'ampoules.

— Tu serais la première domestique dans ce cas. Tu travaillais dans une maison, c'est ça ? Tu n'as pas les mains calleuses.

En voyant Alima rougir, Nora intervint.

— Arrête de la harceler, Mansah.

Elle se tourna vers Alima.

— Nous te donnerons une pommade cicatrisante, puis tu viendras cueillir des mangues avec nous. Si tu continues à bêcher, tu auras les chairs à vif et tu ne pourras plus travailler.

Nora lui prit les mains mais Alima se dégagea aussitôt. La jeune fille avait déjà sursauté en voyant sa couleur de peau, et sa mère semblait également méfiante. Nora comprit que Keitha racontait son histoire aux deux nouvelles car celles-ci la regardèrent plusieurs fois à la dérobée.

— Je ne vais pas te faire de mal, Alima, lui assura-t-elle ensuite.

Mais la jeune fille était si effrayée que ce fut finalement María qui dut soigner ses mains.

— Tu devrais quand même raconter un peu, sinon Mansah va mourir de curiosité et nous tenons à elle.

Alima, touchée par la gentillesse de María, sourit enfin.

— Tu ne veux pas nous dire pourquoi toi et ta famille, vous vous êtes enfuis ? Il s'est passé quelque chose avec le backra ? D'après Keitha, il vous a achetés tous ensemble à votre arrivée d'Afrique mais…

— C'est pas une habitude de backra ! s'exclama Millie.

— Backra Doug, si, répondit Alima. Lui au port quand nous arrivés. Maman pleurer, moi aussi et…

Nora eut besoin de quelques secondes pour se ressaisir. La seule mention de son nom lui était douloureuse, bien plus qu'elle ne l'aurait cru.

— Doug… Doug Fortnam ? demanda-t-elle d'une voix blanche.

Alima acquiesça.

— Oui, Backra Fortnam. Gentil backra. Maman pleurer, moi pleurer, papa pleurer… Lui acheter nous tous ! Maman et papa aux champs, moi dans maison, avec Mama Adwe.

Mansah pleura en entendant le nom de sa mère. Quant à Nora, elle remercia le ciel pour l'attention que les villageoises prêtaient au destin d'Alima et qui les empêcha de remarquer sa pâleur extrême. Elle n'avait jamais douté que Doug fût encore en vie. À en croire Alima, qui parla de la nouvelle organisation des esclaves, des dimanches de repos et des mariages, il dirigeait Cascarilla Gardens de façon exemplaire. Enfin, la jeune fille relata l'incident chez les Hollister qui l'avait forcée à fuir.

— Moi pas partir seule. Backra Doug envoyer moi, papa et maman à Kingston avec Kwadwo. Lui expliquer chemin des montagnes. Backra Doug très, très gentil backra !

Les villageoises la resservirent en pain et en fruits. Pendant que Mansah demandait des nouvelles de sa mère et de ses amies, María se tourna vers Nora. Elle vit tout de suite que sa voisine était bouleversée.

— C'était ta plantation, non ? Mais Backra Doug n'était pas ton mari ?

Nora secoua la tête, déterminée à ne pas laisser libre cours au tourbillon de sentiments qui la faisait presque trembler.

— Mon mari est mort, tu le sais.

— Et ce n'est pas ton fils ?

— Non plus. Doug est, enfin Doug était…

Elle pâlit et rougit tour à tour.

Alima avait entendu sa dernière phrase. Elle se sentait plus en confiance maintenant qu'elle avait raconté son histoire.

— Blanche connaître backra Doug ? demanda-t-elle timidement.

Nora ne sut que répondre.

— Tu as failli la servir, lui expliqua María. Ton Backra Doug n'a jamais parlé de son père qui est mort et de sa belle-mère qui se trouve ici ?

— Si, dire que maison brûlée par marrons. Maison toute neuve depuis un an. Mais madame Nora pas ici, pas possible. Madame Nora morte.

4

À la demande du gouverneur, deux officiers vinrent fouiller la plantation de Doug Fortnam, en particulier le quartier des esclaves où Lady Hollister assurait qu'il cachait la fugitive.

— Je ne comprends pas ces soupçons, dit Doug après que les hommes n'eurent rien trouvé. Moi aussi, je pâtis de l'incident. La fille était femme de chambre et ses parents, des esclaves agricoles de valeur. Et voilà qu'ils ont disparu tous les trois !

— La lady vous soupçonne de complicité, monsieur, grommela le plus âgé des officiers. Dès que vous avez appris la disparition de la fille, vous auriez dû livrer les parents aux autorités. Pourquoi refusez-vous de séparer les familles ? Ce n'est qu'une source d'ennuis.

— Si Lord Hollister s'était tenu tranquille, nous n'en serions pas là. Pourquoi s'en est-il pris à la femme de chambre de sa femme ? J'avais bien insisté auprès du lord et de la lady pour qu'elle me soit rendue vierge.

Les deux officiers rirent.

— Votre esclave ne perdra pas de sa valeur à cause d'un hymen déchiré, souligna le plus jeune. À moins que vous-même n'ayez eu des projets la concernant...

Doug préféra ne pas répondre. Les deux hommes interprétèrent son silence comme un aveu.

— De toute façon, en tant qu'esclave, elle est à l'entière disposition de son maître, dit le plus âgé. Alors vous ou lui…

— Je ne partage pas votre avis, rétorqua Doug.

Il serra au creux de sa main le pendentif de Nora qu'il avait sorti ce jour-là en espérant qu'il lui porterait bonheur.

— C'est une esclave, certes, mais aussi un être humain. J'ai acheté sa force de travail, mais cela ne m'autorise pas à la brutaliser, à l'effrayer et à l'humilier !

Nouvel éclat de rire.

— Vous devriez vous chercher une paroisse, Mr Fortnam, ricana le plus âgé. Vous parlez comme un révérend. D'ailleurs, avec le départ des Stevens…

Depuis la mort de leur fils quelques mois plus tôt suite à une forte fièvre, le révérend avait rendu les armes. Sa femme détestait l'île et ne voulait plus se consacrer à sa paroisse qui allait à vau-l'eau. Ils attendaient un successeur avant de repartir pour l'Angleterre.

— Et puis ne croyez pas que les Noirs se privent ! ajouta le plus jeune. Il paraît que les marrons ont des esclaves blanches, et pour quoi faire, à votre avis ? Aller puiser de l'eau ?

Doug fronça les sourcils.

— Des esclaves blanches chez les marrons ?

L'officier le plus âgé hocha la tête.

— Inouï, n'est-ce pas ? Le gouverneur préfère ne pas intervenir dans l'espoir de conclure un accord. Ce serait bon pour vous. Si les marrons livrent les esclaves qui se sont réfugiés chez eux, vous récupérerez peut-être les vôtres.

L'homme ricana et mima un égorgement.

Doug n'imaginait pas les marrons accepter ce genre de condition qui risquerait de provoquer des soulèvements à Cudjoe Town et Nanny Town. Non, Alima et ses parents étaient en sécurité.

Toutefois, Doug n'oublia pas la remarque de l'officier sur les esclaves blanches détenues par les marrons. L'homme avait raison, c'était révoltant. Et le gouverneur devait intervenir, les Anglais ne pouvaient pas laisser faire. Doug décida de profiter de sa prochaine visite à Kingston pour se renseigner et, le cas échéant, informer les autres planteurs. Sa réputation avait beaucoup pâti de l'incident survenu deux semaines plus tôt. Les jours de Lord Hollister étaient toujours en danger, il devait garder la chambre, souffrait énormément et ne pouvait recevoir aucun visiteur. Quant à Lady Hollister, elle ne cessait de blâmer Doug Fortnam, cet « ami des Nègres », comme elle aimait l'appeler, et son esclave diabolique. Même si la plupart des planteurs se doutaient de ce qui s'était vraiment passé, ils partageaient l'avis des officiers : le prix que payait Hollister pour une simple incartade était disproportionné.

Doug ne défendait plus Alima, préférant déplorer la perte de Maalik et Khadija pour ne pas perdre totalement la face auprès des siens. S'il dénonçait cette monstruosité qu'était l'exploitation de femmes blanches chez les marrons, il gagnerait la confiance et l'estime de tous. Il espérait toutefois ne pas déclencher une guerre dont Alima, ses parents, Máanu et Akwasi seraient les premières victimes. Doug n'en voulait pas à ces derniers. Máanu avait eu de bonnes raisons de fuir et Akwasi avait tout simplement profité de l'attaque pour vivre enfin libre.

Doug avait beau retourner le problème dans tous les sens, il ne pouvait prendre le risque de se retrouver au ban de la société. Il y avait trop d'intérêts économiques en jeu, trop de bateaux affrétés en commun. Si

Doug faisait cavalier seul, il pourrait sans doute garder Cascarilla Gardens mais ses bénéfices chuteraient et il devrait revenir sur les libertés qu'il avait accordées à ses esclaves.

Dans ces moments-là, il se sentait particulièrement seul. Il n'avait personne avec qui partager ses pensées et ses émotions, Nora lui manquait terriblement. Alors qu'Amigo trottait sur la route de Kingston, Doug hésita un instant à rebrousser chemin jusqu'à la hutte de la plage pour y invoquer son esprit. Ou celui de Simon. Ce serait toujours un interlocuteur plus agréable que les personnes qu'il s'apprêtait à rencontrer.

Doug avait prévu de s'arrêter à Spanish Town. Il se murmurait que des Blancs qui commerçaient avec les marrons tenaient des boutiques au vieux marché. Enfin, si on pouvait appeler «boutiques» leurs échoppes miteuses où ils employaient un ou deux esclaves, souvent des femmes dont ils profitaient également la nuit. Doug n'avait jamais eu directement affaire à ces types louches dont lui parlaient parfois les esclaves. Certains lui avaient demandé la permission de vendre des légumes et des fruits au marché. De nombreuses femmes cultivaient un petit carré de terre près de leur hutte et élevaient quelques poules pour leur consommation personnelle. Lorsque Doug leur avait demandé à qui elles comptaient vendre le surplus contre quelques piécettes, elles avaient cité Whistler et Barefoot.

Tous les enfants des quartiers mal famés de Spanish Town les connaissaient. Doug dirigea son cheval dans les ruelles étroites de la vieille ville jusqu'à l'échoppe de Barefoot, qui jouxtait une taverne. Dans la cahute, des tonneaux de rhum bon marché côtoyaient des cageots de légumes et de figues séchées et des ustensiles de cuisine. Lorsque Doug regarda par une petite fenêtre, une femme noire vint lui ouvrir.

— Besoin de quelque chose, backra ? lui demanda-t-elle sans oser le regarder dans les yeux. Provisions pour bateau…

— Non, j'aurais voulu parler à Barefoot. C'est bien ici ?

— Oui. Lui à côté.

— À la taverne ?

Doug lui donna un penny. Elle le remercia en lui baisant les mains.

— Moi garder pièce, murmura-t-elle. Un jour, acheter liberté et partir chez marrons…

Doug l'encouragea d'un sourire, même s'il doutait qu'elle réunît un jour les cent livres correspondant à sa valeur. Mais tant mieux si elle gardait espoir. Il entra dans la taverne. Dans la petite salle où flottait une odeur de rhum et de graisse, deux tables et quelques chaises branlantes étaient disposées sur un sol couvert de crachats. Doug aborda un homme qui portait des chausses mais pas de bas ni de souliers[1].

— Mr Barefoot ?

Le commerçant au teint rougeaud et aux yeux bleu clair hocha la tête et l'invita d'un geste à s'asseoir.

— Roberta, un rhum pour le monsieur. Ce n'est pas tous les jours qu'un vénérable backra se présente à mon bureau.

— Votre bureau ? répéta Doug avec un rictus.

— Ma taverne ne vous plaît pas ?

Doug rit.

— Je n'en ai jamais vu de plus belle.

Une Créole très mince posa un verre de rhum devant Doug. Les deux hommes trinquèrent.

— Je m'appelle Doug Fortnam.

— De Cascarilla Gardens ?

---

1. *Barefoot* signifie « pieds nus » en anglais. *(N.d.T.)*

Doug hocha la tête. Le commerçant le dévisagea avec méfiance.

— Qu'est-ce que vous voulez à ce bon vieux Barefoot ? J'imagine que vous n'avez pas de bateau à équiper ni d'ustensiles de cuisine à acheter.

— Non, c'est un renseignement dont j'ai besoin. Je suis prêt à y mettre le prix en échange d'une discrétion absolue.

Barefoot haussa les sourcils.

— Ici, tout est légal, Mr Fortnam. Je n'ai rien à cacher.

— À part vos petites excursions dans les Blue Mountains, nuança Doug. Ne niez pas, c'est de notoriété publique. Je ne désapprouve pas, notez. Je préfère que les marrons achètent plutôt qu'ils volent.

Le marchand le regarda avec méfiance.

— Votre plantation a brûlé, n'est-ce pas ?

— Oui, il y a quelques années, après avoir été pillée. Mon père et ma belle-mère ont péri dans l'attaque.

Barefoot fronça les sourcils.

— Elle aussi ? Bizarre, je croyais que… Enfin, vous savez mieux que moi. Hum… toutes mes condoléances.

— Merci.

Doug sentit sa gorge se serrer, comme à chaque fois qu'il pensait à Nora.

— Que voulez-vous savoir ? demanda Barefoot après avoir repris une gorgée de rhum. Ce serait pour une expédition punitive, c'est ça ? Je ne vous servirai pas de guide, que ce soit clair. Du reste, je vous déconseille de vous lancer là-dedans. Ceux qui vont dans les montagnes, qu'ils soient amis ou ennemis, se font repérer par les marrons bien avant d'arriver à leur village. Plus d'un s'y sont cassé les dents.

Doug hocha la tête.

— Ce que j'aimerais savoir, c'est s'il est vrai que les marrons ont des esclaves blancs.

Barefoot écarquilla les yeux.

— Des esclaves blancs ? De qui tenez-vous ça ? Je ne vois pas pourquoi les marrons s'y risqueraient. Ils ont bien quelques champs de légumes et de canne à sucre que les femmes cultivent pour leur consommation personnelle, mais à part ça… De toute façon, les Blancs tomberaient comme des mouches là-haut. Vous savez bien qu'on n'est pas faits pour travailler dur dans un climat pareil.

— Mon informateur m'a précisé qu'il s'agissait de femmes, insista Doug.

Barefoot pinça les lèvres.

— Ah… Non, ce n'est qu'une rumeur. Enfin, il y a bien une femme mais…

Doug tressaillit.

— C'est vrai ?

— Oui, à Nanny Town. Elle est arrivée après l'attaque de sa plantation. Je n'ai jamais vu cette femme dont on dit qu'elle appartient à l'un de leurs meilleurs guerriers, ce qui est beaucoup dire. Il manie les armes mais sert surtout aux marrons pour négocier. On dit qu'il sait lire et écrire.

— Vous pensez que c'est vrai ? demanda Doug d'une voix étranglée.

Barefoot haussa les épaules.

— Aucune idée. Toujours est-il que la reine le tient en haute estime. C'est sans doute pour ça qu'elle l'a laissé épouser une Blanche *et* une Noire. Encore une chose que les marrons historiques n'apprécient pas. Il va sans doute devoir libérer la Blanche, avec le traité qui se profile. Ça ferait mauvais genre vis-à-vis du gouverneur.

Doug déglutit avec difficulté.

— Est-ce que… est-ce qu'elle pourrait rester de son plein gré ?

— Qu'est-ce que j'en sais, moi ? répondit Barefoot en levant les yeux au ciel. Enfin, j'en doute, parce qu'ils la cachent dès que j'arrive. En tout cas, elle est la seule. On ne peut pas parler de traite des Blanches.

Doug crut qu'il allait étouffer et passa un doigt dans son col.

— Vous n'avez peut-être jamais entendu le nom de cette femme, mais vous savez comment s'appelle le guerrier ?

Barefoot opina.

— Attendez que je me souvienne, il a un nom africain… Ce qui n'est pas pour déplaire à Nanny, d'ailleurs. Ak… Ab… Abwasi !

— Akwasi, corrigea Doug, qui n'en croyait pas ses oreilles. Barefoot, vous ne pouvez pas savoir combien vous m'avez aidé ! Je n'ai jamais cru à sa mort, jamais. J'avais comme une intuition…

Il se leva, donna une première pièce d'or à un Barefoot éberlué et une deuxième à la Noire de la boutique qui avait surveillé Amigo.

— Dieu vous bénisse, backra. Dieu vous bénisse !

Doug enfourcha son cheval et lui sourit.

— Merci, je vais en avoir besoin.

— Savez-vous qu'une Blanche est retenue captive à Nanny Town ?

Doug ne s'embarrassa pas de formules de politesse devant le gouverneur, à qui il avait demandé une audience en urgence.

— La nouvelle nous est parvenue, répondit Edward Trelawny en hochant la tête. Aucun de mes hommes ne l'a vue, mais cela ne veut rien dire. Les négociations ont lieu principalement à Cudjoe Town.

Trelawny croisa ses petites mains blanches. Ce fils d'évêque anglican, que l'on disait amateur d'art, était apprécié de ses citoyens pour ses talents de négociateur et sa proximité avec le peuple. S'il trouvait l'attitude de Doug étrange, il ne s'en formalisa pas.

— Vous partez du principe qu'elle reste là-bas de son plein gré ? demanda Doug.

Trelawny leva les mains.

— Cela peut paraître incompréhensible, dit-il d'une voix douce, mais vous le savez comme moi, Mr Fortnam : de nombreux Blancs sont attirés par les Noires, alors pourquoi pas l'inverse ? D'après nos informations, cette femme est devenue l'épouse d'un guerrier respecté.

— Ou son esclave ! s'indigna Doug. Et vous ne savez pas de qui il s'agit ?

Le gouverneur haussa les épaules sous sa veste de brocart. Il était tiré à quatre épingles, avec sa perruque impeccable et son visage maquillé de blanc. Dans d'autres circonstances, Doug aurait certainement eu honte de ses braies. Peut-être devait-il veiller à ne pas malmener son interlocuteur.

— Comme aucune disparition n'a été signalée, nous avons cru qu'il s'agissait d'une femme du port ou d'une prisonnière comme on en exile parfois ici, malgré notre interdiction.

Doug secoua la tête.

— Je dispose d'informations contraires. Cette femme a été enlevée. Il s'agit certainement de Nora Fortnam, la… hum… la veuve de mon père.

Trelawny haussa les sourcils.

— Mais Mrs Fortnam a été assassinée. N'a-t-on pas retrouvé son corps ?

— On a retrouvé des cadavres atrocement mutilés et calcinés au point d'être méconnaissables, répondit

Doug en essayant de chasser ces images de son esprit. Ils n'ont donc pas été identifiés avec certitude. Mais puisque les marrons ne font pas de prisonniers, nous avons supposé que Nora faisait partie des victimes.

— Et pourquoi en doutez-vous à présent ?

Doug répéta ce qu'il avait appris.

— Akwasi voue une haine féroce aux Fortnam, conclut-il. Il a toujours convoité ce que j'avais. Il a donc pris Nora…

Une légère réprobation passa sur le visage de Trelawny.

— Êtes-vous en train d'admettre que vous avez eu une liaison avec votre… hum… votre belle-mère ?

— Je parlerais plutôt d'une histoire d'amour, nuança Doug. Mais cela n'a rien à voir avec le problème qui nous occupe. Allez-vous intervenir, Excellence ? Nora Fortnam est retenue prisonnière dans les Blue Mountains depuis cinq ans maintenant. N'est-il pas temps de mettre un terme à sa captivité ?

Le gouverneur se mordit les lèvres.

— C'est… hum… c'est long, Mr Fortnam.

— Trop long, Excellence. Et je vous en prie, n'insinuez pas que Nora ait pu tomber amoureuse de son tortionnaire. Cela ne tient pas

Trelawny s'éclaircit la voix.

— Écoutez, Mr Fortnam, votre loyauté à l'égard de votre belle-mère vous honore. Mais je dois considérer le problème dans sa globalité. Vous savez sans doute que la Couronne est sur le point de conclure un accord avec les Nègres marrons de Jamaïque, avec pour conséquences la reconnaissance officielle de leur territoire, la mise en place de relations commerciales, le renvoi des esclaves en fuite et la fin des attaques tragiques comme celle qu'a subie votre plantation. Les marrons sont prêts à s'engager en faveur de la paix. Et juste avant de signer ce traité, vous voudriez que j'envoie des troupes libérer une femme qui n'en a peut-être même pas envie ? Et que j'accuse les marrons d'enlèvement et de détention arbitraire ?

— Mais ce sont eux les coupables ! s'indigna Doug. Vous ne pouvez pas faire fi de tous les crimes qu'ils ont commis !

— Nous ne parviendrons jamais à un accord sans amnistie, Mr Fortnam. Vous êtes un homme plein de bon sens. Laissez les morts reposer en paix…

— Nora n'est pas morte !

Doug savait qu'il dépassait les bornes mais ne put se retenir plus longtemps.

— Elle est retenue prisonnière là-haut et vous me dites les yeux dans les yeux que vous voulez la sacrifier sur l'autel d'une paix hypocrite ?

— Une paix sincère, corrigea le gouverneur décidément très patient. Maintenant, reprenez-vous, Mr Fortnam, et réfléchissez. Comment pourrais-je intervenir ?

— Faites de sa libération une condition. Écrivez le nom de Nora Fortnam noir sur blanc dans votre traité de paix.

Trelawny secoua la tête.

— Impossible. C'est l'épouse de l'un de leurs meneurs, et cela les froisserait. Ces gens sont très susceptibles, Mr Fortnam. N'oubliez pas que nous avons affaire à des Ashantis.

Doug soupira. Cela ne servait à rien de s'entêter, l'accord auquel aspirait Trelawny compterait plus que la libération de Nora. Une esclave de plus ou de moins…

— Je n'en resterai pas là. Vous abandonnez Nora, mais moi pas. Je la sauverai par mes propres moyens.

— Faites comme bon vous semble à condition de ne pas provoquer de guerre, dit Trelawny avec un geste las. Je ne m'opposerai pas à ce que vous partiez avec un ou deux hommes armés, même si je doute que vous en trouviez d'assez fous pour vous accompagner. Et si j'entends dire que vous cherchez à mobiliser des troupes, je vous ferai arrêter.

Doug acquiesça et se leva.

— J'ai compris. Je partirai seul et je rentrerai avec Nora ou pas du tout.

5

— Morte ? Il croit que je suis morte ? balbutia Nora.
Elle ne pouvait plus contenir le tremblement de ses mains.

— Madame Nora morte ! répéta Alima, sûre de son fait. Maman, tu sais où est tombe Nora, non ?

Keitha traduisit. Khadija hocha la tête et répondit dans sa propre langue.

— Femmes apportent des fleurs, traduisit Keitha.

— Et révérend toujours prier pour madame Nora et Backra Elias, ajouta Alima. Nous aussi prier, car Backra Doug homme bon. Et Mama Adwe dire que madame Nora bon cœur. Mais morte.

— C'est elle, madame Nora. Tu vois qu'elle n'est pas morte ! intervint Mansah pendant que María se tournait vers Nora.

— Tu pensais qu'il t'avait oubliée, dit-elle doucement. Tu pensais que…

Nora se mordit les lèvres.

— Je suis bouleversée. J'ai tellement honte, j'aurais dû savoir que… qu'il n'aurait jamais…

María la prit dans ses bras, alors qu'Alima courait en direction du village.

— Madame Nora vivante ! Maman, je dois dire papa, lui rentrer à Cascarilla Gardens ! Ou envoyer quelqu'un prévenir Backra Doug. Lui plus triste !

Doug Fortnam irait seul dans la montagne, conformément à sa promesse au gouverneur. C'était de toute façon la meilleure façon de procéder, une troupe de combattants même réduite n'atteindrait pas Nanny Town inaperçue et se heurterait à la supériorité numérique des marrons. Cela s'était déjà vu, un voyageur isolé aurait plus de chances.

C'était également l'avis de Kenneth Leisure, un vétéran que Doug rencontra par l'intermédiaire de son nouvel ami Barefoot dans la taverne qui jouxtait sa « boutique ».

— Ils nous ont repoussés en deux temps trois mouvements, raconta Leisure, attablé devant un verre de rhum. Aucune perte de leur côté, quelques-unes du nôtre. Il faut dire qu'on est restés hors de portée de tir. Le sergent n'a pas été assez bête pour lancer l'assaut avec deux mille soldats.

— Deux mille ? s'écria Doug, abasourdi.

Leisure acquiesça.

— Pour prendre Nanny Town, il en aurait fallu dix mille. Voire plus, selon les munitions à la disposition des marrons. Entre nous et le village, il y avait la rivière. En la traversant, on était à découvert, de vraies cibles sur pattes ! Les Nègres, eux, étaient à couvert. Si ce village est pris un jour, ce ne sera pas sans lourdes pertes. Heureusement, ce n'était pas dans les projets du gouverneur. Sinon, je ne serais plus là pour en parler.

Doug lui resservit un verre de rhum et amena progressivement Leisure au sujet qui l'intéressait.

— Si je voulais récupérer quelqu'un là-bas, j'enverrais un esclave ou un Noir libre traîner dans le coin comme un fugitif, expliqua l'homme, Nanny le capturerait. Une fois au village, il repérerait la Blanche et s'enfuirait avec. Tout simplement.

— Vous oubliez les sentinelles.

Leisure haussa les épaules.

— La nuit, tous les Nègres sont gris. Et ce ne serait pas le premier couple que les gardes verraient s'isoler dans les fourrés.

Doug réfléchit.

— Ce n'est pas une mauvaise idée, mais comment trouver un volontaire qui serait prêt à aller dans les montagnes et en revenir ? Certainement pas un esclave. Et un Noir libre risquerait de me trahir. Mais je crois que j'ai une idée... Barefoot, mon ami, tout est à vendre dans ta boutique, n'est-ce pas ?

Le commerçant sourit.

— Même moi, je suis à vendre. Attention, je coûte cher.

— Vous êtes trop gras. Mais vous accepteriez de me vendre votre esclave ?

En apprenant la nouvelle, la jeune femme faillit se jeter aux pieds de Doug.

— Moi libre, aller dans montagnes ?

— Tu pourras partir demain, Princess, répondit Doug, non sans se demander qui lui avait donné ce curieux nom. Mais j'ai un petit service à te demander en échange. Tu ne partiras pas seule pour les Blue Mountains, je te suivrai. Tu ne remarqueras pas ma présence, et j'espère que les marrons non plus quand ils t'arrêteront. Mais je serai là et je me cacherai. Il y a une source à deux miles de Nanny Town...

Du moins, c'était l'information que Leisure lui avait donnée. Il avait découvert cet endroit lors d'une mission de reconnaissance, pour tenter une approche latérale du village. Mais cela n'avait servi à rien, ces chemins-là aussi étaient surveillés et trop étroits pour laisser passer une troupe de soldats.

— Je t'attendrai dans les grottes qui sont près de cette source. Toi, une fois à Nanny Town, tu chercheras une Blanche répondant au nom de Nora Fortnam et tu lui diras de me rejoindre à la source. Elle n'aura pas à se presser, je serai prêt à l'attendre.

Doug était prêt à l'attendre toute sa vie, mais un mois ferait sans doute l'affaire.

— Elle aura quatre… non, six semaines pour s'échapper.

— Et si elle pas me croire ? Moi Négresse en fuite. Si elle penser menteuse ?

Doug fronça les sourcils.

— Pourquoi elle ne te croirait pas ?

Il plongea la main dans sa poche, sortit le pendentif de Nora et, le cœur gros, le donna à Princess.

— Si tu lui montres ceci, elle te croira. Elle tenait beaucoup à ce bijou.

— Ensuite, moi libre ?

Doug soupira et regarda Princess droit dans les yeux.

— Tu seras libre dès que tu quitteras Spanish Town. Dans les premiers miles, tu devras seulement prendre garde à ne pas te faire arrêter par des chasseurs d'esclaves. Je ne peux pas te forcer à accepter mais…

Princess hocha la tête et leva la main droite.

— Moi promettre, monsieur. Jurer devant Dieu !

Pour la première fois depuis des années, Doug se surprit à prier.

Princess avait hâte de partir, mais il fallut encore quelques jours à Doug pour préparer son expédition. Il jugea inutile de partir lourdement armé. De toute façon, si les marrons le repéraient, il était perdu. Sa seule chance d'atteindre la source près de Nanny Town, c'était de suivre Princess en restant bien camouflé. En cheminant à découvert dans les Blue Mountains, la jeune femme attirerait l'attention des sentinelles sur elle. Doug espérait que les hommes la surveilleraient sans guetter quelqu'un d'autre derrière elle. Alors qu'elle s'apprêtait à signer un traité avec le gouverneur, la reine Nanny ne s'attendait sans doute pas à être attaquée. Il y avait donc peu de risques qu'elle eût doublé ou triplé le nombre de sentinelles. Et concernant le chemin du retour… Doug ne pouvait compter que sur une surveillance allégée. Il pourrait venir à bout d'un garde ou deux, et peut-être que Nora, forte de ces cinq années passées chez les marrons, saurait comment éviter tout incident.

Doug décida de ne prendre qu'un pistolet, un couteau de chasse et son épée. Il utiliserait son pistolet en dernier recours, car au moindre coup de feu, les marrons seraient alertés et se lanceraient à sa poursuite. Il emporta également des denrées non périssables, surtout du biscuit de mer et de la viande séchée qu'il acheta chez Barefoot. Bien sûr, en attendant Nora, il pourrait pêcher ou encore poser des pièges, mais ce serait risqué. S'ils découvraient des collets, les marrons comprendraient qu'un intrus se trouvait sur leur territoire et le traqueraient sans relâche.

Le jour du départ, Doug s'inquiéta en entendant les indications un peu vagues à son goût que Barefoot donnait à Princess.

— Vous êtes sûr de bien l'envoyer à Nanny Town ?

Barefoot sourit.

— Cudjoe Town est au nord-ouest, à des dizaines de miles, et Accompong vit à Saint James. Si vous allez par là-bas, les gens de Nanny auront plus d'une occasion de vous repérer ! Suivez Princess et faites attention à vous !

Depuis Kingston, il était possible de rallier Nanny Town en une bonne journée de marche, pour peu que l'on sût quel chemin emprunter. Mais comme Princess, en plus de marcher lentement, avait peur des plantes sauvages et des papillons, ils ne croisèrent la première sentinelle de Nanny qu'à la tombée de la nuit. La jeune femme poussa un cri en voyant surgir d'un buisson un guerrier armé d'une lance et d'un couteau. Doug, qui la suivait à une cinquantaine de mètres, se mit aussitôt à couvert dans un fourré, en priant pour que cette sentinelle ne l'eût pas vu et qu'elle fût la seule. Son apparition l'avait autant surpris que Princess.

Doug tendit l'oreille et comprit que le marron faisait des avances à la jeune femme. Bien sûr qu'il pouvait l'accompagner jusqu'à Nanny Town, mais pourquoi ne pas en profiter pour prendre un peu de bon temps ?

Doug pria pour que Princess refusât et surtout pour que l'homme ne se montrât pas trop insistant. S'il essayait de la violer, Doug devrait intervenir.

Par chance, Princess se montra catégorique, expliquant que même si elle n'était plus vierge – Barefoot ne l'employait certainement pas que pour garder sa boutique –, elle tenait à vivre en bonne chrétienne et rêvait d'un mariage qui plût à Dieu. L'homme ne comprit sans doute pas la moitié de son flot de paroles mais respecta son refus, bien qu'un peu dépité, et prit la route de Nanny Town. Quelques centaines de mètres plus loin, ils croisèrent un deuxième garde. Comme il n'avait aucune envie de passer la nuit caché dans un buisson, il proposa lui aussi d'accompagner Princess. Les deux marrons ne prirent même pas la peine de se déplacer sans bruit ou de baisser la voix. Le temps d'arriver à la rivière, cinq autres sentinelles les avaient remarqués. Doug essaya de mémoriser leurs cachettes, mais impossible de les discerner dans l'obscurité.

En chemin, les gardes se mirent à discuter et à plaisanter avec Princess dans l'espoir de la séduire. Les hommes étaient manifestement en supériorité numérique à Nanny Town. Deux autres sentinelles se greffèrent à l'escorte de la jeune femme, sans doute dans l'espoir de s'attirer ses faveurs. Doug se demanda s'ils ne risquaient pas une sanction pour avoir abandonné leur poste aussi facilement. D'un autre côté, la jungle grouillait de marrons dont la moitié aurait suffi à surveiller les abords du village.

Deux heures de marche plus tard, Doug vit la Stony River et les torches de Nanny Town qui brûlaient un peu plus haut. Les Noirs traversèrent la rivière. Alors qu'ils n'avaient plus qu'une dernière pente rocheuse à gravir, ils choisirent un chemin plus facile pour Princess. Préférant ne pas s'aventurer trop près de l'antre d'Akwasi, Doug laissa le petit groupe avancer et marcha le long de la rivière en guettant à chaque pas d'éventuelles sentinelles. Mais alors qu'il venait de remarquer un petit chemin descendant directement de Nanny Town, il entendit des pas et courut se cacher dans les sous-bois.

— Hé, vous deux! dit une voix d'homme en hauteur. Rentrez, reine pas aimer filles dehors la nuit.

— Chut, Jimmy, sinon magie de Tillie pas marcher!

Doug essaya de se fondre parmi les palmiers tandis que deux jeunes filles passaient devant lui. En réalité, il n'avait rien à craindre car l'une d'elles et Jimmy, descendu de son arbre, se dévoraient des yeux. Tous trois prirent la direction de Nanny Town. Décidément, les sentinelles avaient un sens de la discipline qui laissait à désirer.

Doug eut une idée en regardant s'éloigner les deux jeunes filles vêtues de sombre. L'une d'elles avait parlé de magie, le chemin devait donc mener à une sorte de sanctuaire obeah réservé aux femmes et aux jeunes filles pour leurs vœux d'amour et de fécondité. Dans cette zone, les sentinelles avaient sans doute l'habitude de voir des gens la nuit. Doug sortit une couverture de son sac et s'y drapa. Dans l'obscurité, il passerait pour une femme qui allait invoquer les esprits.

Ainsi camouflé, Doug marcha le long de la rive tout en s'étonnant du chemin tracé net. Curieux que Leisure lui eût conseillé de se cacher dans les grottes près de la source, car l'endroit semblait tout de même fréquenté. Enfin, beaucoup de choses avaient changé depuis les attaques des gouverneurs précédents. Peut-être que Nanny Town s'était étendue et que les grottes se trouvaient désormais plus près des premières huttes. C'était plus dangereux pour Doug mais plus simple pour Nora si elle souhaitait le retrouver.

Il faisait nuit noire lorsque Doug atteignit l'endroit où un ruisseau gonflé par les pluies des deniers jours se jetait dans la Stony River. Il le suivit, conformément aux indications de Leisure, remarqua que la végétation s'éclaircissait et arriva à la source. Malgré son épuisement, Doug ne put que s'émerveiller du spectacle de la cascade où se reflétait le clair de lune. Les grottes devaient se trouver à gauche. Il ôta sa couverture et se mit à leur recherche.

— Plus un geste ! Ne prenez pas votre épée ! J'ai une arme !

Cette voix de femme lui parvint de la gauche, peut-être de l'une des grottes. Doug fit volte-face, tout en se maudissant de s'être ainsi livré sur un plateau.

— Qui es-tu et d'où viens-tu ? Tu n'es pas un Nègre !

— Madame...

Doug se tut en entendant le déclic d'un pistolet que l'on armait.

— Personne ne m'a jamais appelée « madame » ici, ricana la femme.

— Je ne vous veux aucun mal, madame, je vous en prie...

À ces mots, la femme se montra au clair de lune. Doug vit une Noire assez âgée et édentée qui ressemblait un peu à Adwea, sa cuisinière.

— Je m'appelle Tolo. Bienvenue dans mon royaume.

Doug regarda autour de lui et vit une hutte semi-circulaire construite devant une grotte, un petit poulailler et des autels miniatures. Soudain, il comprit.

— Tu es la femme obeah.

Voilà pourquoi le chemin était si net. Les femmes venaient jusqu'ici pour procéder à des rituels.

— Je l'ai été, répondit Tolo en riant. Suis-moi, sauf si tu tiens à être repéré par les gardes. Je n'ai qu'à tirer un coup de feu ou à élever la voix pour qu'ils viennent. Je ne suis pas seule, Blanc.

L'avertissement était clair. Doug se demanda pourquoi la magicienne vivait si loin du village tout en la suivant jusqu'à sa hutte dépourvue de fenêtres. Seul un trou dans le toit laissait passer la lueur du clair de lune. Une odeur d'herbes et d'humidité flottait dans l'air.

— Qu'est-ce que tu fais ici ? demanda Tolo. C'est le gouverneur qui prépare une attaque et t'envoie nous espionner ? Je ne pense pas, tu es trop maladroit. Mais tu es tout de même arrivé jusqu'ici sans te faire remarquer…

Doug se contenta de hausser les épaules. Tolo lui fit signe de s'asseoir par terre et lui tendit un coussin. Il obéit en la remerciant.

— Les gardes ne sont pas particulièrement attentifs, remarqua-t-il.

Tolo ricana.

— Parce que Nanny n'est pas là, et ils ne prennent pas Akwasi au sérieux.

— Akwasi est son représentant ? s'exclama Doug.

Tolo le dévisagea attentivement.

— Tu le connais ?

— Oui, et je ne suis pas très étonné. Akwasi est plutôt futé.

Tolo fronça les sourcils.

— Dis-moi ce qui t'amène ici.

— Où est la reine Nanny ? Je croyais…

— Elle est partie avec Quao rejoindre Cudjoe et Accompong dans les montagnes. Ils veulent demander la bénédiction des dieux à propos de l'accord négocié avec le gouverneur. J'espère qu'ils seront entendus. L'Afrique est si loin…

— Dieu nous entend toujours, non ?

Tolo haussa les sourcils.

— Ça dépend lequel. Les dieux africains ne voyagent pas beaucoup, tu sais. Bon, à ton tour.

— Je m'appelle Doug Fortnam et je viens de Cascarilla Gardens. Est-ce que tu connais une certaine Nora Fortnam ?

Doug s'efforça de parler d'une voix posée, mais il tremblait intérieurement. Peut-être qu'il faisait fausse route et que la Blanche n'était pas Nora…

Le visage de Tolo s'illumina.

— Tu arrives bien tard.

Doug la regarda sans comprendre.

— Eh bien, elle t'a attendu, précisa la vieille femme. Est-ce qu'elle voudrait encore de toi ? Je ne sais pas…

Doug reçut un coup au cœur, même si la vieille femme semblait plaisanter.

— J'ai cru qu'elle était morte, que je l'avais perdue. Si j'avais su, je serais venu dès le lendemain et…

— Tu es venu la récupérer ? Ça ne va pas plaire à Akwasi.

— C'est le cadet de mes soucis ! s'emporta Doug. Ni Nora ni moi ne lui avons jamais rien fait. S'il le faut, je me battrai pour elle et…

Tolo ricana.

— Tu veux le provoquer en duel ? C'est le genre d'histoire qu'on racontera encore dans cent ans.

Doug se mordit les lèvres.

— Ce n'est pas dans mes projets, mais le gouverneur... Eh bien, c'est la diplomatie qui le préoccupe, pas le sort de l'esclave blanche. Donc si elle veut toujours de moi, elle n'a qu'à venir ici.

— Et tu la préviendras comment ? Par pigeon voyageur ?

Doug sourit.

— En l'occurrence, ce serait plutôt une corneille. Elle saura que je l'attends ici. Enfin, si vous m'y autorisez.

Tolo opina.

— Qui sait, ce sont peut-être les esprits qui t'envoient. Mais attention, ne crois pas que ce sera facile. Personne ne peut quitter Nanny Town sans l'aval de la reine. Et Akwasi est très respecté.

Tolo se leva et écarta le rideau qui masquait l'entrée de sa hutte.

— Et toi aussi, tu dois être sûr de toujours vouloir de Nora, conclut-elle. Si elle te rejoint, elle ne sera pas seule. Elle a un enfant.

6

Les villageois surent très vite qu'une esclave en fuite avait été arrêtée. Nora était présente par hasard lorsque les gardes amenèrent Princess devant Akwasi. C'était dimanche et Dede avait voulu aller voir Jefe dans sa hutte. La petite fille aimait s'asseoir par terre à l'africaine, manger avec les doigts et taper sur les percussions, tandis que Jefe préférait admirer les lances et les boucliers multicolores posés contre le mur. Máanu respectait le style africain jusque dans les moindres détails, contrairement à Nora qui tenait à ce que sa fille eût des meubles et mangeât à la cuillère.

Nora avait senti son cœur se serrer la première fois que Dede avait qualifié Máanu de « deuxième maman », avant de comprendre qu'elle devait tenir cette expression de Nanny. La reine était aussi affectueuse avec le fils de Máanu qu'avec la fille de Nora et jouait volontiers avec eux. Nora se demanda si Nanny souffrait de n'avoir pas d'enfants. Selon une rumeur persistante au village, Nanny était devenue stérile à cause des mauvais traitements que son backra lui avait infligés autrefois.

En l'absence de Nanny et Quao, partis demander la bénédiction de leurs dieux à propos de l'accord de paix, Akwasi était en charge des affaires courantes. Nora le vit bomber le torse en s'asseyant sur le tabouret royal.

Princess raconta l'histoire habituelle : elle avait fui son backra, dont elle ne supportait plus la violence, et se disait heureuse d'être enfin arrivée à Nanny Town.

— Ton backra, tu ne l'as pas tué ? demanda Akwasi.

Princess secoua vigoureusement la tête et montra la croix qu'elle portait au cou.

— Moi pas tuer, moi chrétienne et baptisée ! Nouveau révérend baptise esclaves. Dire que tous pareils devant Dieu et enfant Jésus.

En effet, le successeur du révérend Stevens était d'une tout autre opinion concernant l'âme des Noirs et en baptisait de nombreux après chaque service.

Akwasi ne fut guère impressionné.

— Bien, tu peux rester. Mais tu dois prendre un mari. Voyons…

Il se tourna vers les hommes qui avaient escorté Princess jusqu'au village.

— Tally, tu la veux ?

Princess sursauta.

— Trop rapide, et moi pas vouloir n'importe quel homme…

— Tally n'est pas n'importe quel homme ! la reprit Akwasi. C'est l'un de nos plus valeureux guerriers. Il a un grand champ mais pas de femme pour le cultiver. Tu la veux, Tally ?

Nora et María assistaient à la scène, éberluées. La nouvelle venue devait se marier, c'était la tradition. Mais pas si vite ! Contre toute attente, ce fut Máanu qui vint à la rescousse de Princess.

— Tu es son père, Akwasi, pour décréter qu'elle se mariera ? Ou son backra, pour la vendre ? Et Tally, que t'a-t-il proposé en échange ? Tu n'es pas obligée d'accepter, Princess. Commence par construire une hutte, tu choisiras un mari plus tard.

— Mais pas savoir construire hutte, répondit Princess, dépassée par la situation.

— Tu vois, dit Akwasi à sa femme. Il lui faut Tally. Ou peut-être Robby ?

Un homme plus petit avança en se léchant les lèvres.

— Moi vouloir chrétien, insista Princess. L'un d'eux chrétien ?

Un rire parcourut l'assemblée.

— Ça peut attendre le retour de Nanny, insista Máanu. En attendant, Tally et Robby n'ont qu'à construire chacun une hutte, et Princess choisira la plus belle !

— Moi vouloir chrétien, répéta la jeune fille. Et où dormir si pas maison ?

Nora fronça les sourcils. Elle ne savait que penser de la nouvelle venue. Princess était sans doute une domestique mais ne devait pas travailler sur une plantation, sinon elle n'aurait pas eu peur de passer quelques nuits à la belle étoile. Nora allait devoir s'occuper de cette jeune fille qui n'était manifestement pas autonome. Avec, espérait-elle, le soutien de Máanu.

— Tu peux dormir chez moi en attendant le retour de Nanny, proposa-t-elle.

Elle fut étonnée de voir le visage de Princess s'illuminer aussitôt car d'habitude, les esclaves en fuite se méfiaient d'elle.

— Mari d'accord ? demanda Princess.

— Il remplace la reine avec des méthodes bien à lui, répondit Nora en regardant Akwasi dans les yeux. Il vit chez sa deuxième femme en attendant le retour de Nanny.

À ces mots, Princess se signa.

— Mais toi chrétienne ?

Nora hocha la tête, même si sa foi avait été mise à rude épreuve ces derniers temps.

— Je suis baptisée, dit-elle.

Princess sourit.

— Alors moi partir avec Madame, annonça-t-elle à Akwasi et à ses prétendants.

Tally et Robby protestèrent aussitôt auprès d'Akwasi, tandis que les autres célibataires reprenaient espoir. Princess sortit de la hutte sans un regard pour eux.

Ainsi que Nora l'avait prévu, Akwasi ne se montra pas cette nuit-là. Pendant qu'elle donnait le bain à Dede au ruisseau, Princess, épuisée, s'endormit à même le sol de la hutte. La jeune fille fut réveillée le lendemain par le fumet du petit-déjeuner à base d'ocra que Nora lui prépara. Elle fit frire et moulut également quelques grains de café qu'elle cultivait sur son lopin de terre et torréfiait elle-même. Alors que Princess s'asseyait par terre encore tout ensommeillée, Nora s'étonna de voir arriver Máanu, qui lui rendait rarement visite et encore moins à une heure aussi matinale.

— Comment elle va? demanda-t-elle en désignant Princess.

Nora haussa les épaules et lui servit un café.

— Pose-lui la question directement.

— Tu... tu ne diras rien à la reine?

Nora fronça les sourcils.

— À propos d'Akwasi, qui traite une nouvelle habitante comme un trophée à donner aux guerriers les plus méritants? Il vaudrait mieux que la reine le sache. Mais comme tu le sais, je ne fais pas partie de ses personnes de confiance.

— Il n'est pas... il n'est pas comme ça, murmura Máanu en jouant pensivement avec un bracelet.

— Inutile de le défendre, je le connais. Notre mari commun s'apitoie sur son sort depuis l'injustice terrible qu'il a subie quand il avait dix ans. Aujourd'hui, il est respecté, il obtient tout ce qu'il veut, mais non, il a toujours ce besoin de se donner de grands airs...

— Il veut que ces hommes se sentent redevables envers lui s'il…

— S'il quoi ? Prépare-t-il un soulèvement contre la reine Nanny ? Pense-t-il que le gouverneur enverra des troupes, qu'il sera obligé de fuir et de fonder une autre cité ailleurs ? Ou s'achète-t-il des amis parce qu'il n'en a aucun ?

Máanu enfouit son visage dans ses mains.

— Il a peur que la reine le renvoie si le traité est signé, dit-elle d'une voix étranglée. Et si le gouverneur apprend que tu es là… il risque de réclamer ta libération.

Nora, incrédule, posa sa tasse de café et se tourna vers Máanu.

— Akwasi serait prêt à organiser un soulèvement contre Nanny pour pouvoir me garder ? Enfin, je ne peux pas être aussi précieuse que cela à ses yeux !

— Comment s'y prennent les jeunes chrétiennes pour être aimées ? Vous avez une magie que je ne connais pas ?

— Magie interdite chez chrétiens ! s'écria Princess.

— Dire que j'ai volé un poulet pour l'homme obeah en échange d'un sort, soupira Máanu, et que c'est toi qui en as profité !

Nora se mordit les lèvres. Elle comprenait enfin.

— Tu as sacrifié un poulet pour conquérir Akwasi et tu nous as vus, n'est-ce pas ? Tu sais, je n'ai ensorcelé personne ! J'avais bu, je me sentais seule… C'est pour cela que je ne l'ai pas repoussé. Et j'étais amoureuse, mais certainement pas de lui.

Princess se signa à plusieurs reprises.

— Akwasi aussi a volé un poulet, dit Máanu d'une voix presque atone.

Elle se leva.

— S'il te plaît, ne le dénonce pas à la reine. Un jour, il comprendra que…

Nora opina.

— Je ne dirai rien. Mais à ton tour de me promettre quelque chose. Tu t'es vengée de moi assez longtemps. Si Nanny parle de me renvoyer, ne l'en dissuade pas !

Máanu partie, Princess se rapprocha de Nora.

— Pas besoin d'attendre renvoi par Nanny, chuchota Princess. Moi pas ici parce qu'enfuie. Trop peur pour ça, backra couper pied…

Elle frémit.

— Et révérend dire que bons chrétiens sont bons serviteurs.

Nora, encore bouleversée par les révélations de Máanu, ne l'écoutait que d'une oreille. Máanu savait tout de son aventure avec Akwasi et se sentait spoliée de son sacrifice. Voilà qui expliquait sa colère. Elle avait risqué sa vie en volant ce poulet, seulement l'amour ne se commandait pas…

— Moi ici parce qu'achetée par Backra Fortnam.

Aussitôt, Princess eut toute l'attention de Nora.

— Lui m'envoyer dire à dame blanche que lui attendre. À la source, deux miles d'ici. Toi le rejoindre si vouloir toujours de lui et rentrer à la maison ! Regarde.

Princess posa le pendentif dans la paume de Nora qui, après quelques instants d'incrédulité, fondit en larmes.

7

Nora, dont le cœur battait à tout rompre, préféra patienter jusqu'au crépuscule avant de prendre la direction de la source. En chemin, elle réfléchit : Doug pouvait difficilement s'être caché là-bas sans se faire remarquer par la vieille baarm madda. Il y avait donc trois possibilités : soit Princess avait mal compris et Nora ne trouverait jamais Doug, soit il avait vu à temps la hutte de Tolo et avait fui avant d'être repéré, soit Tolo le cachait.

À cette dernière idée, Nora sentit son cœur s'accélérer encore. Tolo, qui avait toujours été de son côté, l'aiderait à se sauver. Elle connaissait tous les chemins des environs, elle saurait expliquer comment contourner Nanny Town par le haut et rejoindre la côte nord. Ensuite, Nora pourrait trouver refuge à Port Maria ou à Port Antonio. Il serait certainement impossible de regagner Kingston par le chemin direct. Dans cette zone, la forêt grouillait de sentinelles qui préféraient monter la garde plutôt que tisser ou fabriquer des poteries. Un homme, une femme et un enfant ne pourraient pas déjouer leur surveillance.

Mais Doug accepterait-il Dede ? Nora essayait de ne pas se bercer d'illusions. Il était peut-être déjà reparti après avoir appris son mariage avec Akwasi.

Doug Fortnam surveillait la clairière depuis l'une des grottes qui surplombaient la hutte de Tolo. Elle et

Leisure disaient vrai, cette partie de la jungle ne manquait pas de cachettes. Le jeune homme s'impatientait d'heure en heure. Nora pouvait facilement prétexter une visite à Tolo, alors qu'attendait-elle ? Princess n'avait peut-être pas pu lui transmettre le message, à moins qu'elle ne voulût plus le revoir. Doug était particulièrement angoissé depuis qu'il avait appris l'existence de sa fille. Nora devrait choisir entre la laisser à Nanny Town ou partir avec elle. Et malgré ce que Tolo pouvait dire, elle avait eu tout le temps d'apprendre à aimer Akwasi.

Dans ses heures les plus sombres, Doug repensa aux propos tenus par Lady Hollister. Elle aussi avait sans doute vécu des choses terribles avec son mari, et pourtant elle l'avait toujours soutenu. Elle devait donc l'aimer… Doug se massa le front. Il avait la migraine à force de ressasser. S'il devait attendre ici quatre ou même six semaines, il deviendrait fou.

Soudain, Doug vit une femme arriver dans la clairière, s'agenouiller à la source et prendre de l'eau au creux de ses mains délicates. Lorsque le turban qu'elle portait se dénoua, une cascade de boucles tomba sur ses épaules.

— Nora !

La femme leva la tête. Doug dévala les rochers, prit une profonde inspiration et plongea dans l'étang où elle venait de boire. Lorsqu'il remonta à la surface, la première chose qu'il vit fut le visage à la fois stupéfait et rayonnant de Nora.

— J'ai longtemps prié les dieux pour ta venue, dit-elle, et voilà que tu tombes tout droit du ciel.

Doug se hissa hors de l'eau et la serra dans ses bras.

— Mon Dieu, Nora, tu m'as tellement manqué ! J'ai cru que tu étais morte…

Lorsque Doug l'embrassa, Nora éprouva un incroyable sentiment de plénitude et de soulagement.

Il était là, enfin là, en chair et en os. Ce n'était pas un esprit, ce n'était pas un rêve, ce n'était pas le fruit de son imagination. À son tour, Doug contempla Nora, son visage toujours aussi fin mais à la peau tannée, ses yeux verts dont il avait rêvé toutes les nuits, son corps mince et ferme. Comme toutes les femmes de milieu modeste et les esclaves de Jamaïque, elle portait une jupe et un simple corsage. Manifestement, Akwasi ne gâtait pas son « épouse ».

— Tu es venue, mais accepteras-tu de repartir avec moi ? demanda Doug, à bout de souffle après un autre baiser.

Nora hocha la tête.

— Si je repars avec toi, je ne serai pas seule, Doug. Tolo te l'a certainement dit, j'ai un enfant.

Doug serait reparti avec Nora quand bien même elle en aurait eu trois. Il ne s'était jamais senti aussi comblé que lors de cette nuit dans la clairière. Il pensait que Tolo se montrerait pour saluer son amie mais la vieille femme resta à l'écart de leurs retrouvailles. Pour le suivre dans sa cachette, Nora escalada les rochers pieds nus avec autant d'aisance qu'une autochtone. Doug sourit en pensant à la quantité de poudre dont elle aurait besoin pour cacher son bronzage. Ensuite, il oublia tout pour redécouvrir son corps. Nora eut besoin de longues heures de baisers et de caresses avant de pouvoir enfin se donner à lui.

— Je devrais tuer Akwasi pour ce qu'il t'a fait subir, chuchota-t-il.

Nora se blottit contre lui.

— Tu n'auras peut-être pas le choix. Il ne me laissera jamais partir.

Doug acquiesça. Il était prêt à se battre.

Tous deux restèrent ensemble jusqu'au petit matin. Doug regarda Nora enfiler sa jupe et son corsage dans les premières lueurs du jour.

— La fille t'a bien donné le pendentif ?

— Oui, j'étais tellement heureuse… Mais il… il ne doit pas se mettre entre nous.

Nora sourit en voyant Doug froncer les sourcils.

— Enfin, je t'ai dit, pour Simon…

— Oui, et ?

Nora sortit le bijou de sa poche. Elle l'avait évidemment sur elle, elle était bien décidée à ne plus jamais s'en séparer.

— Tu ne vois pas que c'est un sceau ? À ton avis, à quoi correspond le G ?

Doug éclata de rire sans que Nora comprît pourquoi.

— Oh, Nora ! s'exclama-t-il en l'attirant vers lui. Je viens de passer cinq ans à prier l'esprit de Simon au lieu du tien !

Nora dansait de joie sur le chemin du retour. Tout s'annonçait pour le mieux, Doug était d'accord pour que Deirdre les accompagnât, et Tolo avait confirmé qu'il y avait bien des chemins permettant de contourner Nanny Town par le haut. Bien sûr, ils devraient prendre garde aux sentinelles de Cudjoe et d'Accompong, mais elles seraient sans doute peu nombreuses dans cette zone car Nanny n'envisageait pas une attaque à revers. Tout ce qui inquiétait Nora, c'était ce départ précipité. Doug l'avait fixé au lendemain pour profiter du relâchement des sentinelles en l'absence de Nanny et Quao.

Nora avait donc une journée pour se préparer à partir avec Dede. Elle se contenterait d'emporter quelques vêtements et des provisions dans un baluchon, Princess récupérerait sa hutte et ses maigres possessions. Ce qu'elle redoutait le plus, c'était de séparer Dede et Jefe.

Nora était rentrée à Nanny Town depuis une heure à peine lorsque ses rêves volèrent en éclats. Elle était assise avec Princess devant sa hutte et mangeait quelques fruits, tandis que Dede jouait non loin. Mais alors qu'elle racontait à sa nouvelle amie la nuit passée avec Doug, Akwasi arriva fou de rage.

— Alors comme ça, tu as passé la nuit chez la sorcière ? Encore un enfant dont tu as voulu te débarrasser ? Déshabille-toi, espèce de traînée, je veux voir si tu saignes !

Nora se mit à trembler intérieurement. Bien sûr, après l'avoir vue aller chez Tolo et en revenir, les gardes avaient prévenu Akwasi. Heureusement, elle et Doug avaient pris le temps de se rincer soigneusement dans l'étang.

— Satisfait ? dit-elle sèchement en baissant sa jupe. Ou tiens-tu à voir les plantes qui, selon Tolo, doivent être uniquement cueillies les nuits de demi-lune ? Tu vas être déçu, elles sont encore en train de sécher au-dessus de son feu. Mais tu peux sentir leur odeur !

Akwasi grimaça lorsque Nora, lasse, lui mit sa jupe sous le nez.

— Qu'est-ce que vous fabriquez là-bas, du poison ? Vous réveillez les morts ? Je n'aime pas te savoir chez cette sorcière, Nora, alors ne l'approche plus !

Akwasi tourna les talons. Nora, furieuse, se rhabilla en le regardant s'éloigner. L'interdiction d'Akwasi était un sérieux obstacle à sa fuite prévue le lendemain, surtout s'il donnait l'ordre aux sentinelles de la surveiller de près. Mais Nora ne supportait plus ses injonctions et ses crises de jalousie. Elle devait partir, et le plus tôt serait le mieux !

La plupart du temps, Nora cueillait ses plantes non pas avec Tolo mais seule et en journée, quand les petites racines, les baies et les feuilles étaient plus faciles à reconnaître. Elle utilisa ce prétexte pour prendre congé des villageoises le lendemain midi.

— Je pars en forêt. Hier, Tolo m'a montré des piments prêts à être cueillis, et je préfère y retourner tout de suite avant d'oublier l'endroit.

Les femmes opinèrent. Seul Jefe protesta en voyant Nora partir avec Dede.

— Je veux venir aussi ! Je veux pique-niquer dans la forêt !

Nora avait en effet prétexté un pique-nique pour justifier les affaires qu'elle transportait dans son baluchon.

— Nous risquons de rentrer à la tombée de la nuit et ta maman ne sera pas contente, répondit Nora au petit garçon. La prochaine fois, c'est promis !

Ignorant les larmes de Jefe, Nora se mit en route avec Dede. À la sortie du village, elle salua les gardes, leur offrit des mangues et les informa qu'elle partait pour une cueillette, en évitant toutefois de mentionner Tolo.

Personne n'aurait remarqué son absence si Jefe, contrarié par le départ de Dede dont il ne supportait pas d'être séparé, ne s'était pas mis à arracher des tiges de canne à sucre et à piétiner des plantes en pleurnichant. María finit par en avoir assez et le confia à Mansah.

— Tiens, ramène-le à sa mère. Qu'il embête Máanu, au lieu de nous empêcher de travailler !

Mansah ne se le fit pas dire deux fois. Elle qui n'aimait toujours pas le travail de la terre saisissait la moindre occasion d'y échapper. Elle accompagna Jefe jusqu'à la hutte de ses parents, où Akwasi tentait de mettre d'accord deux potiers qui se querellaient et Máanu reprochait à un tisserand son travail négligé.

— Pourquoi Nora n'arrive pas à le calmer ? dit-elle en prenant l'enfant dans ses bras à contrecœur. D'habitude, tout se passe bien tant qu'il est avec Dede.

Akwasi tendit l'oreille.

— Nora est partie cueillir des piments près de chez Tolo, répondit Mansah. Elle rentrera dans la soirée. Et elle en avait peut-être assez de ce petit capricieux. Tu devrais le punir, Máanu. Ce n'est peut-être pas la coutume en Afrique, mais si tu veux en faire un Nègre utile…

Alors que Máanu s'agaçait de cette expression et disait qu'elle préférait le voir devenir un grand guerrier, Akwasi coupa court à sa conversation avec les potiers.

— Elle est chez Tolo, dis-tu ? Encore ?

Mansah haussa les épaules. Elle n'était pas au courant de la dispute entre Akwasi et Nora.

— Elle voulait cueillir des piments pour fabriquer de l'huile. Avec ou sans Tolo, je ne sais pas, mais elles ont trouvé les plants ensemble.

Comme les piments poussaient plutôt près de la côte, Nora était toujours contente d'en trouver aux abords du village. Elle était aussi la seule à en extraire l'huile dont ni Nanny ni Tolo ne connaissaient les vertus. Peut-être qu'Akwasi ne se serait pas méfié s'il l'avait su. Mais le seul nom de Tolo avait éveillé ses soupçons.

— Renvoie les gens qui voulaient me parler aujourd'hui, dit-il à Máanu. Je vais à la cascade pour voir à quoi ces deux sorcières passent leurs journées. Des piments… À d'autres !

8

Nora et Dede arrivèrent à la clairière dans l'après-midi alors que Doug venait de ranger son équipement et ses armes. Un peu plus tôt, Tolo lui avait donné quelques points de repère qui l'aideraient à garder le cap à l'est, loin de la zone contrôlée par Cudjoe et Accompong.

Dès qu'il vit Nora, Doug bondit et voulut la prendre dans ses bras, mais elle fronça discrètement les sourcils en désignant la petite fille qu'elle tenait par la main.

— Je te présente Deirdre.

Doug sourit à la belle enfant qui ressemblait tant à sa mère.

— Deirdre, comme la magnifique princesse irlandaise ? À sa naissance, on a dit qu'elle ferait le malheur de son pays. Et finalement, c'est le roi qui…

— Notre ami Doug te racontera la suite sur la route, interrompit Nora en scrutant le chemin par lequel elle était arrivée. Allons-y, j'ai peur d'Akwasi. J'aurais dû dire que je partais cueillir des piments dans un tout autre endroit… Enfin, nous ferions mieux d'y aller.

— Vous feriez mieux de rester ! dit une voix autoritaire en bordure de forêt.

Doug dégaina aussitôt son épée, avant de comprendre qu'elle ne lui serait d'aucune utilité face à Akwasi et aux trois sentinelles qui l'accompagnaient.

— Eh bien, moi qui ne croyais pas à la sorcellerie, ricana Akwasi. Mais à ce que je vois, la vieille Tolo est capable de faire réapparaître de vieux amants. Comment es-tu arrivé jusqu'ici, Fortnam ?

Doug haussa les épaules sans baisser son épée. Si Akwasi l'attaquait avec une lance, il pourrait peut-être dévier sa trajectoire. Mais quatre lances…

— Akwasi, laisse-nous partir ! s'écria Nora. Ma vie est avec Doug, pas avec toi. Je veux rentrer chez moi. Et toi, tu as Máanu, elle t'aime…

— Máanu est une bonne épouse qui reste à la maison, pendant que toi, tu me trompes. Ce serait intéressant de savoir comment on te punirait en Afrique. Un villageois m'a dit qu'on lapidait les femmes adultères.

— Me tuer, c'est me perdre, souligna Nora. Quoi que tu fasses, c'est ce qui arrivera. Et pour ce qui est de Doug… Vous avez été amis. N'y a-t-il vraiment plus rien qui vous lie ?

— Laisse, Nora, intervint Doug, il n'y a pas d'issue pacifique à cette situation. Akwasi, nous sommes deux hommes libres. Nous pourrions nous battre pour elle…

Akwasi rit.

— C'est un duel que tu me proposes ?

— Oui, comme les gentilshommes. Je te laisse le choix des armes.

Nora secoua la tête. Akwasi était plus lourd que Doug, il s'entraînait depuis des années à combattre avec les armes traditionnelles de son peuple et le terrasserait sans le moindre effort. Mais ce n'était pas dans ses projets.

— Oh non, backra, tu ne m'auras pas comme ça. Je ne suis pas un gentilhomme, inutile de me flatter. Même si un jour, je serai peut-être roi…

Les gardes postés derrière lui tressaillirent et se regardèrent, surpris.

— Maintenant que je t'ai capturé, tu n'es plus qu'un esclave. C'est une tradition ancestrale en Afrique, qu'on soit noir ou blanc !

498

Il se tourna vers Nora.

— Quant à toi, le châtiment pour une esclave qui tente de fuir, c'est bien soixante-dix coups de fouet ?

Nora le foudroya du regard.

— Tu n'oseras pas. Je suis ta femme, Akwasi !

— Alors va pour la lapidation. Mais rien ne presse, ramenons d'abord le prisonnier au village. Les villageois seront nombreux à vouloir se venger sur un Blanc !

Du bout de sa lance, Akwasi envoya valser l'épée de Doug qui, pris par surprise, n'eut pas le temps de réagir. Les sentinelles l'empoignèrent et lui bloquèrent les bras dans le dos.

— Ligotez-les, lui, la Blanche et la sorcière ! ordonna Akwasi en désignant la hutte de Tolo. Elle aussi doit être punie pour les avoir aidés.

— Papa…

Soudain, une voix fluette se fit entendre. Après avoir assisté à la scène sans rien dire, Dede se blottit contre sa mère alors que les hommes voulaient la ligoter.

— Tu es fâché ?

Akwasi esquissa un rictus.

— Dede, ma petite, n'aie pas peur ! Je ne suis pas fâché, enfin pas contre toi. Et un jour, tu me remercieras. Ta mère voulait t'emmener chez les Blancs. Et tu sais ce que tu serais devenue ? Une esclave. Chez les Blancs, les enfants noirs n'ont pas le droit de jouer, au contraire, ils travaillent dur. Et quand ils ne sont pas gentils, on leur donne des coups de fouet. Ta mère…

— Ne lui dis pas des choses pareilles, Akwasi ! s'écria Nora. Ce n'est pas vrai, Dede, je ne te ferai jamais aucun mal. Et Doug non plus, tu…

— Chez les Blancs, je serai la princesse Deirdre, répondit fièrement Dede à son père. Et s'ils ne me respectent pas, je ferai le malheur de l'Irlande !

Doug avait beau se trouver dans une situation désespérée, il faillit sourire en entendant cette petite personne défier un guerrier brutal. Akwasi, lui, fut abasourdi. Il ne connaissait pas la légende, de même qu'il ignorait le vrai prénom de sa fille.

— Tu t'appelles Dede ! C'est ton seul nom, un beau nom africain qui ne fera le malheur de personne.

— Au pire, tu voleras un poulet pour l'homme obeah, dit Nora, moqueuse. Tous tes vœux seront exaucés, pour peu que tu y croies.

Akwasi lui lança un regard courroucé.

— Oui, c'est vrai, je t'ai ensorcelée. Tu es à moi, maintenant et pour toujours !

Nora cracha à ses pieds.

— Tu vois combien je compte aux yeux de ton père, Deirdre. Au marché, une esclave noire se vend deux cent cinquante livres, tandis qu'un poulet coûte un shilling tout au plus.

En voyant la fillette fondre en larmes, Doug jugea que cette querelle n'avait que trop duré. Il profita d'un moment d'inattention des gardes pour s'emparer de l'un de leurs couteaux et récupérer son épée, qu'Akwasi avait jetée dans un fourré. Mais il eut seulement le temps de blesser l'un des hommes à l'épaule avant d'être maîtrisé.

— Une tentative d'évasion, ricana Akwasi. De mieux en mieux, Doug Fortnam. Nous convoquerons un tribunal. Dommage que nous n'ayons pas de révérend pour prier avec toi pendant qu'on te coupera le pied.

Doug s'apprêtait à répondre lorsqu'il croisa le regard implorant de Nora. C'était inutile, leur seule chance était de suivre Akwasi jusqu'au village et de s'en remettre au bon sens de Máanu en attendant le retour de la reine. Nanny ne permettrait pas que l'on fouettât et mutilât un Blanc juste avant la signature d'un traité.

Alors que les gardes approchaient pour la ligoter, Nora prit son enfant dans les bras.

— C'est de mon plein gré que je viens avec vous, et lui aussi, dit-elle en désignant Doug. Akwasi n'est pas notre juge, même s'il se comporte comme tel. Ce sera uniquement à la reine que nous nous soumettrons.

Tandis que les gardes ligotaient Doug avec une grande brutalité, Tolo sortit de sa hutte.

— Akwasi, tu bafoues les esprits ! Cette femme ne t'appartient pas, tu as peut-être possédé son corps mais jamais son âme. La première fois, passe encore, tu étais sous l'emprise d'un duppy. Mais ensuite, c'était mal. Tu n'as aucun droit sur elle.

— Bien sûr que si ! rétorqua Akwasi en bombant le torse. La reine me l'a offerte avec la bénédiction des esprits !

Tolo haussa les épaules.

— Nous verrons bien qui a les esprits les plus forts derrière lui ! Mais vous ne toucherez pas à un seul de mes cheveux, dit-elle aux sentinelles. J'ai assez de pouvoir pour…

— Pour les transformer en grenouilles ? demanda timidement Dede.

Soudain, le regard de Tolo se perdit au loin.

— Je ne connais pas l'Irlande, murmura-t-elle, mais cet enfant fera le malheur de la chair de ta chair.

Akwasi ricana.

— Elle est elle-même la chair de ma chair.

Tolo acquiesça.

— Maintenant, sortez de chez moi. Va sévir ailleurs, Akwasi. Ici, tu troubles la tranquillité des esprits, et certains ne sont pas très patients…

Les sbires d'Akwasi préférèrent ne pas s'attarder dans la clairière. Ils firent avancer Doug en le pointant avec leurs lances, suivis de l'homme blessé à l'épaule, de Nora et de Dede. Akwasi fermait la marche. Pas un mot ne fut prononcé jusqu'à Nanny Town. Akwasi fulminait, tandis que Nora tentait de se raisonner. Elle avait peur pour elle, peur pour Dede et peur pour Doug. Que signifiaient les étranges prédictions de Tolo ? Risquaient-elles de pousser Akwasi à tuer sa propre fille ?

Akwasi fit enfermer Doug dans une hutte ronde qui servait de remise. Comme elle n'avait pas de serrure, les hommes organisèrent des tours de garde et n'eurent aucun mal à trouver des volontaires. Nora sentit son cœur se serrer en voyant le nombre d'anciens esclaves qui brûlaient de se venger sur un backra. Le procès prévu le lendemain se tiendrait dans une grande tension. En attendant, Nora fut autorisée à passer la nuit dans sa hutte, sous la surveillance personnelle d'Akwasi. Elle n'avait pas ressenti une telle souffrance et une telle colère depuis des années.

Au matin, des gardes les réveillèrent pour les informer que le prisonnier s'était échappé. Doug avait creusé le mur de paille et de bouse de vache séchée à l'aide d'une pelle qui traînait dans la remise et dont il avait d'abord pensé se servir comme arme. En apprenant la nouvelle, Akwasi menaça les gardes négligents des pires châtiments. Mais avant qu'il eût le temps de prendre d'autres mesures, des cornes de brume annoncèrent que le prisonnier avait été repris. Doug, qui venait de recevoir de nombreux coups de bâton, fut traîné par les marrons jusqu'à l'échafaud qu'Akwasi avait prévu pour son châtiment. Comme sur les plantations, l'estrade légèrement surélevée était aménagée sous un arbre auquel on attacherait le condamné pour le fouetter. Devant, une cinquantaine d'hommes criaient vengeance en brandissant des bouteilles de rhum qu'Akwasi avait fait distribuer en quantité généreuse.

Nora sentit son dernier espoir s'envoler. D'autant que la scène ne se déroulait pas sur la place centrale, comme on aurait pu s'y attendre, mais un peu à l'écart du village, sur le terrain d'entraînement des guerriers. Ainsi, les villageois qui désapprouvaient ces actions ne seraient pas tentés d'intervenir. L'assistance était composée principalement d'anciens esclaves des champs qui montrèrent à Doug leur dos lacéré de cicatrices alors qu'on le conduisait vers l'échafaud. Les marrons historiques, les familles et les plus anciens habitants du village, dont Nora aurait pu espérer l'intervention, étaient restés dans leurs huttes.

Les hommes sifflèrent et poussèrent des cris de joie lorsque Doug fut pendu par les mains à une branche. Nora ne comprenait pas comment ils pouvaient se réjouir de ce spectacle, tous devaient se souvenir de ce qu'ils avaient ressenti dans la même situation. Doug resta stoïque, il ne voulait pas leur faire le plaisir de réagir aux quolibets. Après avoir forcé Nora à monter sur l'estrade, Akwasi harangua la foule.

— Marrons, nous sommes réunis aujourd'hui pour juger un esclave ! J'ai capturé cet homme, comme on nous a capturés autrefois en Afrique. Il s'est s'introduit dans le village avec l'intention de voler mon bien !

Seuls quelques hommes applaudirent, les autres se fichaient de savoir si le prisonnier avait commis un crime ou s'il s'était simplement trouvé au mauvais endroit au mauvais moment.

— Je ne suis pas ton bien ! protesta Nora.

Les hommes éclatèrent de rire.

— Et quelle est la fonction de cet esclave ? poursuivit Akwasi.

— Tailler la canne à sucre ! répondirent quelques-uns.

— Travailler ! renchérirent d'autres.

— Être un bon serviteur ! dit encore un autre en imitant le révérend Stevens.

— Vous avez raison ! répondit Akwasi. Et qu'a-t-il fait dans la forêt ? Il a voulu fuir. Quelle est la punition pour une première tentative ?

— Cinquante coups de fouet !

— Trente coups de fouet !

— Soixante-dix !

— Disons cinquante ! trancha Akwasi. Contremaître ?

Un Noir gigantesque que Nora connaissait seulement de vue s'empara du fouet. Sous les acclamations des anciens esclaves, les premiers coups claquèrent sur le dos nu de Doug. Il tressaillit sans crier, comme les autres esclaves que Nora avait vu être châtiés. Une fois les chairs à vif et les lacérations de plus en plus profondes, les hommes ne supportaient plus la do leur. Doug laissa échapper un premier gémissement au dix-huitième coup de fouet, alors que le sang coulait le long de son dos. Nora chercha désespérément à croiser son regard pour lui donner du courage. Doug, qui avait jusque-là gardé la tête baissée, dut le sentir car il se redressa, la regarda dans les yeux et sourit.

En voyant cela, Akwasi explosa de fureur.

— Qu'est-ce que tu fabriques ? hurla-t-il au contremaître. Tu fatigues déjà ? L'esclave se moque de toi. Qui veut prendre la relève ?

Un deuxième homme s'empara du fouet. Très vite, Doug ne tint plus sur ses jambes et le sang coula de ses lèvres qu'il mordait pour ne pas crier. Nora crut défaillir mais elle devait se ressaisir, elle aurait besoin de toutes ses forces pour endurer le châtiment qui l'attendait. Akwasi ne l'épargnerait pas.

Finalement, Doug perdit connaissance au trente-sixième coup de fouet.

— Et maintenant ? demanda Akwasi à l'assistance.

— De l'eau ! répondirent les esclaves comme un seul homme.

Nora frémit devant tous ces visages impitoyables, tandis qu'Akwasi jetait un seau d'eau au visage de Doug.

— Je continue ? demanda l'homme au fouet.

Doug se redressa tant bien que mal et se tourna vers lui.

— J'attends, marmonna-t-il entre ses lèvres ensanglantées.

Akwasi serra les mâchoires. Après le cinquantième coup, il laissa l'homme au fouet reprendre son souffle et s'assura que le prisonnier était encore conscient.

— Notre esclave a été châtié pour sa première tentative de fuite, dit-il à la foule plus calme. Mais n'oublions pas qu'il a récidivé. Et pour cela, quelle est la punition ?

Nora réprima un haut-le-cœur en se souvenant du châtiment infligé aux deux esclaves de la plantation Hollister.

— On lui coupe le pied !

Pour la première fois, Nora lut la panique dans les yeux de Doug, qui se souvenait aussi. Les esclaves survivaient rarement à l'amputation, la plupart mouraient après plusieurs jours de fièvre et de souffrance.

— Peut-être que quelques orteils suffiront, dit Akwasi avec un sourire cruel. Qu'est-ce que tu en penses, esclave ? Si tu demandes gentiment ?

Doug n'avait plus assez de salive pour lui cracher au visage, mais son regard en dit long. Il ne l'implorerait pas.

— Va pour un demi-pied ! ricana Akwasi.

Un homme apporta un billot. Doug se débattit avec le peu de forces qui lui restaient tandis que ses tortionnaires le ligotaient à l'arbre. Il cria pour la première fois lorsque les reliefs du tronc s'enfoncèrent dans ses chairs meurtries.

— Qui sait manier la machette ici ? demanda Akwasi à la foule.

Nora désespérait de toutes ces personnes hilares lorsqu'elle vit approcher une femme vêtue d'habits colorés. Nanny ? Non, celle-ci était jeune, élancée et se déplaçait avec aisance. Nora reconnut Máanu, alors qu'un jeune homme s'emparait de la machette et demandait à Akwasi où il devait frapper. Tous deux convinrent de trancher la naissance des orteils.

— Akwasi, nous étions..., murmura Doug, pâle comme un linge.

— Amis ? À d'autres !

Máanu joua des coudes pour se frayer un chemin jusqu'à l'échafaud.

— Vas-y ! dit Akwasi au bourreau.

Le jeune homme s'exécuta mais visa mal. La machette laissa une entaille profonde sans amputer le pied. Máanu monta sur l'échafaud et s'empara de l'arme.

— Qu'est-ce que ça veut dire ? Vous êtes devenus fous ?

La jeune femme brandit la machette sous le nez d'Akwasi et de son acolyte.

— Je croyais que vous le cherchiez encore. Je suis allée voir Tolo... Mansah a disparu. Et maintenant, j'apprends ça ! Vous êtes... Enfin, c'est incroyable !

Máanu se dirigea vers Doug, coupa la corde avec laquelle il était ligoté à l'arbre et découvrit, effarée, le tronc maculé de sang.

— C'est pourtant dans la Bible, protesta Akwasi. Œil pour œil...

— Depuis quand tu cites la Bible ? L'Akwasi que je connaissais volait des poulets pour l'homme obeah, et voilà qu'il se met à parler comme un révérend. Tolo a raison, tu es plus blanc que n'importe quel backra !

— Retire ça tout de suite !

Alors qu'Akwasi allait lui sauter dessus, Máanu le gifla violemment.

— N'oublie pas de tendre l'autre joue !

Akwasi en eut le souffle coupé. Un grand Ashanti sans doute né en Afrique intervint.

— Suffit, femme ! Nous fiers. Nous vengeance !

— Nous marrons ! renchérit un autre en bombant le torse.

Les hommes l'acclamèrent en entrechoquant leurs lances comme des guerriers africains. Máanu les toisa avec dédain.

— Des marrons ? Je n'en vois pas ici. Et ne me parlez pas de fierté !

Ignorant les protestations des hommes, Máanu leva la machette et coupa les liens qui entravaient les mains de Doug.

— Comme vos maîtres des plantations, vous prenez plaisir à torturer et à tuer !

Doug s'effondra par terre en gémissant. Nora voulut se précipiter vers lui, mais Akwasi l'en empêcha.

— Et je ne vois pas d'Ashanti, conclut Máanu en foudroyant Akwasi du regard. Seulement une bande d'esclaves qui s'apitoient sur leur sort et forcent les femmes à leur donner des enfants qu'ils élèvent non pas dans l'amour mais dans la haine !

Akwasi lâcha Nora et s'approcha, menaçant, de sa première épouse. Máanu lui lança un regard de défi, et même Nora qui n'avait d'yeux que pour Doug sentit la force qui émanait d'elle. Akwasi se voyait peut-être prendre la place de Quao, mais Máanu incarnait le pouvoir de la reine. Personne n'oserait s'en prendre à elle. D'autres habitants de Nanny Town approchèrent avec à leur tête Maalik, machette à la main, et Alima.

— Rien faire à backra! cria-t-elle. Bon backra. Et Nanny rentrée. Nanny pas contente! Pas toucher à backra!

Máanu se tourna vers Akwasi en ricanant.

— À ton avis, combien de coups de fouet pour rébellion? Descends de là et va te présenter devant la reine. Elle va avoir des choses à te dire!

Nora puisa dans ses dernières forces pour s'assurer que Doug était en vie puis s'évanouit.

Lorsqu'elle reprit connaissance, tous deux étaient enfermés dans une hutte ronde et complètement vide, sans doute une construction récente. En voyant le dos lacéré de Doug, qui était étendu auprès d'elle à même le sol, Nora se souvint de Máanu qui avait jadis épongé le sang d'Akwasi avec sa robe. À son tour, Nora déchira sa jupe pour soigner au moins temporairement le pied de Doug. La plaie était profonde mais cicatriserait. Si elle était correctement nettoyée et pansée, si le blessé se reposait… Mais Nora ne se faisait guère d'illusions. Elle aurait beau prendre toutes les précautions nécessaires, la blessure risquait fort de s'infecter et d'entraîner la mort de Doug.

Elle fut soulagée de voir enfin Mansah entrer avec une cruche d'eau et un gobelet en terre cuite.

— Nanny est très en colère contre Akwasi! Elle devait rester encore une nuit dans les montagnes à prier, mais j'ai couru la chercher…

— Sors d'ici!

Nora reconnut dans le garde qui escortait Mansah l'un des hommes du «procès» et lui lança un regard plein de haine. Après que la jeune fille se fut exécutée à contrecœur. Nora redressa Doug et porta le gobelet à ses lèvres.

— Ces huttes…, chuchota-t-il. Les murs ne sont pas solides, nous… nous pourrions fuir cette nuit…

— Pour qu'ils nous capturent à nouveau ? demanda doucement Nora en écartant de son front une mèche trempée de sueur. Tu as bien vu comme le village est surveillé.

Elle s'abstint de souligner que Doug était trop faible pour parcourir vingt miles dans la jungle, quand bien même ils échapperaient à la vigilance des sentinelles.

— Tu dois t'enfuir, insista Doug. Toi, au moins… Si tu préviens les gens de Kingston que…

Nora secoua la tête.

— Seule, je n'irai pas bien loin. Et puis le temps que j'alerte le gouverneur, ils t'auront tué depuis long-temps. Et de toute façon je ne veux pas partir. Je reste là, avec toi.

Elle posa doucement la tête de Doug sur ses genoux après avoir déchiré tout le bas de sa jupe pour panser son dos. Elle ne pouvait plus grand-chose pour lui à part éviter que ses plaies se salissent au contact du sol.

— Tu cherches juste à me montrer tes jambes, tenta de plaisanter Doug en voyant sa jupe déchirée. C'est ce que tu fais toujours, pense… pense à l'ouragan.

Nora s'efforça de sourire.

— Comment as-tu pu tomber amoureux d'une femme aussi légère ?

— Je suis tombé amoureux d'une sirène, chuchota Doug. Je t'ai vue sur la plage… avec ton cheval. Tu sais que j'ai toujours le mien ? Et un poulain. Quand nous rentrerons, nous galoperons sur le rivage…

Nora caressa le visage de Doug déjà fiévreux.

— Je suis sûre qu'Aurora bat encore Amigo.

Doug secoua la tête.

— Mais pas son petit, pas l'arabe. Tu as oublié l'étalon des Keensley ? Le poulain… le poulain serait bon pour la course…

Alors que la voix de Doug faiblissait, Nora dut constater que l'histoire se répétait, qu'une fois encore, elle tenait dans ses bras son bien-aimé moribond. Elle finit par s'endormir en espérant que tout ceci n'était qu'un cauchemar concocté par un esprit jaloux.

9

Hélas, le cauchemar n'était pas terminé lorsque Nora se réveilla. Doug, toujours allongé entre ses bras, était brûlant de fièvre. Elle essaya de le faire boire, mais le jeune homme pouvait à peine déglutir. Soudain, la porte en bambou s'ouvrit sur Máanu, qui entra avec une marmite de lentilles, des galettes et un pot de pommade élaborée selon une recette de Nanny, comme le laissait supposer l'odeur.

— Je n'ai pas pu faire mieux, s'excusa Máanu. Je ne suis pas une bonne baarm madda, tu le sais.

Nora acquiesça.

— Nous ne te remercierons jamais assez. Où est Nanny ?

— Toujours en train de se concerter avec Quao à propos de vous.

Nora haussa les sourcils.

— Ils hésitent à laisser Akwasi terminer ce qu'il a commencé ? railla-t-elle.

Máanu secoua tristement la tête.

— Akwasi a été banni de Nanny Town. J'ai voulu partir avec lui, mais il... mais il était tellement furieux que j'ai craint pour moi et les enfants. Jefe est avec Nanny et Dede avec Princess, ne t'inquiète pas.

— Nanny l'a banni ?

Nora n'en croyait pas ses oreilles. Dans ses bras, Doug ouvrit péniblement les yeux. Il arrivait manifestement à suivre la conversation, ce qui était bon signe. Pendant la nuit, Nora avait cru le perdre à cause de la fièvre.

— Oui. Cudjoe et Accompong ne l'accueilleront pas, des messagers sont déjà en route. Mais seul, il arrivera à survivre, il...

— Pour... pour quelle raison ? articula difficilement Doug.

Nora plongea un tissu dans l'eau et humidifia ses lèvres.

— Des milliers de raisons, répondit Máanu. Insubordination, usurpation de pouvoir, menace pour la paix... Si le gouverneur apprenait qu'ici, on torture des Blancs, c'en serait fini de la reconnaissance du territoire marron.

— Nanny et Quao ne pourraient-ils pas au moins me laisser soigner Doug ? implora Nora.

— Ils en discutent aussi.

Nora soupira.

— Si ça ne tenait qu'à moi, je vous laisserais partir, poursuivit Máanu. Cette famille de musulmans que tu as libérée, Doug, pourrait vous aider. Le père se dit prêt à te soutenir ou à te porter jusqu'à la hutte de Tolo. L'idée serait de tromper les sentinelles en faisant croire qu'on lui amène un blessé sur un brancard. Si nous cachons son visage... Ensuite, vous pourriez contourner Nanny Town.

Máanu se tut. Même en ne s'intéressant guère aux soins des malades, elle pouvait juger de l'état de Doug. Par le chemin direct, Kingston était à un ou deux jours de marche. Mais par les montagnes, il fallait compter au moins une semaine. En plus, c'était la mousson. Doug n'arriverait jamais vivant à Kingston.

— Oublions, dit doucement Nora. Va voir ta reine et dis-lui que nous nous en remettons à son jugement. Si nous devons mourir pour que l'accord aboutisse, alors soit. Mais demande-lui si elle veut vraiment d'une paix signée en lettres de sang. Si elle veut que la Jamaïque vive en paix, Blancs et marrons doivent se pardonner mutuellement.

— Le gouverneur… est un homme raisonnable, murmura Doug. Il… nous…

— Nous lui expliquerons la situation, assura Nora en lui épongeant le front.

Máanu se leva.

— Je vais voir ce que je peux faire. Nanny est…

— C'est une femme, dit Nora. Dis-lui que je ne ferai rien qui puisse lui nuire, tant qu'elle ne me sépare pas de l'homme que j'aime.

Máanu esquissa un sourire.

— C'est une reine, elle raisonne autrement. Mais elle aussi a été jeune. Peut-être même qu'un jour, elle a volé un poulet pour l'homme obeah…

Nora dut encore patienter plusieurs heures alors que les plaies de Doug, de plus en plus fébrile, gonflaient et s'enflammaient. Sans une intervention rapide, sa blessure au pied s'infecterait et il risquait de perdre sa jambe. En le voyant à peine conscient, Nora put seulement espérer que de beaux rêves le berçaient. Pendant qu'elle lui parlait doucement d'amour, de sable et de mer, elle maudissait en silence Akwasi, la reine, Dieu et tous les esprits. Peut-être un être supérieur se jouait-il d'elle, ou peut-être n'avait-elle tout simplement pas pu échapper à son destin. Le froid de l'East End, et maintenant l'air étouffant de cette hutte de bambou en Jamaïque. Elle avait traversé la moitié du globe pour assister une fois encore à l'agonie de son bien-aimé.

Lorsque la lumière d'une torche apparut dans la nuit, Nora ne sut si elle était réelle ou le fruit de son imagination. Ni si les bras noirs qui empoignèrent le corps de

Doug brûlant de fièvre appartenaient à un esprit ou à un être de chair et de sang.

— Il est mort ? murmura-t-elle, épuisée.

Une main lui caressa les cheveux.

— Non, mais il faut le sortir de cette hutte. Il fait chaud et ça pue.

La voix de Tolo. Malgré ses sens engourdis, Nora trouva amusant d'entendre la femme obeah parler de puanteur. Mais elle avait raison, la bouse de vache dont on s'était servi pour renforcer les murs de la hutte était encore fraîche et sentait fort.

— C'est Máanu qui t'a fait venir ?

Nora voulut suivre Doug que quelqu'un traînait hors de la hutte, mais ses membres étaient endoloris par deux jours d'immobilité.

— Non, c'est Nanny, répondit Tolo en l'aidant à se lever. Viens, vous serez mieux dans ta hutte.

— Tu vas pouvoir l'aider ?

Nora s'accrocha au bras de Tolo et sortit dans la nuit. Deux hommes transportaient Doug sur un brancard. Nora vit qu'il avait ouvert les yeux et contemplait le ciel d'un noir d'encre et sans nuages.

Tolo haussa les épaules.

— Je vais essayer, tu vas essayer, Nanny va essayer. Si les dieux le veulent, il vivra. Sinon…

Le temps d'arriver à sa hutte, Nora avait retrouvé ses esprits. Princess, qui dormait là avec Dede, se mit en quête d'oreillers et de couvertures, pendant que les hommes allongeaient Doug sur le lit en bambou confectionné par Nora quelques années plus tôt. Malgré son émotion de revoir Dede, la jeune femme arrêta juste à temps Tolo qui s'apprêtait à appliquer une pommade malodorante sur les plaies de Doug.

— Il faut d'abord nettoyer, Tolo ! Je sais qu'en Afrique, l'eau fait parfois plus de mal que de bien, mais ici nous avons une belle source. J'ai aussi du savon…

— Je peux aider ? demanda Princess en regardant avec pitié celui qui avait acheté sa liberté.

Nora acquiesça.

— Allume un feu et mets de l'eau à chauffer. Il faudrait préparer une infusion de saule contre la fièvre…

— Il n'y en a pas ici, dit Tolo, mais j'ai de la quinine.

Elle sortit un flacon de son panier.

— Et est-ce que nous avons du… du rhum ?

Nora eut un haut-le-cœur en repensant aux bouteilles qu'elle avait vues circuler devant l'échafaud. Mais elle avait eu recours des dizaines de fois à la méthode du Dr Mason qui consistait à verser de l'alcool directement sur les plaies.

Tolo sourit.

— J'en ai toujours sur moi, production personnelle. Sans ça, les nuits sont longues…

Alors que Tolo administrait de la quinine à Doug, la reine entra sous le regard médusé de Nora, qui ne l'avait jamais vue ailleurs que dans sa hutte ou sur la place du village.

— Reine Nanny, je vous remercie…

— Assez, assez. Je vais t'aider. Les esprits disent que je peux le guérir.

Nora, sceptique, s'écarta pour laisser la reine brûler des herbes dans un pot en argile tout en murmurant des prières.

— Nous versons les cendres sur les blessures et…

La reine se pencha sur Doug. Tolo l'arrêta avant que Nora n'eût le temps de protester.

— Nanny, je pense que tu devrais invoquer le dieu Onyame pour qu'il nous transmette sa force. Tu communiques avec des esprits puissants, les divinités de ton peuple t'ont suivie par-delà l'océan tandis que moi…

Nanny sourit, flattée.

— Je ne suis que leur messagère.

— Comme nous tous, dit Tolo. Mais c'est avec toi qu'ils entrent le plus souvent en contact. Appelle les esprits pour nous, Nanny !

Au son des psalmodies de Nanny, les femmes nettoyèrent les plaies de Doug et les recouvrirent de cataplasmes à base de plantes dont Tolo leur vanta les bienfaits. Elles firent également boire au blessé de la quinine pour calmer la fièvre et de la tisane à base d'écorce de piment aux vertus fortifiantes. En dépit des protestations de Nora, Tolo décida de brûler des herbes pour chasser les mouches qui lui tournaient autour. Nora dut finalement admettre que cela était plus efficace que l'éventail de Dede en feuilles de palmier. Pendant tout ce temps, Nanny ne cessa pas une seconde d'invoquer les esprits, tandis que Princess priait un peu plus discrètement la Sainte Trinité.

Enfin, la fièvre baissa, les plaies de Doug commencèrent à se refermer et son pied ne s'infecta pas. Au troisième jour, alors que Nanny poussait un cri particulièrement strident vers le ciel, le jeune homme reprit connaissance.

— Cela… cela ne peut être l'enfer, murmura-t-il en voyant les yeux verts de Nora. Même si cette odeur… et ce bruit…

Nora lui sourit.

— Ce ne sont que les herbes de Tolo et les prières de Nanny. Sans elles, tu ne serais plus en vie.

— J'ai rêvé de notre hutte sur la plage…

— Nous en avons une ?

Doug acquiesça faiblement.

Il resta allongé encore deux semaines dans la hutte de Nora avant qu'elle l'autorisât à se lever et à poser doucement le pied par terre. Quelques jours plus tard, il réussit, en s'appuyant sur Nora, à marcher jusqu'à la hutte de Nanny où ils étaient convoqués. Lorsque les deux jeunes entrèrent, la reine était assise sur son tabouret en train de mâcher un fruit. Elle leur fit signe de s'asseoir sur les coussins posés à ses pieds.

— Je sais que tu es encore faible, dit-elle à Doug sans perdre de temps en politesses. Mais penses-tu pouvoir partir ?

— Oui, du moment que je n'ai pas à marcher dans les montagnes pendant des jours, répondit-il avant que Nora eût le temps d'ouvrir la bouche. La marche jusqu'à Kingston ne devrait pas poser problème.

— Alors partez. Je vous donne un message à transmettre au gouverneur. Dites-lui que nous, marrons des montagnes, acceptons l'accord. Mes frères, moi et tous ceux qui sont à nos ordres.

Elle ne prononça pas le nom d'Akwasi, mais il n'était certainement pas le seul rebelle des Blue Mountains.

— Mais n'y a-t-il pas des divergences d'opinion ?

Nora ne put s'empêcher de poser la question. Au village, la rumeur courait que les prières communes de Nanny et Cudjoe n'avaient pas suffi à régler leur différend au sujet du renvoi des fuyards.

— Nous sommes d'accord depuis que…

Elle désigna le pied bandé de Doug.

— Cudjoe a toujours pensé que quiconque se laissait capturer par des chasseurs d'esclaves méritait son sort, mais moi…

— Cudjoe s'est pourtant bien laissé capturer en Afrique.

Doug n'avait qu'une envie, quitter Nanny Town, mais il ne pouvait pas se taire devant un argument aussi absurde.

— Nous, c'était différent, répondit Nanny d'un air absent. Les Blancs ont attaqué notre village et ont pris tout le monde, les Ashantis et les esclaves. Cudjoe était encore un enfant.

Nora comprit d'où venait la rumeur selon laquelle Nanny avait été une marchande d'esclaves et dont elle avait toujours douté en raison de son âge. Mais manifestement, son village de Côte d'Ivoire avait vécu de l'esclavage, jusqu'à l'arrivée des Blancs qui avaient capturé tous ceux qu'ils avaient trouvé, victimes comme bourreaux.

— Autrement dit, tout le monde mérite son sort sauf Cudjoe et sa famille ? insista Doug. C'est un point de vue particulier...

— Et je ne le partage pas. Quand les uns ont des mousquets et les autres des lances, le combat est joué d'avance. J'ai accueilli des esclaves pour leur rendre leur dignité et retrouver un peu d'Afrique, mais ils...

Nora hocha la tête. Voilà pourquoi Nanny avait voulu garder ses marrons loin des Blancs et revenir à des coutumes ancestrales. Et pourquoi elle avait été si déçue que les siens préférassent les belles étoffes et la quincaillerie plutôt que les vêtements tissés à la main et les poteries. Mais ce n'était rien comparé à sa déception face à Akwasi et ses sbires.

— Akwasi est devenu un fils pour moi, poursuivit doucement la reine. Je l'ai vu... Je l'ai vu comme un guerrier. Bien sûr, il avait besoin d'aide pour accomplir son destin. Je ne peux pas dire que j'aie approuvé son attitude avec son esclave. Ensuite, il s'est mieux comporté jusqu'à ce que soudain... il devienne un vrai backra. Lui et ses hommes n'avaient rien à envier aux Blancs !

— Peut-être qu'au fond, les Noirs et les Blancs sont semblables, dit Nora. Tout dépend qui tient le fouet.

— Et la fierté ? Et la dignité ? protesta la reine. Il y a des choses qu'un homme ne peut pas faire !

— Il y a des choses qu'un être humain ne devrait pas faire, nuança Nora. C'est une question de bien et de mal, pas de Noir et de Blanc.

Doug s'agita sur son coussin. Il était endolori à force de rester assis et aurait volontiers mis fin à cette conversation, même si Nora et Nanny semblaient prendre plaisir à débattre ainsi.

— Un traité de paix entre la Couronne et les marrons ne peut être que bénéfique, intervint-il. Il est encore temps de réfléchir aux conditions.

— Mais, Nanny, vous ne pouvez pas accepter de renvoyer des gens comme Princess ! s'exclama Nora. Ou Maalik, Khadija, Alima…

La reine rit.

— La Blanche veut libérer les esclaves ? Dans ce cas, qui va lacer votre corset, Mrs Fortnam ?

— Jamais aucun domestique ne m'a fuie sauf… sauf Máanu.

Nanny grimaça.

— Elle ne compte pas. Elle m'a fuie aussi…

— Máanu est partie ? demanda Nora, interloquée.

— Elle a suivi son Akwasi. Elle n'a pas pu se passer de lui plus de deux jours.

Nora haussa les épaules.

— Elle l'aime…

Doug se frotta le front en espérant que les femmes n'allaient pas se lancer sur ce sujet-là.

— En tout cas, cet accord de paix entre Blancs et marrons est un bon début, dit-il en repensant à ses cours de droit. Montrez-moi le traité, Nanny. Il est certainement possible de laisser ouverte la question de la restitution des esclaves. Je vais rédiger un paragraphe de façon que chacune des parties soit satisfaite et que personne ne puisse vous reprocher d'accueillir des esclaves en fuite.

Nora fronça les sourcils.

— Mais un tel traité a valeur d'engagement. Si c'est écrit noir sur blanc, si on promet quelque chose…

Doug sourit.

— L'astuce consiste à ne pas promettre trop.

Le départ de Nora et Doug fut encore reporté de deux jours, le temps de mettre au propre un traité habilement formulé et de le présenter à la reine. Les marrons y soulignaient le devoir de loyauté du serviteur envers son maître et se disaient prêts à convaincre les esclaves en fuite de reprendre la place que Dieu leur avait assignée.

— Comment savoir quelle place Dieu assigner ? demanda Princess, perplexe, lorsque Doug relut le traité à voix haute.

Nora rit.

— Justement, Princess, Nanny et le gouverneur auront chacun leur interprétation de ce paragraphe.

— Et il y a différentes façons de «convaincre»: par la parole, par les chaînes…, ajouta Doug. Je crains que Cudjoe choisisse la deuxième option, mais Nanny pourra accueillir autant d'esclaves qu'elle le souhaite.

Nanny écouta la version modifiée du traité avec un grand sourire.

— Tes mots sont magiques, dit-elle à Doug.

Celui-ci haussa les épaules.

— C'est un art que j'ai appris. Akwasi et moi en avons d'ailleurs payé le prix fort. M'autorisez-vous à présenter cette version du traité au gouverneur ?

Nanny acquiesça.

— Informe-le que nous viendrons le signer à Spanish Town. Qui dit accord de paix dit célébration.

Doug sourit.

— Je demanderai que l'on fasse sonner le canon au port de Kingston !

Nanny se tourna vers Nora.

— Reste la question des enfants.

— Je ne partirai pas sans Dede.

— Il n'y a pas que ta fille, il y a aussi ton fils, Jefe.

— Mais Jefe est le fils de Máanu !

— Máanu partie, c'est le tien puisque tu étais aussi l'épouse de son père. Que décides-tu ? Tu sais à quoi tu les exposes en les emmenant avec toi. Les Blancs les traiteront de Nègres...

— Dede a la peau très claire, murmura Nora.

La reine ricana.

— Ça ne change rien. Quant à Jefe, il est noir ébène. Alors ?

— Nous les prendrons tous les deux, intervint Doug. Je pourrais peut-être rattraper les erreurs d'Akwasi.

— Ou tu répéteras l'histoire, rétorqua Nanny. Enfin, ça ne me regarde pas. Ce sont tes enfants, Blanche. Puissent les dieux te guider.

En la voyant se lever avec majesté et leur faire signe de sortir, Doug comprit pourquoi les marrons considéraient cette petite femme comme leur reine.

10

Ils mirent finalement quatre jours pour regagner Kingston. Doug, qui devait marcher avec des béquilles, avait besoin de pauses régulières, et les enfants, d'abord ravis de partir tous les deux, fatiguèrent vite. Nora pouvait porter sa fille mais pas Jefe, trop grand et trop lourd. De plus, le petit garçon qui avait toujours été gâté par Máanu et Akwasi devenait pénible dès que les choses n'allaient pas dans son sens.

— Mama Adwe va le remettre dans le droit chemin, dit Doug alors que le petit pleurnichait depuis des heures. Elle sera ravie d'avoir à nouveau des enfants dans ses jupes, mais mon postérieur se souvient d'avoir tâté de sa cuillère en bois.

Nora sourit.

— Je croyais que nous voulions interdire les fouets aux contremaîtres.

— Et les remplacer par des cuillères en bois ? Bonne idée, nous devrions la rajouter aux conditions des marrons.

Nora se serait volontiers rafraîchie avant de rencontrer Trelawny, mais ils ne trouvèrent pas d'hôtel décent à Kingston et Doug préféra ne pas se présenter chez les Hollister. Il décida finalement de parcourir les derniers miles jusqu'à Spanish Jown et de se rendre au palais du gouverneur pour lui présenter le traité. Doug était de toute façon trop fatigué par la longue marche pour se préoccuper de son apparence.

Les gardes du palais hésitèrent toutefois à laisser passer le jeune couple déguenillé et les deux enfants noirs qui l'accompagnaient. Ils prévinrent le secrétaire particulier du gouverneur, qui les fit entrer lorsque Doug se présenta avec Nora sous le nom de Mr et Mrs Fortnam. Trelawny les reçut aussitôt.

— Avez-vous… Hum… Ainsi donc, c'est votre belle-mère disparue ?

Il baisa la main de Nora, qui n'avait plus vu d'homme en perruque et maquillé depuis cinq ans. La jeune femme trouva son accoutrement pour le moins particulier.

— C'est ma fiancée, répondit Doug, car nous allons bientôt nous marier. Je vous avais dit que je sauverais Mrs Fortnam.

— Avec plus de succès que les troupes envoyées par mes prédécesseurs dans ce repaire de brigands. Mes respects, Mr Fortnam ! Et je vois que vous êtes rentré avec deux enfants nègres.

Le gouverneur sourit à Dede et Jefe qui contemplaient, bouche bée, les luxueux meubles et tapisseries.

— Avez-vous besoin d'un médecin ? demanda-t-il en désignant le pied bandé de Doug.

— J'ai eu maille à partir avec quelques marrons, répondit Doug. Mais inutile de vous en préoccuper, l'affaire a été réglée grâce à Nanny. Celle-ci m'a d'ailleurs chargé, en tant que juriste, de vous proposer ce traité. Si vos avocats veulent bien le vérifier – Mrs Nanny et Mr Cudjoe sont prêts à accepter votre invitation à Spanish Town pour la signature et les célébrations. Par ailleurs, il me semble important de les appeler par leur titre de reine et de roi, pour la bonne entente générale. Et il serait également préférable de ne plus désigner les habitants de Nanny Town par les termes de « brigands » et « Nègres ». Mes enfants n'apprécient pas trop non plus. Justement, Excellence, permettez-moi de vous présenter mon fils Jefe et ma fille Deirdre.

Le gouverneur écarquilla les yeux.

— J'aimerais prendre un bain, intervint Nora avant qu'il eût le temps de répondre. Quant à mon fiancé, il a besoin de repos. Vous vous consulterez plus tard sur les détails du traité.

Le même jour, le gouverneur envoya deux messagers à Cascarilla Gardens. Kwadwo insista pour aller chercher lui-même son maître et sa maîtresse à Spanish Town. Doug était si content de le revoir qu'il le serra dans ses bras.

— Tout va bien sur la plantation ?

Kwadwo acquiesça mais semblait inquiet.

— Oui, seulement il y a des… des rumeurs. Je ne devrais sans doute pas vous en parler, mais je suis sûr qu'elles sont parvenues jusqu'à Mr Ian. On dit que Máanu est dans les parages. On parle également d'Akwasi…

Doug haussa les épaules.

— Akwasi est dans les montagnes, il ne s'aventurera jamais jusqu'ici. Si Máanu…

— Si Máanu veut voir sa mère, nous ne l'en empêcherons pas, intervint Nora. Nous éviterons simplement de… hum… de la signaler. Doug, penses-tu que ce Mr Ian acceptera de coopérer ?

Si Nora savait qu'elle aurait besoin de temps pour s'adapter à sa nouvelle vie sur Cascarilla Gardens, la demeure que Doug avait fait construire lui plut immédiatement. Les ruines fumantes avaient tant hanté ses cauchemars qu'elle appréhendait ce retour, mais elle tomba sous le charme des balcons, des tourelles et des décorations de bois sculpté.

— C'est ici qu'habite le prince ? demanda Dede, impressionnée.

Elle qui n'avait cessé de s'émerveiller devant les grandes demeures de Kingston et de Spanish Town aimait encore plus cette maison nichée dans un écrin de verdure.

— C'est ici que vivra la princesse ! dit Doug en passant un bras autour de son épaule.

— Et le roi ? demanda Jefe. Il habite où, le roi ?

— Il n'y a pas de roi ici, répondit Nora, seulement la princesse Deirdre et le prince Jeffrey.

Nora et Doug avaient pris la décision de donner un nom anglais au petit garçon et de le faire baptiser, ainsi que Deirdre. Le nouveau révérend y était disposé. Le gouverneur avait toutefois tenu à mettre Doug en garde.

— Officiellement, ce jeune garçon est votre esclave, Mr Fortnam. Ses deux parents se sont enfuis, mais si on les capture, ils vous reviendront ainsi que l'enfant. Quant à votre projet d'élever cet enfant comme votre fils... je trouve cela mal avisé de votre part. Fort mal avisé !

— C'est un point de vue que vous partagez avec la reine Nanny, avait répondu Doug.

— Mon papa sera roi ! s'exclama Jefe.

Nora et Doug échangèrent un regard. Tous deux espéraient qu'Akwasi oublierait très vite les rêves de grandeur qu'il avait déjà transmis à son fils.

Quelques mois s'écoulèrent encore jusqu'à la signature du traité entre la Couronne et les marrons, période pendant laquelle Nora se réhabitua progressivement à la vie sur la plantation. Elle s'occupa à nouveau des malades, reprit contact avec les baarm madda des environs et aménagea un jardin d'orchidées pour lequel elle refusa toute aide des esclaves, que sa démarche intriguait.

Beaucoup de son temps et de son énergie passèrent également à guider les enfants dans leur nouvelle vie sur Cascarilla Gardens. Dede s'adapta sans difficulté particulière, elle était toujours aussi attentive et obéissante. Nora dut toutefois la rappeler à l'ordre le jour où elle vit trois bonnes s'affairer autour d'elle pour la coiffer, l'habiller et lacer ses chaussures.

— Mais je n'ai jamais eu de chaussures, de tresse dans les cheveux et de robe en dentelle! protesta la fillette.

— Et on est ravies de l'aider, madame, renchérirent les domestiques.

En la voyant ainsi mener tout le personnel par le bout du nez, Nora repensa à son enfance à Londres et se demandait ce que son père penserait de sa petite-fille. Enfin, elle le saurait bientôt. Thomas Reed était si heureux de savoir Nora saine et sauve qu'il prévoyait une visite en Jamaïque l'année suivante.

— Inutile de t'apprêter ainsi quand ce n'est pas dimanche, dit Nora en lui tendant une robe plus simple.

Elle se tourna vers les femmes de chambre.

— Quant à vous, je vous rappelle que ma fille n'est pas une poupée. Hors de question qu'elle devienne comme la nièce des Hollister!

Dede et les trois domestiques éclatèrent de rire et partirent en courant.

Jefe était bien plus difficile. Même s'il aimait se faire servir, il tenait de son père un profond mépris pour les esclaves dociles et leurs maîtres. Il refusait également d'obéir à qui que ce fût, des bonnes à Ian McCloud, devenu le précepteur des enfants Fortnam. Le jeune Écossais, très cultivé, préférait largement enseigner la géographie à Dede et les mathématiques à Jefe que surveiller en plein soleil des esclaves qui, de toute façon, ne le prenaient pas au sérieux. L'irrespect que lui témoignait Jefe n'était pas sans inquiéter Nora.

Doug se rendit à trois reprises à Nanny Town avant la signature du traité pour faire part à la reine des modifications que le gouverneur souhaitait y apporter. À chaque fois, ce n'était pas de gaieté de cœur, même si Nanny n'était plus un danger et que le trajet à cheval ne prenait qu'une journée. Dès qu'il quittait la ville, Doug avait la désagréable impression d'être observé. Il était toujours soulagé d'arriver à Nanny Town sain et sauf et d'apercevoir au retour les premières maisons de Kingston. Nora fronça les sourcils lorsqu'il lui en parla.

— Penses-tu qu'Akwasi te surveille ?

Doug secoua la tête.

— J'ai du mal à y croire, pourquoi prendrait-il un tel risque ? Tu peux témoigner qu'il a assassiné mon père, et il me l'a également avoué. Je ne tiens pas à le voir au bout d'une corde car il avait de bonnes raisons. Mais s'aventurer dans les environs de Kingston quand il a toute l'île à sa disposition... Nanny l'a banni, mais il y a d'autres groupes, d'autres lieux... Akwasi n'a plus qu'à patienter encore quelques semaines avant de pouvoir se déplacer librement.

— Sans acte d'affranchissement ?

Doug rit.

— On trouvera bientôt des faux à chaque coin de rue ! Je parie que mon ami Barefoot envisage déjà d'apprendre à lire et à écrire.

Les rares domestiques à posséder des actes d'affranchissement servaient dans la même maison depuis des années et n'avaient pas l'intention de quitter leurs maîtres. Doug avait montré à Nanny et Quao en quoi consistait ce document. Depuis, Adwea n'avait qu'une hâte, c'était que le traité fût signé pour pouvoir se rendre à Nanny Town et voir sa fille Mansah. Celle-ci ne s'était pas jointe à Nora et Doug. Nanny l'aurait sans doute laissée partir, mais Mansah, qui avait maintenant seize ans, était tombée amoureuse d'un jeune marron. Quant à Máanu, aucune nouvelle.

— Mais si Akwasi veut encore se venger de toi…, dit Nora à Doug juste avant son dernier aller-retour à Nanny Town.

— Il serait passé à l'acte depuis longtemps, répondit le jeune homme en haussant les épaules. Entre Kingston et Nanny Town, ce ne sont pas les endroits qui manquent pour tendre une embuscade. Ne t'inquiète pas, Nora, je m'imagine sans doute des choses. Ton sauveur est devenu peureux, ma chérie. Je ne me vois pas partir une nouvelle fois seul à l'assaut de tout un village.

— Rien ne t'y oblige si je n'y suis pas retenue prisonnière.

Nora avait beau essayer de plaisanter, elle n'était pas tranquille non plus. Comme Doug, elle se sentait épiée, surtout à la plage où elle allait tous les jours. Lorsque Doug lui avait montré la hutte qu'il avait construite en sa mémoire, Nora avait été émue aux larmes. Doug semblait avoir lu en elle, la plage était exactement telle que Simon et elle l'avaient rêvée.

Un jour, alors que Nora s'était mise à l'abri de la pluie dans la hutte, elle crut encore une fois sentir une présence et porta la main à son pendentif.

— C'est toi, Simon ? demanda-t-elle en levant la tête. Est-ce… est-ce que ma nouvelle vie te contrarie ?

Une fois le soleil revenu, Nora sortit de la hutte et se sentit un peu bête. Sur le sable mouillé, il n'y avait pas d'autres empreintes de pied que les siennes.

Akwasi faillit répondre tout haut et par l'affirmative à la question de Nora. Furieux, il planta ses ongles dans l'écorce du palmier depuis lequel il avait pris l'habitude d'observer le jeune couple. Ce n'était pas l'envie de débouler dans la hutte pour tuer son rival et enlever à nouveau Nora qui lui manquait, mais il devait se contrôler car cela lui vaudrait d'être traqué comme un chien. Même dans les montagnes il ne serait pas en sécurité. Depuis que Doug conseillait Nanny, les Fortnam étaient sous la protection des Nègres marrons de Jamaïque. Et leurs troupes le retrouveraient, Akwasi ne se faisait pas d'illusions.

Non, pour avoir une chance de reconquérir Nora, il devait empêcher la signature du traité de paix puis œuvrer à la destitution de Nanny et Quao – ainsi que, si possible, de Cudjoe et d'Accompong. Après avoir rallié au moins une partie des marrons à sa cause, il pourrait enfin tuer Doug et récupérer Nora et les enfants. Akwasi devait encore se montrer patient. Il serra les dents et laissa Nora à sa discussion avec les esprits.

11

À l'automne 1739, il fut enfin convenu d'une date pour la signature du traité. Le jour dit, les notables étaient installés au premier rang devant le palais du gouverneur. Trelawny avait prévu d'accueillir les chefs des marrons sur la place carrée du centre-ville, de les inviter à entrer pour signer le traité puis d'adresser quelques mots à ses concitoyens. Sur la place et l'avenue qui y menait, une foule se pressait pour voir la légendaire reine Nanny. Toutefois, rares étaient les esclaves qui avaient le privilège d'assister à la cérémonie. Les planteurs qui, dans leur majorité, désapprouvaient cet accord, n'avaient pas donné leur journée aux travailleurs agricoles. Seuls quelques valets, majordomes et femmes de chambre se tenaient derrière leurs maîtres. Il y avait également quelques Noirs libres relégués aux derniers rangs.

— Nous aurions dû les traquer jusqu'au dernier, maugréa Keensley.

— Je ne puis que vous approuver, répondit Hollister en essayant de trouver une position assise confortable.

Si le lord avait survécu à ses blessures, il ne monterait évidemment plus jamais à cheval. Il marchait avec difficulté et ne pouvait s'asseoir qu'en écartant les jambes. Comme les secousses des calèches lui étaient insupportables, il utilisait désormais un palanquin pour se déplacer entre Kingston et sa plantation.

— On dirait un empereur romain, dit Nora à Doug la première fois qu'ils le croisèrent. Le pauvre, ce n'est pas drôle mais je ne peux pas m'empêcher de penser à Néron.

À l'occasion des festivités, on avait prévu, juste à côté d'une barricade, un fauteuil où Hollister trônait en attendant le spectacle. Lui et la plupart des autres planteurs avaient pris l'habitude de se réunir et de tuer le temps en ressassant tout ce que le gouverneur aurait pu entreprendre contre les marrons. Plus le niveau de rhum baissait dans les bouteilles, plus les propositions devenaient drastiques.

Lady Hollister était assise à côté de son époux. Elle n'avait pas quitté son chevet depuis qu'Alima l'avait blessé, ce qui lui valait le respect des notables de la colonie. La lady lançait de temps à autre des regards noirs à Nora Fortnam. Celle-ci se tenait un peu à l'écart dans une robe blanche et ponctuée de petites fleurs qui soulignait sa fine silhouette. Elle avait poudré ses cheveux mais pas son visage, car le talc sur sa peau brune lui donnait un teint gris et maladif. Pour réussir à camoufler son bronzage, elle aurait dû utiliser du blanc de plomb, qu'elle laissait volontiers aux courtisans du gouverneur alignés devant l'entrée du palais dans leurs plus beaux atours – veste de brocart, chausses et bas immaculés. Ils formaient une haie d'honneur où allaient bientôt passer Trelawny et les chefs des marrons.

Nora tenait ses enfants par la main – Dede dans une magnifique robe en dentelle blanche qui soulignait sa peau café au lait, Jefe dans des chausses et un pourpoint matelassé. Il se plaignait de transpirer, et Nora ne pouvait pas lui en vouloir. Tous les hommes portaient des vêtements épais, y compris Ian McCloud qui se tenait aux côtés de Nora avec Priscilla, son épouse. Même s'il souffrait de la chaleur humide typique de la mousson, il expliqua patiemment à Jefe qu'un gentilhomme devait prendre sur lui dans ce genre de situation éprouvante. Mais le petit garçon ne voulait rien entendre. De toute façon, il avait décrété qu'il ne serait pas un gentilhomme. Nora dut même l'empêcher de jeter son pourpoint par terre.

Ce fut finalement sa grand-mère qui résolut le problème. Adwea portait un corsage blanc ainsi qu'une jupe et un turban rouges. Elle avait son acte d'affranchissement dans son panier et était presque vexée que personne ne demandât à le voir. Comme elle refusait de laisser son petit-fils gâcher ce jour de fête avec ses caprices, elle se pencha vers lui et lui donna deux gifles.

— Tiens. Maintenant, toi chaud aux joues. Toi vouloir être grand guerrier ? Grands guerriers pas pleurer !

Jefe la regarda, abasourdi, et ne pipa plus mot.

Doug n'était pas avec sa famille. À la demande expresse de la reine, il accompagna jusqu'au palais le cortège qu'elle formait avec ses frères. Si ceux-ci marchaient d'un pas plutôt assuré, la petite femme était impressionnée en passant devant tous ces Blancs réunis dont certains étaient armés d'une épée, d'un mousquet ou d'un pistolet. Doug se demanda si l'escorte que leur avait fournie le gouverneur était préparée à l'éventualité d'un attentat. Ils ne pouvaient s'en remettre entièrement aux guerriers marrons qui suivaient Nanny et ses frères car leurs armes traditionnelles étaient plus là pour le folklore qu'autre chose. Seuls certains vrais marrons, qui vivaient sur le pied de guerre depuis des générations, scrutaient la foule avec méfiance et se tenaient prêts à tirer.

Alors que Nanny avançait au bras de son conseiller, celui-ci sentait sa satisfaction. Lui préférait ne pas penser aux réflexions que ne manquerait pas de susciter, parmi ses voisins et amis planteurs, son apparition aux côtés de la reine. Doug avait un profond respect pour cette petite femme aussi forte que fière qui avait su dépasser sa soif de vengeance pour œuvrer à l'apaisement.

Akwasi, lui, n'avait que mépris pour Nanny. Plusieurs heures avant la cérémonie, il s'était mêlé aux esclaves qui avaient installé des tribunes de fortune, mais il ne parvenait pas à trouver une position idéale pour tirer. Ce serait de toute façon difficile avec toutes ces têtes qui dépassaient. Il devrait faire mouche au premier coup de feu et ne toucher que des Blancs pour attirer les soupçons sur les marrons. Nanny et les siens ne repartiraient pas aussi facilement de Spanish Town. Akwasi n'avait qu'à lancer les hostilités, et les Blancs termineraient le travail. Restait à trouver un endroit sûr, de préférence en hauteur…

Pendant qu'Akwasi réfléchissait, les rues se remplissaient de badauds qui s'écartaient à contrecœur pour laisser passer les calèches des planteurs. L'un de ces véhicules pourrait éventuellement convenir…

Akwasi fut déçu de voir que les cochers ne les garaient pas en bordure de la place. En effet, les soldats qui assuraient le service d'ordre veillaient à ce que les accès immédiats fussent dégagés. Jusqu'à l'arrivée d'un étrange véhicule, un palanquin porté par quatre esclaves. L'homme qui en descendit à grand-peine était Hollister. Celui-ci protesta aussitôt auprès des soldats qui indiquaient à ses esclaves de repartir avec le palanquin.

Akwasi sourit en repensant à ce qui était arrivé au lord et imagina la teneur de ses propos, faute de pouvoir les entendre. Il tenait visiblement à ce que son véhicule restât aux abords de la place si la cérémonie se révélait trop éprouvante pour lui. Après quelques minutes de négociations, les esclaves obtinrent le droit de garer le véhicule dans une ruelle adjacente et s'abritèrent aussitôt à l'ombre. Personne ne s'étonnerait qu'un Noir montât sur le toit de la chaise pour avoir une belle vue. Akwasi jugea que le cadre en bois supporterait un homme de sa corpulence et s'en approcha discrètement.

Máanu, qui se cachait depuis plusieurs semaines dans les environs de Cascarilla Gardens, était épuisée. Adwea l'avait ravitaillée et tenue au courant des rumeurs, mais elle n'avait aucune nouvelle d'Akwasi. Alors que Máanu était prête à le suivre dans la clandestinité, il l'avait violemment rabrouée à deux reprises durant les premiers jours de sa fuite, lui ordonnant de ne plus le suivre et de rentrer l'attendre à Nanny Town. Mais à quoi bon ? La reine avait banni Akwasi. Espérait-il vraiment qu'elle lèverait sa sanction ?

Máanu n'y croyait pas et refusait de rester les bras croisés. Elle voyait en Akwasi l'homme beau et fort qu'elle voulait enlacer, mais aussi le petit garçon meurtri qui avait tant besoin de réconfort. Après le départ de Doug pour l'Angleterre, Akwasi s'était retrouvé seul et avait manqué d'amour et d'affection, malgré la présence d'Adwea. Il n'avait toléré que Máanu, encore petite et craintive. La fillette, touchée par son chagrin, s'était plus d'une fois faufilée dans la hutte que l'on avait attribuée au jeune garçon. Les esclaves plus âgés avec qui il la partageait dormaient si profondément qu'ils ne l'entendaient pas pleurer. Máanu venait alors se blottir contre lui, et parfois il la laissait même l'enlacer. C'était leur secret. Le lendemain, elle était partie et le jeune garçon faisait comme si de rien n'était.

Máanu était convaincue que les choses auraient pu être différentes. Juste après que le backra lui eut demandé pour la première fois de lui monter un dernier verre, Akwasi l'avait prise dans ses bras et serrée contre lui. En toute innocence, car elle n'était encore qu'une enfant. Mais cela aurait pu être un début si Elias Fortnam ne l'avait pas violée. Máanu ne savait pas si Akwasi l'avait compris. En tout cas, elle n'était plus venue dans sa hutte jusqu'à la fin de ce cauchemar, plusieurs années plus tard. Ensuite, elle avait commencé à le voir comme un homme. Un homme fort qui saurait peut-être la protéger. Máanu avait toujours rêvé de s'enfuir avec lui. Mais Akwasi ne l'avait jamais considérée comme une vraie femme, il ne l'avait jamais désirée comme il avait désiré Nora Fortnam.

Cependant, Máanu refusait de baisser les bras. Elle le suivit jusqu'à Cascarilla Gardens et serra les dents en le voyant épier Nora sur la plage et Doug sur le chemin de Nanny Town. Elle se demanda plus d'une fois comment réagir si Akwasi le mettait en joue. Il avait une arme, Máanu se souvenait d'avoir trouvé dans ses affaires l'un des pistolets de Doug. Il n'était pas question de le laisser aller jusqu'à une telle extrémité. Akwasi ne devait plus tuer ! Personne ne le pourchasserait s'il restait discret. Máanu et lui pourraient alors vivre dans les montagnes, ou ailleurs sur l'île. Il devait revenir à la raison !

Máanu était soulagée de voir qu'il épargnait Doug lors de ses chevauchées et se contentait d'observer Nora sur la plage sans l'approcher. Sa lubie cesserait peut-être un jour. Mais pourquoi son mari se trouvait-il à Spanish Town le jour de la signature du traité ?

Máanu avait beau craindre pour sa vie, elle surveillait Akwasi de près. Elle avait coupé ses longues tresses, mais n'importe qui pouvait reconnaître son visage. Elle avait accompagné Nora de nombreuses fois à Kingston et Spanish Town à l'époque où elle était sa femme de chambre.

À mesure que les badauds affluaient dans les rues, Máanu avait de plus en plus de mal à suivre Akwasi. Près de la place, elle le vit parler à quatre esclaves costauds qui surveillaient un étrange véhicule ressemblant à un brancard surmonté d'un toit. Máanu était tellement absorbée par la scène qu'une charrette à bras tirée par un Noir faillit lui rouler sur le pied.

— Hé, attention ! Toi chercher meilleure place, c'est ça ?

L'homme au chapeau de paille vendait des tranches de pastèque et de mangue disposées sur des feuilles humides. Sa charrette à bras était surmontée d'un petit toit qui les protégeait de la pluie et du soleil. Le vendeur leva la tête et sourit.

— Allez, toi grimper ! Backras rien dire et charrette encore plus belle !

Il la hissa sur le toit et continua à avancer.

— Belles pastèques, belles mangues !

Máanu tressaillit. Elle qui ne voulait surtout pas attirer l'attention se retrouvait à parader bien malgré elle au milieu de la foule. Heureusement, les gens étaient trop occupés à guetter Nanny et le gouverneur pour prêter attention à elle.

Justement, des cris de joie et quelques huées s'élevèrent sur la place tandis que Nanny arrivait au bras de Doug Fortnam. Tous deux étaient attendus par le gouverneur et ses secrétaires sortis devant le palais.

En voyant Akwasi juché sur le palanquin, Máanu se douta qu'il préparait quelque chose. Le gouverneur baisa la main de la reine et invita le cortège à entrer au palais.

— Pas fini ! lui cria le vendeur. Gouverneur faire discours après signature. Moi pas savoir que Nanny apprendre à écrire !

L'homme n'en revenait pas. Malgré son inquiétude, Máanu sourit en repensant à toutes les fois où elle avait guidé la main de Nanny pour l'entraîner à signer. Elle écrirait « Reine Nanny des Nègres marrons de Jamaïque » sans la moindre faute.

Akwasi s'assit sur le toit du palanquin. Lui aussi venait d'entendre que le gouverneur et ses invités s'adresseraient à la foule après la signature du traité. Il devait encore attendre, bien qu'il eût préféré passer à l'action avant la proclamation officielle de la paix. Il avait prévu assez de poudre et de balles pour toucher au moins deux personnes. Plus de trois lui paraissait impossible, même si on mettait du temps à déterminer la provenance des tirs. Akwasi ne voulait pas être arrêté. Il espérait d'ailleurs que les quatre esclaves assis à l'ombre du palanquin videraient rapidement le tonnelet de rhum qu'il leur avait offert pour les remercier. S'ils étaient ivres, ils ne pourraient pas intervenir. De toute façon, ils n'entendraient pas plus d'un tir car une fois le gouverneur à terre, les suivants seraient couverts par les cris et le désordre sur la place.

Après une dernière lecture du traité aux marrons et au gouverneur qui prit du temps, Cudjoe, Accompong, Quao et Nanny eurent encore besoin de plusieurs minutes pour apposer soigneusement leur signature au bas du document, sous le regard attentif de Doug. Le gouverneur demanda ensuite à ce que l'on servît du champagne, que Nanny apprécia après l'avoir goûté avec méfiance. Elle rit et discuta cordialement avec Trelawny tandis que ses frères, qui auraient préféré le rhum à cette curieuse boisson pétillante, restaient davantage en retrait. Finalement, ils échangèrent quelques mots avec le colonel Guthrie. Ils avaient certainement plus en commun avec ce militaire qu'avec le gentilhomme qu'était Trelawny.

— Allons-y, annonça le gouverneur en tenant galamment la porte à Nanny. Nous allons nous aligner devant le palais pour que tout le monde nous voie, puis je prononcerai quelques mots. Nanny, si vous souhaitez vous exprimer aussi, n'hésitez pas ! Mon discours ne durera pas longtemps, avec cette chaleur…

Il sortit un mouchoir parfumé et s'épongea le front.

Nanny s'abstint de commenter cette dernière remarque, ce que Doug trouva fort diplomate de sa part. Le gouverneur était certes bien intentionné et pacifique, mais aussi parfois maladroit.

Comme convenu, le gouverneur sortit du palais entre Nanny et Cudjoe, qui le dépassait d'une tête. Après que Trelawny eut levé la main pour demander le silence, tout s'enchaîna très vite.

Máanu, qui hésitait à faire signe à la reine, tourna la tête vers Akwasi et vit l'arme qu'il avait à la main. Au même moment, Jefe reconnut sa mère sur le toit de la charrette à bras.

Máanu poussa un cri et sauta à terre, tandis que Jefe se précipitait vers elle.

— Maman !

Le petit fila vif comme l'éclair entre les soldats qui séparaient les notables de la foule.

— Jefe !

Un coup de feu partit mais épargna le gouverneur, qui s'était tourné en direction des cris. Pendant que Doug scrutait fébrilement la foule à la recherche du tireur, Máanu couvrit Jefe de son corps pour le protéger. Lorsque le deuxième coup de feu retentit, Doug vit d'où il avait été tiré et projeta le gouverneur à terre.

Máanu cria quelque chose aux soldats en désignant le palanquin. Pendant qu'ils armaient leurs fusils, l'escorte des marrons ne perdit pas une seconde et se lança à la poursuite d'Akwasi.

Le jeune homme s'enfuit en courant dans une ruelle adjacente sans savoir que les calèches des planteurs la barraient un peu plus loin. En les voyant, il sortit son couteau, saisit par le col le premier cocher qu'il vit et le fit se retourner.

Seulement il s'agissait de Kwadwo, armé lui aussi d'un couteau. D'un geste, il désarma Akwasi avec la même précision que pour couper la tête d'un poulet et lui tordit le bras dans le dos.

— Rends-toi, mon garçon, ou ils vont t'abattre !

— Je m'en fiche, je préfère encore finir pendu !

Alors qu'Akwasi voulait se dégager de la poigne de Kwadwo, qui était encore plus fort que lui, les premiers marrons apparurent au coin de la ruelle, bientôt suivis de plusieurs soldats.

— Tu ne seras pas pendu, le backra ne le permettra pas.

Nora et Máanu durent contenir le petit Jefe qui se mit à hurler en voyant son père enchaîné et traîné devant le gouverneur.

— Un Noir ? dit Trelawny, étonné.

— Akwasi, est-ce qu'une femme en vaut la peine ? dit Nanny avec tristesse.

Le gouverneur fronça les sourcils.

— Vous connaissez cet homme ?

Nanny acquiesça.

— C'est donc vous qui étiez visée ?

Doug réfléchit fébrilement. Akwasi aurait peu de chances de s'en sortir si on découvrait qu'il avait voulu attenter à la vie du gouverneur.

— Excellence, se dépêcha-t-il de répondre avant que Nanny en eût le temps, je pense que c'est moi qu'il a voulu viser, ou mon épouse, ou sa femme… Cet homme n'a visiblement pas toute sa tête et il me semble

plus prudent de l'évacuer pour l'instant. La reine aimerait sans doute vous présenter Máanu, son bras droit à
Nanny Town. Quelle que soit la personne visée par l'attentat, Excellence, Máanu lui a sauvé la vie.

Trelawny, méfiant, se tourna vers Akwasi.

— Je préférerais que nous tirions cette affaire au
clair tout de suite. Sur qui as-tu voulu tirer ? Dis-le, nous
finirons de toute façon par le découvrir !

Doug regarda son ancien ami. Akwasi, qui s'apprêtait à cracher la vérité au visage du gouverneur, comprit
et baissa la tête.

— Moi pas tirer, Backra Doug. Coup parti tout seul.
Pas vouloir tuer, Akwasi bon Nègre…

12

— Il ne sera pas pendu ? demanda Nora.

Doug venait de franchir le seuil de sa maison. La jeune femme comprit à son air fatigué mais triomphant qu'il avait évité le pire au prix d'intenses tractations. Il fit entrer Máanu, qui était aussi épuisée que lui après de longues heures d'interrogatoire.

— Non, répondit Doug en prenant une bouteille de rhum dans un petit cabinet vitré du salon. Je vous sers ?

Máanu hocha la tête. Nora demanda un verre de vin blanc mais regretta aussitôt son choix car il était tiède et fade.

— Akwasi s'est fait passer pour un idiot même si cela lui en a coûté, poursuivit Doug. Mais personne ne l'a cru. Un coup de feu ne part pas tout seul, encore moins deux fois dans une direction aussi compromettante. Ils n'ont pas cru Máanu non plus quand elle a dit qu'elle s'était mise à crier sous prétexte de revoir son fils. Mais ils n'ont pas insisté. Le gouverneur lui est de toute façon reconnaissant d'avoir déjoué l'attentat. Máanu l'a supplié d'épargner Akwasi, et Nanny aussi l'a défendu. Mes arguments ont fait le reste.

Doug cessa de sourire en voyant la mine inquiète de Nora.

— Ils... ils ne vont tout de même pas le relâcher ? demanda-t-elle, toute pâle, en se servant un verre de rhum d'une main tremblante.

— Tu aurais préféré qu'ils le pendent ? Je... je croyais...

Nora secoua la tête.

— Non. J'ai plusieurs fois souhaité sa mort mais... plus maintenant. Et puis la pendaison...

Nora frissonna. Elle redoutait tout autant une libération d'Akwasi car, tant qu'il serait dans les parages, libre, elle ne se sentirait jamais vraiment en sécurité.

— Ils ne vont pas le libérer mais le déporter, dit Máanu d'une voix éteinte.

Nora fronça les sourcils.

— Le déporter où ? En Australie ?

Avant de quitter l'Angleterre, elle avait entendu parler de transports de prisonniers dans cette colonie lointaine, mais depuis Londres ou Blackpool, pas depuis la Jamaïque.

— Aux îles Caïmans, répondit Máanu. Elles sont à deux cents miles d'ici au nord-ouest et appartiennent aussi aux Anglais.

Doug acquiesça.

— Elles ne sont pas très peuplées. Seules quelques familles y vivent avec leurs esclaves et tout le monde se connaît. Inutile de penser à fuir ou à rejoindre un groupe de marrons.

— Y a-t-il des plantations de canne à sucre ? demanda Nora.

Celle-ci fut tout de même prise d'une vague pitié. Akwasi aurait sans doute préféré mourir que de retourner à une vie de servitude.

— Plutôt des plantations de coton, de fruits et de légumes, dit Doug. Il y a peu d'exportation, les gens cultivent surtout la terre pour leur consommation personnelle et l'approvisionnement des bateaux en escale. Il y a bien quelques pirates...

— Akwasi finira peut-être sur l'un de leurs vaisseaux, dit Nora.

Doug sourit.

— La discipline y est encore plus stricte que sur une plantation ou qu'à Nanny Town. Akwasi aurait du mal à s'intégrer et à progresser dans la hiérarchie. Je doute fort qu'on entende à nouveau parler de lui comme d'un capitaine pirate. Ne t'inquiète pas, Nora, Akwasi ne nous gâchera plus la vie.

Máanu but son verre de rhum et s'essuya discrètement les yeux.

— Et toi, Máanu ? lui demanda gentiment Nora. Veux-tu retourner à Nanny Town ? Je pense que Doug acceptera de signer un acte d'affranchissement.

— C'est chose faite, de la main même du gouverneur ! s'exclama Doug. Máanu peut vivre à Kingston, à Nanny Town ou dans n'importe quelle autre ville de son choix.

— Si tu souhaites rester ici, tu pourras t'occuper de Dede et Jefe, suggéra Nora. Contre rémunération, bien sûr.

Si Nora pouvait aisément se passer de la présence de Máanu, elle ne voulait pas non plus priver Jefe de sa mère.

Máanu secoua la tête.

— Je serais la nourrice de mon propre fils ? Comme Adwea autrefois : la même éducation pour les enfants de maîtres et d'esclaves, dans les limites définies par le backra ?

— Mais non, voyons ! s'écria Nora. Jefe serait libre, il…

Máanu se mordit les lèvres.

— Ce n'est pas ce que j'ai voulu dire. Mais je ne resterai pas ici. Et si mon fils est vraiment libre, j'aimerais partir avec lui.

— Pour Nanny Town ? demanda Nora, soulagée.

Máanu passa une main nerveuse dans ses cheveux coupés courts.

— Non, pour les îles Caïmans.

— Pardon ? s'écria Nora. Ce n'est pas vrai, Máanu, tu veux suivre Akwasi ? As-tu perdu la raison ?

La jeune femme haussa les épaules.

— C'est comme ça. J'aime Akwasi depuis toute petite…

— Mais lui ne t'aime pas ! Quand le comprendras-tu enfin ? Il ne t'a jamais aimée.

— Ça peut toujours changer. En tout cas, je veux essayer une dernière fois…

Doug se frotta le front.

— Mais, Máanu, après tout ce que toi et Nora avez vécu… Tu pourrais recommencer une nouvelle vie à Kingston, ouvrir un commerce. Nous pourrions t'aider.

Máanu secoua la tête.

— Si vous voulez vraiment m'aider, backra…

Elle sourit car elle avait pris l'habitude de tutoyer Doug chez les marrons, comme à l'époque où ils étaient enfants.

— … vous pourriez peut-être m'offrir un poulet.

Les prisonniers enchaînés furent amenés devant le bateau qui acheminait des esclaves mais aussi des étoffes et de la vaisselle aux îles Caïmans. Le capitaine garda une cabine pour Máanu et son fils en échange d'une coquette somme du gouverneur. Doug le paya également pour qu'il laissât Akwasi rejoindre sa famille dès que le bateau aurait quitté le port de Kingston. Le capitaine accepta à condition de ne pas lui retirer ses chaînes. Doug se montra compréhensif, car les prisonniers que transportait le navire étaient des esclaves qui s'étaient rendus coupables d'agressions sur leurs maîtres et n'avaient plus rien à perdre. Sauf peut-être

Akwasi, mais Doug s'abstint de raconter toute l'histoire au capitaine.

Nora s'inquiéta de la réaction qu'aurait Jefe face à son père enchaîné. Mais personne n'y pouvait rien, et Doug jugeait préférable de ne pas bercer l'enfant d'illusions. Son père ne serait jamais roi.

Alors qu'Akwasi venait de s'asseoir sur les planches gorgées d'eau de mer, il s'inquiéta en voyant deux matelots venir le chercher dans la cale peu après le départ. Normalement, les prisonniers ne voyaient pas le soleil de toute la traversée, tout juste avaient-ils droit à quelques maigres rations de nourriture.

Maintenant qu'on le faisait remonter, Akwasi se dit que le gouverneur regrettait sa clémence et se prépara à mourir. Si on le jetait à la mer, c'était terminé, il coulerait à pic avec le poids des chaînes. Et puis il y avait des requins.

Finalement, on le fit monter à l'entrepont, plus sec et moins sombre que la cale, puis entrer dans une petite cabine où l'attendaient Máanu et Jefe.

— Papa !

Jefe allait se jeter dans ses bras mais prit peur en voyant les chaînes. Akwasi l'ignora et se tourna vers Máanu.

— Tu pars aussi ? demanda-t-il d'une voix rauque.

Máanu opina.

— Je suis ta femme et nous sommes faits l'un pour l'autre. Si seulement tu voulais bien le comprendre...

— Máanu...

Akwasi était assoiffé.

— Tiens, bois, dit la jeune femme en lui donnant un verre d'eau. Rien ne t'oblige à vivre avec moi, je pourrai construire une hutte près de ton village. Mais je... j'ai voulu me donner une dernière chance.

Elle désigna un panier renfermant un gros poulet qui regardait avec méfiance au-dehors par les interstices du tressage.

Akwasi sourit enfin.

— Tu as prévu un rituel ?

— On trouvera bien un homme obeah là-bas. Et peut-être un duppy de bonne volonté. Cette fois, il n'y aura pas de Nora dans les parages et je ne te quitterai pas des yeux. Le charme doit opérer.

Máanu prononça ces mots en contemplant la mer par le minuscule hublot de la cabine. Soudain, elle sentit une main puissante se refermer sur la sienne.

— Épargne donc cet animal, dit doucement Akwasi. Ton charme me suffit.

— Pourquoi Máanu nous a-t-elle demandé un poulet ? demanda Doug.

Depuis la plage, les Fortnam juchés sur leurs chevaux regardaient s'éloigner le bateau qui emmenait Akwasi et sa famille vers un avenir difficile mais commun. Assise devant Doug, Dede riait dès qu'Amigo partait au galop. Cette promenade était une distraction bienvenue pour la petite qui souffrait de voir partir son frère.

Nora haussa les épaules.

— Tu connais les rituels obeah. Le sang du poulet réveille un duppy.

— Bien sûr, mais pourquoi un troisième sacrifice ? Les deux premiers n'ont-ils pas suffi ?

Nora rit.

— Les duppies peuvent être invoqués pour diverses raisons. Celui que Máanu veut, c'est un duppy seul et avide d'amour. Avec un peu de chance, il possédera la bonne personne.

Doug passa une main sur son front.

— Et c'est censé durer éternellement ?

— Non. Aucun esprit ne reste pour toujours. Mais certains… certains nous accompagnent très, très longtemps.

Elle regarda la hutte de la plage à la dérobée.

— Je confirme, soupira Doug.

Il savait que Nora portait sur elle la chevalière de Simon. La jeune femme inspira profondément et prit une décision.

— Viens, dit-elle en lançant son cheval au galop.

Arrivée devant les vagues, elle mit pied à terre et lâcha la bride de sa jument. Le pendentif était dans la poche de son amazone. Comme toujours, elle eut envie de le sentir, chaud et familier, au creux de sa main.

Nora fit signe à Doug d'approcher et sortit le bijou. Après avoir contemplé une dernière fois ses reflets au soleil, elle le lança très loin dans les vagues.

Lorsque Nora posa la tête sur l'épaule de son bien-aimé, elle crut sentir le vent se lever pour chasser les nuages. Alors que les vagues venaient caresser ses pieds, l'esprit de Simon lui murmura un dernier mot d'adieu avant de disparaître à jamais dans la mer des Caraïbes.

Table

Cet ouvrage a été composé
par Atlant'Communication au Bernard (Vendée)

Impression réalisée par
CPI France
en avril 2020
pour le compte des Éditions Archipoche

Imprimé en France
N° d'édition : 626
N° d'impression : 3038995
Dépôt légal : mai 2020